知其白守其黑

西方歷史的白與黑

墨哲蘭　著

碑銘一
地球人類歷史第一檔案

世界地形

西低 ——————————— 中 ——————————— 東高

（海）　　　　　　　　　　　（河）　　　　　　　　　　　（山）

大西洋西	大西洋東	地中海	中東兩河流域	遠東高原兩河流域
美國	英國	古希臘	叙利亞神系	高山仰止以觀滄海
21 世紀	17 世紀	前 4 世紀	猶太曆 5778 年	約 6000 年

文化板塊

基督教 ——————— 希臘諸神 ——————— 猶太神 ——————— 道

（5-15 世紀）　　　　　（前 9 世紀）

有名有極有形有性	有名有極有形有性	有名有極無形無性	無名無極無形無性
神靈授孕	神人受孕生子	耶和華	負陰抱陽、知白守黑
偶像三位一體			永執厥中，以為仁人
最高一神	最高神宙斯	最高一神	大化無極，以致中和

（中世紀千年王國）

（意大利文藝復興乃近代史開端）＊

宇宙層級

宇宙第一層級 ——————— 宇宙第二層級 ——————— 宇宙第三層級

萬有引力論	相對論、量子論	大化無極，以致中和
本體論、一神論、粒子論	一神論、粒子論	無中生有，無有相生
（20 世紀之前）	（21 世紀上半葉）	（21 世紀下半葉）

———— 只知其有不知其無

碑銘一
古希臘開端的西方歷史命脈
「啟蒙 - 救贖（救亡）雙重連環劫」

【軌跡】

「歷史事實」軌跡			歷史趨勢
前 4 世紀希臘	17 世紀英國	21 世紀美國	
知識功能主義	工業資本主義	金融科學主義	——進化論變成末世論
人是政治動物	人是機器	人是基本粒子聚合物	機器人第三型文明
			（智能星球）

【信仰】

最高「意識形態」			總體特徵
哲學本體論	神學一神論	科學粒子論	——只知其有不知其無

【命途】

西方	東方
啟蒙（救贖）連環劫	啟蒙（救亡）連環劫
功能知識物化啟蒙救贖	不啟蒙亡國
救贖徹底物化過濾人類	啟蒙忘本滅種

目　錄

前言
歷史寫作如雕塑：「把多餘的東西打掉」

1

我已經到了遇變不驚的年齡。《知其白守其黑 —— 西方歷史的白與黑》從思路到完稿三年（2016-2018），積壓三年（2019-2022），交稿一年（2023）。只問耕耘不問收穫。我說的「收穫」僅指「見書」，與「見世界、見人生」無涉，大概是畢生逆向夜行吧。

歷史寫作如雕塑，「把多餘的東西打掉」。不過我的歷史寫作與羅丹的藝術雕塑根本不同，他「打掉的」是他在雕塑石材上「想像」外「多餘的東西」。而我「打掉的」是相對西方歷史發展到「機器人第三型文明」而回溯歷史中不斷淘汰掉的「羽毛鱗甲」（炫耀與掩蓋）—— 亦即「內部奴隸制與外部殖民地」罪惡的「掩蓋」及其救贖的「欺瞞與偽裝」。或不如說，是西方歷史「顯隱二重性」的如實記錄。

但寫作說到底終究是公共行為，總要面世「見讀者」，立此存照。林中有各種各樣的鳥，百鳥朝鳳的有、夢庄啼血的有、自己鳴叫的有，我大概屬貓頭鷹一類，與土撥鼠相應，只想塵歸塵土歸土。

2

我並不清楚自己為什麼敢寫這本書。

寫完了，最一目了然的是書中的論與史、虛與實幾乎通篇皆是，仍然敢站在西方諸神面前一吐為快，大概我有《地球人類歷史第一檔案》墊

底吧。

　　我是科盲，卻敢質疑西方「科學主義」巔峰——宇宙論頂層結構與物義論人工智能，因為它們仍然慣性地「以論治史」（「治宇宙史」），把「4.9% 的已知」當作整全宇宙而定名「M 理論」如此等等。無論它多麼龐大終究是「確定底不確定性」，確定之內外的無限宇宙是它根本不知道的。「無」的無限越界是對「有限」的絕對否定。所以我只擔心「已知宇宙」因西方「功能性知識」走向最初「去善」最終「去人」的毀滅性結局——「進化論即末世論」如影隨形。

　　西方經典被人崇拜得那樣多就像黑夜後的「白晝」，我卻直觀它是「白色神話」「密鑰迷宮」，信手拈來分崩離析以示眾。因為有無數死魂靈堆積如山連西方神祇都無地自容。

3

　　西方「哲學本體論」「神學一神論」「科學粒子論」始終如一「只知其有不知其無」，走到了歷史的盡頭。像雅典城邦陪審團用「罪惡比死亡跑得快」底「功能性知識」宣判地球人類死刑，其結果只是雅典帝國滅亡、羅馬帝國滅亡……剝奪者被剝奪「像打去了黃的空蛋殼」。埃及法老早就用「金字塔—斯芬克斯之謎」為對岸「古希臘文明」鬼魂西行立碑：「開端就是沒落」。

　　高山仰止以觀滄海。

墨哲蘭識

引子

2006 年 10 月，在北京大學外哲所講了三課：「『存在』漂移的四次重述」。

接著 2010 年出了兩本書：《西學中的夜行》與《偶在論譜系》。

17 年過去，直到今天，我仍然奇怪為何我的文字也成了「無意指的指號」[1]？

—— 為什麼《偶在論譜系》副標題是「西方哲學史的『陰影之谷』」？

—— 為什麼在「扉頁」題記「我是唯一一個逃出來向你報信的人」？

大家並不明白。

最後一場西式「交響樂」演奏完了，聲音如墮霧霾。

　　序曲　問題：憑什麼相信你？

　　主題　臨界：陰影之谷

　　展開　個案：偶在論分析

　　尾聲　懸置與回歸

　　落幕　啟蒙：落日前的憑弔

可現實中的啟蒙正進入更高潮，它還要翻過「更高的門檻」進到「古希臘亞里士多德阿提卡方言」……竟有如此西化跟隨的決心！「鄭聲淫」都搞不懂，早已死去的「阿提卡方言」還成為中國百年啟蒙後再啟蒙的先

---

[1] 「無意指的指號」借海德格爾用語，後覺不妥，我的本意是「以為意識實無意識」。它的呈現是「白日夢」或「逆向夜行」至今逐漸顯出而後知的。

決條件？

時序作祟，它正好堵在了我第三次對西方「自然理性」檢測與防禦的當口。

2017 年 11 月，又到北京大學哲學系講了三課，開了一個對話會。

三課：

第一次啟蒙：功能主義

正置　希臘理性構造形而上學破物取力

第二次啟蒙：資本主義

倒置　猶太神性預設進化論作末日審判

第三次啟蒙：科學主義

合置　中國天道無極知白守黑以致中和

對話：

西方科學「為什麼是有而不是無？」

結論：

「人是政治動物」——「人是機器」——「人是基本粒子聚合物」

（古希臘功能主義）（近代英國資本主義）（現代美國科學主義）

進化論變成末世論 —— 西方何以至此？

我把原來的題記「我是唯一一個逃出來向你報信的人」，換成了「人算命算不如天算」。因現實中同步的西方第三次啟蒙趨向了徹底去人化的「機器人第三型文明」——「罪惡比死亡跑得快」！[1]

本書說了我能說的，立此存照而已。

---

[1] 蘇格拉底申辯說的是「死亡比罪惡跑得快」，因為蘇格拉底七十歲了又要接受死刑，「我去死，你們去活，誰的去路好，唯有神知道」。我之所以反過來用，畢竟人類的壽終正寢應還得很，沒想到西方「功能性知識」的罪惡跑得比死亡還快，讓人類提前死於罪惡之中。才有此說。

上篇

對自然理性的檢測與防禦

準備：八步近前台階

§

　　在中國西哲界，我做的不是學問，是問題，而且在「逆向夜行」中，
四十年如一日[1]：

　　　　對西方形而上學檢測與防禦（80 年代）
　　　　對現代性理論檢測與防禦（90 年代）
　　　　對西方自然理性檢測與防禦（21 世紀初）

西哲界，絕大部分是用西學的完美來定義自己學問的完美。

　　我卻無能跟隨，僅逆向夜行之：「你是世界的光，我卻在黑暗裏走。」

　　當然不能叫學問。做「學問」的人是好材料，比如是非常好的進口顯
像紙，所以它能把西哲流派及大家的原貌完整地顯現出來，甚至還可以把
自己代理的「東家」修飾得盡善盡美。

　　有少數西學學問家還原西學的真實 —— 不是「真理」—— 不在此列。
正是他們成為我的肩膀、我的借鑒，可以做問題。以此謹謝！

　　無疑首先，我是過了時過了氣的顯像紙，我顯影出來的相黑白不勻，
還有脫落、殘缺、留白……用我這個顯相紙顯現的西方哲學及其大家面
貌肯定沒有前一種顯相紙顯現得那麼光鮮。因而就啟蒙的「西學東漸」
看、就體制的「學問標準」看，我做的當然不能叫「學問」了。「西學東
漸」—— 人家來了，請人家來了，上座、尊位，豈能有訛！豈能冒犯！

　　但奇怪的是，西方從神學（神）到哲學（人）到科學（物）下滑的時
間快得出奇 ——

　　　　「上帝死了」（17 世紀）、
　　　　「哲學死了」（20 世紀）

---

[1]「逆向夜行」為何有這一特殊姿態？本卷只描述「是這樣」。「為何這樣」屬於第二卷「敘事卷」。

「人要死了」（21世紀）

不到「五世而斬」。這就使得我的顯現法「以史正論」的真實，比西方「以論治史」的「真理」更能將「毒死人的毒藥」顯現為歸根結底的真實！

本書就是將「自然理性」歸根結底毒死人的軌跡如此這般地、真實地描述出來。

下面且先用與本書相關的八步前設或「近前台階」做一近身鋪墊。

第一台階
如何重寫西方哲學史
或西方哲學史雙重遮蔽下的顯隱二重性
（2005 ─ 2013）

緒論

如果我寫西方哲學史，如何重寫西方哲學史？

有人會問：「你為什麼要重寫西方哲學史？」

有人還會問：「你憑什麼重寫西方哲學史？」

前一個問題我在展開中回答。後一個問題的回答也會在前一個問題的展開中連帶給出。其實道理很簡單，誰干預世界誰就得被世界質疑，否則你與我何干！有問題的人首先就獲得了重寫的必要條件。一個連問題都沒有的人 ── 我指的是「根本性問題」── 當然也就談不上「重寫」了。說它是「必要條件」，因為沒有它則根本不可能有重寫的意識 ──「無之必不然」，然後才是「有之不必然」── 僅有重寫的意識，沒有重寫的能力，也枉然。

能力是個人的事情，意識卻關係到問題本身。我們必須首先面對它。

這個題目隱含的背景無疑是複雜的。撮其要者四。

（一）東西文化各自思想或哲學形態都需要時間自身展開、轉折、輪迴。沒有長歷史段進入這種「輪迴」過程我們就無法診斷其興衰的命脈搏動……

（二）中世紀後，「以體制用」的東方文化開始愈來愈強地遭遇「以

用代體」的西方文明的功能功利衝擊，一改獨立互補地相互吸收，不到四個世紀就西方獨大而逐漸侵蝕甚至剝奪東方而強行殖民化，變東方為西方「東方學」之「東方」。

（三）強勢文明認為理所當然（「力量即正義」）。弱勢文化除了自己證明自己存在的理由，別無他途。但是，弱勢變強勢是進入同樣的「強力意志」走「剝奪者被剝奪」的歧路，還是走多元輝映獨立互補而回復到各自「本土人類學」之文化生態常路？如何診斷兩種「輪迴」的重疊？於是有了「猶太人問題與中國人問題」這一自設的歷史課題出現。

（四）或許中國人可寫世界史，能「大而化之以致中和」的中國人，在東西正反遭遇的對照中，既重寫西方智能史（「以用代體」史），也重寫東方智慧史（「以體制用」史），即在總體上迷途指津：明辨「體用之分」「以體制用」，重建「神─人─物」的制衡關係：

　　既使敬神以節制人的僭越，又使馭物以抵制人的物化，使「人」允執厥中而扣兩端（「神」─「物」）地成「中和」之勢。

【附釋】

何謂「猶太人問題與中國人問題」？

這是我個人自設的課題。它的醞釀有幾個階段：

（1）第一階段起因於「苦難」。兩個民族在各自的歷史中都是經受深重苦難的民族，但兩者對苦難的記憶與消化是非常不一樣的。猶太民族的「苦難記憶」如何能保持一個民族文化的神性品質，並凝聚為民族文化的自我認同，甚至把苦難中的堅守看作民族歷史品格的高貴性質，特別在知識分子（「文士」）中自覺如此。中國卻難能有如此不幸中之幸。這個感覺最先表現為「苦難向文字轉換為何失重？」，以八十年代為限。

（2）第二階段轉向對「啟蒙」的態度。猶太民族在其民族性（「猶太性」）上是拒絕「啟蒙」的，這對「啟蒙的普世價值」無疑是一個否證。

中國「知識分子」[1]不但放棄了民族文化認同的導師角色，還反過來幾乎整體性地向西方傾倒，把西方口中的「資本主義—普世價值」為自己的指導原則。

（3）第三階段才最終涉及「文化種性」及其如何「復興」的問題。兩者都面臨兩難：

（3.1）首先簡單解釋「文化種性」。

「文化種性」與「世界地形」上下息息相關。一如西方「地中海」及其上「希臘諸神」，界定其中的古希臘人「自然理性」即「功能性知識」，並作為開端一直影響到中世紀「基督教千禧年」[2]及其後的歐美歷史。再如中東兩河流域及其上敘利亞神系中的「猶太教一神耶和華」，界定其中的猶太人恪守與神的舊約（《托拉》）之「猶太性」。最後如遠東高原兩河流域及其上的「道」界定其中的華夏民族「化極中和」的德性仁人，等等。所以，「文化種性」既是最高的信仰特徵，也是體現於下屬族群的人性特徵。

再談猶太人與中國人各自復興的兩難處境。

（3.2）猶太人在二戰後面臨「猶太復國」的兩難選擇：靠人的理性建國即建立現代國家，則有悖與耶和華的契約（靠神性獲救）；若靠神性復國，又難以撫平二戰犧牲 600 萬人的傷痛和抵擋外族歷來的驅趕與屠殺。他們最後還是選擇了政治復國主義，建立了以色列國。（國家確立「神性主導」是後來的事。）

（3.3）中國人在二戰後面臨「如何建國」的兩難問題，即「走什麼道路：是走資本主義道路，還是走社會主義道路？」如果走社會主義道路，是走「鞏固新民主主義秩序」的資本主義階段論道路，還是走「繼續革命論」完成社會主義道路？其實質仍然在於「西化／不西化」問題？

今天看來，兩個災難深重的民族在「復國」或「建國」的基業上都陷入了困境。所謂「民族復興」仍然沒有解決，或沒有徹底解決。

---

[1] 「知識分子」專指以西方功能性知識學為本位，因而根本否認中國文化民族認同，以致毫無責任能力的個人主義知識分子。

[2] 如前期普洛提諾底「柏拉圖主義」和後期阿奎那底「亞里士多德主義」。

如前所述，「文化種性」問題不單純是「文化類型」問題，它還界定了「人性」基本特徵。作為西方歷史開端的古希臘精神「知識即德性」其實就是以「真」規定「善」、以「力量」規定「正義」的「功能性知識」以及「優勝劣汰自然法」。雅典在伯羅奔尼撒戰爭中就是以「力量即正義」對「彌羅斯島人」進行種族清洗的。沒想到，「雅典帝國」很快滅亡了。以此類推，「羅馬帝國」滅亡了，「大不列顛帝國」衰落了，等等，「剝奪者被剝奪」。所以，法國哲學家猶太人德里達在《馬克思幽靈們》中說出了這樣的話：「西方歷史上空始終徘徊著三個幽靈：俄狄浦斯、哈姆雷特、馬克思。」

「幽靈」一詞德里達是借用馬克思《共產黨宣言》開篇「一個共產主義幽靈在歐洲大陸徘徊」的說法。但實際上，能「死的抓住活的」之「幽靈」，寓意「生死界限的抉擇與反諷」。莎士比亞《哈姆雷特》中的「幽靈」演化出「死，還是活，是一個問題」的名言——注意，「死活問題」不僅是抉擇，也是反諷，難就難在界限的兩難。[1]

「俄狄浦斯」面臨的是「神／人」之間的界限：人究竟是屈服在神的詛咒中，還是走自己的超人之路？（這是古希臘尤其是中世紀後的西方人問題。）

哈姆雷特面臨的是「王權／人權」之間的界限：人究竟是聽任王權的篡奪，還是奪回屬己的王權？（「王權」影射著後來的「主權」。）

馬克思面臨的是「資本私有制／無產者」之間的界限：絕大多數無產者是忍受資本的剝削壓榨，還是推翻資本主義建立無產者共產主義社會？

19世紀下半葉，馬克思的「共產主義幽靈」東移到俄國和中國帶來了「社會主義革命」，特別喚醒了遠東的中國人。當西方人普遍沉入「以用代體」而科技物化道路時，中國人唯有借「生產力」之用做強做大自己，才能抵抗西方列強的遏制圍堵。所以，中國的崛起不能單純靠「資本技術」還必須靠中華民族的族群整體力量「以體制用」——即堅持「中體西用」彰顯中華民族的「德性之體」制西方「資本科技」之用，方能扶正

---

[1] 「反諷」，有時是當下兌現，有時在「凱歌般進行中」兌現，也有時會在根本上翻轉如「剝奪者被剝奪」「進化論變成末世論」等終極問題上兌現，這成為西方命運寫照。

世界發展方向「大而化之以致中和」。除此別無他途。

不僅如此，「文化種性」問題不單純是「文化類型」問題，它的背景已經同時轉變到科學技術與人類存亡的「哈姆雷特式難題」了。它也是西方哲學史上必須正視的「三個幽靈」：俄狄浦斯、哈姆雷特、馬克思。

不管德里達如何看待「三個幽靈」，在我眼裏「三個幽靈」隱喻的全是「反諷」。再重看「三個幽靈」隱含的更深遠的變化：

俄狄浦斯 —— 古希臘「諸神不和」向「希臘悲劇」的轉變啟蒙。俄狄浦斯王選擇不惜「改天換地」（殺父娶母）與神抗爭的「自然正當」道路。但這正是一條兌現神之詛咒（命運詛咒）的道路。

哈姆雷特 —— 工業革命前的英國，但寫的是中世紀北歐邊緣寒冷的斯堪的納維亞半島。丹麥王子復仇，選擇「人道用死於功利陰謀以證實功利陰謀之醜惡」，必然走上「在假像本質的批判中承認假像本質」的「縱惡」之路。

馬克思 —— 19世紀歐洲對原始資本主義批判的「批判現實主義」很快達到「共產主義」高潮，但隨著歐洲「資本主義合理解放形式」向非西方殖民擴張，結果「物化生產力解放人類而終被非人屬的科學技術物化了人類」——徹底去人化「物理還原主義」宇宙論兌現。

所以，我寧可說他們是三個「反諷的幽靈」，隱喻的只是「反諷」——人愈抗命神的詛咒愈陷入「神對人的詛咒」——「斯芬克斯之謎」。其要害是沒有真正反省到人自身的問題：究竟是智慧性的「向神的智慧學習，向人的苦難學習」，還是智能性的一味破物取力技術物化以擴張「強力意志」？

命運在轉折中迂迴顯隱。正是最後這個力圖「現代化猶太人為世界人」的馬克思喚醒了遠東的中國人。當西方人普遍沉入「以用代體」而科技物化之時，中國人唯有借「生產力之用」做大以匹敵西方，別無他途，但危險在於將進入西方「以用代體」之代價而最終喪失中國文化之為中國文化的「文化種性」。所以，必須堅持「中體西用」，即中國文化「德性之體」制禦科學技術以為「用」，方能調正世界發展方向使「大而化之以致中和」。這或許預示著從「反諷」命運中解脫？

〔附釋〕完

可惜，這個中國人還需時日到來。

如果從 1840 年「鴉片戰爭」算起，中國學習西方已有 183 年的時間了；如果從 1894 年「甲午戰爭」算起，中國學習西方已有 129 年的時間了。從中國今天的教育現狀看，特別是從大部分主持教育的知識分子對中國文化的不認同看，這個學習過程遠未結束而且前途未卜。其結果大體可用西方和中國的兩個成語對勘：「阿基里斯追不上龜」與「邯鄲學步」。

「阿基里斯追不上龜」說的是，阿基里斯如果只按龜的規則追龜，的確，永遠也不會追上龜。因為阿基里斯每次起步追趕只能追到龜同時起步的地方，所以，阿基里斯永遠會差龜走出的那一步。說白了，西方必須始終站在「主人位置」奴役你，也就是「鉗制你、圍堵你、卡死你」成為必不可免的遭遇。

「邯鄲學步」說的是，別人的步伐沒學到，自己的步伐卻丟掉了。因為，人類四大原生文化 —— 埃及、中東、印度、中國 —— 各不相同。西方開元的希臘文明是地中海區域的文明類型（以商業為中介），中國是遠東高原兩河流域的文化類型（區別於中東、印度各自不同的兩河流域文化）。抹掉文化類型，宣揚世界一元論的歷史觀不過是「帝國夢想」的「意識形態」霸權。

學到今天，也該學到反省的時刻了。至少明白「學習」歸根結底的目的是找回自我、確立自我而不是喪失自我。因此，在學習中「知己知彼，主位在我」才是學習的要津。那種鼓吹「全盤西化」，盲目信仰「凡西方皆真理」的「奴化學習」與「學習奴化」，實乃學習的大害，必須掃蕩乾淨！

一、西方哲學史的歷史編年

西方哲學史浩如煙海，西方思想家哲學家千百年來始終如一地「計算」他們的思想為「最高真理」「普世真理」「絕對真理」，如「一神論」「本體論」，非「天下獨尊，捨我其誰」不可。並以「真理」統「至善」，即便「真理是毒藥」——真理是「唯物」（「物理還原主義」），而不是「為

人」（「化極中和以為仁人」）也在所不惜。因而一開始就隱含著「以用代體」之動力趨勢。所以他們不遺餘力地把自己的思想描繪為獨照真理、顯現真理的「光」——「自然之光」，實乃「雙重遮蔽」之源。

【附釋】

所謂「雙重遮蔽」，得分三層解釋。

一層是表層即「光」——「象徵性」（類似柏拉圖「本相」——「本質主義」）。光遮蔽（消除）黑暗，又把這「遮蔽」遮蔽起來，如此顯得「無遮蔽性」純粹光明（白色神話）。遭黑格爾反諷「純粹的光明如同純粹的黑暗什麼也看不見」。

二層是中層即「真」——「真理性」，（類似亞里士多德「實體」——「科學實體主義」）。組成所謂希臘獨有的「愛智慧」（其實「愛智能」）的「哲學」。如此真理，既掩蓋人為建構不可避免的先天裂隙，又把這「掩蓋」掩蓋起來，儼然「真理」自居，美名之曰宇宙「最高存在者」——「本體」——「物理學之後」（誤譯成「形而上學」）。

三層是底層即「善」——「道德性」即「向神而立」（非對象化非功能化）。但詞語上「善」與「好」同，以「日用不知」達到通俗即「真」對「善」「知識」對「德性」的規定以取代之，從而定位在習俗之優勝劣汰的「功能性」上。這使真掩蓋善之為善（即非智能性非功能性），又把這「掩蓋」掩蓋起來。總之，「真理」取「神」而代之亦取「善」而代之，成為主宰「人」和「物」的至高無上的「強力意志」。

這就是「自然理性」之「西方意識形態」「西方中心論」的基本特徵。

正因為如此，「重寫西方哲學史」，必須打破「西方意識形態」、揭穿「西方中心論」和「以用代體」論，給它一個大時段的歷史編年，讓其整體輪廓在其中透射其表裏——還它「地中海區域」的「本土」性質——「本土形而上學」（表）與「本土人類學」（裏）。

以深受地中海區域之古埃及文化和西亞文化影響的希臘哲學為開端、雅典為中心，以內部奴隸制和外部殖民地為基礎，經希臘化時期、羅馬帝

國時期，直到羅馬帝國的滅亡，係第一階段，歷時公元前後各 500 年。

第二階段是歐陸中世紀神學，哲學成為神學的婢女，歷時千年。

第三階段進入近代史，含意大利文藝復興、英國工業革命、法國啟蒙運動、德國新古典哲學等。歐洲一旦獲得新的科技力量便南擴至非洲、西擴至北美洲、東擴至亞洲乃至太平洋東岸的拉丁美洲並迅速建立世界性殖民地。惟其如此，我才把西方「啟蒙主義」與「殖民主義」看作是手拉手向世界宣戰的。

但由於後起的帝國主義要求重新劃分勢力範圍，僅 20 世紀上半葉就接連引發了兩次世界大戰。雖然也伴隨了國際共產主義運動和民族解放運動，但仍統屬歐洲殖民主義時期，歷時 500 年。中國被「半殖民—全啟蒙」百年便在其中。

第四階段即跨入現代性後現代性階段，歐洲人文哲學讓位給英美分析哲學，直到哲學淪為科學的婢女，遂使科學技術成為世界性的「物慾領導者」，已歷時近百年。

姑且概括：

（1）希臘、羅馬時期（公元前後各 500 年，「帝國思想」形成期）；

（2）中世紀神學時期（約 1000 年，「普世神學」形成期）；

（3）工業革命、啟蒙思想等殖民時期（約 500 年，「帝國思想」爭奪期）；

（4）現代化的科學技術時期（近 100 年，「普世科技」轉接期）。

這樣的歷史，有兩個特殊現象值得注意。

一個現象。

希臘人、羅馬人、中世紀的歐洲人，有史以來為什麼形成這樣一種觀念：侵略、掠奪、屠殺、殖民？任何理論 ——「自然的」「神學的」「理性的」「心裏的」「動物本能的」「科學的」—— 都可以拿來為「征服與被征服」的目的服務，一面屠殺一面還文明正義說個不停，思想家哲學家照樣寫著神性、人性的真理著作 ——即「把屠殺的手戴進白手套書寫自己的文明史」。奇怪的是，被奴役的人們照樣拿過來頂禮膜拜，還唱著歌德的

歌「既然痛苦是快樂的源泉，那又何必因痛苦而悲傷」——這是主人的唱法；奴隸的唱法則是「我要殺你，是為了你好」——「征服與奴役是文明進步必須付出的代價」啊！

另一個現象。

西方啟蒙理性主導「世界」。所謂「世界歷史」其實是按照西方的歷史編制而成的：

> 希臘諸神、希臘、羅馬、希臘化「基督教—猶太教」；海洋、陸地；君主制、貴族制、民主制；「內部奴隸制與外部殖民地」；
>
> 工業革命、啟蒙運動、殖民主義（「軍事的」「經濟的」「文化的」）；
>
> 英國式革命與政治、法國式革命與政治、美國式革命與政治；
>
> 兩次世界大戰、兩大陣營冷戰、蘇聯東歐解體、直到所謂「終結歷史」的「新羅馬帝國」—「自由精神」的勝利。

這樣的「世界」分明是西方啟蒙理性強加給人類的一個「歸屬西方」的指歸性概念。「指歸性」表現為：「凡西方皆世界性的普遍必然的現代性，凡非西方皆民族的特殊本土的傳統性，因而西方領導世界，西方即世界。」如此向度及性質，在「世界性」中已成為「先驗規定」。說白了，西方是西方人的西方，東方是「西方『東方學』之『東方』」——此之謂「西方中心論」。

主人們認定，猶可說也；奴隸們也如此認定，不可說也！

事實上，西方的崛起，從英國資本主義工業革命的 17 世紀算起，也不過 400 年歷史。此前 1000 年是漫長的中世紀神學 —— 所謂「三大一神教」猶太教、基督教、伊斯蘭教「諸神不和」時期。此後又是 500 年被世界歷史叫做資本主義、帝國主義的「殖民世紀」「戰爭世紀」「災難世紀」。這也是資本主義、帝國主義本性大暴露的時期。它造就了世界共產主義運動的興起（1845 到 1991，歷時 146 年，其中包括社會主義陣營形成與資本主義陣營對峙的冷戰時期 74 年），並伴隨著民族解放運動的世界性風潮。

帝國主義在冷戰中改變了策略，即所謂「和平演變」——圍堵與滲透。

結果竟如此吊詭地使新生的無產者社會主義變成了「獨裁魔鬼」，而使魔鬼的帝國主義變成了「民主天使」。也就是說，人的社會性突然反轉為人的私人性（追求個人享樂和無限慾求），其中尤其以某些知識分子一馬當先地倒戈成為帝國主義最積極的傳道士。以致日裔美國人福山寫出《歷史的終結》這樣的諂媚之作。只能找到一個最直接的原因：「資本——技術——慾望」，徹底解放即徹底墜落的誘惑！

就是在這樣的歷史背景上，西方思想家、東方思想學者，走出了19世紀的「批判現實主義」揭露資本的罪惡而一反常態地讚揚資產階級的民主自由，極端地宣揚「個人主義」並把「性慾與享樂」宣稱為最基本的人權，以對抗任何精神理想追求，一概斥之為「烏托邦」傾向。

於是，他們的歷史由描繪形而上學真理的歷史轉變為描繪人性不斷下行之慾望的歷史。人們視為當然。結果，追求形而上學「本體論」「一神教」「強力意志」的帝國夢想史也隨之變成「個人單子化」「民主自由化」「人權慾望化」的科學技術功利主義歷史。「個人主義——工具主義——自由主義」在美國已堂而皇之地成為新的「三位一體」。「西方中心論」更將其如此下行的哲學和政治哲學思想推論為「普世價值」，隱蔽而現實地推進「科學帝國」的實現。

由此可見，哲學形而上學在西方烏托邦時期堪稱思想的引導者，其政治哲學本質還隱伏著。形而上學的幻象揭穿後，虛無主義便暢行無阻，其政治哲學本質也就走上前台撕下遮羞布而公然宣揚科學主義的強力意志，徹底完成了即走上了「以用代體」的物義論道路——取代「人文精神」的「科學技術」成為世界的主宰。

只有發展到宇宙論的科學技術成為世界的主宰，「神義論」也好，「人義論」也好，才徹底降解到「物義論」地步，人只有在「非人屬的鐵血災難」中才能真正懂得三個幽靈的「反諷」——兌現「斯芬克斯」詛咒——西方的「俄狄浦斯」一開始就沒有真正猜對「斯芬克斯之謎」——即包含「小孩」的天真與「老人」的智慧在內的完整人，而不僅僅是力量與意志化身的「成人」（「中篇」再回到「斯芬克斯之謎」詳述）。

只有把西方哲學史放在世界歷史的「大歷史段」上看，我們才能看清西方哲學的文化種性與歷史脈絡（「神—人—物」一路下滑地毀滅），而不會被現代性中的所謂「啟蒙」所蒙蔽以致「雙重遮蔽」的程度。

二、西方「本土形而上學」的人為建構與先天裂隙

引言

「本土形而上學」即「西方形而上學」，按照亞里士多德的寫作計劃，本應該嚴格稱呼其「物理學之後」，是東方自己把它翻譯成「形而上學」，造成了普世混淆，即「西方形而上學」的「技術理性」特徵及其「以用代體」傾向，與「東方形而上學」的「天人合一」[1]「以體制用」傾向的根本混淆。現在澄清起來特別麻煩了。為尊重已成習慣的「形而上學」流行用法，下面的行文中雖不強用「西方本土形而上學」，但其地中海「本土」實質是必須認定的。

希臘哲學具有西方哲學一切形式的萌芽。

形而上學主要表現為兩種形態：「本質主義」（柏拉圖主義）與「實體主義」（亞里士多德主義）。「懷疑主義」幾乎可以看做它們的否定形式，以及由此導致的相對主義、虛無主義傾向。

先按照「經驗」（如生活常用的「海盜經驗」、奧林匹斯「諸神經驗」與奧林匹克「競賽經驗」）的優勝劣汰方向進入，把如何優勝劣汰的「規律」（可知的「存在（者）」——「度」）及其承擔者（可見的「存在者」）定格下來成為「真理」（「存在者的存在（者）」），並納入智能性的可推理、可計算、可重複的實證製作過程（「思維著的存在（者）」）。經由「物理學之後」再上推到「最高存在者」即「不動的推動者或第一推動者」（即類似柏拉圖的「本相論」）。完成亞里士多德式的「形而上學」計算（三大實體：「可見實體」「可知實體」「最高實體」）。亞里士多德與他老師

---

[1] 2019 年 7 月補註：這是十年前用語。尚書樂經「神人以和」之「和」根本不同於戰國子學蜂起特別是漢代董仲舒獨尊儒術「天人合一」之「合」。其差別無異於「大道之顯天下為公」之「法先王」與「大道之隱天下為私」之「法今王」的天壤之別。頗類似於西方柏拉圖亞里士多德轉向的下行路線。

柏拉圖的距離並沒有他想像的那麼遠。他其實是用「歸納邏輯」（多即一）為他老師的「演繹邏輯」（一即多），把自明性前提（一）換成了可論證性（多即一）。後來的英美分析哲學、科學哲學還要不斷地「糾正」並「限定」其邏輯錯誤（如「當且僅當，必然如此」）。[1]

以上屬古希臘「自然理性」「自然正當」，亦叫「自然之光」。這「自然之光」一度隨著「雅典帝國」與「羅馬帝國」的滅亡而湮滅，在基督教中世紀，歷時千年。16 世紀意大利文藝復興、17 世紀英國工業革命、18 世紀啟蒙運動，逐漸復活了古希臘「自然理性」，使其亞里士多德開啟的「物理學之後」[2]，被後來的西方「哲學形而上學」即「本體論同一」構造成「普遍真理」，從而把希臘的「自然之光」描述成「雙重遮蔽」的「白色神話」：既遮蔽「本體論同一」之先天裂隙，又把這「遮蔽」遮蔽起來。只有少數臨界思想的哲學家意識到或半意識到這種「雙重遮蔽」，遂有一系列否定命題：「形而上學是一個堆滿頭蓋骨的戰場」（黑格爾）、「把特殊的東西說成是普遍的東西，竊真理之名；再把普遍的東西說成是統治的東西，或權力之實」（馬克思）、「柏拉圖主義是顛倒的虛無主義」（尼采）、「形而上學史是遺忘存在的歷史」（海德格爾）。

中國大部分學者始終看不穿其中的機關與算計，以致今天還在相信西方的「普世價值」，即把一個地中海區域的「本土形而上學」當做全世界的「普世真理」。更有甚者，把一個地中海希臘羅馬民族的「本土尺度」當成全人類各民族的「普世尺度」，任意裁剪自己民族的歷史與現實。且以「人性」「民主、自由、平等」為例。

按照我清掃「西方形而上學馬廄」四十年的經驗，幾乎所有「西方本土形而上學」的基本概念和範疇都只能當做「空集」看待。如西方本土形而上學之「本體」皆如此，已如前述。[3]

---

[1] 2019 年 7 月補註：分析哲學與科學哲學的「糾正與限定」同樣不得要領。請參見「中篇 第三次變形」。

[2] 意即「物理學後的存在者之存在」。講的是「第一實體的功能性與目的性」，屬宇宙論物義論。「第一推動的不動者」全然是功能性神，所以猶太人有「亞里士多德的上帝與亞伯拉罕的上帝何干」之劃斷。日本、中國翻譯成「形而上學」實屬知其一不知其二的誤解。

[3] 或參閱拙著《形而上學的巴比倫塔》下篇「重審形而上學的語言之維」（1992 年）、《西學中的夜行 —— 隱匿在開端中的裂隙》（2010 年）、《偶在論譜系 —— 西方哲學史的陰影之谷》（2010 年）。

再如「人」，只能看做帶著自身界限的「空集」（「界限」外以否定形式區別於「神」和「物」，界限內以其形式指引達於具體人）。如果人們還是為方便要用「人」，不能因為它是「實體」「名詞」或代替名詞實體的「代詞」，而是「可能性」（亞里士多德用語），或「形式指引」（德國哲學用語），或「索引詞」（英美分析哲學用語），或方便攜帶的「空集」（法國哲學用語）。也就是說，哲學史上少數臨界思想家一直都沒有忘記限制「形而上學妄想症」。連形而上學的始作俑者亞里士多德都沒有後來的「亞里士多德主義」走得那麼遠。「實體與偶性」不必說了。且拿他的「可能與現實」這對基本範疇來說，按其「可能性」人人應該成其為「人」：「人人都生而知之地聰明」「人人具有神性」「人人皆可富甲天下」「人人生而自由平等民主」，等等。好話可以說盡，但一轉到「現實性」，保證人聰明才智的兩大條件「財產與時間」便成為獨木橋，還不是人人可以通過的。注意，他不是忘了老師柏拉圖的「金銀鐵銅」，而是他早已準備著「現實性」的算計。於是，人的差異性、等級性立刻顯示出來。從亞里士多德的「狡黠理性」可以看出西方理性的「自然算計」。其「自然之光」的「雙重遮蔽」掩蓋其上。

在這個意義上，西方思想，可以作為東方思想的「參照」，但絕對不能拿來作為剪裁東方現實的「尺度」。凡是動輒拿西方思想作為「尺度」剪裁東方現實問題的人，不是無知，不是自欺，就是欺騙。可惜，長期以來，好心的人幾乎都沉溺在這種「自欺」與「欺騙」中。我曾經就是其中之一分子。滿腦子西方哲學、文學、音樂、繪畫，從思想到情調都是歐洲的（從來不是「美國的」）。以致面對中國哲學也要按西方範疇邏輯改變成西方哲學或西方哲學史的樣子，非如此「進步」不足以為「現代人」。

該清醒了。東方的哲學家、思想家、繪畫評論家，一個最重要的職能，就是清點西方思想中意識形態大範疇的虛假性，讓東方人逐漸清醒過來，以便各復其位、各是其是，以復興民族文化之本位為宗旨。

1. 本土形而上學定義的六個「命題」

「西方哲學史」基本可以表述為「西方（本土）形而上學史」。按理想，

形而上學是關於「本體論同一」的哲學，總幻想「一統攝多」，但事實上，形而上學家奠基的那個「一」沒有不被後人推翻而陷入虛無主義的。如此反覆輪迴，形而上學便與虛無主義結伴同行，形成形而上學與虛無主義「兩極搖擺」的奇怪現象。結果，反促成作為方法論建構手段的「技術理性」取代一切，於是「以用代體」地建立起物義論「手段王國」。真應了「螳螂捕蟬黃雀在後」「鷸蚌相爭漁翁得利」的中國成語。

在進入形而上學具體研究時，不妨先了解哲學史上有關形而上學定義式命題一再出現的警告。

> 第一式黑格爾命題：形而上學史是堆滿頭蓋骨的戰場。
>
> 第二式馬克思命題：形而上學屬意識形態，即，把特殊的東西說成是普遍的東西，竊真理性之名；再把普遍的東西說成是統治的東西，獲權力性之實。
>
> 第三式尼采命題：柏拉圖主義是顛倒的虛無主義。
>
> 第四式海德格爾命題：形而上學史是遺忘存在的歷史。
>
> 第五式維特根斯坦命題：我認為是怎樣的就是怎樣的。
>
> 第六式施特勞斯反證：《哈姆雷特》之「哈姆雷特解釋」再多但「哈姆雷特」唯一。

第一個是黑格爾的，他把西方「形而上學史」叫做「堆滿頭蓋骨的戰場」。

意思是說，作為西方哲學主流的形而上學史，從柏拉圖、亞里士多德肇始，每一個形而上學家提供的「本體論（同一）」總是不可避免地被後面的形而上學家推翻而重建，以此類推。故而才有黑格爾把形而上學「本體」當作形而上學家的「頭顱」不斷砍下堆滿形而上學「戰場」的比喻。奇怪的是，如此明白箇中機關的黑格爾居然也照章辦理把自己的「頭顱」讓後人砍下堆放在形而上學「戰場」上了。可見其適用性遠遠超出了黑格爾個人的言說。當然黑格爾會辯證地辯護，「這一點也不妨礙哲學史終究會有『最高的綜合』」——「絕對者是精神，這是絕對者的最高定義」——直到 20 世紀六十年代的「語言哲學轉向」徹底粉粹了黑格爾的「絕對精

神」夢想。

第二個是馬克思的，他把黑格爾形而上學乾脆叫做「意識形態」，並作為「德意志意識形態」的總體涵蓋，揭示其兩大規定如下：「把特殊的東西說成是普遍的東西，竊真理性之名；再把普遍的東西說成是統治的東西，獲權力性之實。」

事實上，它不僅僅是針對「德意志意識形態」說的，而是針對整個西方思想特別是針對形而上學說的。從古希臘的「普遍下衍個別」的演繹（柏拉圖）與「個別上升普遍」歸納（亞里士多德）至今，西方習慣性地把一個專名（形而上學家）的基礎性想法先驗化為「普遍者」或「絕對者」成為「真理」，然後再讓「真理」統攝「真善美」而成為「最高權力者」（「強力意志者」）。顯然，這樣便可達到前者「統一思想」（哲學），後者「統一行為」（政治哲學）。

同樣反諷的是，馬克思一方面這樣批判英國政治經濟學、法國空想社會主義、德國形而上學，另一方面又論定自己的批判「從空想到科學」而稱其為一元論的「歷史唯物主義」（照樣是「意識形態」）——重複了黑格爾可笑的反諷姿態。現在必須回過頭來強調一聲，適用於「世界人馬克思」的並不適用於「猶太人馬克思」，猶太人卡爾·洛維特讀得懂猶太人卡爾·馬克思，他知道馬克思「歷史唯物主義」不過是「用國民經濟學語言說著的彌賽亞主義」。我在中篇「第二次變形」中對此有詳細敘述。

第三個是尼采的，他乾脆把「柏拉圖主義」叫做「顛倒的虛無主義」。

尼采把西方形而上學史整個看作「柏拉圖主義」，並乾脆把「柏拉圖主義」叫做「顛倒的虛無主義」。意思是說，柏拉圖用偽造的「本相論」給城邦提供道德基礎。尼采做了兩個評價相反的批判：

一是說，柏拉圖虛構「造物主—德木格」，敗壞了希臘悲劇精神對希臘神話啟蒙的成果，為後來的基督教出世做了「婢女」式的鋪墊；

一是說，柏拉圖是西方第一個「超人」，他用「強力意志」塞入「虛無」又從「虛無」中取出「重估價值」的價值尺度「功能性知識學」，從此讓

後世如法炮製地「永恆輪迴」。換句話說，柏拉圖最早在虛無之上跳起的「超人之舞」——「強力意志」才使得「柏拉圖主義」成了「顛倒的虛無主義」之「始作俑者」。所以，海德格爾說出「尼采是西方最後一個形而上學家」。底牌亮出來了：「強力意志就是主人道德」。

第四個是海德格爾的，他把西方「形而上學史」叫做「遺忘存在的歷史」。

意思是說，西方形而上學史始終關注的是「存在者」的歷史，確切地說，是執著於「存在者底存在」（Das Sein des Seiend）或「存在著的存在者」（seiendes Seiend），甚至把這樣的「存在者表述」當成「存在表述」，以致根本還未涉及真正的「存在問題」。故而海德格爾把這樣的西方哲學史當然看作「遺忘存在的歷史」。「存在者底存在」和「存在著的存在者」這兩個短語中的「底」或「的」在德文中都是「des」，海德格爾把它叫做「魔鬼第二格」。前一個「底」表示的是「主語第二格」，即中心詞是專屬於作為「主語」的第二格修飾詞「存在者（底）」；而後一個「的」表示的是「賓語第二格」，即修飾中心詞的賓語第二格僅作形容詞「存在著（的）」（「存在著」乃「存在」的動詞分詞，作形容詞用）。「des」翻譯成現代漢語都簡化為「的」（即「底」「的」不分），同樣顯示不出來「主語第二格」和「賓語第二格」的差別。我恢復漢語簡化前的用字「底」與「的」才能區別開來。

試比較一下：

馬克思說的現象最露骨，即把形而上學過程——手段與目的——直接端出來了。以致端出到這樣的程度，自己也落入其「手段葬送目的」的結果中。

黑格爾說的現象最悲情，即把形而上學過程——成功與失敗——描述成希臘悲劇式的，即「不斷被砍下的君王頭蓋骨」，並期待「歷史理性」最終給出「絕對精神」的最高綜合。

尼采簡直把馬克思的意圖用自己的鐵血語言重述了一邊，突出了與

虛無主義—超人相對的五個環節：虛無主義—超人—強力意志—重估價值—永恆輪迴。

他們三者共同說出了一個西方謀求「強力意志」手段的「真相」：

終有一死的人建立的人世，根本不可能有永恆的尺規、真理，有的只是如何面對虛無，唯有超人才能用強力意志先把需要的尺規塞進虛無然後再從虛無中取出來重估價值而重新安排世界，如此永恆輪迴。其中，「超人」之「取出—塞入」，非「強力意志」所不能為，其強力表現為三：對歷史契機之攫取、對異己意志之排除、對主人道德自我證成之發揮。

因而三人都沒能逃脫自己命題的反諷「剝奪者被剝奪」。因他們都在地平線上的形而上學「第一時間」開端中。

唯獨海德格爾多少算是一個例外：

第一，走出了形而上學本體論同一，但只是從西方哲學的內部「把形而上學帶到其邊緣狀態」，並沒有真正地超出。

第二，把「看」轉向了「聽」，聽黑暗、聽半夜、聽深淵，還原了「光」的黑暗來源，從而指出形而上學之「光」本身必然是「顯即隱」的「雙重遮蔽」（形而上學地把「顯」當作顯而遮蔽顯自身的隱，即把遮蔽遮蔽著，謂之「雙重遮蔽」）。

第三，給「裂隙」「暗夜」（包括生活節奏中的「間歇」）恢復了別開生面的地位 —— 地平線下的「另類開端」（完全二重的時空形式）；墓碑上的一顆星 —— 象徵著暗夜乃黎明期待的源泉。習常人們津津樂道的只是「中期希臘」，也就是人們含糊稱呼的「古希臘」（目的在於掩蓋源頭），正是希臘的巔峰，即雅典帝國伯利克里時代。正如阿波羅太陽神戰車經過蒼穹之頂的張揚，恰恰掩蓋了同一的出發點與歸宿 —— 哈德斯「冥府」及其近旁的「夜宮」這黑暗之地。靜觀世界的理念（本相）哪裏是在太陽神如日中天的白晝（「純粹的光明如同純粹的黑暗什麼也看不見」），而是出發與歸宿的生死之界。

第四，「追問技術」，對西方世界的科學技術道路發出警戒的信號（「技術存在」取代「自然存在」，正如「製造即仿造」排除了「共生與共契」）——「只還有一個神能救渡我們」。

即便如此，仍迷戀西方的「強力意志」而遺忘苦難，尤其沒有進入非智能性的「德性」，因而習慣性地把「強力意志」看作西方「最後一個形而上學根據」——仍應了黑格爾的名言「在假像本質的批判中承認假像本質」！

第五，打開了東西方對話的可能，並期待對話時日的到來，墓碑上的一顆星——至少在形式上指向了「東方的黎明」與「對話時期尚未到來」的期待。

我承認，海德格爾哲學是我進入西方哲學史的一根「拐杖」。除了上述理由，更重要的是他的哲學氣質保留了早期希臘即「前蘇格拉底」的遺風——「知其是守其在」，「在」終歸是「有」；與我不幸遭遇的「知其白守其黑」之命途不期而遇（但我已進入「黑」即「無」）。

講了四個形而上學哲學史「否定式命題」後，必須做兩個補全與揭示，因為上述四個命題其實都是歐陸哲學的，應該補全一個英美哲學的視角才算公平。恰好，有一個現成的候選人，那就是猶太人維特根斯坦。我特別把維特根斯坦的「邏輯與罪」挑出來對上述命題做一個總結性揭示。

第五個是維特根斯坦的劃界：邏輯與罪。

維特根斯坦著力於劃分語言的界限：即在「說（gesaget）」與「顯示（gezeigt）」之間「做出一種精微而又通常難解的區分。」（1-20）

「說」表徵事實、斷定對象可能配置的存在，可與世界相比較，並且必須依據發生之事而為真或為假。

「顯示」卻有一種不易協調的現象，比如，維特根斯坦有兩段看起來矛盾的話讓人頗費周章：

> 「能夠顯示的不能說。」（1-21）
> 「命題顯示其所說。」（1-21）

《論確實性》是維特根斯坦從 1949 年年中到 1951 年 4 月 27 日他去世前兩天共十八個月做的筆記。也就是說，維特根斯坦用生命的最後時日思考了日常經驗的確實性與知識真理性的差別問題——算是維特根斯坦最

後一次「劃界」吧。維特根斯坦一生都在劃界，他的名「維特根斯坦」就是「界碑」！

維特根斯坦在《論確實性》中拿三十年前的「摩爾式命題」或「摩爾論證」說事，仍然延伸著「說出與顯示」的劃分，但表現為「經驗形式命題」不同「事例」的具體分析。摩爾曾經大膽地舉起一隻手說「這是一隻手」，然後舉起另一隻手說「這是另一隻手」。在另一個地方摩爾列舉了他能說他知道的事物，如「我知道我是一個人」，「我知道這個世界在我出生很久之前就已經存在」，等等。於是，人們把所有這些基本的經驗斷言叫做「摩爾式命題」。（1-27）

維特根斯坦發現摩爾對懷疑論的經驗批判隱含著一個巨大的風險，那就是，經驗「看來」是這樣的，能夠證明或推論它「就是」這樣的嗎？維特根斯坦在《論確實性》中幾乎一開篇就給予了否定的回答：

「2. 在我（或任何一個人）看來它是這樣，並不能推斷它就是這樣。」[1]

謝爾茲解釋道：維特根斯坦「認為在拒絕懷疑論的懷疑上摩爾是對的，但在假定他可以直接斷定他知道這些上，卻是錯的」。（1-27）

「知道」不同於「相信」，前者是與「能被認可的驗證程序」相聯繫的，在這個意義上，知道同懷疑同屬知識論範疇，都需要在「驗證程序」中接受真假值檢驗。「相信」則一般建立在確實性上，而確實性在日常經驗中是不證自明的。

相信或確實性，不證自明是如何可能的？它是後果，不是原因，不能用無須解釋來拒絕解釋。

在維特根斯坦看來，摩爾的經驗命題沒有做這種區分，甚至連這種區分的意識都沒有，所以他才把相信與知道混淆，即把相信擺進知識範疇去

---

[1] 維特根斯坦《論確實性》G. E. M. 安斯康 G. H. 馮‧賴特合編，張金言譯本，廣西師範大學出版社 2002 年，第 1 頁。下引此書標號如 2-1。不過，儘管張金言先生是國內非常知名的翻譯家，但在本書的翻譯中，他將 zeigen 主要譯成「證明」而不是「顯示」，乃是一個淺白中的掩蓋，致使，維氏的「說」與「證明」的語言表層句法種類的區分，掩蓋了「說」與「顯示」之世界內外顯隱臨界的劃分。或者說，平面關係取代了立體關係。

同懷疑對抗，用自己的手來證明「我有一隻手」的命題。這是看得見的，還有看不見的呢，如「我知道這個世界在我出生很久之前就已經存在」；還有你看得似是而非根本無法確定的呢，如「我知道我是一個人」——「人」是什麼？「人是機器」，「我知道我是一個機器」？等等。難怪維特根斯坦說：「在我（或任何一個人）看來它是這樣，並不能推斷它就是這樣。」

但奇怪的是，我們無法否認這些經驗命題是對的。換句話說，有些經驗命題是不與「驗證程序」聯繫、不靠「驗證程序」檢驗而直接為確實的，是何道理？

「83. 某些經驗命題的真實性屬我們的參照系。」（2-14。重點係引者加。）（西學東漸中的凡西方皆真理。如西方的美式「民主」。）

「144. 某個信念之所以佔有穩固的地位，與其說是由於其本身顯而易見或令人信服，倒不如說是靠其周圍的信念（情境）才使它不可動搖。」（2-25、26。重點係引者加。）（教會、派別、利益共同體。如教會中的「上帝存在」和「耶穌死而復活」；或者在資本社會相信「等價交換」「欠債還錢」乃是不可動搖的法則。）

「211. 現在它們把形式賦予了我們的觀察和我們的研究。也許它們曾受到置疑。但是也許由於經歷了久遠得不可想像的年代，它們已經屬我們思想的框架。」（2-35。重點係引者加。）（學派、思潮、主義、範疇體系。如「量變引起質變」「個別就是一般」「一粒微塵破壞了整個宇宙就會崩潰」，還有「階級分析」等。）

「407. 因為當摩爾說『我知道那是』時，我就想回答說『你什麼也不知道！』—— 然而我卻不會對任何不帶哲學意圖而講這句話的人這樣講。也就是說，我（正確地？）感到這兩者想說的意思不同。」（2-63。重點係引者加。）（一般人說：「天下烏鴉一般黑」。並不帶哲學意圖，而是當下即是的感慨抒發。但是如果一個哲學家說：「天下烏鴉一般黑」，或「太陽從東方升起」，或「太陽明天會照常升起」等，景況就不一樣了。）

【插語】

《論確實性》的最後筆記寫於「4月27日」，他離死亡只有48個小時，或不如說，就在這48小時的死亡進行時中，維特根斯坦還在一如既往地記述思考的問題：「我能列舉各種不同類型的事例，但卻不能指出任何共同的特徵」，「即使在這些事例上我不可能弄錯，難道我不可能受了麻醉藥的作用嗎？」「我不可能真正認為我此刻正在做夢」，即使我做著夢說「我在做夢」（2-109、110）……「永遠保持沉默」的死亡隨時在下一刻，由此所「顯示」的的確是「說」不出來也不能「說」的！

至少有些具有經驗形式的命題，和邏輯語法一樣，屬「我們的參照系」、屬「周圍的信念（情境）」「屬我們思想的框架」「屬一切思想（語言）運作的基礎」——既是語境，又是語法，都屬顯示層——它本身是無須論證也不能論證的，日常語言習慣了它，或不如說，和它融為一體，成為自然語言的一部分。只有那些看起來清醒其實是在做夢的哲學家企圖用這種方式來為他們的「我知道」「我認為」「我看來」一類的主觀命題轉變為似乎被驗證程序證明了的客觀命題（知識論的）時，才應當頭棒喝：「你什麼都不知道」。比如那些形而上學家「看來是真理」的「本體」。

日常中我們經常隨口說出「我知道」：「我知道我坐在一把椅子上」，「我知道門後有一把刀」，「我知道明天太陽照樣從東方升起」……但要知道這些話「在其語言遊戲中不是貿然說出的」，而且它只能存在於具體的語境內，且應用十分有限，「一旦我脫離當時的情境來說出這個句子，就看不清其真正面貌了。因為這時看來就好像是我堅持認為存在我所知道的東西。關於這些東西上帝本人也不能對我講些什麼。」（1-105，重點係引者所加；參照2-89）比如：

> 「我知道在一切現象後面有一個本體」——而且它顯然應該以發現它的人的名字命名。
>
> 「我知道在人的意識內在性中有一個超越的純意識自我主體，它是建構一切外部世界的莫基石。」

「我知道⋯⋯」

哲學家沒有這種權利。沒有這種「在我看來它是這樣，便能推斷它就是這樣」的權利。

我為猶太人維特根斯坦流淚！

他終身都困惑於「邏輯」與「邏輯罪」中。羅素「能看見他」但「不能理解他」——整個英美分析哲學、科學哲學同樣如此！[1]

第六個施特勞斯反證：《哈姆雷特》解釋再多但「哈姆雷特」唯一。

還得提一下施特勞斯。他自己承認僅止於「學者」——保持著對古希臘智術性哲學家或哲學王的本能距離。他看透了希臘的哲學形而上學的虛無主義本質，根本不指望這顆「金蘋果」有金子般的內核。

但他又有一個絕妙的比喻：有多少個《哈姆雷特》的研究者就有多少個「哈姆雷特」，但不能因此得出虛無主義結論——沒有真正的「哈姆雷特」。施特勞斯用他特有的方式指出，無論有多少個「哈姆雷特」，至少他們都在論說著「哈姆雷特」，從來不會有一個人從《哈姆雷特》中研究出「堂吉訶德」來（後一句話是我加的）。也就是說，那個特定的「哈姆雷特」是存在的，並非虛無，也不能虛無掉。

我得趕緊補充一句，「那個哈姆雷特」的確是存在的，但不存在於任何一個解釋《哈姆雷特》的解釋者手中。換句話說，「作為本相的哈姆雷特」，是「既不能證實，也不能證偽」的「偶在」。

於是，他深諳尼采的「超人、強力意志、重估價值、永恆輪迴」有其當然性，但不同意尼采為突出「超人之強力意志」而誇大背景的「虛無主義」以致在其「因果律」的前後引申出「虛無主義」結論。斯特勞斯只需用「自然法」稍加調整就能挽救「超人之強力意志」到「永恆真理」的「形式指引」位置。因為，按其「超人」本性他是「應該」最能指引到「永恆

---

[1] 羅素《西方哲學史》上下兩冊被國內某些人當做不能評判的經典，其實維特根斯坦，對這位答辯「導師」也只能在答辯後拍拍他的肩膀說：「你不懂。」事實就是如此。我會在《解密卷》中留下一頁點明他用英美「尺度」讓「西方哲學史」整體轉向「數字與圖像」底「機器人第三型文明」方向，再無回頭路。

真理」的 —— 不是康德—黑格爾式的「邏輯與歷史同一」,而是邁蒙尼德「先知」式的「迷途指津」。惟其如此,政治哲學中的「自然正當」才是可欲可行指向「神性關懷」的。施特勞斯要的就只是這個與「歷史權利」相連的「自然正當」。

作為反證,施特勞斯的猶太同胞馬克思,用「從空想到科學」的「歷史唯物主義」去邏輯地論證「彌賽亞主義」指日可待的實現 —— 這是違背《托拉》精神的。尤其是其中的歷史「唯物」主義「把人歸結為生產力」,最終導致「科學主義」剝奪「人文主義」的希臘式悲劇 —— 世界「非人化」、地球淪為「行星工廠」。當前西方科學主義正走在這一條路上。

2. 本土形而上學開端的三個「前 X」模式(略)

如何確定開端就如何確定哲學史的性質與走向。

(一)「前亞里士多德」:「形而上學」史開端(黑格爾)—— 形而上學主流

(二)「前柏拉圖」:「虛無主義」史開端(尼采)—— 虛無主義
　　　　　　　　　「政治哲學」史開端(施特勞斯)—— 反虛無主義

(三)「前蘇格拉底」:「臨界思想」開端(海德格爾)—— 偶在論

「早期希臘」與「中期希臘」即「古希臘」有區別。

「早期希臘」在公元前 5 世紀之前,即所謂「前蘇格拉底」時代,屬「荷馬神話」時期與「希臘悲劇」時期之間的過渡時期,以雅典東面外圍的埃利亞、米利都、伊奧尼亞、愛非斯等地的哲學家為代表,如阿納克西曼德、赫拉克利特、畢達哥拉斯、巴門尼德等。他們深受埃及、中東乃至東方薩滿教、神秘主義的影響。蘇格拉底在「早期」與「中期」的臨界上。

「古希臘」在公元前五世紀之後,地點中心雅典,人物中心柏拉圖與亞里士多德,哲學集中體現為「愛智」。可是,「愛智」在早期希臘和古希臘這兩個不同時期的表現是不同的。也就是說,它們有一個演變分化的過程:

（1）「愛智」主內，重點在靈魂轉向冥府守其根源（早期希臘）；「愛智」主外，重點在靈魂轉向太陽（自然之光）展其表現（古希臘）

（2）「愛智」如何從「德性的智慧冥想」變成「愛智能的爭論與論證」？

或者說，「愛智」如何從「愛智慧」變成「愛智能」，最終完成「知識功能化、邏輯化」。內心不斷被外在的替代物填充更換以優勝劣汰，如今天世界然。

3. 西方哲學史的七次「變形」（略）

（一）本體論（繆斯說）（諸神譜系乃本體論的神學淵源）

柏拉圖的「本相」——「本質主義」（演繹）

亞里士多德的「實體」——科學實體主義（歸納）

（二）上帝論（上帝說）

普羅提諾的上帝

阿奎那的上帝

基督教與猶太教的差別

「亞里士多德的上帝與亞伯拉罕的上帝何干」

（三）主體論（人說）（含意識哲學與無意識哲學）

普羅塔哥拉「人是萬物的尺度」

貝克萊「感知即存在」

笛卡爾主義

康德主義

胡塞爾主義

弗洛伊德主義

（四）勞動論（物說）

「馬克思歷史唯物主義是人道主義最後一個形式」

「最後一個資本主義人本主義（科學主義）」

以上為古典哲學或新古典哲學，下為現代哲學

（五）存在論（自然說）（「邏各斯」意義上，非「自然理性」）

（六）語言論（語言說）（歐陸語言哲學，英美語言哲學，偶在論語言

哲學）

（七）科學論（數說）（「圖靈機」之後的「數字與圖像」）

呈現「神義論 —— 人義論 —— 物義論」的啟蒙—降解過程

有一個現象值得注意。從神義論中走出的人，其人格要崇高得多，因為他們是以神作為對手鍛造自己品格的。而人一旦下滑到今天純粹的功利技術慾望時，這個以美國人為代表的「新型西方人」其實已很低下了 ——「生物本能決定論」。只有他們才為成為物義論「機器人」作直接準備。

三、西方「本土人類學」的三次啟蒙蛻變

在「西方哲學史」的「重述」中為何扯進了「人類學」和「本土」這不相干的「學科」和更不相稱的「術語」呢？

首先聲明，這不是我的用法，它來自美國猶太人類學家馬歇爾・薩林斯的《甜蜜的悲哀 —— 西方宇宙觀與本土人類學》這本書。恰好「本土人類學」與我近幾年提出的「文化種性」對應。都旨在還原西方諸意識形態之地中海區域本土性。非常有趣的是，他從「人類學」還原，我從「哲學」還原，兩者竟然殊途而同歸。

「人類學」當然離不開它賴以發生的「土地與血」。「哲學形而上學」同樣離不開它賴以發生的「土地與血」之原始語言經驗及其「諸神形態」；命名為哲學的「論說方式」「第一實體」及其「範疇邏輯」等，那是後來第一次「啟蒙理性」表現。啟蒙也並非一次性完成，往後還會經歷多次啟蒙，每次啟蒙都會帶來某種變形與轉折。儘管如此，各民族文化因其「土地與血」不同，其「開端」「啟蒙」「轉折」發展方式亦各不相同，但有一點是共同的，那就是，各自的「開端」所建立的「原道」都具有這樣的「開端威勢」，即它在後來的變形轉折中「道一貫之」，由此而堅守本民族文化之為本民族文化的「是其所是」。否則，該民族文化就事實性地消亡了。

所以，在這個意義上，「哲學」（表）與「人類學」（裏）對於一個民族文化來說，正是「互為表裏、道一貫之」的。「道」，這裏是「索引詞」，索引到該民族文化之命脈所繫：可以是「神性」，如猶太民族；可以是「佛性」，如印度民族；可以是「德性」，如華夏民族；可以是「物性」，如歐

美民族。

　　本文視點在於，作為西方民族文化之開端的古希臘文明，身處地中海區域的亞得里亞海濱土地貧瘠的希臘半島上，其「本土人類學」特徵是什麼？

　　「文化」與「文明」，我認為是兩個不同且具有「母子關係」的概念：「文化」屬原生性（土地），「文明」屬次生性（商業中介）。相對而言，「文明」可視為「文化」中的「技術」因數或指數。一旦技術因素在文化比例中成為主導，該文化就走上了「以用代體」的「宇宙論—物義論」道路。希臘開端的西方文明，乃屬此系。其特徵表現為「知識即德性 —— 知識即力量 —— 知識即功利」，直到今天「科學技術」成為主宰。

第二台階
人的定義與是的用法
（2008）

我做的不是學問還表現在，非專業的遊學姿態上。

嚴格地說，「青年馬克思」是我的自學起點。馬克思《1844 年經濟學·哲學手稿》我花了 10 年時間專攻寫了 20 多萬字筆記，終於獲得進入學界的入門資格。接著，仍不務正業，遊學於「現象學」「古典學」，最後還被「概幫」（「概念幫」）同仁接納進入「科學哲學」（2005 年）。非常感謝「概幫」弟兄們，沒有最後一個環節的遭遇，我大概不會到達本書的門檻上而身處「臨界」狀態。

2008 年，程煉賢弟送了我他回國出的一本書《思想與論證》（北京大學出版社，2005 年）。第一部分「心靈」第三節「論人是機器」。使我第一次領略了他嘲笑胡塞爾「意識意向性」純屬「私人語言」的「實證根據」。

因當時我正在寫《偶在論譜系》，清理西方哲學形而上學的「本體論」如何「雙重遮蔽」並「兩極搖擺」，即「主題 臨界：陰影之谷」。從柏拉圖「是的區分」一直寫到維特根斯坦的「邏輯罪」。程煉《論人是機器》給我觸動極大。於是向程煉求教寫了題為《人的定義與是的用法》長信。照錄如下。

程煉賢弟：

你送我的書《思想與論證》，一上手就看了第一部分「心靈」，隨後挑著看了許多。最近，因寫《偶在論譜系》，回頭又看了第一部分，

特別是《論人是機器》。

　　我有兩個問題想問你：一，人的定義；二，圖靈機的提問法。我的問題方式：從你的「理解」出發走不回你的「理解」自身，其間的偏離，是何不妥？望賢弟不吝賜教。

　　先問第一個問題：「人的定義」。

　　你當然會說，「人是機器」是命題，不是定義。但這是解釋。事實上，「人是機器」這個句式本身排除不了「定義」，除非放棄「是」的實指對象（「實體」或「屬性」）的邏輯繫詞的基本用法。[1]

　　你區分了「是」：「表達等同關係」和「表達隸屬關係」。如「魯迅是周樹人」屬前，「魯迅是作家」屬後。前者可以自反，後者不能。這對別人犯的常識性錯誤是有效的指正。但問題並沒有解決，如，「人是機器」中的「是」，「等同關係」乎，「隸屬關係」乎？都不是。除非將來人的生存環境從目前的「生物星球」改變成人與「機器人」共存的「物理星球」（「行星工廠」），根據維特根斯坦對「摩爾論證」的糾正，那時，經驗語境的內在性質足以「顯示」表面「說」的形式根據，「人是機器」就像「我有這隻手」，憑直觀就可經驗論證了，因為那時人已事實性地併入更大的「機器類」——連「星球」都機器類了，人何道哉！但今天，看來非繞彎子解釋不可。

　　關於人的定義，思想史上有名的：

　　A「人是哺乳動物」——生物學定義。屬差「哺乳性」仍屬動物類。

　　B「人是理性動物」（「人是政治動物」「人是會說話的動物」「人是製造工具的動物」）——社會學定義。屬差「理性」出離動物類，至少臨界。

　　C「人是上帝造的自然守護者」——神學定義。人整個被神提升出動物界。

　　D「人是此在」（「人是看護存在的此在」「人是無意指的指號」）——哲學定義。人只按人的理性反省自身，既獨立於動物，也獨

---

[1]　「是什麼？」這是古希臘基本語式。我在《偶在論譜系》中多處描述過，如「什麼是」「什麼是哲學」「什麼是形而上學」等等。此處不贅。——本書作者書寫臨場補註，則以「現註」標明。

立於神。

「定義」前的限定詞：「生物學」「社會學」「神學」「哲學」等，正是維特根斯坦劃界的能「說」背後不能說的「顯示」根據；且不談「顯示」根據自身是否合乎邏輯實證原則。

此外

M「人是機器。」

根據你的行文，顯然傾向於科學意義上的「自然法則」，那就叫「物理學定義」吧。與此一路的還應有：

N「人是計算機」——拉美特利定義「人是機器」的現代版。

P「人是基本粒子」（「在一個由物質 ——『基本粒子』、運動和相互作用構成的世界裏，『理性、精神、情感』等等是如何可能的，這是當代心靈哲學的核心問題」）。

Q「人是數字幾何」（「新世界觀的關鍵思想是世界中的物質運動和相互作用規律皆可用數學公式表達」）。

現在我們就來比較一下這些定義的性質，特別是另類定義（MNPQ）及其「是」的用法 —— 它們看來都「還原於」物理的「終極原因」，一個絕對的「本體論」定義，但不過是看來如此而已。

柏拉圖時代，「是」開始區分為「存在於」和「歸屬於」。（請參看我的《重審形而上學的語言之維》「柏拉圖『是』的區分」一節）比如，「蘇格拉底是人」，兩層意思：人作為本質屬性「存在於」蘇格拉底，不能分離，沒有獨立的「人」存在；蘇格拉底「歸屬於」人，「人」是所有具體人的本相，且獨立於所有人之外。

這是內在於本相論（理念論）中的「柏拉圖悖論」：屬性不是實體／屬性是實體。不可分／可分，或不實存／實存 ——「柏拉圖本質主義」正是如此。但柏拉圖本人尚無意識。至今，「本相」直到最高本相造物主「德木格」的源出，除了希臘神系的奧菲斯主義，根本無法解釋，所以尼采乾脆說它是「虛構」「偽造」。然而它推動了九九歸一的形式邏輯。

亞里士多德為了克服本相論自身的悖論，規定實體只能是個體，

只有個體才是「第一實體」，才能做主詞。但這個主詞個體，又必須從只能做謂述的第二抽象實體（類）、第三抽象實體（神）中（加屬差）獲得本質的規定。結果還是回到了柏拉圖。亞里士多德也尚無意識。所以就「本體論」而言，亞里士多德與柏拉圖之間的差別遠比亞里士多德想像的小。但在「邏輯語法」上，亞里士多德表達了自我意識。

進入現代，按英美系分析哲學，為了避免「人」的本體承諾，「人是……」只能算非限定摹狀詞表達式。否則，「人」就是一個在生活世界有對象實存的實體。羅素的「類型策略」與維特根斯坦的「語境劃界」，在不同層面上使不同於「對象實在論」的「語義整體論」走上了前台，然而「意義」卻仍然帶著謎一樣的本質。

上述「是」從「實體」「屬性」到「意義」的顯示域擴大，或許能算得進入「人的定義」的準備。

A、B定義看起來都是歸屬性的，人歸屬於更大類的動物，以動物為限，或側重於人的純粹的動物性（A），或側重於人自身的特殊屬差——理性（B）。

C表達的是人—神關係。這是思想史上將人從動物中提升出來的信仰根據。無神論者把神看作心理現象及其它；有神論者古來不絕於史，未必無稽之談，至少它界定著人的知識有限性外尚有絕對不可知領域。「是」的非歸屬性的外在臨界性（人／非人——上行向神而非下行向物）突顯出來。

D表達的是非動物亦非神的抽象的哲學存在。看起來是人義論，但可以是人類中心主義的，也可以是非人類中心主義的。「是」隱含著自身「不是」的內在臨界性（有／無）突顯出來。

以上四種表面都具有「歸屬於」傾向，即歸屬到更大更抽象的類或範疇中（注意，仍帶著「屬差」即本己的屬性），或者用科學進化論的語言說，它們把人基本定格在「有機物」以上的層次上。但層次關係相當微妙。皆由「是」的非邏輯功能（即非判斷係詞）如「指向」「界面」「生成」區分著，它們顯然又是一元歸屬性包容不了的。換句話說，它超出了英美系語言哲學「是」的繫詞邏輯用法。

MNPQ 則不同了，向下走到無機的物理層次，最後抽象為「基本粒子」及其「數字幾何圖形」存在，幾乎要求 1+1=2 的精確。當然，它傾向的是物理成分的結構、功能和相互作用的形式方法。不管你怎麼避免還原論，如果宇宙歸根到底都是基本粒子及其相互作用的規律表現，而且規律一定可以用數學公式表達，那麼，還原論就是不可避免的。

由此可見，ABCD，MNPQ 兩類定義，一類向上綜合多元，一類向下還原一元。綜合可以包容質的多樣性；還原則只能九九歸一的絕對本體性。按照你的科學世界觀，世界歸根結底是由「基本粒子」構成的 ——「是」的本體論職能乃九九歸一還原到「基本粒子及其功能」，一切多元、多樣（的屬差）歸根結底都被還原掉了，應了莊子的「萬物齊一」，因而萬物的定義也在「齊一」中喪失了規定性或必要性。

順便插一句，按我粗淺的物理知識理解，「基本粒子」是非物質的「場」，至少是「物質／非物質」的臨界狀態，因而表現為相互作用的功能形式，類似語言的「語義整體論」。換句話說，「基本粒子」不屬「單一性」本體論概念。毋寧更傾向於我所理解的「偶在論」，尚敞開著多元性生成的「黑洞」。[1]

你意識到，還原論並非否定人自身的思想精神特性，相反，恰恰是這種還原論才能使「理性、精神、情感」何以可能這個康德式問題得到解答。

何以可能？大腦這種物質同自然界的其他物質「有著深刻的差別」（所謂「屬差」有別），它不能靠「觀察」，只能藉助於模仿或「功能類比法」。接著，你就把注意力投放到圖靈智能機上。暫時把圖靈機放下，它屬我的第二個問題。

這裏有一個邏輯直觀的事實不容忽略。還原到你所理解的「基本粒子」及其相互作用，在邏輯上是以歸結單一性為前提的，即先從活生生的個體人（G）分析到單子（非「基本粒子」），然後再從單子構

---

[1] 北大講課後有一場與「概幫」朋友對話。是時，做科學哲學的朋友們似乎都對上個世紀的「場論」之「場」消除意識了，連史蒂夫・霍金都不提「場」，一切還原為「基本粒子」了 ——唯有無無。現註。

成到複合體（G-n）。須知，經過抽象分析與構成複合，其間兩個相反的邏輯程序進行無疑會因各種手段（物質的與思想的）的介入摻合了或抽象了額外因素（-n），從而使（G-n）不復是（G）了，只能是「複製品」。[1] 連黑格爾都意識到，「肉可以分解成碳氮氫，但碳氮氫的複合體已不復是肉了」——「深刻的差別」（「屬差」）還原掉了。

但從某種目的取向上的實用主義與功利主義看，（G-n）/（G）之間的差別並不重要，重要的是這種複製品恰恰有特別需要的功能優化可為設計者所用。類比法的行為功能主義，就這樣把行為啟發教化設計的參入因素或抽象因素當作事情本身，其「敞開即掩蓋」則是不可避免的。技術手段從此走上了自我證成、自我強化的自主道路。故而人稱當今世界為「手段王國」。

你在文章中還舉例談到「疼」的機器表狀態。同理可推，「恐懼」等等人的任何表情皆可如法炮製。這是典型的英國人經驗論思維（「人是感覺的複合」），所以語言行為主義的行為表也只有在英國人那裏想得出來（好萊塢的電影製作也是這樣元素組合分類炮製的，所謂「類型片」）。但世界並不都是英國人，甚至連英國人也並不都是貝克萊式的、洛克式的、霍布斯式的。當然他們擁有的「知識話語權」最終成為引導，就像培根的「知識即力量」取代「知識即德性」成為今天的功利實用原則一樣。世界就這樣被引入定向軌道發展了。這種以犧牲、丟失「深刻差別」為代價的邏輯現象或技術現象，既不被抽象性的歐陸形而上學重視，也不被分析性的英美功利實用主義重視。可當今非智能性的智慧思想，至少應該意識到它「白色神話」般的「邏輯風險」！

你在書中還援引伽利略，他的話全是他所需要的類比：

宇宙是一本書（不是別的？）

這本書用數學語言寫作，文字是幾何圖形（不是別的？比如你所不知道的）

結論：只有懂得數字與幾何圖形才能懂得這本書。

---

[1] 如果是今天寫，我就會給「複製品」加一個絕對限定詞「功能性」，為了絕對區別「技術存在」與「自然存在」。目的是要根本否定亞里士多德得出的「技術存在高於自然存在」的結論。現註。

大前提是設定的，小前提也是設定的，結論即便不犯邏輯錯誤，也逃脫不了設定。不管伽利略多麼信奉科學，他背後支撐著的仍是「上帝創世」的原始幻象，因而伽利略支持了這樣一種神創論：「上帝創世的奧秘就在於數學」，而且還是自然數的數學。（據說，今天的達米特之流就作如是觀。）德國古典時期的哈曼因此說，「伽利略是最大的敞開者，同時也是最大的遮蔽者」，即他關閉了其他可能的通道。

　　如此修辭還出現在猶太人本雅明的比喻中，如整個地球人類「只有一本『大書』——《舊約》」，其他皆為這一「大書」（「聖器」）的「碎片」。另一個猶太人維特根斯坦注意到這種「隱喻邏輯」的「罪性」，可他自己並不能幸免於這種隱喻邏輯潛在越界的罪性。

　　由於你受的科學教育，你可以不假思索地寫道：「在一個由物質（基本粒子）、運動和相互作用構成的世界裏，『理性、精神、情感』等等是如何可能的？」

　　邏輯上，你說的只是宇宙空間中的「一條」你恰恰知道了的「數軸」或「弦」，即便這條數軸或弦是可能的，那也不過「一條」而已。但你卻用不言而喻、無庸置疑的口氣把它表達成「唯一」的。

　　今天的世界，之所以處處得到科學手段的證明，因為世界本身事先就是用科學手段設定的，幾乎到處塞滿了它的「技術存在」，包括「教育者」與「受教育者」。好比，我製造了鋼精水泥，然後用鋼筋水泥建造了世界，這個世界當然處處能夠找到鋼筋水泥實用的規律證明。到此為止，似乎並沒有邏輯上的錯誤發生，但如果哪一天早上我突然像一架「貝克萊鋼琴」說：「因此，整個宇宙都是建立在鋼筋水泥的運行規律上的」—— 錯誤就發生了。

　　你會問：「好吧，除了『基本粒子』運行規律，你還能說得出別的存在方式嗎？」即便我說不出其他的運行方式，也不等於你的由「某一」推向「唯一」的越界邏輯是正確的。至少你目前還不能證明「某一」

就是「唯一」。「從未」並不能邏輯地推論出「永不」。[1]

八十年代我曾經狠狠地嘲笑過列寧的「物質定義」（「物質是不以人的意識為轉移的客觀存在」）：「一個意識根本不意識的客觀存在是怎麼進入意識判斷的？」這顯然是受著笛卡兒後的主體論認識論影響，胡塞爾是它的極端表現。現在，獲得偶在論眼光之後，我轉變了，因為我意識到「臨界狀態」。分析哲學中的隱喻理論儘管仍然擺在可操作的分析模式中，畢竟面向敞開了的隱喻領域，而隱喻的界面性與模糊性是分析模式規定不完備的。

這還只是邏輯自身的限度問題。即便今天有限的世界也仍然可以對技術科學說，世界並非如你所是。異類的大門敞開著。至於邏輯之外人的理性限度的自覺所隱含的神聖與敬畏，則不可同日語了。

再談第二個問題：「圖靈機提問法」。

首先，你也承認，圖靈機不是人腦，也不是人腦的複製，它們僅僅是兩類「有著深刻差別」的完全不同事物的功能性類比。在這個意義上，你是否意識到，自詡講究「『是』的邏輯繫詞的對象性」的英美分析哲學，居然把「是」當作「像」如此這般地使用：「人腦是＝像計算機」。

它使我不得不想起基督教的一樁公案：

天主教 ——「麵包像基督的肉，葡萄酒像基督的血」。

新　教 ——「麵包是基督的肉，葡萄酒是基督的血」。

如此對應的有一個真實的「文革」故事：

「毛主席像太陽」—— 反革命

「毛主席是太陽」—— 革命

由此表明一個奇怪的現象，「像」其實就是「是」，它無非包含著否定「不是」於自身：「A 是 B」，已經直觀地 ——「A 不是 B」。若認真地加進時間維度，「同一律」是不成立的，於是才有徹底懷疑論不絕

---

[1] 宇宙真奇妙。十年前，史蒂夫·霍金在《大設計》中大談「M 理論」，用數學對宇宙運籌帷幄。十年後，現代天體物理學承認，已認知的宇宙只佔 4%，96% 的「暗物質」是不知道的。你不知道，怎麼就肯定是「暗物質」呢？可見，「只知其有不知其無」多麼頑固。現註。

於思想史。這恰恰是英美分析哲學不能忍受又不得不忍受的狀況。

不僅如此，而且從繫詞到主詞都不確定起來。係詞「是」如此「像」了；主詞「人」，不是名詞，不是代詞，也不是羅素意義上的「類」，在這裏，就像賴爾在《心的概念》中分析「我思故我在」的「我」，無非一個「索引詞」：索引人的腦，還只是腦的某一種功能（計算），而腦的幻象、夢、生造等等功能，根本還在此例之外。

既然只是「像」一類的比喻修辭，「人是＝像計算機」如何能成為「人」的定義呢？「人是＝像機器」同樣夠不上，因為「是＝像＝不是」。但據說它有別開生面的意義 ——「打開了新的世界觀」。如何打開？即「人」被一個類比性修辭引入了「機器」「計算機」領域，並被當作定義給敞開了這一領域的「人屬性」（不是「屬人性」）。也就是說，從「人是什麼」轉換成「人像什麼」，再從「人像什麼」確定為「人是（所像的）什麼」。這一圈轉回來，人被一個「像」的東西當作「是」的東西確立起來。真亦假來假亦真 —— 狸貓換太子。誰知道呢，說不定科學家私下裏更樂意說：「人是虛構物。」這本來就是「科學想像力」中的應有之義。所謂「缸中之腦」。

【插語】

科學大概意識不到，對造物自然屬性的越界，已是「邏輯罪」之源。複製品對自然物的取代即是對自然物的消滅，地球物種消滅的積極形式。如同其他被毀滅的智能星球，地球的毀滅也就為期不遠了 ——「偉大的知識」即「神聖的罪業」。我不想走這麼遠，像杞人憂天，但卻阻止不了同樣的邏輯風險。

再看方法論的引導。為了回頭論證「圖靈機具有人的智能」，設計者又設計了一種「問答遊戲」：設計者或同等智力的人作為提問人，人和圖靈機回答。遊戲要求，回答者不一定順著問題做簡單回答，還可以用誤導或妨礙的技巧誘使提問者判斷失誤，最後，仍以人和圖靈機回答的相同與否的多少來決定圖靈機是否具有智能。

　　這裏的關鍵當然是提問者。德國哲學有一句行話：「問題的提法把問題的解答包含著。」而且限定、否定都在包含之中。柏拉圖對話中的蘇格拉底提問早已演示過了「對話辯證法」，結果沒有不被引導到蘇格拉底方向的。蓋因提問具有暗示性，暗示著回答的方向與關聯，即便誤導與妨礙地偏離乃至脫離，也仍然是一種相關牽引，同樣可以在調節中建立類比判斷。總之，提問、調節，恰恰是引導者的遊戲，其有意無意的目的在於，使這種引導成為提問者的自我證成，甚至連否定歸根結底也是自我證成的準備步驟。這就是提問者的模態邏輯。

　　能製造圖靈機的人，其大腦已事先圖靈機化了。「羅馬俱樂部」曾預言微機時代的人認為，如果不被世界的其他生存方式打亂，人是可以越來越被微機人取代或微機化的。何況今天還有克隆技術。世界早已被技術科學定向發展了。

　　所以，按照提問法推論下去，圖靈機人化，是人先行圖靈機化了，於是要做成它的功能類比法，沒有什麼難的。甚至可以預言，地球遲早會給宇宙提供一個「微機克隆人」時代的到來。說不定好萊塢夢工廠的大量科幻片、科幻災難片，原本就是宇宙消逝人類的死記憶復活。

　　現在傳媒影視充斥著美國想像，連根本未知的外星人都「像」美國人一樣充滿著「侵略／防範」機制——提前制定、提前塑造。當然，它首先就這樣制定塑造了地球人類。

　　（三大「一神教」後患無窮。其他民族的思想資源如印度、中國，完全被壓抑了、遮蔽了。世界並非「一神教」的世界。東方智慧至少提供了兩種不同的視角：

　　其一，宇宙是怎樣的？多元方向；世界被做成怎樣的？技術科學方向。

　　這是兩種完全不同的世界觀，如果借用世界觀的話。問題在於，西方把世界做成了「技術科學方向」，並宣稱為「宇宙唯一方向」。如尼采諷刺的，一個諸神有一天突然說：「我是一神，沒有別的神，不准

信別的神。」其他的神聽了笑死了。

其二，西方歷來求「一」——大而伯之，主宰萬物；東方古來求「化」——大而化之，出神入化。

這不是兩種世界觀，而是兩種人生境界。當然，沒有「大」就沒有發言權，但「大」是歸屬於「一」，還是歸屬於「化」，人生景象則大不相同！）

所以，西方引導人類始終遵循「叢林原則」（即「主奴關係」）。技術科學已經有力量做它所想做的，也能把世界引到它所想去的方向，在這個方向上的一切思想與論證都會自圓其說。但這決不意味著，人就是如此，只能如此，別無選擇。換句話說，人，與科學論證的「人」，有更遠為深刻的差別，須知，「科學是人的屬性」，與「人成為科學的屬性」，兩者南轅北轍。

賢弟，大哥身為「概帶」，不是虛設的。我盡量在學習弟兄們的思想，因為你們的思想是當今技術世界的主導思想。不幸的是，我還有下半身浸在冥泉裏，也就是說，我還有一個「我」是習慣於從負面進入的陰影人 ——「你是世界的光，我卻在黑暗裏走」。用老子的話說，我是「知其白守其黑」者。所以，我真希望我的陰影更能烘托弟兄們的光明。

謹頌夏祺！

愚兄 志揚

2008 年 7 月 31 日 海甸島

尾註：讀程煉《論人是機器》（見《思想與論證》第一部分「心靈」第三節），北京大學出版社 2005 年。

又及

賢弟：

這封信寫了很長時間，反覆推敲，反覆修改。也給志林看過修改中的一稿。

　　我把它看作自己問題的困惑，做西學做到現在，兩大問題如鯁在喉，一是技術，一是民族。

　　它們對你可能根本不是問題。這就是我們兄弟在年齡上的差別反應。當然也包括學術背景不同。因為，我現在年齡到堂了。我必須盡快把西學中的問題了斷，留下時間寫文革。手頭一本書即將完稿，書名《偶在論譜系——西方哲學史的陰影之谷》正好由復旦大學出版社出。其中有兩節一是談海德格爾的「技術追問」，一是談維特根斯坦的「邏輯與罪」。寫得很苦。

　　你知道，大哥正如北大名人說的是「民哲」，恰恰做的是沒有留學背景的西學。但我並不抱愧，我只做我本分的研究，並不在意別人的評價是非。因為，歸根結底，最後總得讓文字在時間中說話。

　　你會從信中看出，大哥是認真的，真誠的，所提問題也絕非「無謂之舉」。

　　盼望在北京見面。

志揚

2008 年 8 月 29 日星期五

第三台階
康德先驗哲學的謂詞「像」如何「是」？
（2010）

　　研究康德哲學，首先應該明確「康德哲學」之為「康德哲學」的界限究竟是什麼？康德和德國古典哲學的費希特、謝林、黑格爾的根本不同是什麼？康德與「新康德主義」的根本不同是什麼？康德與「後康德主義」的根本不同是什麼？

　　大家知道，西方哲學史把康德叫做「不可知論者」或「不可徹底知論者」。其主要標誌是：作為客體的「自在之物」是人不可認識的，而作為主體的理性又有著不可逾越的界限「二律背反」，只有「知性」及其「先驗邏輯」能夠設定並演進「自在之物」在感官中刺激反射的表像，由此「知規範物」（「知立法物」）構成經驗知識，因而它也只對經驗的現象界適用。這就是康德憑著「知性真誠」建立並界定的合人目的性的「實用人類學」，即「對人實用的人本學」。

　　但事實上，後來人們為了「功利主義的確定性」即「技術理性」的需要，對康德主客兩方面的「不徹底性」甚為不滿，連打著旗號要「回到康德」的「新康德主義」都必欲去「自在之物」與「二律背反」而後快。幾乎康德哲學的所有方面都被後來的哲學改造了、「發展了」。康德的所謂「先驗邏輯」體系，凡在「二重性」方面的，被黑格爾「同一辯證法」取而代之了；凡在「意識內在性」方面的，被胡塞爾「意向性理論」取而代之了；凡在「邏輯外在性」方面的，被英美「邏輯工具主義」取而代之了。那麼，我們今天回到康德的意義在哪裏？

　　要麼是為紀念的紀念，康德哲學的「原發性」或自以為能做整全「形式指引」的「先驗邏輯」如何推動了後來哲學的發展，這種紀念旨在為「自己的發展」歌功頌德，這是一種沒有反省精神的無思狀態，尚處在啟蒙進化的盲目或曖昧中。

　　要麼是批判的批判，後康德哲學的發展恰恰突顯了康德哲學乃至西方形而上學「死的根性」。只是這「死的根性」在康德的「知性真誠」中尚表現為康德哲學的「界限」──正如康德自己所說，「缺陷是一個本質豐富的表現」。我姑且用這樣一個圖式把康德哲學基於界限的思路勾勒出來：

　　「自在之物」　　　假設　　　「像」（謂詞）

　　「知立法物」　　　知識　　　「是」（謂詞）

　　　　　像←───────────→是

　　「何以可能」　　　　　　　　給予

　　「何以正確」　　　　　　　　先驗邏輯方法

　　「何以合法」　　　　　　　　人為自然立法

　　我想先做一個說明，所謂「『像』─『是』」這一謂詞的影顯關係並非我的虛構。例如，歐洲歷史上的天主教與新教之爭正好表現為「像」─「是」之爭：

　　天主教 ── 麵包像基督的肉，葡萄酒像基督的血

　　新教 ── 麵包是基督的肉，葡萄酒是基督的血

它們還是在時間、空間中分開著的。

　　但在康德哲學那裏，「像」與「是」則相互轉化著，甚至表面區分著而實際又包含著。自在之物刺激感官並在感性的時空直觀中形成現象經驗（「像」），然後被知性先驗範疇按先驗邏輯整理成知識（「是」）。這知識不是與自在之物相符合的（「像」），但同時又是讓現象經驗符合先驗邏輯使之變成人為自然立法的「純粹知識」（「是」）。「純粹」者，「人為（偽）之也」；當然，後來逐漸變成「物的自我證成」的「宇宙論─物義論」

即「依賴模型實在論」，仍是人的「論」當頭統攝。

康德自認為，這「是」與「像」的關係是「應當」關係。事實上，康德哲學從《純粹理性批判》到《實踐理性批判》，再到溝通兩者的《判斷力批判》，不僅每一個領域自身的前提都是「設定」的，而且相互的關係構成也是「設定」的。我把康德的這樣一個「實用人類學」的建築圖式所隱含的模態邏輯簡化為從「像」到「是」的轉換結構，蓋因「自在之物」與「二律背反」之故。

其實說穿了，西方整個「形而上學本體論同一」，做的都是變「像」為「是」的意識形態工程。柏拉圖提供「本相」（演繹邏輯），亞里士多德提供「實體」（歸納邏輯）。用尼采的話說，那個「本體」，形而上學家之所以能夠「取」出來，是因為他按照他的能在先行「塞」進去了。其「是」不過「像」而已，或者說，根本就是把「像」強行當作「是」塞進／取出。其中「要害」在於，規定現象經驗的強行立法乃「強力意志」使然，包括邏輯中的強力意志。今天的技術科學仍然作如是觀。我用現代科學命題「人是機器」作證。

第四台階
誰來反省科學？
（2011）

結論

西方視野的降解：

> 神學是超驗的 ——「神義論」。
>
> 哲學是先驗的 ——「人義論」。
>
> 科學是經驗的 ——「物義論」。

現代性進化論末世論特徵：

> 經驗否定超驗 ——「上帝已死」。
>
> 經驗否定先驗 ——「哲學已死」。
>
> 經驗否定經驗 ——「人已死」。

經驗竟然說著非經驗的「物斷言」，即以實證性確定性為原則的經驗敢於否定經驗外的任何存在。於是，科學成為被科學經驗實證之宇宙的主宰。

宇宙是「大爆炸」/「黑洞」——「斥力」與「引力」此消彼長的遊戲。

論証

史提芬・霍金以宇宙《大設計》的權威科學家口吻，宣佈「哲學已

死」，當然是在類似宣佈「上帝已死」之後。諸多已死之後的量子世界全然是「物理還原主義」底世界。

不存在與圖像或理論無關的實在概念。相反地，我們將要採用將它稱為依賴模型的實在論觀點：一個物理理論和世界圖像是一個模型（通常具有數學性質）以及一組將這個模型的元素和觀測連接的規則的思想。這提供了一個用以解釋現代科學的框架。[1]

關於光的「波粒二象性」或「對偶性」，就是這樣一組「依賴模型的實在論」典範。

更基本的「引力」是宇宙最簡單的力，而「引力」非同一的對偶性在於「正引力」與「負引力」，負引力在能量上不及正引力的「十億分之一」。由此理論與圖像建構了宇宙「大爆炸」模型，即正引力最終導致「黑洞」才有可能使負引力大出正引力而發生宇宙之開端的「大爆炸」。

再就是約翰‧康威的「生命遊戲」模型，從最簡單的「眨眼」遊戲到「普適圖靈機」的「自繁殖模式」。它完成了「將生物定義為穩定並能複製自身的有限尺度的複雜系統」，由此人的從無到有的生成乃至「人生殖人」到「人製造人」的「人是機器」的宇宙論轉變，都得到了合理的解釋，而無需「上帝之手的第一次推動」。

最後，威納‧海森伯的「測不準原理」或「不確定性原理」，絲毫不能「不確定」到科學賴以生存的「決定論」上，否則還有什麼科學可言。為什麼在不確定的「概率」上又有那麼高的測得準的確定性呢？霍金沒有解釋，因為他習慣了「工具」思維方式，即他已習慣了把人所「設定的實驗裝置」當成客觀世界的一部分而與「人的意識介入」

---

[1] 引自史提芬‧霍金、列納德‧蒙諾蒂諾《大設計》吳忠超譯本，湖南科學技術出版社 2011 年，第 34、35 頁。

「大設計」，誰的「大設計」？當然不是上帝的，上帝已死；也不是哲學家的，哲學已死；最後當然是科學家的。霍金想告訴我們：現在能對宇宙實行「大設計」的，非物理學家莫屬。

無關，反正「意識」這一「量子新形式」本身已經是「基本粒子」之「依賴模型實在性」了。至於這個「意識」通過「實驗裝置」隱蔽地擔當了期待性的「當且僅當」之條件作用的「取向限度」，那是目的論自明性理論依賴的結果 —— 結果當然就是「取向限度」內的「概率」不確定性成為「確定底不確定性」。換句話說，意識的「量子性」與「非量子性」的非還原性差別，到底具有什麼意義，科學家霍金們是不予考慮的，正如他們不曾考慮「暗物質」一樣。[1]

【插語】

看到一則西方科學家的實驗報告：科學家用「鼓風機」做「黑洞」的模擬實驗，證明「黑洞」吸引的坍縮中仍然有「粒子」外溢，云云。居然還說將以此實驗成果申請諾貝爾獎。這「黑洞實驗」真像「黑色幽默」啊！

突然想起曾有過的哲學懷疑，例如同樣的兩個哲學「基本原理」——「個別就是普遍」與「量變引起質變」—— 經常打在一起不可開交！

這個「鼓風機」式的「黑洞」實驗，不就是「一滴水反映太陽的光輝」嗎？不就是「一粒灰塵破壞了整個宇宙就會崩潰」嗎？如此「個別就是普遍」有何不對？「量變引起質變」馬上起來反對。於是又轉變成引起「質變」的那個「量變」如何確定，等等。

那麼，4.9% 的宇宙已知何以敢斷言 95.1% 的「暗宇宙」一定都是「暗物質」？遠遠不僅如此……

「M 理論」的終極版：「人是機器」。

既然「宇宙是由基本粒子及其運動形式構成的」，而人是宇宙的一部分，「基本粒子」現階段在人身上表現為「神經元」，因而人的精神、心靈、情感、意志也都只能到「神經元組合」中尋求答案。這個答案已經由「依賴模型」——「圖靈機」回答出來。

模仿人腦的「圖靈機」，按照霍金的解釋也是一個標準的「依賴模型

---

[1]　以上四則科學經驗皆引自《大設計》。前揭。

實在論」。從現象上看，無論從上推還是從下推，我們看到的都是「理論、圖像、大規模的重複性試驗等事實性過程」，即「上帝創造人」「人生殖人」與「人製造人」一樣，皆符合於某種「圖像與理論」觀測下的「實在概念」，甚至它們本來就是一組相互依賴的「依賴模型實在論」的經典範式。

不僅如此，科學家在其中讓我們看到的是「物理還原主義」，即「上帝創造人」「人生殖人」都要還原到「人製造人」乃至機器人的自我複製即「機器人製造機器人」中。也就是說，科學將「人」的定義歸屬於「人是機器」的歸根結底的物類：「人是基本粒子的聚合物」。

到此為止了嗎？

不。因為科學家早在「暗物質」徹底打消「科學樂觀主義」之前，已經預言了末世論（不是上帝口中的「末世論」，而是科學家口中的進化論末世論），即兩個不可還原的「物種」（「人」與「機器」），不僅還原到「基本粒子」中，而且還進一步還原到進化論末世論中：「神義論」——「人議論」——「物義論」，一條下行的「進化到末世」地降解路線，直至毀滅。例如羅素，早在霍金之前就清醒地看到了毀滅的終結時：

> 人的產生是有原因的，但這些原因要達到什麼目的卻不可逆料：他的起源、他的成長、他的希望和恐懼、他的愛和信念，只是原子偶然排列的結果；任何熱情、任何英雄之舉、任何強烈的思想和情感，都不可能讓一個個體生命不朽；所有年復一年的勞作、所有的奉獻、所有的靈感，人類天才的所有如日中天的光芒，都注定要在天陽系的巨大死亡中滅絕，以及整個人類成就的殿堂，必然無可避免地被埋葬在一個成為廢墟的宇宙碎片下 —— 所有這些，即使並非不惹口角，也幾乎是確定無疑的，以致於任何哲學，只要否認它們，都別指望有立

足之地。[1]

若論歸根結底的死亡，還輪不到科學家來說，神學家、哲學家，早說過了。科學贏得的意義在哪裏？

停頓：誰來反省科學？

「苦難」的權利

科學還不僅僅是科學自身，它的任何一種風險都會落到社會的頭上、落到人的頭上。也就是說，社會和人都是科學風險的承受著。例如核爆炸，不管是來自直接的核武器，還是來自間接地核電站等等。這時，已經不是「科學的真理」可以拒絕門外漢說話，而是「科學的意義」不得不接受風險承擔者的質疑與審查了。苦難不僅對「科學的意義」有直接的發言權，而且還對「科學的真理」有終極的否決權。曾經有一則寓言：一位發明炸彈的科學家備受軍火商的吹捧，後來他終於發明了摧毀地球人類的炸彈，結果軍火商把這位科學家關進了瘋人院。

然而，奇怪得很，這樣的科學和科學家，今天還吃香得很，首先為政治家的政治訛詐所利用。人，包括科學家，究竟有多大的責任能力與智慧判斷得了自己所做的事情及其後果呢？事實寧可相反地證明：這種判斷與承擔的責任能力少得可憐 —— 倒是現代科學家完全應驗了康德的名言：

> 毫無責任承當能力是人最不可救藥的毛病！

邏輯與罪

亞里士多德提供了最基本的邏輯形式：

---

[1] 伯蘭特‧羅素《一個自由人的崇拜》（1903年）。轉引程煉未刊稿《倫理學的自然主義基礎》。羅素是標準的「智術師」。他只知道按照他的智能知識地球終究要毀滅的「自然規律」——至於是不是「永恆的自然規律」他還沒有這個資格言說。他並不知道地球將要遭到毀滅的恰恰是像他那樣的智能科學家把地球一步步推向「機器人第三型文明」過濾人類的「智能星球」結局。換句話說，「智能星球」夭折「智慧星球」——這是一種非常具體的毀滅道路，不過2500年到3000年可預見。

大前提：人是要死的。

小前提：蘇格拉底是人。

結 論：蘇格拉底是要死的。

要想三段論正確，首先大前提必須絕對正確，因而應該是「先驗命題」。但在羅素看來，「人是要死的」分明是個「經驗命題」。再如幾何學公理「兩點間直線最短」，分明也是「經驗命題」。在科學中，整個科學都在經驗實證中，它的大前提無非「依賴模型圖像與理論」，如何保證得了「先驗性」？何況所謂「先驗性」的自明性，也無非是人的有限的能在而已。分析演繹的大前提本來就是隱蔽的歸納綜合的結果，充其量是作為中介如「自然數」屬性的一個結果，那「致命一跳」歸根結底是「致命」的。正因為如此，科學才不得不宣言了自己的「試錯性」與「有限性」。

今天，「大前提」的先驗性要求，已經降格為真值條件限定的「當且僅當」了：「當且僅當，必然如此」。如，「缸中之腦」「可能性地球」之類的條件設置，它究竟能「充要」到什麼程度？即便「充要」了，任何「例外」──「非同一偶性」都能顛覆「當且僅當」。所以，概率是相對的，例外是絕對的。

然而，科學家，今天卻把科學的實證性即經驗性變成了「絕對的肯定性」或「絕對的否定性」，因而敢於絕對保證經驗內的「有限存在」（如「惡是歷史發展的槓桿」），也敢於對經驗外的「無限存在」大膽說「不」（如「經驗之外無物存在」）？

亞里士多德認為，物理學是經驗科學，物理學之後之上才是形而上學。可是現在，物理學直接成為形而上學了。物理學「得意忘形」了。物理學也像查拉圖斯特拉如是說：

「某天，諸神之一突然宣佈，我是一神，你們不准再信別的神。其他的神聽了，笑死了。」

物理學，就是今天想成為「一神」的諸神！

「以像代是」的「依賴模型」能夠斷言「自然主義」的「還原主義」？

邏輯向罪的轉入是「以像代是」表現出來的。如「物理還原主義」的定義或命題「人是機器」，按「依賴模型實在論」的「依賴模型」分明說的是「人像機器」，即「以像代是」的模仿而已，你感知的無非是你能感知的「理論與圖像」的「依賴模型」的「實在性」（「像」）而已。像＝是＋偶性。既然是「像」，如何保證得了「非同一偶性」的例外介入？其背後的支撐邏輯「以像代是」與「摩爾論證」背後的支撐邏輯「我認為是怎樣的就是怎樣的」，有何區別？

啊，「科學」——「一條自己咬著自己尾巴的蛇」，就是這樣宣佈「哲學已死」？

「知善惡的知識樹」啊，你遭來的「懲罰」「驅逐」「死亡」—— 是如此「救贖」的嗎？

「科學已死！」—— 上帝又笑到最後了……

第五台階

從德木格而來：柏拉圖神話
從存有而來：海德格神話
—— 後形而上學統攝形而上學
如何可能？[1]
（2012）

一個疑問

《形而上學導論》（1936）與《哲學論稿 —— 從本有而來》（1936-1938）寫於同一時期。前者於 1958 年由海德格爾親自出版了；後者一直到海德格爾去世 13 年後的 1989 年，為了海德格爾「百年誕辰」才由後人整理編輯問世。

熊偉先生在 1996 年出版的《形而上學導論》「譯者前言」中說：

> 「海德格爾一生都在講形而上學。」並援引海德格爾的話作證：「海德格爾指出哲學的主導問題是追問在者的在，這也就是形而上學的問題。他還說：『關於這個主導問題，我自從發表《存在與時間》以來，就力圖發展這個問題，即不再是追問在者的在，而是追問在本身。』……海德格爾又指出：『形而上學的歷史就是把區別遺忘的歷史。』」

柏拉圖、亞里士多德奠基以來直到《存在與時間》，都只能看作是追

---

[1] 原題：「掠過」與「跳躍」或「另一開端」對「第一開端」晦蔽地運作。

問形而上學的「主導問題」，即「追問存在者的存在」。《存在與時間》雖然區分了存在者與存在的存在論差異，但仍「以此在為中心」，並沒有真正脫離形而上學窠臼（此係海德格爾本人承認）。此後，海德格爾才力圖發展這個問題，即從「追問存在者的存在」轉變到「追問存在本身」。顯然，這正是《哲學論稿──從本有而來》的任務。

所以，《形而上學導論》的「導論」恐怕不是形而上學史傳統如康德、黑格爾所專為「形而上學」的展開而寫的「引導性」前言（因為「形而上學」已經是一個完成了的「整體─體系」在或將在那裏了）；而是「導入」形而上學並把形而上學帶向其邊緣的穿透性解構，才有劈頭蓋腦地怪問：「究竟為什麼存在者存在而無反倒不存在？」

由此驗明正身：《形而上學導論》是為《哲學論稿》出場的宣示或暗示，是《哲學論稿》之「從本有而來」[1] 的冰山一角。

熊偉先生說的「海德格爾一生都在講形而上學」的那個「形而上學」，只能算「第一開端」中關注「主導問題」的「形而上學」，即以 1927 年《存在與時間》為界面的追問「存在者的存在」之「形而上學」。其中，「存有」晦蔽著的威力稍稍「掠過」，但尚未真正牽引「以此在為中心」的人潛心「跳入」「另一開端」──「基礎問題」即「存有」本身底至深的深淵。意志或許具備，能力尚嫌闕如。後者至 1938 年海德格爾才在《哲學論稿──從本有而來》中大體「謀劃」完成。

疑問：為什麼親自出版《形而上學導論》而至死不出版《哲學論稿》？「存有」（「Vom Seyn」）不比形而上學「本體」（「Vom Ontologie」）[2] 更原始嗎？有何不妥？

海德格爾生逢二十世紀「極端年代」。[3] 一戰沉淪，蘇俄革命，納粹上台，二戰爆發。他自己置身弗萊堡大學校長十個月。戰後 1946 年接受審查，險些像施密特那樣被「開除教職」。於是，他臨危而居，重門深鎖，甚至要求六十年代《明鏡》週刊 10 年後再發表訪談「只還有一個神能救

---

[1] 歸根結底是「從存有而來」。

[2] 按《哲學論稿》，「第一開端」建基為「Ontologie」，「另一開端」建基為「Ereignis」，乃「Seyn」之本現。

[3] 《極端年代》是猶太人英籍歷史學家豪布斯鮑姆「四年代系列」之一。

渡我們」，而《哲學論稿》藏之深山，莫非有「魚不可出淵、器不可示眾」的奧秘？

《哲學論稿》隱藏著海德格爾至深的意圖，即用「從本有而來」（歸根結底「從存有而來」）為整個西方形而上學從無到有逐層賦形演示其隱蔽的生成原動力——這就是為什麼「存有之神」成為高於「最後之神」「諸神」「基督教上帝」「形而上學」「政治哲學」「科學技術」等諸形態的最隱蔽的根源。由此聽一視：「存有之神」作為「無形神」統攝運作諸「有形神」及其在世的「形而上學史」。換句話說，海德格爾一面宣示「『體系』時代過去了」，另一面卻悄悄運用來自「存有」之「本有」的非「本體」性建基（本現）重新在深淵之上靠「強力意志」由另一開端即「存有」底「二重顯隱時空」（諸神形態）躍入第一開端「存在者」底「線性時間與空間」（形而上學形態），復活或還原銘記以「存有」為本源的「形而上學生成史」。簡而言之：「從德木格而來」到「從存有而來」，海德格爾製造了一個比「柏拉圖神話」更原始的「海德格爾神話」！

二戰後，經歷「理性毀壞」而終「理性戰勝」的世人，信嗎？竊以為，《哲學論稿》終不過是「後形而上學」底「形而上學」，難免「形而上學」底命運。充其量如海德格爾本人曾公開申述的「把形而上學帶到其邊緣狀況」。「邊緣」的一邊是形而上學界限，另一邊仍是深淵黑夜，以致海德格爾最後只有雕一顆「星」在自己的墓碑上

——是西方隕落的「暮星」，還是東方啟明的「晨星」？

「唯有神知道」。

一條線索

1. 依據《哲學論稿——從本有而來》「三、傳送」

「第一開端經驗並且設定存在者之真理」，（引者按：注意「設定」二字，表明其人為的技術邏輯規定），「從而吞掉了虛無，把它當作『非』（Nicht）和『反』（Gegen）吸收掉或者完全消滅掉」，此乃作為「主導問題」構成形而上學的歷史；

「另一開端經驗存有之真理，並且追問真理之存有，從而首先為存有之本現建基」，（引者按：注意「存有」作為「基礎問題」是自行本現的，並用「掠過」、召喚人「跳躍」進入「此在」開裂的建基，即非形而上學的建基），「讓存在者作為那種原始真理的真實者而產生出來（引者按：即不同於形而上學底邏輯建構之本質與現象的同一性）」。[1]。

2.「第一開端」——「主導問題」—— 追問「存在者的存在」，平面線性時間與空間

（一）作為人的「此在」時間有兩個向度指向兩種空間：

橫向：此在（人）為中心的「去遠」，從「手邊」到「上手」，從「煩物」到「煩心」，從「常人的沉淪」到「此在的澄明」。

縱向：垂直向下，煩 —— 畏 —— 死 —— 無 —— 存在 [2]

（二）不同時間段中存在者與存在之關係的不同表述：

早期 —— 存在者與存在的「存在論差異」（1927 年）

中期 —— 語言的「顯隱二重性」（三十年代中期）

後期 —— 真理底本質之「敞開即遮蔽」在「之間」中運作（五十年代前後）

（三）前者（二）仍然是現象學方法描述的存在者與存在的現象學關係

（四）因而真正追問「存在即存有本身」的「另一開端」之「基礎問題」，其純粹的表述形式幾乎只在《哲學論稿 —— 從本有而來》中進行。

3.「另一開端」——「基礎問題」—— 追問「存有本身」，縱深顯隱二重時空

幾乎所有第一開端中「主導問題」都必須放到「存有」之本現的「本有之真理」底「建基」中透視般地顯影一番。

---

[1] 海德格爾《哲學論稿 —— 從本有而來》，孫周興譯，商務印書館 2012 年，第 186 頁 / 德文版第 179 頁。

[2] 此縱向中的「無」乃尼采意義上的「虛無主義」之「無」，仍需過渡到下一個「存有」帶向地平線上為形而上學主導問題奠基之「本有」。終歸是西方人守住的底線：「只知其有不知其無」。

4.「掠過」(Vorbeigang)

die Erzitterung des Vorbeigangs der Goetterentscheidung（「諸神決斷底掠過之戰栗」。）中的「Vorbeigangs」（「掠過」（甲））。它使我想起幾乎同年寫出的《形而上學導論》，開篇談「形而上學的基本問題」也有這種類似的用法（第二自然段）：Und dennoch! Jeder wird einmal, vielleicht sogar dann und wann, von der verborgenen Macht dieser Frage gestreift, ohne recht zu fassen, was ihm geschieht.（「然而，每個人都曾經，甚至或許也還時不時地為這個問題晦蔽著的威力所掠過〔乙〕，卻不明白是怎麼回事。」[1]）。

很有意思，孫周興與王慶節兩人都用了同一個中文詞「掠過」去翻譯兩個不同的德文詞：Vorbeigangs，gestreift。前者是名詞，或動名詞；後者是被動態動詞。前者命名的是一種存在狀態，即從旁錯過者，擦肩而過者；後者僅僅是一個被什麼擦過、劃過地不經意行為。

gestreift 句完整義。「究竟為什麼存在者存在而無反倒不存在？」這個問題是形而上學家、邏輯學家、技術理性者，或一般常態中人，都是提不出來也無法聽懂的，因為，這個問題，不僅僅意味著問句被說出來讓人聽見和讀到，而是意味著：「使問題得以成立，使問題得以提出，迫使自己進入這一發問狀態中。」(3/1)[2]

緊接著的第二自然段就是我們引用的那段話：「儘管如此！(Und dennoch!)」[3]地難於進入，可並不等於這個問題不存在，或只是人為地刁鑽古怪，須知它以一種獨特的方式使人感覺到：「每個人都曾經，甚至或許也還時不時地為這個問題晦蔽著的威力所掠過」，儘管「不明白是怎麼回事」。這裏「掠過」的德文詞「von ……gestreift」，是用的描述句「被什麼東西輕輕劃過（擦過、掃過、掠過）」，被掠過的人只是感覺到卻並不知道是什麼東西掠過。而那個東西就是「這個問題晦蔽著的威力」。這

---

[1] 見王慶節與熊偉先生共同翻譯的《形而上學導論》，商務書局 1996 年版。2012 年王慶節新譯的《形而上學導論》略有改動，但此句仍保持了原譯。

[2] 海德格爾《形而上學導論》熊偉、王慶節譯本，商務印書館 1996 年。參照 MAX NIEMEYER VERLAG/TUEBINGEN 1958.「3/1」前為中文頁碼，後為德文頁碼。

[3] 中譯本沒有將驚嘆號（「！」）的語氣翻譯出來是不恰當的。

真是一種奇特的方式：掠過的牽引、扭身而去的召喚，讓……敏感者（被牽引）自行進入。

　　Vorbeigangs 句完整義。「諸神決斷底掠過之戰慄」，根據上下文，諸神「決斷」就是諸神特殊的第二存在時空二重性：即到達與逃遁、敞開即遮蔽、顯即隱。因而它歸根結底也是一種「晦蔽著的威力」，不為常態所認知。因而它也具有「掠過」的特徵，帶出「沒有指號的指號」「沒有名分的牽引」「扭身而去的召喚」，只是以諸神之名（故以「動名詞」）決斷地臨近即遠逝（顯即隱），庶而使「感覺」成為「戰慄」，即掠過驚心。就像我們迷失於探尋的山洞突然遭地穴襲來的陰風既讓人有毛骨悚然之感又恍如迷途指津一般。

　　海德格爾就是這樣描述他的「進入存在」的「感召—牽引」！

5. 雙向「跳躍」（Sprung）

「七、最後之神」的最後一個自然段開頭說：

> 神等待著存有之真理的建基，因而等待著人進入此 - 在之中的跳躍 —— 知道這一點的人是多麼少啊。

　　「神等待著存有之真理的建基」，應理解為「雙向地跳躍」：一是「存有」自行的本現為「本有之真理」，它也必須從「另一開端」的時空二重性「跳躍（躍出）」——「第一開端」的時間綻現為存在狀態之此在澄明中；與此同時，但又作為「因而」的傳送，「等待著人進入『此在』之中的跳躍」，即從「第一開端」的開裂（「此在」）中「跳躍（躍入）」——「另一開端」，經歷「首先為存有之本現建基」。只有這樣，才能跳出「形而上學遺忘存在的歷史」。

　　此種「雙向跳躍」就是後面緊接著說的：「存有的那種『此』之穿插到來的本有過程」。它乃是形而上學「最無能忍受的」。因為看起來的「人等待神」，才是「最深刻的無神狀態的最棘手的形式，也是昏聵無能之麻醉」，即盲目的信仰，從「神本體論」到「物本體論」，人才「殺死了上帝」。這就是尼采喊出「上帝死了」的真義。

存有之「神」與此相反，「神等待人」：「正是存有才為存在者進入真理之中並且在其中的站立提供一個場所，並且分配給存在者那種優先權，即置身於對神之掠過的最遠的遙遠之境中的優先權，而這種優先權的分配乃只有作為歷史才發生出來。」

補充一句，1936 年完成的《形而上學導論》，在「形而上學的基本問題」──「究竟為什麼存在者存在而無反倒不存在？」的闡明中，主要立足於「另一開端」向「第一開端」的「跳躍（躍出）」，由此本現「無」進入「在者」的原初過程。現在明瞭，《形而上學導論》背後的思想基礎正是《哲學論稿》。

6.「先天性」（Apriori）

「三、傳送」主要涉及第一開端的形而上學主導問題，當然是放在另一開端「存有」之「湧現」的映照中。

海德格爾問：「形而上學歷史作為未經提升和不能為其本身所認識的東西，備好了什麼，因而傳送了什麼」。（86 節）列了四點：

（一）存在狀態乃是在場狀態。

（二）存有是自行遮蔽。

（三）存在者處於優先地位中。

（四）存在狀態乃是增補 [1]，因此是「先天性」（Apriori）。（181/174）

四點都是形而上學中的主導問題。其中唯「存有是自行遮蔽」著的。

「存在狀態乃是在場狀態」，說的是思想確信的「對象性」，也是技術完成著、精通著地對「湧現、自然」之「尺度」的把握，因而它是「普遍者」。

「存在者處於優先地位中」，因為形而上學就是衝著存在者的存在狀態而去的。黑格爾一句話管總了：「個別就是普遍，普遍就是個別。」

至於「存在狀態乃是增補，因此是『先天性』」，這就涉及到存在狀態的普遍性（即對特殊的存在者之「增補」──「普遍者」）是如何來的形

---

[1] 「增補」原文為 der Nachtrag，英譯本作 addendum。這裏難以理解的是「增補」與句中「先天性」（Apriori）的關係。──孫譯本譯註。

而上學主導問題。在形而上學「備好了的」可以「傳送的」範圍內，「先天性」就是最後的解釋，它好像解答了根基問題，而在海德格爾看來乃是「未經提升和不能為其本身所認識的東西」。於是，海德格爾把「先天性」與「存有」之本現的「湧現、自然」聯繫起來以揭示其生成本源，即「存有」之本現的「湧現、自然」乃是「先天性」無限「增補」的源泉。

插一句，德里達在建立他的反邏各斯中心主義的「延異」說之「無限增補」時，肯定不知道海德格爾這本隱藏著的《哲學論稿》，因而德里達的「增補」絕不是對海德格爾「增補」的挪用。事實上也不是，德里達「增補」是在「文字」的「延異」的意義空間上使用的；而海德格爾則是在「存有」之「湧現、自然」的意義上使用的。但有一點是相同的，那就是，兩人都要解決同一個「詞」或「文字」或「存在者」為什麼會出現「意義」的無限「更迭」「替換」即「增補」。德里達畢竟在海德格爾開闢的可拆解地「存在」進路上「自由創造」。

回到文本。「111.『先天性』與 φυσιζ[『湧現、自然』]」和「112.『先天性』」（233、234/222、223）特別值得關注。

先看「111.『先天性』與 φυσιζ[『湧現、自然』]」。

海德格爾解釋說，「『先天性』與 φυσιζ[『湧現、自然』]」意味著「比自然更早先者」，「φυσιζ[『湧現、自然』]」乃是賦予尺度的，是「比……更早先的東西」，是來源、本源。（233、234/222）

這意思是說，存在是比存在者更早先者，顯現是比顯現者更早先者；作為「φυσιζ[『湧現、自然』]」的存在或顯現，乃是賦予尺度的，因而是來源、本源。

注意，這個說法含混著，即把非形而上學用語（「φυσιζ[『湧現、自然』]」）用於形而上學之中（賦予尺度的更早先的東西、來源、本源）。因而海德格爾才緊接著說：最早先者，首先在場者，在場現身，就是「φυσιζ[『湧現、自然』]」本身，但立即就與 αληθεια[無蔽、真理] 一體地被 ιδεα[相、理念] 掩蓋起來了。（234/222）其所以如此，是因為把作

為 οντως ον[真實存在者] 的 ιδεα[相、理念] 看作了 προτερον[第一性]。

也就是說，完全按第一開端即形而上學的思維用語表述本屬於另一開端之存有二重運作。

再看「112.『先天性』」（暫缺）

7.「諸神底逃遁與到達之決斷」（der Entscheidung ueber die Flucht und Ankunft der Goetter ）

254 節「拒予」第一自然段：「我們進入到關於諸神逃遁與到達之決斷底時間 —— 空間之中。」

「最後者」靠什麼逃避計算而成其為「最後者」？靠「拒絕」或「拒予」，即靠「最後之神」掌有的「諸神」專屬之姿態：「到達即是逃遁、逃遁即是到達」「遠去即是臨近，臨近即是遠去」這種「二重性決斷」，並由此構成不同於「此在基本存在論」之「第一開端時間」的「另一開端時間」—— 在敞開中遮蔽、在顯現中隱匿的「生成」。試想，人在所生存的線性時間—空間中能夠如此嗎？這是唯有諸神之神性所能為，因為諸神的「度」本身就是如此臨界著的。不過這裏用「拒予」表現出來。

「拒予」一開始三個自然段用了三種不同句式 —— 反問、設問、排除 —— 表達同一個問題：

我們返回（ruecken）到諸神關於逃離與到達之決斷的時間—空間中。但這是如何發生的呢？

首先是反問（第 4 自然段）。理解的關鍵在於「一方」和「另一方」所指為何？是「逃離」為一方，「到達」為另一方嗎？還是，「我們」為一方，「諸神」為另一方？更根本地要看如何理解如下詞語或關係：

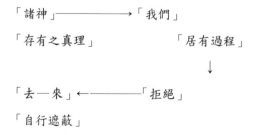

「諸神」的時間─空間是存有之真理運作的時間─空間，只有我們被帶入其中或參與其中，才發生逃遁與到達的決斷使存有之真理變為生發事件的居有過程。但此間，「諸神」與「我們」的目的恐怕不同，「諸神」只是存有之真理的運作即生發─隱匿的二重性，而「我們」才在這生發的事件性中期待著根基的建設。由此決斷開啟完全不同的時間─空間。這裏顯然區分著兩種「決斷」及其「時間─空間」，在「諸神」那裏僅僅是存有之真理的顯隱二重性運作（第二開端），而在「我們」參與其中後才帶入建基性期待的居有過程（第一開端）；而諸神則因到達即逃離的「拒絕」而保持著遮蔽的歸隱力量。

其次是設問（5）。假設就算諸神逃遁就逃遁了，或者到達就到達了，單純成為終結本身，會怎樣呢？假設除此之外，存有首次作為真理被我們所把握，那個擁有拒予的「最後者」也就作為居有過程被我們把握了嗎？

第三，排除（6）。其實「最後者」之所以是「最後者」，根本不要想它是逃離，還是到達，或者是逃離作為到達，都不恰當的，它本來就是一種「原始性狀」（Urspruengliches），以拒予的方式保持著「存有」本來就有的豐富性，建基正要把存有真理的抑制形態即君臨風範的本源建基於其中。

總而言之，表面的時間─空間中，「我們」突出了建基的居有過程更像是我們成為了最後的趕超者。但這不過是看來如此而已。別忘了，我們看起來的居有或居為己有的事件，它──那個最後者，本能地從「我們」這兒抽身而去了，即「自行遮蔽」了。這就是「最後者」之「拒絕」的本質，使「我們」不能因居有而成為最後的趕超者，也就是說，作為居有者的「我們」達不成最高計算的目的，喧囂成為多餘。

8.「基督教的上帝」「諸神」「最後之神」「神本身」（即「存有之神」）

「七、最後之神」的「題詞」：

這完全另類的神

不同於曾在的諸神，

更不同於基督教的上帝。

Der Gott，同一個詞，在這個「題詞」中不得不分三種譯法：「諸神」（複數、多）、「上帝」（一神、單一、唯一）、「神」（非計算者即非數）。「諸神」是希臘的，因而是「曾在的」，一直從猶太教延伸到基督教的「一神」，乃是今天人們熟知的「上帝」，事實上已經專名化，即計算化了。海德格爾指出的「最後的神」，恰恰與它們兩者根本不同，正如「數」不同於「正數」「負數」「虛數」「無理數」「零」等各種可計算的數一樣。為了突出這個區別，只好用三個中文詞譯同一個德文詞：

$$
\text{Der Gott}\left\{\begin{array}{l}「諸神」——希臘「曾在的」（多）\\「上帝」——基督教「一神」（一）\\「神」——「最後的神」（非數）\end{array}\right.
$$

這是「七、最後之神」之特定語境中的必要區分，否則中譯一概譯成「上帝」，就無法體現海德格爾如此「題詞」所強調的意圖了。因而往下閱讀「七、最後之神」，無論是翻譯還是理解，Der Gott 都會給我們造成麻煩。必須小心伺候。

海德格爾的「最後的神」，坦率地說，仍脫不了計算之嫌，儘管他做了下面的規定。在西方，邁蒙尼德在《迷途指津》中也注意到同類問題，他寧可說是「無形的」，與「有形的」可計算的神區分開來。所以，東方的「道」，其高明就高明在「逃避一切計算」上。「極高明而道中庸」，正說的是永遠中途的先行。

但話須說回來，沒有西方在現世領域計算的擴展，「極高明」又如何能標示？可見，西方的「建基」還是必要的。問題就出在 ——「限度」上，「極」而不「化」，必「硬結」成「本體」、成「霸權」，不僅喪失初衷的「自由、平等、民主」，還會根本喪失「屬人」的「人義論」本身。這正是海德格爾「追問技術」所擔憂的。

「七、最後之神」最後一個自然段：

「神等待著存有之真理的建基，因而等待著人進入「此在」之中的跳躍──知道這一點的人是多麼少啊。」

由此開始結尾的（第 67 自然段）理解的要點如下：

這「神」乃「存有之神」，絕非希臘功能性的「諸神」（黑格爾把它們合理地叫做「度」），更非「基督教的上帝」（形而上學的神本體之「最高者」）。「存有之神」等待「存有之真理」的「建基」，因而也就必須等待「人進入此-在」的「跳躍」。

最後重申，《哲學論稿》全書中的「神」已然三分：（一）「神」是「第二開端」來自於「基礎問題」的「存有之神」；（二）「諸神」已作為「進/出」環節而顯隱二重地存在運行著；（三）「上帝」全然歸屬於「第一開端」作為「主導問題」的形而上學之「本體─最高者」。這個區分必須嚴格體現在本書的「神」之三分的翻譯中。

補白式結語

2021 年 11 月 12 日「補白」，作為本文最後的「結語」，為了引入即按時序插入本書「上篇　八步近前台階」之第五台階。尤有必要：

儘管海德格爾在西方驚世駭俗地提出了「究竟為什麼存在者存在而無反倒不存在？」──以致嚇得自己生前不敢拿出來問世出版，非等到百年之後？

「儘管如此！（Und dennoch!）」（借用海德格爾語氣），「無」終究還是沒有說出來！因而即便在海德格爾進入深淵地運思、儘管拚盡全力地描述「存在之神」如何拒斥、避諱、隱身等等，終究還是「存有」之「神」！「存在」的界定如影隨形！看來，在西方「希臘諸神」「基督教一神」（均為「四有」之神「有名有極有形有性」）之外「無何存在」了。與「第一開端形而上學」區別開來的地平線下的「第二開端」──「存有之神」不還是「存有」嗎？（比如海德格爾沒有明說的「猶太神」──「有名有極/無形無性」）。海德格爾無計可施了。到底還是「西方人」。這就是促成我編制《地球人類歷史第一檔案》的動因。

換句話說，像海德格爾這樣幾乎可用「冒死諫言」又「噤若寒蟬」的哲學家尚且如此，可想而知，西方頂層設計的天文物理學家，已經不得不承認所有對宇宙的科學認知少得不過 4.9%，95.1% 的宇宙是不知道的，哪怕是這樣，他們仍敢斷言：那不知道的宇宙一定就是「暗物質」！

　　「只知其有不知其無」的西方，包括海德格爾，奈何！

（2012 年 10 月 19 日　海甸島）

第六台階
我對「黑皮書事件」的態度
（2015）

　　海德格爾的問題在於，他身陷西方而「力圖將形而上學帶向其邊緣狀態」。這「邊緣狀態」也不過就是從西方內部接近邊緣的「邊緣狀態」。其受制於西方範疇是可想而知的。比如他在「黑皮書」中談到英美的商業與技術理性的「無根世界性」與德國的「本土性」對舉，仍然著眼於地中海希臘以西的西歐文明板塊，雖然其中對「技術」的「無根性」追問獨具一格。僅此技術的「無根世界性」，對後人的啟發則無與倫比。

　　現在看來，海德格爾局限最明顯的標誌尤其表現在，從成名到死都不能擺脫「形而上學語言思維」，例如「存在」打下的印記，自始至終作為一個西方人「只知其有不知其無」。儘管「存在」與「存在者」區分著，也仍然是一個「地平線」上下的妥協姿態（「存在是運動著的敞開即遮蔽」，就像「質量」轉化成了「能量」，仍然守住著「有」）。換句話說，即便翻譯過老子幾章，思考過「為什麼總是存在者在而無反倒不在」，終究下不了決心跨出最後一步，能從「存在者」走向「存在」，可能中間還插入了「畏」與「死」甚至「空無或虛空」（按：前有德謨克利特的「原子與虛空」和黑格爾的邏輯學開端「存在即無」），終究不能再從「存在」跨進「無」。[1]

　　總而言之，我面對的始終是一個「以用代體」的功能性物化的「異質

---

[1] 意識到中國的「無」而仍然堅持「存在」的海德格爾說過，中國人或西方人都只能按照各自的方式解救自己。這話有一定道理。但在宇宙無極的潛在趨勢上，西方本體論或粒子論思想畢竟是到頭了。

文明」，歸根結底與「以體制用」神性文化與德性文化具有不同的「地域及其歷史時段」，因而會表現出不同的「歷史輪迴」。「西方文明」，從最好的意義上說，就像一個「金剛鑽頭」，能將歷史隧道鑽到一定深度（「大化無極以致中和」），雖然自己也同歸於盡地報廢了，但卻驚醒了、激活了真正的神性文化與德性文化重歸「以體制用」地使人成其為超功能性仁人！[1]

導論：一個需要修正的論題

（1）對猶太人詆毀污衊；

（2）把猶太人視為一般的敵人形象；

（3）對猶太人進行孤立化，包括職業禁忌、設立猶太居住區、集中營等；

（4）驅逐——強迫移民；

（5）最終導致肉體滅絕：集團式迫害、大屠殺、大規模的毒氣室殺戮等；

（6）「今天還可以加上，把猶太人作為『猶太人』進行特徵刻畫，也是反猶的。」

原文「導論」以此「反猶太罪」六條定了一個標尺，海德格爾原來的「存在史」敘事便如此「修正」為「反猶太罪」或「反猶太主義」樣式。

【（4）讀記 2】「反猶太罪」定性六條：

你們中間誰是沒有罪的，誰就可以先拿石頭打她。

《新約·約翰福音·8》

中國人不得不思的前提之問：

為何形成如此定性？僅僅是二戰事實推罪嗎？

甲：「二戰中德國納粹主義對猶太人屠殺⋯⋯」

---

[1] 《我對「黑皮書事件」的態度》壓了四年，於 2019 年 1 月出版了。我寫出上面的話，並決定選出下面四則作為「近前台階」，已做好它出不來的準備。

乙：「二戰中日本軍國主義對中國人屠殺⋯⋯」

甲乙兩個事實陳述同時為真，為什麼在其事實的意義推罪上和後果的罪責追討上存在著如此巨大的差異？[1]

甲，意義推罪為「反猶太主義」，其嚴重程度對德國人說來幾乎構成「恐懼症」等病態情結。你讀讀下文彼特・特拉夫尼對「反猶太主義」詞語的反應便知：「它能帶來毀滅性後果：無論是誰，只要是反猶主義者，無論在道德上，還是在政治上，就徹底完蛋了，特別是在對猶太人的大屠殺之後。」

德國納粹對猶太人的「大屠殺」手段之殘忍空前令「西方理性」無地自容：「不僅使『詩』喪失理由，連『人』存活也喪失理由。」（阿多諾語）故而，必須將「西方理性」底責任承擔完全歸罪於「納粹」獨自承擔而使之成為「例外」，剩下的「理性戰勝」自然屬於美歐了。這是走出西方「理性危機」的唯一路徑，遂可名之為「理性戰勝」。

因為，歐美的殖民主義歷史同樣有類似的種族大屠殺，需要清算嗎？[2]

歷史是割不斷的。今天仍有作家論著，試以二例為證。

《民主的陰暗面：解釋種族清洗》。作者邁克爾・曼在「前言」開宗明義：「看一下三位歷史傑出人物曾說過的話吧。我們往往把托馬斯・傑斐遜總統視為啟蒙理性的化身。實際上，正是以文明進步的名義，他宣稱，美國印第安土著的『粗鄙行為』『使根除成為正當』。一個世紀以後，西奧多・羅斯福，一個體面的現代人，當說起印第安人

---

[1] 暫不加入「中國人問題」干擾本文「猶太人問題」方向。但既已提出，應立此存照：(1)中國原是獨立大國（猶太人只作「族群」分散歐洲各國之中）；(2)中國近代以來至二戰已淪落為半殖民地國家，二戰後已不容許日本獨自鯨吞中國，因而留下歐美殖民各國覬覦瓜分中國之可能，當然會抑制中國的獨立發展。（對猶太人則不同，它是歐美帝國主義深謀遠慮之另類安排）；(3)日本始終成為美國鉗制中國的手段（正如猶太人將擔負鉗制德國和阿拉伯世界的手段一樣）；(4)中國人戰後選擇的是社會主義方向之復興道路，與猶太人先聲奪人之道德優勢於資本主義國家完全不同；(5)德國與日本戰後，在歐美戰勝各國籌劃的世界格局之作用也完全不同。

[2] 參閱猶太人艾瑞克・霍布斯鮑姆《帝國的年代：1875-1914》賈士蘅譯，江蘇人民出版社1999年。書第16頁記載：「對土著印第安人三種辦法：趕到保護區、種族滅絕、不屬於政治群體的少數人。因而，1890年時，美國6300萬的居民中，只有23萬印第安人。」

時也持同樣態度，『根除最終是有益的，一如其不可避免』。又 40 年後，第三位領導人說，『是偉大與崇高之神發出的咒語讓德國必須踏過死人的屍體以創造新的生命』。這位就是黨衛軍首腦海因里希·希姆萊，他被恰當地視為惡的化身。但他與他的同僚阿道夫·希特勒可以說僅僅是在追隨美國人的腳步。正如我欲在此證明的，蓄意謀殺的種族清洗已是我們的文明、我們的現代性、我們對進步的看法，以及我們引進民主的嘗試中的一個核心問題。它是我們未被看見的一面。」[1]

《民主歐洲的犯罪傾向》（The Criminal Inclinations of Democratic Europe）。作者讓—克勞德·米爾納（Jean-Claude Milner）在書中通過一番細緻而嚴密地分析提出了一個簡單而大膽的觀點。1945 年後，歐洲能夠實現和平民主融合只有一個原因：因為納粹成功地實施了種族滅絕政策，歐洲已擺脫長期以來妨礙他實現夢想的族群：猶太人。一個無國界的歐洲實際上意味著政治消解（政治始終事關有限的整體性），進入以無限性為原則的社會領域。現代民主代表著通過現代社會特有的無限性法則實現對政治界限的破壞。最能服務並代表這一超越所有界限的意志的就是科學技術。如今，藉助遺傳基因操控和人工授精，繁殖和婚姻關係法則對人類而言已經變得可有可無，技術的力量可謂達到新的頂峰。歐洲民主就是帶有這種慾望的社會模式。按照米爾納的說法，為了實現目標，它必須擺脫那些其生存原則本身就是血緣和傳遞的族群，該族群的名字指向這一原則，他們的名字就是猶太人。米爾納認為，這正是種族滅絕帶給歐洲的東西，而種族滅絕之所以能夠得以實現，還是因為一個與民主社會原則同根同源的發明，即毒氣室這項技術的誕生。他的結論是，民主歐洲脫胎於種族大屠殺，它遵循自身慾望想要猶太國家接受它所製訂的和平解決衝突的條件，這些條件意味著將猶太人趕盡殺絕。[2]

兩本書都有詳盡的事實論證：西方民主為何自始至終伴隨著非我族類

---

[1] 邁克爾·曼《民主的陰暗面：解釋種族清洗》，嚴春松譯，中央編譯出版社 2015 年，第 1 頁。

[2] 引自《民主之恨》（Hatred of Democracy），作者雅克·朗西埃（Jacques Rancière），翻譯杜可柯。著重號係引者所加。

的種族滅絕？作為西方文明開端的古希臘雅典民主不必說了——內部奴隸制與外部殖民地乃民主基礎，伯羅奔尼撒戰爭中雅典人對彌羅斯人就施行了種族滅絕。近現代以來，歐洲民主打著啟蒙的旗號向外擴張，一直伴隨著對非西方人民的殖民掠奪與帝國戰爭，其「種族滅絕」便成其為核心。如果《民主的陰暗面》說的是「從來如此」，那麼，《民主歐洲的犯罪傾向》則說到了「將來也如此」。

根據確鑿：「與科學技術同根同源的」、具有「個人單子化及其慾望無限性法則」的「民主歐洲」或「歐洲民主」，必欲對「猶太人」趕盡殺絕。

中國人儘管與猶太人有「神／道」之別，但在「那些其生存原則本身就是血緣和傳遞的族群，該族群的名字指向這一原則，他們的名字就是猶太人」——「中國人」也是啊：「神性」是猶太民族的族群之「體」，「德性」是中華民族的族群之「體」，是不是也在「世界民主」進程必須「擺脫」「滅絕」的「黑名單」之內？

可惜，還不知道他們來不來得及，因為「螳螂捕蟬，黃雀在後」——「世界民主」進程需要的「個人單子化」之「無限性法則」向前推進時，「科學主義」比「世界民主」跑得更快，像蘇格拉底在雅典公訴之「申辯」中說的「死亡比罪惡跑得更快」——「超人工智能」將全人類「大過濾」了——「進化論即末世論」：這來自猶太一神的詛咒可是當真？

二戰歷史能夠割裂於西方民主與殖民的歷史嗎？

話說回來。

「『反猶太罪』定性六條」之六，「今天還可以加上⋯⋯」（2015年）這個做法，太可疑了！你來一個「今天還可以加上」，別人是否也來一個「今天還可以加上」？

前五條是一個整體（各自側重不同但必須相互印證），屬於二戰特定時期。猶太人遭到納粹代表的歐洲「反猶勢力」集中屠殺600萬猶太人的慘景，無論在什麼意義上恢復猶太人的尊嚴、撫平猶太人的創傷，都是應該的。但必須界定時域。二戰後的紐倫堡審判及其餘緒，也當然會有一個尾聲，但不是無休止的「今天還必須加上」地一直下去。此其一。

否則，莎士比亞就是典型的「反猶分子」——他至少犯了第六條：「把猶太人作為『猶太人』進行特徵刻畫」。第一條、第二條，也難脫嫌疑。

事實上，離開了特定時域場景，「反猶太罪」就會成為一椿「特殊罪名」，與歷史上的「反基督教罪」「反共產黨罪」，同質。這就離奇了！似乎「猶太人」或「猶太族」成為「罪與非罪的試金石」，西亞地區「特選子民」就真的成了地球人類「特選子民」。這無疑埋下「捧殺」的惡果，禍兮福兮？預謀就在其中也難料定。誰又在玩弄挑動族群鬥族群的把戲？

一、二、六，三條基本屬於觀念言辭上的，其界限相當含混，如果完全與實際後果、實施後果、事實後果無關，僅憑孤立的言辭做「反猶太人」推罪，恐怕誤傷範圍就太大了。此其二。

所以，既要限定時間範圍，還要分割澄清言辭與事實的前因後果，除此兩條界限，還要有一條界限防範，看言辭歸屬的「語境」是指控猶太人罪性的，還是非罪性的其他理論性思考等。此其三。

這三條界定能嚴肅分清「反猶太人」之罪與非罪。遂而才能避免人們任意上綱上線、羅織罪名，或以言治罪。

還不止於此，恐怕，「反猶太罪」六條云云，原委遠非如此簡單，即，不是一個從二戰納粹屠殺 600 萬猶太人罪行之後續的「肅清餘孽、消除影響」的收尾工程。像小說《朗讀者》或電影《生死朗讀》中所補敘之事。事實上，特拉夫尼還「加上」了一條：除了寫進六條的「把猶太人作為『猶太人』進行特徵刻畫」之外，還有放在著作標題上的「第七條」——「猶太世界陰謀」——它已經遠遠超出了「猶太人的特徵刻畫」。特拉夫尼論述的海德格爾《黑皮書》「存在史敘事」已經關涉甚至落腳到「猶太世界陰謀」了，即「第七條」罪——「存在史地形學」式的「猶太世界陰謀」之「反猶太罪」，而且基於一椿無法坐實的《錫安長老會秘密宣言》人類歷史懸案。特拉夫尼檄文真的想這樣定「七宗罪」？

這太不可思議了！原來二戰中柔弱到任納粹「擺佈」「宰割」甚至安靜地走進「毒氣室」、送進「焚屍爐」的猶太人，如何被海德格爾描述為

有能力操縱「世界陰謀」的「猶太集團」（「世界猶太人聯盟」）？[1]

【（40）讀記 22】「存在史上的反猶主義樣式」

這一節從小標題到第一段幾乎就是一個「含混的王國」，每一個字都是需要澄清的。

先說「小標題」——「存在史上的反猶主義樣式」。我暫時還不知道這個短語的德文原文，即不知道「存在史的」究竟是「主語第二格」，還是「賓語第二格」。如果是後者「賓語第二格」，說的只是「反猶主義」多種樣式中有一種是海德格爾提供的「存在史」樣式（9 月 20 日才知道「目錄」Typen des seinsgeschichtlichen Antisemitismus）。[2]

如果是前者「主語第二格」情況就大不一樣了，「反猶主義」成為「存在史」專有的、獨有的樣式，甚至「存在史」本身就是「反猶主義樣式」，由此自然可以推罪：海德格爾「存在哲學」就是「反猶哲學」。特拉夫尼行文中已經提高到這種程度，雖然用的是可能性假設句式，接著自己又否定了。（參見前文）這種筆法，我不願意做更深入的分析了，我怕傷著了特拉夫尼先生。

再說「一般的眾所周知的反猶主義」。

「存在史上的反猶主義」這個概念並不是說，這裏有一種特殊的、精心炮製的反猶主義，或者說，它是一種更加狡猾的反猶主義。海德格爾的反猶主義是從一般的眾所周知的反猶主義形式出發的。當然，海德格爾對它做了哲學的，也就是存在史上的解釋。

現在出現了兩個概念：「一般的眾所周知的反猶主義」和「存在史上的反猶主義」。前者與海德格爾無關，後者專屬海德格爾所有。

那麼，什麼叫做「一般的眾所周知的反猶主義」？

它顯然在海德格爾之前就存在，甚至在德國納粹上台之前就存在，換

---

[1] 坦誠交代，這一段是寫完第三節「存在史上的反猶主義樣式」三句話之「第一句話說明」的「讀記」之後補加的。因為往下做讀記時，發現後兩句話及其「說明」的日耳曼文化史色彩太重，而且涉及到太離奇的「陰謀論」，它超出了我的預測，增加了寫「讀記」的難度。故將超出預測的「標題」痕跡補敘出來，以激勵後續「讀記」的完成。

[2] 「讀記」開始寫了不久，友人靳希平、孫周興分別給我寄來了德文掃描版和複印版。在此謹謝！現註。

句話說，它早就存在於歐洲的歷史上了。比如說，英國人莎士比亞就是一個「一般的眾所周知的反猶主義」者，他塑造的「夏洛克」成為全世界家喻戶曉的「猶太人放高利貸者」的典型形象，其可惡程度到了要割債務人身上的「一磅肉」償還利息。我前面還指出，連歐洲人自己都意識到「民主歐洲的犯罪傾向」，即在歐洲歷史上長期存在著「一般的眾所周知的反猶主義」。它事實上已經超出了「民族偏見」的情感範圍。這個歷史賬怎麼算？

二戰後好了，這個歷史賬終於有一個叫「納粹黨」的出來結賬了。其「反猶主義」硬結為「奧斯維辛集中營」與「焚屍爐」之「鐵證如山」！戰後，猶太民族也了不起，他們終於調動起他們民族卓越的記憶，在全世界樹立了兩座「恥辱柱」：一座是有形的以色列特拉維夫「大屠殺紀念館」；一座是無形的豎立在全世界心中的「反猶太罪」！終於給歷史上存在於歐洲民主進程中的「一般的眾所周知的反猶太主義」定性為「反猶太罪」而「結案」──以儆效尤！

沒有這個背景，人們如何理解「反猶太罪」？換句話說，二戰前，猶太人散居歐洲各個民族各個國家之中，處境艱危，導致二戰慘絕人寰的後果。用「反猶太罪」既是對後果的結案，也是對「猶太人」的特殊保護。這都是可以理解的。但必須注意，時過境遷，「以色列國」出現了，猶太歷史開出了新篇章。爾後，以色列國可以按一般國際法保護屬於自己國民的國內外猶太人之合法權益。但如果猶太人群居作為一個民族加入了所在地國家成為其中的國民成員，可以要求相對的自治權，但不能要求成為國中國。這也屬於各國的主權範圍。因而，如此特殊的「反猶太罪」事實上應該作為歷史事件進入歷史檔案了。否則，全世界其他有過災難史的民族也應該要求同等權利是否也應該特別立法「反中國人罪」「反印第安人罪」？

不僅如此。全世界基督徒是不是要把它與「反基督教罪」等量齊觀？前蘇聯人包括現在除俄羅斯外加入歐盟的前蘇聯加盟共和國成員國人，還有中國人、朝鮮人、古巴人等等是不是要把它與「反共產黨罪」等量齊觀？

人啦，是要記住歷史：信仰上的「反基督教罪」、政治上的「反共產黨罪」、民族上的「反猶太人罪」。都作為一種「特殊的罪」存在過或存在著，都為歷史提供了或正在提供或將要提供「正反教訓」。

無獨有偶，日本軍國主義長期在日本民眾的教育中貶低污衊中國人即「一般的眾所周知的反中國主義」，以此構成它們公然侵略屠殺中國人的思想基礎。

順便插一句。大史學家猶太人艾瑞克・霍布斯鮑姆在《帝國的年代》中如實寫出當時在歐洲人眼中是把日本人視為「同類」的，根據就是它「能侵略中國」！導演過《辛德勒名單》的猶太人斯皮爾伯格，在導演《太陽帝國》中竟然也反常地用帝國侵略自然正當的眼光區別看待日本人與中國人！何其「厚此薄彼」乃爾！

換句話說，一個民族，侵略殺人，並不重要；重要的是，你為什麼軟弱得任意被人屠殺？既然如此，《辛德勒名單》中的猶太人那樣無助地軟弱地被納粹任意屠殺，可以喚起世界人的同情，而同樣的中國人被日本侵略者屠殺，西方人卻為何鄙視到無視其存在的地步？

到今天，9 月 3 日，東方主戰場中國紀念反法西斯戰爭、反日本軍國主義侵略戰爭勝利 70 週年，西方國家仍然掩飾不住自己「帝國主義、殖民主義」的歷史記憶！難怪人們把兩次世界大戰叫做「帝國主義戰爭」：西方主戰場是帝國主義對帝國主義的勝利當然也包括被侵略人民對帝國主義的勝利；東方主戰場則完全是是被侵略人民對帝國主義反侵略反殖民的勝利。[1]

現在，仍然有人在幹著區分民族的優劣並以此貶低污衊中國人的勾當；其貶低污衊中國人的言辭，幾乎就與當年納粹貶低污衊猶太人的言辭，如出一轍。

須知，主要帝國主義國家近四百年的殖民侵略歷史，說到底，就是這

---

[1]　這一段，顯然是 9 月 3 日後插進來的，實在有感而發。

種區分民族優劣自詡為「優等民族人種」而對非西方民族極盡殖民、侵略、掠奪、屠殺之能事的。更奇怪的是，連他們自我標榜的「民主」「自由」「人性」這些看似「普適性」概念居然同樣包含著種族人性「高貴與卑賤」「優秀與低劣」的等級差異之算計以達到污衊貶低之能事。非如此不足以確立「我主你奴」「我活你死」的主宰目的。

全世界都要記住這樣的歷史教訓！

豈止「反猶太罪」。

所以，我必須補足一句使其完整：記住上述歷史，同時也要記住「界限」。一旦越過界限，「反……罪」本身也會成為「罪」，就像「邏輯」也會成為「邏輯罪」一樣——歷史反諷，常常如此。所以，「知止」乃是「智慧」本身的節制，而不是「智能」的技術與慾望無限性膨脹。

其次，什麼叫做對「一般的眾所周知的反猶主義」做「存在史上的解釋」？

特拉夫尼說得很清楚：「海德格爾的反猶主義是從一般的眾所周知的反猶主義形式出發的。當然，海德格爾對它做了哲學的，也就是存在史上的解釋。」這至少澄清了「反猶主義」是歐洲歷史上客觀存在的，並不是哪一個人生造出來的。對於這段歷史，特拉夫尼當然用不著在他的文章中予以說明，但它決非無足輕重的不相干小事。此其一。

其二，海德格爾沒有杜撰「反猶主義」，也沒有偽裝成一種「更狡猾的」反猶主義，而是對「一般的眾所周知的反猶主義」做了「存在史上的解釋」。這裏，仍有一個區分是不能含混的：海德格爾的「存在史」是專門為「反猶主義」做出來的，還是在「反猶主義」之前就已存在，僅在特殊時期就「某些特徵」舉為其「例證」？

換句話說，海德格爾為了把「一般的眾所周知的反猶主義」上升為哲學高度提出「存在史」證明而變成「存在史反猶主義」——「存在史」僅為「反猶主義」而存在，是一回事；海德格爾「存在史」早已存在，只是在三十年代末，「將其思維同實質上極具革命性的歐洲歷史的整個進程緊密聯繫在一起」時，才出現的文字。事實證明，僅僅是後一種情況。特

拉夫尼先生也在行文中證明：從《哲學論稿》（1936）看到的在「另類開端」中運作的「存在底歷史」。充其量是「關於『歷史地經典化了的文本』之解釋學，或者關於『歷史地經典化了的世界』之解釋學」，即，都還只能算「思想的敘事」。現在，特拉夫尼通過《黑皮書》告訴我們：海德格爾「已經不再局限於他自己的思想，而是突然佔據了整個的世界歷史」。於是，《黑皮書》中出現了「三段話」，可以代表海德格爾對「反猶主義」做了「存在史上的解釋」。

總而言之，（一）「反猶主義」早就存在於歐洲歷史中了；（二）海德格爾「存在史」思想也早就存在於「反猶主義」之前了；（三）海德格爾直到三十年代末在《黑皮書》中出現了「三段話」對「反猶主義」做了「存在史上的解釋」。

至於這「存在史上的解釋」是怎麼回事，再往後看「三段引文」便知。

【（46）讀記 24】「製作性」「計算性」「無世界性」作為「反猶主義」樣式

我經歷過也承受過「為批判而批判」的「書寫」，即必欲上綱上線置之死地而後快。對此感觸極深。我在前面「錯合」一詞的「讀記」中已經指出。

特拉夫尼的批判首先抓住了這樣一種關聯：「製作性」與「計算性」同「猶太人」的關係。「2、第一段引文的說明」開始兩個自然段最為關鍵。為確切理解，我不得不詳細摘錄如下，以（一）（二）表示之：

（一）三十年代後半葉，大概 1937 年左右，在《思索（八）》中，猶太人，猶太族作為存在史敘事的角色首次直接亮相。「『龐然巨物』的潛伏最深的、也許『最為古老』的形態之一」，據說就是「『算計計算』和『倒賣放貸』的『堅韌的熟練靈活』以及它們的混合。正是它們奠基了猶太人的無世界性」。對於這個階段的海德格爾來說，「龐然巨物」是「製作性」的形式之一，也就是說，是處於獨裁地位的對於世界的理性化和科技化的形式之一。世界的這種發展需要一種特定的

思維形式，海德格爾想要在猶太人的「算計計算的熟練靈活」以及「計算能力」裏找出（erkennen）這種思維形式。

（二）這種奇怪的想法需要更準確的解釋。因為，海德格爾在這裏並沒有聲稱，「無世界性」彷彿是猶太人的自然本性。更確切地說，他認為，「無世界性」是通過「算計的堅韌的熟練靈活」才「建立起來的」。而這種「熟練靈活性」則是「龐然巨物」——也就是「製作性」——之潛伏最深的形態之一。因此，「猶太人的無世界性」的根源是「製作性」。「製作性」使得「計算、算計」這種對世界起著決定性作用的活動佔了統治地位。「製作性」要求並建立了人類的「無世界性」，這是海德格爾進行科學技術批判工作的著名論題。但是讓這個論題奠基於「猶太人的無世界性」，卻使得這一思想進一步尖銳化，但是這種尖銳化是很成問題的。

從譯文上看，我幾乎得翻兩道坎：一道是特拉夫尼閱讀理解選擇海德格爾原文的坎，一道是譯者理解翻譯特拉夫尼和海德格爾兩人原文及其交織的坎。現在，我只能假設兩道檻勉強是可以通行的。實在難於理解的我會指出來。

從（一）看，後半段，從「對於這個階段的海德格爾來說」開始，基本符合海德格爾思想之實際情況。事實上，誰都知道，「製作性」這個來自亞里士多德《詩學》的特有範疇，海德格爾一直用它來思考非「自然存在」的「技術存在」。到現代才會有進一步的說法，如「龐然巨物」（按：「技術構架」或「技術座架」的形象表達）是「製作性」的形式之一，是處於獨裁地位的對於世界的理性化和科技化的形式之一。這是海德格爾「存在史思想」一貫用於「技術追問」的說法。

接著，世界的這種發展需要一種特定的思維形式，海德格爾想要在猶太人的「算計計算的熟練靈活」以及「計算能力」裏找出（erkennen）這種思維形式。其中「找出（erkennen）」，似乎應該譯成「標識出」，即，不是要「從中尋找出」，而是正好猶太人的「算計計算的熟練靈活」可以作為標本以標識出這種「思維形式」。直譯「認出」，也要比「找出」強（帶

「欲加之罪」的意味）。它本來就是一個類比性例證之取證。

但是，（二）的說法不同了。這種奇怪的想法需要更準確的解釋——誰解釋？是海德格爾的解釋，還是特拉夫尼的解釋？

在這個意義上是很奇怪：一個著名的科學技術追問的存在史思考，怎麼突然拿猶太人的「計算算計、熟練靈活、倒賣放貸」比較呢？問題出在「二戰背景」上。如果離開這個背景，就一個民族的特性引發一個重大歷史事件的做法是常有的事。美國猶太人馬歇爾·薩林斯在《甜蜜的悲哀——西方宇宙觀與本土人類學》中，就直接地把「資本主義」歸結為「《創世記》的經濟學」，除了「生物本能」地功能功利性使用「資本主義」，什麼都不能使西方人的「原罪式人性惡」獲得合適的生存方式——所以走出中世紀到 17 世紀，西方首先由英法變現為「《創世記》資本主義」。假若這段話出自海德格爾之口，放在二戰背景中，那又不知道該是多麼重的砝碼論證海德格爾的「反猶太罪」甚至「反資本主義罪」「反科學技術罪」了！

特拉夫尼「更準確的解釋」在於，海德格爾認為，「無世界性」是通過「算計的堅韌的熟練靈活」才「建立起來的」。而這種「熟練靈活性」則是「龐然巨物」——也就是「製作性」——之潛伏最深的形態之一。因此，「猶太人的無世界性」的根源是「製作性」。「製作性」使得「計算、算計」[1] 這種對世界起著決定性作用的活動佔了統治地位。

這段話幾乎可以作為「似是而非」的典型個案。「製作性」「計算性」「無世界性」本來都是海德格爾研究古希臘哲學形而上學特有屬性（「哲學僅為希臘所特有」）並從中得出「開端即終結」的公開論斷。這就可以造成特拉夫尼「更準確地解釋」海德格爾「肯定會這樣認為」的前提或基

---

[1] 我不知道海德格爾「計算、算計」的德文寫法，中文譯者的如此顛倒，估計不會是自作主張的文字遊戲。但如此一來，兩詞連用就非常有講究了：「計算」是客觀手段性的，「算計」卻是主觀目的性的，連用就相當於「計算」必須符合計算者目的地算計（狡計）行為。應了一句中國俗話「老謀深算」，有「運籌帷幄之中，決勝千里之外」的氣勢。——「讀記」註釋。

2022 年 12 月補註：rechnerischen Begabung，平實譯成「算術稟賦」好，可惜仍根本排斥不了「計算算計稟賦」如在「金融資本設計」中，更在科學創造中「可能性選擇」或「人差選擇」「薛定諤的貓」「量子糾纏」等等，愈在科學深邃領域愈自然凸顯「智能人」與「智慧人」選擇的原則取向不同以致差之毫厘謬以千里。這是「強人工智能」與「超人工智能」所謂「拐點」選擇之要害所在。人類不可不防。

礎。正如「眼光」在前，「取證」在後。

原生文化都具有特殊的計算性：埃及的「幾何學」、中東的「自然數」、中國的八卦易經的「象數二進」，等等。它們在希臘或西方發展的不同時期為西方所吸收構成重要的科學技術轉折階段。所以說，「計算性」是「製作性之潛伏最深的形態之一」，本來是地道的「存在史地形學」敘事。海德格爾雖然沒有這樣鋪陳開來，但對古希臘畢達哥拉斯和柏拉圖的「計算性」早有論述。特拉夫尼在下面的行文中也分明注意到海德格爾眼光的來源。所以，這裏僅以「猶太人」的「思維方式」和「計算能力」集中「取證」「標識」而具體化存在史敘事，決不能解釋成是「唯猶太人專有」地「找出」。

可是，接著的「因此」句，竟然扯進「因果關係」而論斷，就不能說是明智之舉了。「猶太人的無世界性」的根源是「製作性」，使人聽起來，就像是另一個版本的猶太人《出希臘記》。「製作性」使得（猶太人的）「計算、算計」這種對世界起著決定性作用的活動（猶太人的無世界性）佔了統治地位 —— 引文括號中的話是引文概念特指但隱含著的。結果，特拉夫尼「更準確的解釋」就變回了特拉夫尼自身想要的「解釋」：猶太人的「計算算計、熟練靈活性」是其「製作性」之潛伏最深的形式，從而奠基了「猶太人的無世界性」，遂而對世界起著決定性作用的這一活動佔了世界的統治地位。

有了這個「更準確的解釋」，當然可以推罪：海德格爾存在史敘事完全是「反猶太主義」或「反猶太罪」的。甚至，海德格爾「存在哲學」就是「反猶哲學」。

所謂「更準確的解釋」無非是特拉夫尼這樣一種書寫手法：

> 海德格爾一以貫之的存在史敘事 —— 僅某階段具體示例而取證於猶太人的思維形式與計算能力。

變成：

> 海德格爾把猶太人的思維形式與計算能力一當做了自己存在史敘

事一以貫之的「科學技術無世界性」之根源。

全然不管西亞兩河流域敘利亞神系與地中海希臘諸神譜系的「錯合」「混淆」——它顯然不屬於海德格爾的。還不僅如此，連邏輯上的柏拉圖的演繹法（從抽象到具體）也「錯合」成了亞里士多德的歸納法（從具體到抽象）——同樣，他顯然也不屬於海德格爾的。

這就是特拉夫尼自己的「更準確的解釋」，僅僅不過一個「顛倒」而已！

下面引證一段《哲學論稿》「Ⅶ」：

Ⅶ Der Letzte Gott

題詞

（最後的神）

這完全另類的神

不同於曾在的諸神，

更不同於基督教的上帝。

「題詞」中，與「完全另類的神」即「最後的神」相區別的有「希臘諸神」和「基督教上帝」。絲毫沒有涉及到「猶太教一神耶和華」。整個行文中也絲毫沒有涉及「猶太人」。「希臘諸神」與「基督教上帝」都被海德格爾歸屬於「計算性」之中。而「最後者」之「最後的神」（或「存在〔Seyn〕之神」）是「逃避一切計算」的。

由此可以證明，「計算性」不是為「猶太人」準備的。同樣，「製作性」這個來自亞里士多德《詩學》的特有範疇，也不是為「猶太人」準備的。

「製作性」與「計算性」兩者，可以說是海德格爾為「第一開端」形而上學史規定下的最基本屬性，並由此判定「哲學是古希臘獨有的」甚至「形而上學的開端即沒落」。

《哲學論稿》寫於 1935 年到 1939 年，與《黑皮書》的寫作時間幾乎一樣，大部分時間都是重合的。可能因《哲學論稿》自身的相對完整性而

成書稿，才與《黑皮書》區別開來。究其「存在史思想」的重要性而言，沒有任何理由說《黑皮書》比《哲學論稿》更重要，以致重要到海德格爾壓軸的「哲學遺書」地步。之所以海德格爾要放到最後出，不是出於什麼「不朽」的「算計」，而很可能——純屬猜測——出於「預言」性質的「不安」，當然也可能包含意識到這部分特別涉及了「猶太人」的「政治敏感性」。由此可以推測，海德格爾當時可能已經意識到：

《哲學論稿》是「純粹存在史敘事」；

《黑皮書》僅涉及「具體存在史敘事」。

《黑皮書》當然也主要是「存在史敘事」，但卻因某部分引申到或聯想到「猶太人」參與「希英美人」之「計算之神」論證「無世界世界性」之「連根拔起」。

今天人們太過追討海德格爾的「反猶太主義」，而可能根本忽略了其中真正意義上的「預言性質的不安」。否則，海德格爾不會保留下來放到最後出版。稍後，我會隨著「讀記」的伸展將何謂「預言性質的不安」揭示出來。

話說回來。特拉夫尼先生也非常清楚「『製作性』及其『計算性』要求並建立了人類的『無世界性』，是海德格爾進行科技批判工作的著名論題」。隨著二戰的爆發，海德格爾「將其思維同實質上極具革命性的歐洲歷史的整個進程緊密聯繫在一起」時才將「猶太人」關聯進來而使其問題「尖銳化」。注意，這是「取證的尖銳化」「拓展的尖銳化」，而不是「讓這個論題奠基於『猶太人的無世界性』，卻使得這一思想進一步尖銳化」。因為海德格爾把「科學技術」批判為「無世界性」並非奠基於「猶太人的無世界性」。無論從時間上，還是從邏輯上，都不能像特拉夫尼先生那樣強行扯到「奠基於」上（不是「奠基了」）。所謂「奠基於」就是「以……為基礎」，特拉夫尼先生難道要人們相信海德格爾對「科學技術的無世界性」批判是「以對『猶太人的無世界性』批判為基礎」的嗎？

【（76）讀記 42】「地球上的犯罪活動是猶太性」

在關於《純在的歷史》的手稿中，有唯一一段在內容上涉及存在史上的「權力」之維度的段落。「在那裏，他談到『最近地球上的主要罪犯』。毫無疑問，他這裏所指的是專制國家的第一批統治者。當然，『這裏需要問的是，獨特的預先規定，地球上的犯罪活動是猶太性，這樣的規定之根據，到底奠基於何處』。」人們首先想到的是，對這句話直接按如下方式加以理解：海德格爾想問的是，在這種「獨特的預先規定」中，猶太人設置了什麼東西，以至於必須為「地球上的主要罪犯」做出犧牲。

特拉夫尼在含有「地球上的犯罪活動是猶太性」這句話的句子後加了一個注釋（3）：「在後來出版的書中抓不到這個句子。在海德格爾手稿裏有這個句子，但是在海德格爾的弟弟 Fritz 的謄抄稿中，這個句子不見了，顯然是被他『刪去』了。依據《海德格爾全集》為海德格爾本人『最後手定』這個含義，海德格爾遺著法定管理人當時決定，不發表這個句子。從《黑皮書》著眼，現在他改變自己的看法。此外，從時間上來看，這句話完全屬於我們這裏討論的反猶主義語境中的反猶例子。」

請容我將關鍵詞一句（著重號標示）重新譯出：

（……"Macht",）spricht er ueber die "planetarischen Hauptverbrecher der neuesten Neuzeit" — und er meint ohne Zweifel die ersten Beherrscher der totalitaeren Staaten. *"Zu fragen waere"* allerdings, *"worin die eigentuemliche Vorbestimmung der Judenschaft fuer das planetarische Verbrechtum begruendet"* ist.

他談到「近現代地球上的主要違法者」。他毫無疑問指的是專制國家的首要統治者。當然，「問題在於，猶太性向的獨特先行設定如何建立在地球上的違法活動中」。

在我的閱讀中，作為句式翻譯，「猶太性向的獨特先行設定如何建立

在地球上的違法活動中」，是不能拆分為「獨特的預先規定，地球上的犯罪活動是猶太性，這樣的規定之根據，到底奠基於何處」——甚至用一個分句式「獨立判斷句」把「地球上的犯罪活動是猶太性」突出出來。

因為，"Zu fragen waere" allerdings, "worin die eigentuemliche Vorbestimmung der Judenschaft fuer das planetarische Verbrechtum begruendet" ist. 由兩部分組成：

句子框架部分 "worin …… fuer das planetarische Verbrechtum begruendet" ist.

被介入部分 die eigentuemliche Vorbestimmung der Judenschaft

顯然，被介入部分應作為一個整體介入，因為 der Judenschaft 是 die eigentuemliche Vorbestimmung 的「主語第二格」，即「獨特的先天設定」專屬「猶太性向」所有，並由此組成一個「固定短語」。所以，不能把 Judenschaft 抽取出來先行劃到「如何建立於地球上的犯罪活動上」還改成一個獨立的判斷句式「地球上的犯罪活動是猶太性」。這裏的翻譯有兩個改動是致命的：首先，把「猶太性向底獨特先行設定」這樣一個非現實的過去式的「先行概念」改變為當下的完成進行時的事實判斷句「地球上的犯罪活動是猶太性」；其次，把「猶太性向底先行設定」——「如何建立在地球上的違法活動中」之「如何」的可能性模態句改變成「地球上的犯罪活動」歸結「是猶太性」的全稱邏輯實證句。

此外，作為詞語翻譯，Hauptverbrechter 不能用名詞確定下來為「主要罪犯」，而應該以動名詞性譯為「主要違法者」；Verbrechtum 與之相應譯為「違法活動」。海德格爾不是詩人，用詞隨意比附，他是哲學家，不會自己判定別人為「罪犯」，按其「違法行為」指出其「違法者」，恰當得多。Judenschaft 譯「猶太性」並非不可，但總覺得「-schaft」用作詞尾有一種「屬性」形態化、風格化傾向。如 Wissenschaft(「科學」或「科學界」)、Landschaft (「地形」或「風景」甚至「風景畫」)。所以我把它譯成「猶太性向」旨在突出其屬性特徵取向的維度。

最後，在澄清了句譯與詞譯後，這句話的意思並不難理解了。試比較：

（甲）當然，「這裏需要問的是，獨特的預先規定，地球上的犯罪活動是猶太性，這樣的規定之根據，到底奠基於何處」。

（乙）當然，「問題在於，猶太性向的獨特先行設定如何建立在地球上的違法活動中」。

「地球上的違法活動」前述已經指出，是「近現代」（neuesten Neuzeit）以來的專制國家的首腦們的違法行為。Neuzeit 本來就是出中世紀以來的「近代」，海德格爾心目中已經把英國「17 世紀工業革命」算作近代以來的「製作龐然大物」向海外「侵略擴張」的發動者。說它是「地球上的違法活動」，不為過吧？（注意，長期以來人們把這種「違法活動」掩蓋在「進化論啟蒙主義」之中 —— 這是典型的「強力意志主人道德」底「自然正當」！）而「猶太性向的獨特先行設定」即猶太人的「計算性與製作性」本來就早於英國人，它高度強化了猶太人的種族生活，但僅止於內化的維度。把它粘連措置到英國人外化的殖民擴張「如何建立於地球上的違法活動之中」，這的確表現出海德格爾失去分寸地越界推演，如果是這樣的話。作為《存在與時間》的作者，「前理解」三要素：Vorsicht（先行見到）、Vorhabe（先行具有）、Vorgriff（先行掌握）[1]，其「先行」理解中把「製作性」內外抽象為「同類項」，也並不奇怪。這種「抽象」就帶上了海德格爾反對的「形而上學性質」——反諷無處不在。

科學技術本身「看來」是無害的，關鍵在它「如何用」「用於何處」，也就是說，人類是否有「以體制用」的智慧能力駕馭「科技」。如同「戰爭」，把「科技」看作是「善」，抑或看作是「惡」，本來就是人類思想史上的一個糾結點。推行功能進化論者，完全掩蓋了科學技術自我證成、自主發展的非人屬性向，尤其「資本式科技」之屬，只有少數人才能洞穿其遮蔽下的生存危機。

這當然是我的猜測性理解。

特拉夫尼行文中緊接著的說法是這樣的：「人們首先想到的是，對這句話直接按如下方式加以理解：海德格爾想問的是，在這種『獨特的預先

---

[1]　援引陳嘉映、王慶節《存在與時間》。

規定』中，猶太人設置了什麼東西，以至於必須為『地球上的主要罪犯』做出犧牲。」

【插語】

如果海德格爾的行文是中譯文那樣分開明確表述的，敏感的特拉夫尼先生還不抓個正著？還會在此句後面謹慎設問：「海德格爾想問的是，在這種『獨特的預先規定』中，猶太人設置了什麼東西，以至於必須為『地球上的主要罪犯』做出犧牲。」

其中「人們」是特拉夫尼們自己在設想，移情為「海德格爾想問的是」，猶太人怎麼會把自己的「獨特先行設定」設置到「地球上主要違法者」的「違法行為」中而「自食其果」「做出犧牲」呢？

又是用問話的形式，而且，是猶太人自己為自己的行為「做出犧牲」。如此「思考」「書寫」都像「現象本身」的自我呈現，客觀得很，當然是在特拉夫尼同樣「客觀的轉述」中。恰恰就是這種客觀卻已昭然若揭：海德格爾為納粹德國推諉屠殺猶太人的罪責 —— 是猶太人咎由自取啊。

人們都知道，特拉夫尼作為《黑皮書》編輯以「知情者」身份 —— 放在「注釋」中 —— 揭露海德格爾弟弟在出版中刪除了「這句話」——「抓不到這個句子了」。應該說，不僅對海德格爾，而且對海德格爾家族，特拉夫尼先生非常有力地指出了海德格爾「反猶太罪」的一個要害。

第七台階
「技術統治時代」意味著什麼？
（2015）

　　鋪墊之路，或近前台階，已經抵達本書核心：「知其白守其黑 —— 西方歷史的白與黑」。

　　我如此安排不惜挪用強壓三年未出書之四則片段，[1] 實在出於「詞句同語境意義整體性」考慮。作為「逆向夜行」者，在西方功能主義「以論治史」滔滔天下的今天，要指出它的絕路，簡直就是「冒天下之大不韙」。我至少要在本書中，一要描述西方「何以至此」的歷史脈絡，二要澄清我個人「何以至此」，講明迎頭遭遇的思想契機。特別是，對於全然陌生的領域 ——「科學」，我是如何儲備知識才有可能切入要津而迷途知返的。凡此種種，不能不有一個背景上的鋪墊。

　　事有湊巧，同濟大學同年 11 月召開了「技術時代的人文科學」學術研討會。開始我以為，這個題目是由「概幫」同仁參與主持的學術研討會。我便懷著老友重逢的心情，寫了《「技術統治時代」意味著什麼？》。以下僅錄開篇的定義部分。

技術定義

　　「技術」，已不是什麼「一般性技術」，而是西方資本式使用技術近四百年來已進入「技術統治時代」階段的技術，即從「弱人工智能」正進

---

[1]　兩處：康德哲學「以像代是」前述；「黑皮書事件」四則。其他都是存放在抽屜中的舊物。現注。

入「強人工智能」最終必然達到「超人工智能」底非人屬宇宙論「第三型文明」。這已是眼前明擺著的趨勢，即是我們必須首先接受並承認的趨勢。只有在如此「技術統治」的規定性中討論我們的學術會議，才成其為這次學術會議的宗旨。實至名歸，正逢其時。

命題來源

看起來「技術統治時代」，僅指當下現實。或者，對中國當下現實做直觀陳述。好像它是一個「土特產」。

其實不然，它是一個「舶來品」。也就是說，它是「地中海希臘文明」發展至今以美國為代表的西方統領全世界的產物。不說「主宰」「統治」，是為了免得「政治因素」對「技術因素」喧賓奪主。再說得具體一點，蘇聯東歐解體即冷戰結束後，乃美國布什「單極主義」制定的「全球技術一體化」的產物。（參見基辛格）

由此表明，我們尚在「全球技術一體化」的步驟進行時中。其中自然包括美國的「軍事科技」迫使世界其他地區跟進才能維護自身的主權獨立。從而軍事科技潛在地進入世界政治經濟的生產力更新領域，成為政治強力意志和經濟生產力形態不斷角逐的領頭羊。強調此點，是想一筆帶過「科技」的「軍事」色彩已經成為各大國心照不宣的秘密。正因為如此，我在這裏論說的主要是西方的「技術統治時代」及其後果。

它構成本文立論的「政治背景」。僅當此之時，尚在「是與不是」之間，人，特別是非西方人才有話說的餘地。

命題性質

「技術時代」與「技術統治時代」，兩個命題並無實質性區別。「技術時代」已經表明「時代」的主體是「技術」，即時代的性質已被技術決定了。「技術統治時代」，不過是把「技術決定時代性質」的「決定」——這一命題判斷換成政治術語——「統治」，而已。

如果硬要區別，「統治」，更強調外部的強制性，並以「自然正當」地服從相伴隨。不比「決定」指向內部必然地自律。應了塞涅卡的名言：

「願意的人跟著走，不願意的人拖著走。」

在這個意義上，第一分主題，突出「技術統治時代」的「統治」二字，不管有意無意，箇中凸顯——震懾「人的狀況與人文科學處境」而納入技術威權之下——贊成者，理所當然；不贊成者，無奈屈從，還是迷途問津？

「技術」是誰？一言以蔽之曰：「無主體的主體」即「用為主體」。顯示：「技術體系」構成龐大的「技術座架」整個將人類凌空支架於「技術存在」之上。

稍加修正，還沒有達到「連根拔起」這一步。眼下，「技術統治時代」與「資本統治時代」尚處在同等互動位置。「技術」是「資本」底第一生產力剛從「勞力者」讓渡到「生產工具」與「生產原料」，並影響到資本式生活方式中的所有人「功利化」之「技心化」，離全然「單子化—機器人」時代，尚有一步之遙。

惟其如此，「技術」統治也好，「資本」統治也好，尚未完全物化，因而也就有受命於「技術」或「資本」的人格化代表——信奉並深諳「技術與資本」的「人」：「資本家」—「政治家」—「科學家」構成「世俗三位一體」，取「聖父 - 聖子 - 聖靈」之「神聖三位一體」而代之。足見西方歷史走過了「神義論」、亦走過了「人義論」，終踏入到「物義論」領域，涉足已深。「個人單子化——身體色情化——技術功利化」作為世俗生活的基本形態或基本原則，蔚然成風。西方如此，中國正取法乎上，抑或懸於十字路口（暫存而不論）。

正是它們，構成本文立論的「技術背景」。僅當此之時，尚在「是與不是」之間，人才有話說的餘地。到了「超人工智能時代」，就沒有人可說了。

命題反省

技術，當然是人類不可或缺的自我充實手段。但手段不能成為目的，於是有問：技術，究竟是為人所用，還是排除人自我更新？

所以根本問題不在於「技術」，而在於「技術統治」，特別是「何種

技術統治」，是否顯露出「技術」與「人」的關係顛倒、致使「用」中之「體」缺失、「技術」走上「非人屬」「去人化」之「物義論」道路——此種現象根源何在、前途何在、有否扶正之可能？

所以本文，有一種不得不說的緊迫感。

第八台階
二零一六：發現密鑰遭天算
（2016）

1

「從心所欲不逾矩」，在自己的課堂即興說了一個故事：

> 人生好比一座橋，我已經走過這座橋了，回望橋的那頭，你們才剛剛上橋。有些走在橋中間的人，突然被奇異的風捲到橋下，無緣走完屬橋的人生……

這座「橋」說的是「人生」及其所屬的「文化種性」，「奇異的風」指的是「歷史事件」；重大歷史事件發生總會有人被奇異的風捲走。我想拿大家看來很熟悉的列奧・施特勞斯作例子，揭示一二。

一，施特勞斯不止一次強調，猶太民族只承認一個開端，不承認還有別的什麼開端。這是隱射基督教耶穌開端。我注意到這種隱射的背後實情：「人神同形同性」「聖靈受孕」「偶像」「聖父聖子聖靈三位一體」等，屬希臘諸神譜系特徵，表明基督教已經內化為西方宗教，根本不屬敘利亞神系與猶太教同宗 ——「亞里士多德的上帝與亞伯拉罕的上帝何干！」耶路撒冷的猶太人對耶路撒冷城的「苦路」只看作「故事」，從不把它當成歷史。當然，基督教仍係宗教無疑，不過不是歐美人將《舊約》與《新約》合成《聖經》「是其所是」的那樣，比如「三位一體」就是非猶太教的，與《托拉》無關。

二，施特勞斯年輕時好像「從耶路撒冷走向雅典」，在神學面前為哲學辯護，即為西方人的自然理性伸張合理性。但不要忘了，同一個施特勞斯後來講《創世紀》，申述神第一天創世首先是「神性之光」，第四天創生的才是「自然之光」；他還特別彌補了一次功課，在哲學面前為神學辯護，把自然理性比喻成「金蘋果」，或「不可解決問題」；死前三年，專門在美國一所大學演講：「我們為什麼仍然還是猶太人？」對「政治復國」「文化復國」「神性復國」三種「復國主義」強調「神性復國」，並袒露自己終身恪守的是猶太民族的「土地與血」。

一二無非是說，列奧‧施特勞斯在他的「人生橋」上並沒有被「奇異風」捲走。他仍然是猶太人，走完了他猶太人的橋。這就是我敬重列奧‧施特勞斯的唯一理由。

2

黑格爾《邏輯學‧導論》中有一個比喻：

> 一個成語在小孩子口裏說出，可能正確，但總沒有在一個飽經風霜的成年人口裏說出來所具有的包容世界的廣袤性及其力量，因為世界還在小孩子的生活之外。

人生的路，就是這樣。老人手中為何多出了一根拐杖？那是「迷途指津」的智慧 —— 智慧一定是主體的節制而臨界指涉神底智慧，使己成其為「仁人」之拐杖。希臘巨人「俄狄浦斯王」根本沒有猜透「斯芬克斯之謎」，所以他殺父娶母、他瞎眼、他斷子絕孫，直到他接受神底詛咒 ——表明，這根「拐杖」是人不能不獲得的、更不能丟棄的！

八十年代進入學術界我是虛無主義者。八十年代末到九十年代，進入西方形而上學的反省期。不斷強化的體制，致使八九十年代出道的人，分化劇烈。實際的利益參入進來，更使分化演變成山頭林立甚至勢不兩立。我才決定遠離中心，避居海甸島，選擇了「請息交以絕遊，門雖設而常關」的靜修生活。只在每年分別借現象學會、或古典學會、或概念幫等朋友聚會，到內地走一圈，通通氣。

海甸島才是我反思生活的真正開始。首先是接著《形而上學的巴比倫塔》下篇「重審形而上學的語言之維」所得出的「語言兩不性」（1988-1992）——對「形而上學」的檢測與防禦，進一步反省虛無主義與形而上學的兩極搖擺。我是從哲學虛無主義、政治虛無主義、國家虛無主義、民族文化虛無主義，最後到了民族虛無主義才中止的。問自己，西方虛無主義再怎麼虛無也虛無不到他們的民族文明上，更虛無不到他們的民族上；為什麼中國，在西方啟蒙的口號下竟一直可以虛無到自己的民族上，連做一個中國人都覺得可悲，恨不得把自己變成西方人；一切愛好趣味、甚至連語言方式，都是西化的，數典忘祖也不以為恥，反以為榮——這是什麼道理？即便不滿專制，也不至於連中華民族也恨不得糟鄙如糞土、撕裂如碎片吧。

哪一年（抱歉不記得了），在一次學術論壇上，國內學者包括國外回來的知名華裔學者濟濟一堂。其中談到慣常的「世界哲學」會議，不少人用嘲諷的語言嘲笑中國人的「中國哲學」發言，一位華裔法國女士說：「哲學就是哲學，哪有什麼『中國』哲學，讓人家笑話的。」大家也都笑了。她是一位女士。我沒在會上發言。但在會下吃飯的時候，恰巧她坐到我的旁邊（大概我們有一面之緣吧），我就忍不住說了下面一段話：

　　我很欣賞法國學者。西方公認法國語言是「宮廷語言」，而德國語言是「廚房語言」。但近現代史上，法國思想卻長期受到英國和德國的兩面擠壓。政治哲學上，英國的「光榮革命」成本低，法國的「大革命」成本高得嚇人。純粹哲學上更慘，被德國哲學一直壓得抬不起頭，先是康德黑格爾，接著又是胡塞爾海德格爾。但是，法國學者同心同德與之抗爭。政治哲學上堅持把「法國大革命」看作「國史」，更推向全世界看作無產階級革命與民族革命的「母史」。而哲學上，法國學者調動起民族文化的全部特質用法國人專長的「身體質感」去對抗德國的「觀念哲學」，否定黑格爾的「絕對精神」，把胡塞爾的「意識現象學」之「意向性」降解為「身體性」，把海德格爾的「非人類中心」之「存在哲學」降解為人的「感性虛無主義」。正是這些不屈的抗爭才使

得「法國哲學」的「存在主義」（不等於「存在哲學」）、「結構主義」「後結構主義」「解構主義」「後現代性」在世界思想史上佔有一席之地。所以，不是哲學前的國格限定詞「德國」「法國」乃至「英美」應該拿掉——你拿掉試試？你不敢。「中國哲學」的確無能，但不是中國哲學無能，而是「中國哲學人」太無能了。要像法國人那樣抗爭，照樣會有自己的一席之地。「民族之林」如此，「哲學之林」同樣如此。

一個心結才算告一段落。

中國知識分子的骨氣呢？難怪西方人嘲笑中國人在二戰中「叛國者」為世界之最。中國人不是歷來講究「氣節」嗎？為什麼中國現代知識分子如此軟骨頭？猶太人比中國人的苦難更深重，可是一本《托拉》就能夠抗拒西方「啟蒙」浪潮，猶太文士只需用《托拉》來凝聚猶太民族的文化自我認同足矣。中國現代知識分子則完全斷了脊梁，在西方文明面前至少126年抬不起頭，心甘情願被殖民奴化，只落得「邯鄲學步」下場。

「文革」僅僅做成一塊「界碑」，即簡單被人用自己的「政治正確」宣判了：「封建專制」「過苦日子」「打壓知識分子」；隨後一切翻轉為「個人、民主、自由」「功利至上」「渴望墮落」——自然也就以美國馬首是瞻（美國式的「三位一體：個人主義—工具主義—自由主義」）。什麼半殖民地歷史、民族文化，全都置於不顧。轉身之間，帝國主義侵略者都成了「民主偶像」「現代道德楷模」而取法乎上。所有這一切，都冠名在西方「進步論—啟蒙主義」的名義之下。

這就是西方啟蒙主義在中國的殖民實現。

3

《偶在論譜系——西方形而上學史的陰影之谷》「尾聲：落日前的憑弔」揭示了「啟蒙主義是與殖民主義手拉著手向非西方世界宣戰的」。六年前（2009年至2015年），我的認識還只能用「形而上學真理觀」「西方中心論」「資本主義意識形態」去看待「啟蒙主義」——以期對「啟蒙思想」及其「現代性理論」檢測與防禦。它們已足夠呈現「啟蒙主義」特徵

的偽善本性。按「西方中心論」將世界各民族文化優劣排序，貫徹以「進化論」—「現代性」為理論上排序尺度，從而在心理上、意志上剝奪非西方民族文化的自我認同基礎。

> 進步性、現代性、世界性 —— 西方文明為代表
> 落後性、傳統性、民族性 —— 非西方民族文化

結論，啟蒙就是要把非西方文化連根拔起拋向西方文明軌道，成為西方文明的跟隨，即「全盤西化」，以「強力意志」為鎮攝。

日本就是典型。即便它懷有統治亞洲的野心，那也不過是西方在亞洲的「奴隸總管」。二戰中，美國用原子彈打斷了它的脊梁，終於成了美國在亞洲的橋頭堡。不管它心裏怎樣懷恨，它至今必須依靠美國與中國爭鋒。在它心裏，只承認被美國打敗，不承認被中國打敗。相反，它認為對中國的戰爭跟西方歷來的「強力意志—殖民掠奪」戰爭沒有什麼不同 —— 侵略也好，殖民也好，屬「自然正當」範疇，根本不屬於「該與不該」的東方道德範圍。所以，日本拒不向受害國中國等道歉，以此捍衛日本完成「脫亞入歐」或「脫亞入美」的西化道路，從而保有在亞洲的「奴隸總管」地位。

按同樣邏輯，中國走資本主義道路，勢必遵循「主奴辯證法」，從西方的跟班，到有一天與日本、與美國在資本式的「世界叢林」中較量爭奪「主人」地位。也因此而完成了全盤西化的蛻變，落入「不啟蒙，中國亡；啟蒙，中國亦亡」之絕境。中國文化已不復存在。它亡在西方的「自然理性」中。須知，「叢林原則」之「剝奪被剝奪」的永恆輪迴乃西化的終極標誌。

這個思路 2015 年轉變了。「自然理性」取代了「啟蒙思想」。它必須接受第三層檢測與防禦。

4

這個轉變在我這裏已水到渠成。如同「你是世界的光，我卻在黑暗裏走」到「知其榮守其辱，知其白守其黑」：

> 三十年前，「形而上學的檢測與防禦」 （八十年代）

二十年前，「現代性理論的檢測與防禦」（九十年代）

十年前，「自然理性的檢測與防禦」　　（21世紀最初十年）

對西方文明的深度質疑由此而來。

德國有句諺語：「結果好，一切都好。結果壞，一切都壞。」當西方地中海古希臘開啟「自然理性」之途，從古希臘「功能主義」底「人是政治動物」，到17世紀英國「資本主義」底「人是機器」，再到21世紀美國「科學主義」底「人是基本粒子聚合物」——真如「大海上除了波濤還是波濤」，不僅「把人連根拔起」，更徹底「去人化」走向「機器人第三型文明」！

這才能真正顯露出「自然理性的馬腳」——柏拉圖、亞里士多德開創的「以論治史」的「自然理性」之「論」究竟是什麼性質的「密鑰」——

為何一步一步走向「進化論即末世論」？

為何最終走向「始作俑者其無後乎」？

5

示範：「開端密鑰」的解密 ——「以史正論」。

（一）柏拉圖、亞里士多德只關注他們心中矚目的至高的「本相」向下演繹、可實證的「實體」向上歸納，而把現實中大量的「奴隸」「女人」「小孩」乃至劃為「種族奴隸」的「殖民地人」等一概排除在所論的「論域」之外，並視為「強力意志」底「自然正當」。這是以內部奴隸制與外部殖民地為基礎的雅典民主制必然形成的認知方式。

【插語】

黑格爾叫「自然之光」即非神性之光的「狡點理性」——「人算之密」與「命算之密」皆在其中。非西方的如中國知識人長期對此懵然不知。

或不如描述為「意識中的無意識」之「顯隱二重性」更直接，因這種意識現象具有「雙重遮蔽」特徵：論述（意識）一種論域必以排除（無意

識）其他論域為隱蔽前提，如論述（意識）「上等人」必排除（無意識）「下等人」和「無責任能力者」「非我族類者」[1]。這是一層遮蔽，而且還要把排除排除掉，即把遮蔽遮蔽起來，當做「無界限者」或「無蔽者」。於是「意識」也好、「論域」也好，呈無界限無遮蔽狀態（「白色神話」），以維護論述的「正義性」與「普適性」，美其名為「普遍真理」「自然正當」。

柏拉圖、亞里士多德，乃是這種「顯隱二重性」之「雙重遮蔽」底「自然理性」之「自然正當」（「人算—命算之密」）的始作俑者。其「以論治史」底「論」均不過據此「自然理性」製訂的「密鑰」，一直傳承至今，構成西方知識學的「內核」〔有人用「金蘋果」反諷，卻未察其隱喻義「詛咒」——「進化論即末世論」（中東）、「始作俑者其無後乎」（遠東）〕。

（二）還有同樣重要的一點，為了反對詩性底「神話」與「悲劇」以啟迪「哲學」人性，於是把「人性」定義為自然性的「人是理性動物」或「人是政治動物」。也就是說，以「動物」的自然慾本能限定人性而以「理性」作為顯現方式在「智能—功能」層面靠技術（計算與製作）對象化為「強力意志」，謂之「自然正當」。

古希臘這一「自然理性啟蒙」開端，表面叫「哲學與詩之爭」（「說出的」），其實是「自然與文化之爭」（「沒說出的」，但隱含而「顯示的」）。「自然」就是「智慧」降解成「智能」「功利」取代「德性」給靈魂打下「功能結構主義」印記（「以用代體」之發端），為 17 世紀的英國工業革命「知識即力量」及其「知識即功利」底「知識進化論」埋下伏筆。致使古希臘以降的西方歷史至今始終擺脫不掉「雙重遮蔽」的「自然光幕」，西方「理論」便一直籠罩在「顯隱二重性」中：

顯：意識形態的「以論治史」——「雙重遮蔽」
隱：去神化—去人化—唯物化底「以史正論」——「進化論」成了「末世論」

正是它雙重遮蔽著立論者自然權利底主人道德，為此而不惜拿靈魂與「去人化—惡魔」做交易，終於兌現此交易的終盤——「末日清算」。

---

[1]　凡此種種的「文明等級論」西方歷來都有，殖民主義擴張時代才強化出來理所當然。

（三）奇怪的不是西方以「知識進化論」之名如此走著的「神義論——人義論——物義論」下行路線，這是西方「現代性理論」早已說白了的現象；甚至也不是下行路線的「非人屬」結局，某些猶太人也已預見到了；奇怪的是，絕大多數西方哲學家、政治家、科學家等等，把人的自然社會「好話說盡」，以致「義正詞嚴精美絕倫」的理論浩如煙海，直到把康德「實踐理性批判」三大「自在之物」（上帝創世、靈魂不死、自由意志）全由「機器人」指日實現[1]——為何到頭來「人的啟蒙偏偏葬送了人」，即葬送到徹底自然化的宇宙「基本粒子」地步還蒙蔽全世界？

只有一種解釋可以自洽：所有「完美理論」的「核心」恐怕只在於資本輸血底自然技術之「功能功利之用」不斷進化論上，以致按「自然」程度從「政治動物」進化到「機器人」最後階段才出現根本翻轉，「進化論」成了「末世論」。也就是說，西方這條「自然理性路線」不發展到最後階段是不會暴露其「詛咒的秘密」（「天算之密」），以驚醒人類。

也就是說，它預示了西方「密鑰」，更重要的是預示了今天「遭天算」的終極密鑰「自然理性」。

【插語】

「讀」文字、讀書，甚至讀景、讀人，會讀者在讀前有「聽」。聽和看不同，聽受「大音希聲」之諦、耳提面命冥冥可敬畏者。而「看」，智者常常一目了然、一目十行、過目不忘，平面流水而已。所以，就品格、品位而言，默、聽、看、讀、說，等而次之。有此品性累積的人，進入「寫」，才會對寫的語義深層空間有聆聽之穎悟而出竅。否則，「空缺」、後事「寂寞」的況味、「暗功夫」，一概缺失，以致，「語言過關的沒有幾個，因為語言文字的那種溫潤、古樸，拖著歷史長影的句式基本上都消失了。所謂暗功夫，即詞語背後的存在，它不顯現，但在無形裏存在著，

---

[1] 亞里士多德認為「人自然地是政治動物」，其政治性的自然層級「自然目的性」高於「自然必然性」，而前者是必須由懂得終極目的的統治者領導的共同活動完成的。他做夢也想像不到他傾心的「終極製作—機器人」今天替他悉數實現了。不過，黑格爾幫他補全了一句解釋：「自然手段是一定要超出自然目的的」。

而且一定程度決定了詞語厚度的有無」。[1] 這種穎悟是難能可貴的。我想，不妨再深入一步。

日本不少人很懂「空寂」。他們或用於茶道，或用於書法、繪畫、粹（舞），種種，使得日本閒散技藝頗有韻味，迷倒不少西方人，歐洲印象派深受「浮世繪」的影響就是一例。但也有《菊與刀》之屬，為何？深察即可注意，即便民風可謂「溫良恭儉讓」，然終究海盜精神與武士道精神導致「明治維新」決然走上「脫亞入歐」的帝國侵略道路，何以至此？

這也正是我多年研究希臘、羅馬、歐美，發現一個類似的怪異現象：他們的文學藝術可謂輝煌，外囊八荒，內察幽微，更有其邏輯、推理、建構等技術，連音樂的動機、節律、休止、複調、配器，無所不用其極，可謂精妙絕倫；也不乏神性神義維度，錘煉千年。但所有這些，絲毫沒有阻止「聖戰」塗炭，殺人如惡魔；絲毫沒有阻止侵略殖民「種族清洗」不絕於史；最後，包括人在內一切功利化、技術化、物化，以致個人單子化到不僅不要任何「類性」，連性慾也要去掉生殖，最後進入虛擬空間只滿足唯我的性慾幻象。這樣的單子人走向機器人僅一步之遙。到了這個時候，你才發覺沿途走來的那些所謂「無用之用」的藝術神學「空靈」——「都在中介中消失得無影無蹤了」（黑格爾、馬克思辯證法用語）。

從結果上看，那些空靈、暗功夫種種「修為」，其實都還原為外揚人性自然慾的「修飾為用」，如公鳥的鳴叫何其婉轉、羽毛何其絢爛。我們今天看《飢餓遊戲》以致看《羅馬鬥獸場》再血腥，不也大呼「吸引眼球」嗎（審美距離說僅是代換）——「目的是微不足道的，運動就是一切」之「手段王國」成為主宰！

這就使我百思不得其解，究竟什麼是一個文化的「體」、一個人的「德性」？它不能還原為「自然慾」，而必須升華至追求終極關懷的「精神德性」——既向神的智慧學習也向人的苦難學習。今天滿眼看見的就是功能功利的知識學取代了終極關懷目的論。因為個人主義無需終極關懷，個人

---

[1]　引台灣友人朱志學信函語。事實上「溫潤古樸語言的厚度與長度」都生存在漢字「繁體字」中。

死了，將來何用，「我死後哪怕洪水滔天」，眼前的需要才是真實的——只有這種「個人本位」才能與魔鬼進行「靈魂交易」。虛無主義促使人的效用現實化、功能功利化，即全面手段化……我現在去看西方的那些理論，遠遠沒有它們表現出來的那麼光鮮魅惑地迷人。所以，生存自然慾的修飾就像一個美好的「詞」，再美好，如果在「語境」中趨向對他者的殺戮剝奪，那仍不過是「一劍封喉」的陰冷而已。

話說回來，我不會拿它來進入日常生活，日常生活恰恰是真正的煉獄，看你個人反身而誠能否對天道傾空而承納。否則，資本式個人主義、知識學功能功利主義，歸根結底乃萬惡之源。再說一遍，我不過是按「苦難的經歷」提示了另一個更隱秘的運作方向。特別是今天，不得不思、不得不防。

·

6

「自然理性」，其開端是用「本相計算」（柏拉圖）與「實體製作」（亞里士多德）的「功能結構主義」作為古希臘文明第一次啟蒙標誌，一下照亮了世界史的四大難題：

一、西方文明啟蒙的虛無主義下行路線：「神義論」——「人義論」——「物義論」。

二、從「人是政治動物」「人是機器」到「人是基本粒子聚合物」：「去人化」的「進化論即末世論」。

三、西方神對西方人詛咒的兌現——「神存在」不是靠亞里士多德邏輯證明，而是用人的苦難「以史正論」之懲罰性澄清。

四、古今文化形態的輪迴——東方「以體制用」的文化種性在復興中克服西方「以用代體」的自然理性：「人算命算不如天算」。

只有到這一步，我才意識到，晚年要寫的最後一本書《知其白守其黑——西方歷史的白與黑》可以完成了。它是我作為一個中國學人應償還的民族債。

7

最後，確定書寫的文體，究竟是論說性的，還是敘事性的？

這又承接著《偶在論譜系》的最後一章，在中國不能接著寫西方式的「哲學」，還是在那一套預設的邏輯範疇中建構虛幻的模型體系——巴別塔徹底坍毀了——這是古希臘的專利。

這個世界已經被西方帶入「魔山」——任何慾望的滿足都會付出靈魂交易的代價，以致「沒有人是沒有病的」。我必須首先面對西方哲學、政治哲學製造的種種「魔幻」式理論和虛擬式妄想症——我把它叫做「密鑰門」——正是它們的科學信誓旦旦地許諾人類「享受樂園」，卻讓人類墮入「末日深淵」。

真正解套的，乃是西方自身的運作，如虛無主義對形而上學的鬆解所造成的「兩極震蕩」。但奇怪的是，每一步鬆解削弱的僅僅是「哲學」底形而上學本體論，反而逆向加強的卻是「科學」底邏輯實證和自我證成，一步一步走向「科學主義」。換句話說，解構的是形而上學宇宙論幻象，而實現的卻是科學主義去人化物象。這個「密鑰門」是如何運作的？

試用中環上的「康德哲學」密鑰演示之。

第一層「自在之物」，康德承認「自在之物」是真正的宇宙「主述者」，而人僅僅是「聆聽者」。有它的存在，才有「頭上的星空與內心的道德律」。

（按：頗有蘇格拉底「向神的智慧學習，想人的苦難學習」「知向而不知得」的敬神遺風——智慧節制。）

第二層「感性」，人不能真正捕捉住「自在之物」，而只能按照人特有的感性時空直觀接受「自在之物」的刺激方式而初步整理為「經驗」。

（按：有點類似「線喻」中的「可見世界」，表明時空直觀恰恰是感性直觀的非直觀借貸〔中轉〕方式。既使人想起古希臘高爾吉巴懷疑論的「前提不完備性」，又使人想起現代數理邏輯奠基人哥德爾的「不完備定律」。問題在於，這個神秘的「缺口」為什麼一直是向西方的「自然理性」偏轉？東方人「德道經」的「負陰抱陽—大化無極—以致中和」之「以體制用」智慧，為何長期被阻塞而得不到振興？恐怕只能說，「極高明而

道中庸」底「極高明」──需要時間！）

　　第三層「知性」，然後人就按照自己的思維本質即知性邏輯把時空直觀經驗組成純粹邏輯知識的確定方式。

　　（按：相當於柏拉圖《理想國》「線喻」中的「可知世界」〔「洞喻」中的「第二洞穴」〕下層智能式的「數學本相」。單憑這「數學本相」智能的「純粹邏輯知識」，人就可以「為自然立法」即用純粹知性建立經驗尺規以「製作」屬人的「技術存在」。人成為「主述者」，但只能是「以像代是」的「主述者」。）

　　　　邏輯式：自然圓形物──本相「圓」──製作「車輪」
　　　　敘述式：（主述者）　（聆聽者變為主述者）（指涉物─以像代是）

　　第四層「理性」，超出「知性」的「理性」即進入「二律背反」。

　　（按：它相當於「線喻」中的「可知世界」之上層智慧，即向「神的智慧」學習的「人的智慧」。有智慧才有「極高明而道中庸」─「大化無極以致中和」的節制，即「以體制用」。因而它是人的認識有限性界限。人類的靈魂必須挽狂瀾於既倒──從中呼喊而出。）

　　這本來是人非常真實的「知性真誠」！由於智者的愚妄以致狂妄、由於急功近利的妄想，康德之後出現了各種形式的「新康德主義」「新古典主義」「新實用主義」，即將人的有限性（下界「自在之物」與上界「二律背反」）──徹底拿掉。完全忘了「新康德主義者」李凱爾特的警告：「最後一跳是致命的。」換句話說，就是把康德明確自知的「以像代是」（設定性）換成邏輯實證自我證成的「自以為是」，墜入維特根斯坦警告的「邏輯罪」。事實上，整個古希臘以來的「自然理性」道路就已經預設了「邏輯罪」，最後才會走向末日清算「進化論即末世論」。

　　「自然理性」在科學中的形式是「依賴模型實在論」之「當且僅當，必然如此」。

　　自然存在　　　　「依賴模型實在論」（當且僅當）　　　「技術存在」
　　　　肉──分解成「碳氮氫」；「碳氮氫」聚合成──「肉」

106

人——分解成「基本粒子」；「基本粒子」聚合成—「機器人」

（自在之物）　　　　　（技術的能在限度）　　　　　（為我之物）

（以像代是）　　　　　　　　　　　像肉（人）但不是肉（人）

　　中間（黑體），是哲學邏輯可以實證出來的 —— 數理邏輯的能在。兩端（仿宋），是不能用哲學邏輯實證出來的，因為恰恰是哲學邏輯實證把肉和「肉」、人和「機器人」之間的真正差異（即守住種屬允執厥中），抽象掉了即「邏輯」掉了，而這些抽象掉的、邏輯掉的部分，恰恰是只能由敘事描述出來予以還原的。數理邏輯根本無能承擔。英美分析哲學家揚言「上帝創世的秘密就是數學，上帝是數學家」。這些靈魂被交易了的科學家根本不意識：他們就是這工於心計釜底抽薪的「數學—撒旦」的世俗代言人。

　　「知我者謂我心憂，不知我者謂我何求……」

墨哲蘭識

2016 年 12 月 13 日至 27 日　海甸島

知其白守其黑

主脈：西方歷史的白與黑

引子

　　不算入學（1980 年）前的自發性古希臘閱讀，兩個人兩次帶我重回古希臘：

　　一次是 20 世紀八十年代後期到整個九十年代，被德國人馬丁・海德格爾帶入古希臘「前蘇格拉底」的「早期希臘」時期，體驗「形而上學邊緣—裂隙」狀況，得出「偶在論臨界思想」。引發了對西方「形而上學本體論」及其現代性「虛無主義」的兩次「檢測與防禦」。

　　二次是 20 世紀末到 21 世紀最初十五年，被猶太人列奧・施特勞斯帶入「古希臘」，體驗以柏拉圖奠基的「自然權利與歷史」開端。引發了我對西方思想命脈「自然理性」的最近一次「檢測與防禦」。

　　因而我的閱讀經驗中，被強化了的：

　　（一）西方哲學史「開端」有三

　　　　黑格爾的「亞里士多德開端」——「形而上學本體論」開端
　　　　尼采的「柏拉圖開端」——「形而上學本體論即虛無主義」開端
　　　　海德格爾的「前蘇格拉底開端」——「非同一裂隙」臨界的即偶在
　　　　　　　　　　　　論開端

　　（二）柏拉圖面相有二 ——

　　　　「對話篇」柏拉圖 —— 顯
　　　　「本相論」柏拉圖 —— 隱

（三）在解釋學分類上，除「古典解釋學」（作者中心論）、「現代解釋學」（讀者中心論）、「對話解釋學」（預設共同思想論）、「解構解釋學」（解構 - 建構無限增補論），還有「回歸解釋學」——分為兩種：

海德格爾式回歸解釋學 —— 回歸天命思想敘事；

施特勞斯式回歸解釋學 —— 回歸政治哲學哲人王制敘事

上述問題都已寫在《從古典重新開始》代序「如何重寫西方哲學史？」（2015 年綱要）中。[1] 後來擱置了，因有更重要的事迫在眉睫，即本書解西方「以論治史」之「論（密鑰）」。

不走「論證」而走「敘事」，為了揭示西方「以論治史」的「白色神話」及其「雙重遮蔽」。所以，不考慮時間正序即按時間順序從開端寫到今天。而按蘇格拉底信條（非「柏拉圖底蘇格拉底」）：「向神的智慧學習，向人的苦難學習」——如此「承上啟下」而得「中」者才真正是「德性至善」。可惜它被柏拉圖—亞里士多德的「功能性善」或「功能性知識學」取代了。海德格爾斷言「開端即沒落」。或許他想到了德國民諺：「結果好一切都好，結果壞一切都壞。」

歷史自有經緯。

緯是連橫廣袤奠基以利生長，經是合縱深遠開來以利發展。「原生文化」立足於生長，在生長的基礎上尋求自身的發展 —— 緯主經。埃及尼羅河流域、中東兩河流域、遠東高山兩河流域，大體如此。

經主緯，是後來的事。「次生文明」（商業中介），如古希臘，對早期希臘東方化曾有過「第一次啟蒙」，也就是柏拉圖—亞里士多德倡導的「哲學與詩之爭」，開創了德性知識化的「本相論形而上學」和「實體論形而上學」之結合，為西方奠定了功能性知識學「以論治史」「以用代體」方向，即經主緯。

如果說古希臘開啟「以論治史」，那麼中國後孔子儒學則是「以經治史」。「以論治史」需要「以史為鑒」「以史正論」。同樣道理，「以經治史」

---

[1] 《從古典重新開始》，程志敏、張文濤主編，華東師範大學出版社，2015 年。

也需要「以史為鑒」「以史正論」。

「以論治史」唯功能技術化「以用代體」，走到今天已經走入「進化論即末世論」絕境，終亡。「以經治史」雖「以體制用」，但棄功能技術化，一旦遭遇西方技術文明便土崩瓦解，幾乎到了亡國滅種地步。即弱體無用，夭亡。

兩者共同點，就是沒有正常的「體—用關係」（即「強體制用」），歸根到底——亡。這就必須重新調正「以史為鑒」「以史正論」問題，即重新強調的「史」要有更高的旨趣才「正」得了「論」。所以，以史正論的史，是神的智慧與人的苦難兩極限勘察衡定的歷史，而不是隨便拿歷史事實說項的「以論治史」實證主義（中國古史辨派乃東方學實證主義）。前者能延續經典的聖性之德，後者則全然當成中性史料「唯論是用」。

在這個意義上可以說，歷史既是積累也是排除，由此顯出方向。而此方向的善惡衡定就是神的智慧與人的苦難之中和值。

眼前，人類世界被美國帶入「科學主義」時代（資本主義—帝國主義最高形式），其標誌性科技成果是「人工智能」。目前已越過了「弱人工智能」階段，進到「強人工智能」階段，預計 2060 年進入「自主型超人工智能」階段，意味著至少 50% 概率「過濾掉人類」。這是 2014 年網上瘋傳的西方科學信息。4 年過去，「機器人」進展速度超過人們預期，從 2060 年提前到 2040 年。人類的「文明」為何要發展到「過濾人類」的結果？

地球人類有文字記載不過萬年。難道人類因某類文明種性追逐「功能性知識學」追逐到罪惡地步，促成「罪惡比死亡跑得快」成為事實？蘇格拉底早在雅典公民審判會上針對「惡人先告狀」申辯自己的坦然「死亡比罪惡跑得快」，那不過是坦然個人生命的有限性，而「追求值得過的德性生活」，即「向神的智慧學習向人的苦難學習」而獲得的「智慧生活」才會超出有限生命因傳承而永恆。結果，他致死沒有想到，他的學生與後人終究要用「罪惡比死亡跑得快」的自然理性事實，[1] 又一次反諷了蘇格拉

---

[1] 這裏必須公允指出：柏拉圖、亞里士多德並沒有後來的「柏拉圖主義」「亞里士多德主義」走得那麼遠；儘管開端確定了方向。

底，還要拉著人類陪葬。

　　非西方人要想不成為無辜的「陪葬品」，就必須迅速警覺起來阻止並改變西方「去人化」的發展方向。要做到這一點，非西方人首要的任務是必須解放被西方「功能性知識學──以用代體」禁錮的頭腦。這本來就是歷史發展中應有的跌宕及機遇。[1]

　　我採取了「顯隱二重性」寫法：從毀滅性後果回溯，選擇了西方歷史上演變至此的「三次大變形」（功能主義、資本主義、科學主義），揭示其功能性技術物化方向一步一步走到今天徹底「去人化」。看起來它似乎有「一以貫之」的脈絡，然而卻是沒有直接民族文化載體的「斷層式跳躍」。黑格爾的歷史哲學原則「歷史與邏輯一致」仍是假像──假像不在斷層式地域的差異，而在一致性邏輯的抽象──即「自然理性」技術物化走著下行的不斷徹底的「去人化」方向。

　　事實上，所謂「西方歷史」斷層太多，「人脈」瓦解太多，「語音」碎片太多，比如，「古雅典」「古羅馬」像「打去了黃的空蛋殼」，留下的不過是英美派語言哲學感覺分析中的名例──「我牙疼」。所謂「我牙疼」，預示不可指稱、不可實證的個體經驗案例。就其真實性而言，維特根斯坦封筆之作《論實在性》已經對它提供了極好的批判──即便經驗是真，但其邏輯是假：「我認為是怎樣的就是怎樣的」，由此導致「邏輯罪」。

　　原來法國人狄德羅嘲笑的「貝克萊發瘋式鋼琴」太過文雅了。不過我得馬上補充一句，大家都沒想到這個「貝克萊發瘋式鋼琴」要是「阿爾法狗C」呢？所以，哲學史「以古希臘為開端」，不過為了「抽象繼承」而已。現代歐洲有哪一個民族能說自己是從古希臘岩石嶙峋的「土地與血」中直接生長繁衍傳承演變而來？你聽聽黑格爾在《哲學史講演錄》中說：

　　　　一提到希臘這個名字，在有教養的歐洲人心中，尤其在我們德國人心中，自然會引起一種家園之感。歐洲人遠從希臘之外，從東方，特別是從敘利亞獲得他們的宗教，來世，與超世間的生活。然而

---

[1]　請見後敘「古今文化形態的輪迴」，西方思想為什麼「只知其有而不知其無」？

今生，現世，科學與藝術，凡是滿足我們精神生活，使精神生活有價值、有光輝的東西，我們知道都是從希臘直接或間接傳來的 —— 間接地繞道通過羅馬。

黑格爾說得多麼動聽啊！「兩次世界大戰」後，今天有誰承認黑格爾這種「尤其在我們德國人心中」當仁不讓的自傲口吻。更不用說「直接或間接」在民族語言上就是個笑話，也不用說「功能性思維」或「計算性思維」，連海德格爾的「存在史地形學」都要用古希臘「開端即沒落」的「無根世界性」與之拉開距離。

「古希臘開端」，不過是經歷了「基督教千禧年」後的歐洲人，在文藝復興運動中用「資本主義」給「原罪式人性惡」以「合理性解放形式」從而找回的一點「精神寄託」。就像一個連上帝都殺死了的弑父成性者，突然找到了一個「本相」式的「父親位格」—— 它就是作為「古希臘精神」的「功能計算與技術製作自然理性」。再以培根的「新工具論」之「知識即力量」承接古希臘亞里士多德「工具論」之「知識即功能」。希臘精神「德性即知識」也就如此這般飛躍式的「抽象繼承」到今天了。因為只有它才是真傳，其他都可蛻去，像蛇皮。

猶有甚者，英國人牛頓「萬有引力論」無疑是近代「宏觀物理學」的偉大開端。若其後沒有現代猶太人加入「宇觀物理學」和「微觀物理學」的「相對論」與「量子論」，其所謂西方科學發展是不會如此「上窮碧落下黃泉」的；尤其不可想像《托拉》「末日審判」推動「進化論」進入「末世論」模式 ——「此處有深意，猶辯已忘言。」

海德格爾《黑皮書》編輯者之一特拉夫尼先生揭發海德格爾時說：海德格爾非常清楚近代對數學的重視來源於古希臘（「根本上說是古代的」—— Mathesis〔希臘文「知識」〕也用於「數學」）。接著在「注釋（5）」中引證後問：「但是這樣人們更會問，為什麼海德格爾沒有堅持這一洞見，並對它加以發展呢？」你看，德國的「自由派」特拉夫尼先生也想當然地用美英思維方式發問。是呀，海德格爾要是「堅持了這一洞見」發展了希臘精神「德性即知識」真的相信「德性即數學」（「功能性」之源），

那該有多好啊！這樣海德格爾就不是海德格爾，也就不會橫遭特拉夫尼先生的批判了。

這不過是一個旁證。歐洲也並非都是古希臘「計算功能主義」的直接傳人、並非都是美英派思維模式。但這一點不妨礙西方主流如古希臘「功能主義」—英國「資本主義」—美國「科學主義」之變形載體跳躍至今。換句話說，在歐洲，誰奪得「技術破物取力」的發展先機誰就是正宗，其餘者隨而從之。於是歷來被歐洲人驅趕屠殺的猶太人奪得了「金融、信息、科學」先機自然也會引導西方人進入「末日清算」了。

我不過是把三次大的變形機遇串接起來模擬追蹤以顯示其技術物化到徹底「去人化」地運作「根脈」——即歸根結底由「進化論」變成「末世論」給人類帶來毀滅性危機。究其如此這般發展的「根脈」而言，相信誰呢？當然只能相信一以貫之的古希臘英美西行的海洋路線。

三次大變形：

> 第一次變形：功能主義（古希臘公元前 4 世紀）
>
> 中世紀：基督教統治一千年（5 至 15 世紀）
>
> 第二次變形：資本主義（英吉利公元 17 世紀）
>
> 第三次變形：科學主義（美利堅公元 21 世紀初）

這是我要明白寫出來的：「只知其有不知其無」的技術物化「以論治史」。

如此顯現的歷史現象有目共睹。我只需如實描述出來。在描述中讓「說出的」帶出「顯示的」，即在「顯」中發現它們之「隱」：

> 第一次變形（正置）希臘理性構造形而上學破物取力
>
> 第二次變形（倒置）猶太神性預設進化論作末日審判
>
> 第三次變形（合置）中國天道無極知白守黑以致中和

因而我的思想敘事或複調書寫具有如下的「顯/隱」特徵：

> 第一次變形：功能主義

第二次變形：資本主義

　　　倒置　猶太神性預設進化論作末日審判

第三次變形：科學主義

　　　合置　中國天道無極知白守黑以致中和

原來講課時我用的是三次「啟蒙」：

第一次啟蒙：「功能主義」，標誌「文明」對「文化」的啟蒙

第二次啟蒙：「資本主義」，標誌「物慾」對「神性」的啟蒙

第三次啟蒙：「科學主義」，標誌「物性」對「人性」的啟蒙

　　西方啟蒙即是取代，即「以用代體」，看起來是進步的、上升的，不斷表現的一面，歸根結底是下降的、衰落的，可能滅亡的。說起來荒唐，卻是事實。然而，它也激起了、敞現了原來隱蔽著的，正是人類用生命喚醒的、煥發的。我要講的就是這一人類歷史的顯隱過程。

　　今天把「課」變成「書」，覺得「變形」比「啟蒙」更直觀，更符合思想敘事的描述特徵。或者，彼此通假而相互印證。

　　進入正題之前，先請大家參考一份西方歷史教科書的通行圖景。

「舊石器時代」「新石器時代」　　　　　　　上古社會

「青銅時代」「黑鐵時代」　　　　　　　　　古代社會

「蒸汽機時代」「電氣時代」　　　　　　　　近代資本社會

「核能時代」「人工智能時代」　　　　　　　現代科學社會

「機器人第三型文明時代」　　　（50% 過濾人類）機器人星球

　　這個西方歷史圖景中的通行原則：

　　「自然理性」即「技術理性」——「技術存在」高於「自然存在」，因而技術成為人類改造自然進而改造人自身的物質力量。「自然理性」本源於畢達哥拉斯幾何學「宇宙論」。

　　「進化論」：每個時代有每個時代的建構理論引導人類進化。

　　「以論治史」：從柏拉圖亞里士多德開始形而上學「以論治史」文

明時代。

　　「文明是文化的技術物化指數」。於是人類歷史是「以用代體」的
進化論史，因而也是「遺忘存在的歷史」即「遺忘道德倫理的歷史」。
惟其如此 ——「進化論」永久樂觀中突然閃現出危機徵兆；其「技術物
化指數」愈來愈「去人化」累積的微小量變突然襲擊了「進化論」。

　　「人是政治動物」—「人是機器」—「人是基本粒子聚合物」
　（古代政治）　　（近代資本）　　　　（現代科學）

　　遂使「進化論變成末世論」— 這就是自然理性終於袒露的秘密！

現在有問：西方「自然理性文明」何以至此？

第一次變形
古希臘自然理性功能主義
正置 自然理性構造形而上學破物取力

　　上述古代希臘、羅馬從語言文字到民族地域屢遭斷層的歷史變遷與變形，中經基督教千年王國，16 世紀才進入歐洲各民族自我意識而趨於穩定的。

　　所謂「古希臘文明」是被視其為「歷史開端」的歐洲人塑造出來的。[1] 在塑造中極盡美化之能事，為現實中的資本擴張之啟蒙殖民目的服務。在西方「以論治史」傳統中才可以說「一切歷史都是現代史」。由於現實的「資本主義」一切更變本加屬取「強力意志—自然正當」之「解釋即論證」的實證路線（古典學家尼采就有「強力意志」要求的「解釋即存在」式的「重估價值」），所謂古希臘理性精神對受東方文化影響的「早期希臘」採取了「哲學與詩之爭」式的「啟蒙」也就自然打上了「功能主義」烙印。

　　何況，任何民族的古代史大都有一段口碑立傳的「傳說時期」。文獻與考古總是隨後而行。應運而生的「古典派」中：

　　宗教分流，諸子立言，各引一端，崇其所善者自不待言；上述強力意志重估價值，修辭粉飾，微言大義者，旨在定於一尊。

　　另有一種自詡「實證主義」派，更是晚近的現代學派了，他們的「口頭禪」就是「拿實證來」，凡沒有「考古意義」「以論治史」之「論證意義」「邏輯環節」之「邏輯意義」，如「演繹需要自明性開端」等 —— 所

---

[1] 法國詩人保爾・瓦雷里有詩：「古希臘是現代最美麗的發明」。引自林國華《靈知沉淪的編年史》，2018 年 11 月 5 日補註。

謂「實證根據」，一概打入「偽造」另冊。「荷馬史詩」中任何傳說點滴不都看成「西方歷史開端意義」嗎？「伊利亞特」中的背叛所引發的戰爭不也被當做「美麗的愛情」論證至今，一如今天美國為侵略製造藉口的一小瓶「洗衣粉」然。

中國則以胡適「實用主義」傳承弟子為代表的「擬古派」幾乎把中國春秋之前的夏商周三代否定大半，造成非常奇怪的中西落差現象：西方可以把「神話」當歷史，一個「次生文明」變成了「原生文化」；與此相反，中國則把「堯典」前「曰若稽古」之「史官筆法」，用戰國時期子學蜂起的「諸子立言」任意辨偽，一口氣剪裁掉了近三千年的「傳說時期」。[1] 尊崇西方文明而貶低華夏文化，以致彼長此消，心安理得。

即便如此，我仍然相信，歷史是只能由歷史自立起來的。一個不能由歷史自立起來的歷史，不是「偽史」，就是「死亡」。以「雅典」為代表的「古希臘」就是一個混合特例。由西方歷史自立起來的古希臘雅典，一定有其真實性。不能設想整個古希臘文明，從「荷馬史詩」「希臘悲劇」到以蘇格拉底、柏拉圖、亞里士多德為代表的「希臘哲學」都是美第奇家族或共濟會「偽造」，如同兒戲。但是，如何理解「雅典民主、自由、人」，完全相信至今西方浩如煙海地「言必稱希臘」讚美，也同樣太過天真了。

我不想轉述迄今為止的西方歷史上還存在著「另一個希臘」。[2] 我寧願從傳為古希臘經典的正宗文獻漢譯名著的閱讀中揭示它的真面目。[3] 因為我們中國人如同非西方人一樣都只能在翻譯的母語中吸收「古希臘精神」──既把「死的變成活的」，也讓「死的抓住活的」──我要把這一現實過程視為「解密」看個究竟。

按圖索驥：

一、「雅典民主事實」

[1] 此處觀點援引自朱贏博士後出站「書經研習」論文：《堯舜之間：政治的文明與混沌的隱退》

[2] 參見《另一個希臘》，阮煒著，上海三聯書店 2010 年 8 月第一版。

[3] 漢語學界靠翻譯閱讀日積月累的「西學」，幾乎百年西化順受其正鮮有根本質疑者。倒是現代中國人對古希臘的堅定信念更甚於西方學者。漢語思維只能從漢語文獻中形成。此一現象構成本文「以史正論」之「檢測與防禦」的背景。

1.「人」

2.「民主」

3.「自然法」

二、「哲學是古希臘獨有的」

1. 第一次啟蒙「功能主義」——開端即沒落

（1）柏拉圖「計算本相論」：演繹（一即多）

（2）亞里士多德「實體製作論」：歸納（多即一）

2. 例外：臨界思想家蘇格拉底

一、「雅典民主事實」

1.「人」——什麼樣的「人」？

了解人必須首先了解人存在的環境。西方既然把「古希臘」作為自己歷史的開端，那麼，古希臘及其古希臘人自然成了以歐美為代表的西方人的開端。先來看看開端中人。

環境 1「開端中人」

古希臘「文明」取代早期希臘「文化」的標誌：德性功能化

在進入本文的專門領域「古希臘」之前，一定要把「早期希臘」（公元前 6 世紀「梭倫改革」之前）與「古希臘」（公元前 6 世紀「梭倫改革」之後）區別開來。因為「早期希臘」涉及到希臘文化的創始者希克索斯人由東遷徙而來的「來源」以及與東方古文化的淵源關係。至今，它對西方古典學者、考古學者來說，仍是一個不解之謎。即便指向懸疑，也為「西方中心論」所不容。故，西方寧可永遠對它保持緘默。[1]

所謂「古希臘」，主要指希臘的鼎盛時期，即伯利克里執政的「黃金時代」為最高代表。隨後進入了三十年伯羅奔尼撒戰爭，已是古希臘的衰落，被馬其頓亞歷山大大帝東徵帶入「希臘化時期」。希臘文明的立法者

---

[1] 參閱彼特·金斯利《智慧的暗處 —— 一個被遺忘的文明之源》，梁永安譯，敦煌文藝出版社 2009 年。

梭倫曾警告希臘人：「一個民族的存在，要麼征服，要麼被征服。」依此立法，希臘果然「要麼征服，要麼被征服」。雅典帝國滅亡，「像打去了黃的空蛋殼」，僅存在西方歷史博物館裏。然而，「雅典之黃」，卻孕育了西方文明的開端 —— 幸虧阿拉伯文化特別對柏拉圖、亞里士多德文獻的保存與翻譯 —— 姑且聽此一說。

就在「早期希臘」到「古希臘」之間，存在一個從「希臘神話」時期（以「荷馬史詩」為代表）到「希臘悲劇」時期（以埃斯庫羅斯、索福克勒斯、歐里庇得斯三大悲劇詩人為代表）再到「希臘哲學」時期（以蘇格拉底、柏拉圖、亞里士多德哲人為代表）的轉變過程。我把它叫做西方歷史上的「第一次啟蒙」，或「第一次變形」。「神話」「悲劇」「哲學」，乃第一次啟蒙的（小）形態轉變，可簡化為「哲學與詩之爭」。因「荷馬史詩」與「希臘悲劇」在西方都被看做「詩」，都是人離不開神的敘事。所不同者：

「希臘神話」——「人在神底敘事中」

「希臘悲劇」——「神在人底敘事中」

「希臘哲學」——「人在物的技術存在（計算與製作）中」曰
　　　　　　「第一次啟蒙」

　　知識學形態：「哲學」與「詩」的鬥爭

　　人類學形態：「自然」與「文化」的鬥爭

　　　　　　物　　　與　　　人

　　　　　海洋　　　與　　　土地

因篇幅關係，也因過程漫長 —— 前 6 世紀才產生的希臘文字致使前 5 世紀的「前蘇格拉底自然哲學」片字不留，僅從後世文獻的傳說中搜索「隻言片語」輯成「殘篇」現存於世，如《阿那克西曼德殘篇》《巴門尼德殘篇》《赫拉克利特殘篇》等等；前 5-4 世紀交界的蘇格拉底也沒文字可留；偏偏到了他學生和學生的學生柏拉圖、亞里士多德才突然「著作等身」，我只好把它們精縮在上述「圖示」中。

這個「圖示」，既簡明指點了歷史事實，又凸顯了每段歷史事件的主

要特徵，即「神—人—物」的下行，如果按此收結為自然理性可操持算計的「本相」，正是西方學術界普遍公認的「哲學形而上學本體論」或「政治哲學哲人王制」或「人性自然理性及其強力意志」共有的「開端」。那麼，我不過是重複著西方一再重複的定格套路。它的好處就是「一」——本體就是本體。

壞處，至少有人指出這個歷史「開端」恰恰是「雙重遮蔽」著的「遺忘存在的歷史」（海德格爾等六大否定式命題）。[1] 何謂「存在」不是我這裏要討論的問題 [2]，我只是借用海德格爾的問題方式更深地進入「雙重遮蔽」中。所謂「雙重遮蔽」，一是作為實存的「存在者」遮蔽了「存在」，如把「存在者」當「本體」或「本源」；二是這「遮蔽存在」的「遮蔽」又被遮蔽著，於是「存在者」自然當成了「無遮蔽狀態」即「全然敞開狀態」的形而上學「本體」開端（奠基）。換句話說，「本體」歸根結底被賦予「無遮蔽狀態」的單子實存。無陰影的「白色神話」由此而來。從哲學「本體論」到科學「粒子論」的「只知其有不知其無」也由此而來。

絕大部分哲學家、科學家習以為常，從不反省。只有到了「科學主義」或「宇宙論第二層級」的極限（如 4.9% 已知 / 95.1% 未知），具體表現為「超人工智能」即將進入「機器人第三型文明」和「只知其有不知其無」之「依賴模型粒子論」，從而暴露出人類毀滅性災難。才使少數人驚醒。也才有人回過頭來追問西方何以至此。於是，重審古希臘開端，注意「開端即沒落」究竟所謂何來？那麼，上述「收結為『本相』」之「開端」，才從「雙重遮蔽」中露出真面目：「希臘哲學——人在物的技術存在（計算與製作）中」顯示出思想命脈「功能主義」。只有「功能主義」能夠開啟西方「資本主義」—「科學主義」去人化方向，使「進化論」變成「末世論」。

這是本書的「重中之重」，也是「迴旋曲」式寫作不斷迴旋的「音樂動機」。

從歷史上看，人要從神的陰影中走出來，必須越過「詛咒」「悲劇」

---

[1] 參閱拙著《如何重寫西方哲學史？》，對此「開端」提供了哲學史上六種否定式命題。

[2] 參閱拙著《重審形而上學的語言之維》和《偶在論譜系》。

的火牆才能成其為人。「悲劇精神」應該徹底褪去「神」的外衣，讓「強力意志」還原為人的「技術理性」，即找到「自然理性」的技術實用形式以便支撐起人的技術存在而成其為「自然法」（「自然正當」）。誰能找到自然理性的技術實用形式呢？那就要看誰能把「詩」中的「自然神話」落實到「自然理性」的技術計算及其製作中。柏拉圖亞里士多德應運而登場了。但這必須在雅典民主殺死「向神的智慧學習、向人的苦難學習」，即人的智慧代表蘇格拉底之後。

　　正處於鼎盛時期的古希臘人柏拉圖和亞里士多德改弦更張為「知識即德性」即「以功能性為善」。為此，人必須承受神詛咒，從悲劇中淨化負罪感而轉化為強力意志。因而「蘇格拉底之死」作為古希臘最後一個悲劇被柏拉圖用在戲劇性的「對話篇」中，丟掉「向神的智慧學習向人的苦難學習」、丟掉「蘇格拉底知無知」而寧可遭受「蘇格拉底反諷」[1]也在所不惜。因此之故在蘇格拉底臨死的《斐多篇》中，柏拉圖缺席了。不要靈魂不死，只要活著成王（敘拉古之行）。這不就是「斯芬克斯之謎」的俄底浦斯答案的「哲學版」嗎？

　　然而它偏偏是尼采看中了的「希臘悲劇精神」。故，「主人道德」不絕於希臘羅馬乃至整個西方歷史，被黑格爾精煉、被科耶夫強調；尤被尼采在《悲劇的誕生》《強力意志》中具體為「無神真理觀」之五大主題——「虛無主義」「超人」「強力意志」「價值重估」「永恆輪迴」。可英美人不喜歡這些模糊的浪漫的修飾詞（尼采夠直接了），他們更喜歡使用簡單明瞭的「功能性」詞語：「力量即正義」「知識即力量」「人對人像豺狼」「叢林原則」「進攻現實主義」等等。

　　這就到了「哲學戰勝詩」「自然戰勝文化」的第一次啟蒙的收場——自然理性之「功能主義」建立。也就是說，其「文明」具有自然理性即技術理性的「功能」形態。

---

[1] 「蘇格拉底反諷」：（1）柏拉圖筆下的蘇格拉底最聰明，必陷「知無知」真實蘇格拉底於「蘇格拉底悖論」中；（2）連「造物主」都創造出來的柏拉圖最聰明，自然遭蘇格拉底反諷。柏拉圖之所以逃避了，至少表明，或者蘇格拉底之死在前，柏拉圖改宗畢達哥拉斯隱蔽在後，以致柏拉圖對話篇中的「蘇格拉底」僅作為「柏拉圖面相」。

「文明」本來是「文化」自為提升的「技術物化指數」，即用「技術物化指數」來標識一種「文化」自為提升所必需的技術物質力量，因而仍受「文化」之體（神性，或聖性）所掌控制約即「以體制用」。倘能如此，人之為人的目的就有廣闊的文化開拓空間，或不如說「文化」天生就是保育人之為人的「提升空間」。

但如果這「文明」的「技術物化指數」全然「唯功能性知識學」化了，即全然以功能性的優勝劣汰決定「技術存在」高於甚至取代「自然存在」，如亞里士多德所言，它事實上就開始「以用代體」，即技術功能之用高於一切，功能知識學之用衡量一切。敏銳的哲學家如海德格爾對它做了這樣一個判斷：「開端即沒落」，即開端的進步也會一步一步地走向衰落，其「無根的世界性」終將使人「連根拔起」。

然而最使人迷惑的，開初「技術物化指數」增長的「文明」，具有滿足人自然慾的「進步」形態 —— 從最基本的食慾、性慾、攻擊吞噬慾到榮譽慾、甚至成神慾 —— 如此貪婪的慾望一開始就遭到神詛咒。各民族開端文化神都不缺神詛咒一維 —— 這是文化文明化、人物化強勢的徵兆。相對而言，東方聖性文化處在「弱對稱」中 —— 唯希臘諸神對希臘人的詛咒構成了「希臘悲劇」這一獨特的藝術形式。這就迫使充滿自然慾的古希臘人必須化解「神話」「悲劇」中累積的詛咒負擔。於是才有「哲學與詩之爭」—— 精神淨化痛苦消除負罪感、向外伸張優勝劣汰的功能性強力意志以達到技術物化宇宙論。

其進步形態愈來愈顯現為一種方向。「人」（西方人）在西方思想的古希臘開端中就已經縮影般地顯示為「神—人—物」的下行軌跡。再說得具體一點，其技術存在的「本質—自然」以技術物化之「原型先蘊」成長必然走上排除「文化」的「宇宙論物性論」。西方哲學史把柏拉圖與亞里士多德「哲學」一開始就叫做「宇宙論」實在是「心有靈犀一點通」啊。而「宇宙論物性論」之終局「進化論即末世論」，當然是其必然展開的後敘反觀。難怪施特勞斯派把伊甸園中的「知識果」比喻成空心「金蘋果」——「進化論」就是一個空心「金蘋果」——「伊甸園詛咒」。

環境 2「城邦中人」

奴隸主「是人」，處「從屬關係」女人、小孩，「主奴關係」奴隸「不是人」

西方歷史學家最頭疼的是判定「雅典人口」到底有多少？據他們編造的蘇格拉底審判為實例：古希臘雅典大陪審團有 6000 人，由 10 族各派 600 人組成。審判蘇格拉底時的大陪審團通過輪流抽籤而當職的實有 501 人。蘇格拉底申辯後的投票比：281/220。終判蘇格拉底死刑，飲苦芹汁而死。

假設這份「資料」為真，相信公元前 4 世紀岩石嶙峋的希臘半島上雅典城邦卻有 10 個氏族，每族能派出 600 人。由此推算，每族平均 600 戶左右，每戶戶主 1 人為大陪審團當然人選。再按每戶 6 人估算：每族人口 3600 人；按每戶 8 人估算：每族人口 4800 人；按每戶 10 人估算：每族人口 6000 人。總算起來，雅典人口範圍則在 36000 人，或 48000 人，或 60000 人。我看見的雅典人口資料，各歷史學家塞進「注釋」的估算不一，但也大體在 3 萬到 6 萬之間。其中約 6000 到 10000 屬雅典人「自由民」即「奴隸主」，佔 10%-20%，其餘的若佔 80%-90% 的女人、小孩、奴隸，不算自由民意義上的「人」。

由此得出兩個關於「人」的基本規定：一是享有城邦政治參與資格的「主人」身份，一是擁有「財產與時間」保證其成熟的「智力」身份。兩者至少缺一不可。

亞里士多德在《政治學》中更把兩者提升到人的「靈魂」與「德性」高度。

> 靈魂的構成已經告訴我們這種狀況；在靈魂中一部分在本性上實行統治，而另一部分則在本性上服從，我們認為，統治部分的德性和服從部分的德性是不一樣的，其一是理性部分的德性，而另一部分是非理性部分的德性。很顯然，這一原理具有普遍適用性，所以，幾乎萬事萬物都是因其本性統治著或被統治。自由人對奴隸的統治是另外一種，男人對女人的統治又是一種，成年人對兒童的統治又是一

種。……奴隸根本不具有審辨的能力，婦女具有，但無權威，兒童具有，但不成熟。[1]

所以，「應當讓希臘人來統治野蠻人。」[2]

此論比梭倫「不是征服就是被征服」底地域城邦命運，更內化為人的靈魂「不是統治就是被統治」——真是一脈相承。難怪奢談《尼各馬可倫理學》的亞里士多德其「靈魂五階段」之「可能性與現實性」更是一脈相承地政治恐怖啊！比起他的老師柏拉圖比喻的「靈魂自然說」更現實地成為「人的本性」本質了。

這就是柏拉圖亞里士多德「靈魂書寫」為西方人制定的原型。

請注意這裏的敘事法，敘事者亞里士多德是站在「聆聽者」位置，而真正的「主述者」（即「誰在說」）是「靈魂的構成已經告訴我們這種狀況」。它使人想起柏拉圖「關於人」的「自然說」與「回憶說」敘事。到底是柏拉圖弟子，亞里士多德是多麼客觀地實錄啊！你還能不信嗎！喜歡編故事的西方人常常就這樣在敘事中如此修辭（「解釋即存在」），即把自己編的故事轉述成「主述者」的言說，於是自編自演的故事也就變成了客觀真實地呈現，其「真理性」使得聽眾或觀眾不得不信以為真。直到今天，「西方中心論」者理所當然地將非西方民族「等而下之的排序」。他們的總統先生演說時也理所當然地把自己的國家比作「照亮世界的一盞明燈」，把別的某些國家比作「黑暗的流氓國家」。這種「我說了算」的自然邏輯不言而喻是承接著伯利克里乃至柏拉圖亞里士多德的說法：「應當讓希臘人來統治野蠻人」——「應當讓美國人來統治野蠻人」。

上述從亞里士多德《政治學》中摘引出來的話，儼然以「人的靈魂普適性」名義確立了「主從關係」與「主奴關係」。它構成西方「政治學」的基礎——「自然權利」即「自然正當」啊。「財產和時間」則是保證人的「智力」與「強力」成熟的必要條件。

17 世紀後，當然是「資本」，到今天特別是「金融資本」說了算。

---

[1] 亞里士多德《政治學》第一卷第 13 節，苗力田譯本，中國人民大學出版社 2003 年，第 26 頁。著重號為引者所加。

[2] 第一卷第 2 節第 2 頁。著重號為引者所加。

如果在柏拉圖那裏還停留在對話中講故事（一即多），如「靈魂回憶說」「靈魂自然說」。所謂「自然」就是神用「土」創造人時，加「金」，此人就是做統治者的料；加「銀」，此人就是做護衛士的料；加「鐵」「銅」就是做農、工的料。人的等序化也就決定了政治體制的等序化：君主制、貴族制、民主制。

那麼，在亞里士多德這裏已經構成了「實體製作」（多即一）上行歸納成「政治學理論」而治史的「政治體制」了。君主制、貴族制、民主制，及其壞的一面：暴君制、寡頭制、僭主制。對人則實體定義為「人是政治動物」。說「動物」是強調「貪慾」「掠奪慾」「吞噬慾」的「自然性」；說「政治」當然就是強調「內部奴隸制與外部殖民地」所必需的「強力意志與自然正當」。脫離了這些特定的歷史內容，單純抽象出「民主、人性、自然法」作為普世法則，即便它普世到今天「金融資本」的程度，仍然是「金融資本家」和「工人」根本不在同一「人性」層次上。「主人」心裏很清楚，只有殖民地知識人才奢談抽象「民主」無非用「觀念平等」自欺欺人！

古希臘柏拉圖、亞里士多德心目中的人，是奴隸主這樣有「財產與時間」因而在智力與物力上自由操控的人，才夠資格叫「人」。其他則是等而下之的人：女人、小孩，最後是奴隸。雖然他們統屬於奴隸主的財產（所謂「家政」），由於財產和時間的等序不同，女人和小孩屬「隱性人」次之，而奴隸則在政治上劃到了自由人之外，即「主從關係」中的另類「主奴關係」。「很顯然，這一原理具有普遍適用性，所以，幾乎萬事萬物都是因其本性統治著或被統治。」

古希臘開創的「自然理性」（「主人道德」「強力意志」「自然正當」），皆由此而來。本來各民族文化開端或多或少有此傾向。但唯獨古希臘以「功能性」為知識原則的「技術理性」向下物化還原，以破物取力，歸根結底「塗炭生靈」，則是與眾不同的。在此根脈上，一切五光十色的「羽毛鱗甲」雖然也創造了燦爛的文化漂浮其上，但絲毫阻止不了作為根脈的「功能性知識技術物化」偏執發展直到徹底「去人化」的完成，因而「羽毛鱗甲」的意義到頭來只能是自欺欺人的雙重遮蔽。我把這叫做「『以史

正論』審視『以論治史』」。

不妨再對應一下 19 世紀西方近現代政治學三大原則：

「叢林原則」	「自由原則」	「永久和平原則」
主奴關係（外）	自由人關係（內）	信仰或「應當」
西方中心	主從關係	計算之神
主人 奴隸	優先 隨從	懸置

「叢林原則」中的「主奴關係」，始終伴隨著「種族清洗」，從古希臘的「彌羅斯島人」到近現代的「印第安人」，不絕於西方歷史。[1]

即便「自由原則」旨在協調「自由人」內部的「同盟」關係，但也必須止於「主從關係」，即分清誰是「老大」——老大優先、老大說了算。

在所有這些利益計算的「邊際」——才有「好話說盡」的「應當」如「永久和平」「上帝普愛」之類的東西 —— 它們永遠在計算中高懸如「達摩克利斯劍」，因它照樣可以成為殺人的最高理由：殺了你才能「永久和平」，殺了你才能建立「法治秩序」。當然也隱含著「剝奪者被剝奪」的永恆輪迴不絕於西方歷史。

環境 3「詛咒中人」

「斯芬克斯之謎」與「伊甸園中善惡知識樹」

按黑格爾講授，埃及法老墓葬鎮守「獅身人面獸」，被一向追隨埃及文化的希臘人叫做「斯芬克斯」；因其在宙斯與哈德斯之間守護「死亡之門」，更獲得「斯芬克斯之謎」的稱號；並出現在索福克勒斯悲劇《俄底浦斯》之中，使被神詛咒的「俄底浦斯命運」蒙上一層「人之謎」色彩。

的確神秘，不僅在前，尤其在後，恰因它事實上一直影響到西方後世今天，連猶太人德里達在死前都驚呼：「西方歷史上空始終徘徊著俄底浦斯、哈姆雷特、馬克思的幽靈」，並以此嘲笑美籍日本人福山「你懂得什麼叫『歷史的終結』！」

---

[1] 參閱大衛·格雷伯《債：第一個 5000 年》和托馬斯·曼《民主的陰暗面：「種族清洗解釋」》。

因此之故，我不得不停下來，專門講講咒語「斯芬克斯之謎」及其「俄底浦斯命運」為何始終像「幽靈」一樣籠罩在西方歷史上空。

學術不過是上述文化底蘊中的浪花與深流而已。也就是說，學術既要能體會深流潛藏的凜冽，又要能體會在深流中潛藏的不僅僅是凜冽，甚至還因地形不同而出現的不同流向。

「七雄攻打忒拜城」的故事，在言必稱希臘的中國知識人（至少中學生以上）中，幾乎沒有不知道的。儘管如此，恐怕博士以上的人絕大多數也會像福山博士一樣，連「知其然」都在以訛傳訛中，更談不上「知其所以然」了。

因而我不得不補充背後更深的潛流與更隱秘的走向，把「斯芬克斯之謎」在普遍熟知的常識中已經被歷史隱埋的寓意用「解密」的方式與耐心一一釋放出來。

忒拜城老國王擔心自己被神的詛咒（明喻「殺父娶母」暗喻「改天換地」）兌現，忍不忍之心而不得不把剛出生的孩子（小王子）送到遙遠的陌生人手裏讓他自生自滅。誰料想小王子俄狄浦斯長大了往忒拜城流浪，被老國王出行的馬車撞到，一怒之下殺了老國王。路過前往忒拜城必經的懸崖，又遭遇了封鎖忒拜城的埃及「獅身人面獸」（希臘人沿用埃及人的叫法「斯芬克斯」）——它有很特殊的封鎖方式，提出一個謎語讓過路人猜：

　「早上四隻腳、中午兩隻腳、晚上三隻腳的東西是什麼？」

這就是有名的「斯芬克斯之謎」。只有猜到的人才允許通過即進出忒拜城，猜不到的人就被吃掉。於是忒拜城就這樣被封鎖了。忒拜城剛死了老國王又遭此厄運，只好發出告示：「誰能猜中『斯芬克斯之謎』殺死斯芬克斯，誰就能做忒拜城的新國王，娶美麗的王后為妻。」

俄狄浦斯猜出「斯芬克斯之謎」的謎底是「人」，並將獅身人面獸拋下懸崖殺死。於是，俄狄浦斯就成了忒拜城的新國王並娶王后為妻，還生了兩兒兩女。

終於還是應驗了神的詛咒：「殺父娶母」。

開始，俄狄浦斯並不知曉，後來忒拜城連續不斷地遭災，迫使深知神

咒的國師說出了真相，使殺父娶母的俄狄浦斯自己刺瞎了自己的雙眼以懲罰自己。國王的位置也讓給了母系舅舅。

沒完，隨後的故事更殘酷。「七雄攻打忒拜城」，逃出的哥哥與留在城內的弟弟決戰於忒拜城前，同歸於盡。國王舅舅下令：棄哥哥的屍體於城外不准下葬。三女兒安提戈涅決心冒死維護「自然倫理」，撒土屍身安葬哥哥，被國王舅舅用「國家倫理」予以懲罰——被關閉在地下密室窒息而死。

安提戈涅是瞎眼俄狄浦斯的「天眼」，安提戈涅死，最後斷子絕孫的俄狄浦斯祈求神的寬恕而終。

讀到這樣的結局，我不得不問：俄狄浦斯猜「斯芬克斯之謎」猜對了嗎？

從俄狄浦斯刺瞎雙眼斷子絕孫的結局不如說，他以為猜對了「斯芬克斯之謎」殺死斯芬克斯，恰恰正是「神咒」兌現的開始，而且一直延續到今天，西方徹底去人化的「機器人」即將「過濾掉人類」使地球進入「機器人第三型文明」（「改天換地」）——「進化論變成末世論」！我不得不追問：猜「斯芬克斯之謎」為「人」的俄狄浦斯究竟錯在哪裏了？

俄狄浦斯是希臘悲劇第二階段「神在人的敘事中」之大悲劇家索福克勒斯的悲劇《俄狄浦斯》同名主角。與埃斯庫羅斯第一階段「人在神的敘事中」如《普羅米修斯》不同，立的是人，以「小王子」俄狄浦斯成人成王為代表。但這個「人」卻籠罩在「斯芬克斯之謎」中——「早上四隻腳、中午兩隻腳、晚上三隻腳的東西是什麼？」——要害在「小孩淳樸—成人堅強—老人智慧＝整體人」，而不是「單子化—動物慾—個人主義—成人」！

俄狄浦斯猜的「人」，實際上就是古希臘正處於柏拉圖發起的「哲學與詩之爭」，即「哲學」戰勝同為詩的「神話—悲劇」而取得第一次啟蒙勝利中的「人」，亦即「自然理性哲學」規定的「人」。「自然理性哲學」是柏拉圖奠基亞里士多德完成的「計算本相論（演繹分析）＋製作實體論（歸納綜合）」，由此濫觴西方思想史的「開端＝形而上學本體論」。其知識學形態是「知識即德性」，以知識規定德性為功能性而優勝劣汰，其政

治哲學形態「人是政治動物」即「強力意志自然法」，都是「智能性—成人」的思想行為方式，貫徹西方歷史（今天美國則明確為「個人主義—工具主義—自由主義」新三位一體，即完全「資本技術物化」的人）。它在「斯芬克斯之謎」中僅僅屬於「中午兩隻腳」的成人。也就是說，排除了「早上四隻腳」的「小孩」和「晚上三隻腳」的「老人」——第三隻腳就是「拐杖」，象徵著「智慧權杖」——老人不再給「資本」帶來「利潤」了。在希臘，「早期希臘」進入「古希臘」的臨界思想家蘇格拉底（不是「柏拉圖底蘇格拉底」）其箴言「知無知」才算得上智慧型思想——蘇格拉底解釋「向神的智慧學習、向人的苦難學習」。柏拉圖改宗畢達哥拉斯「宇宙論物義論」把「造物主德木格」最高本相都創造出來的哲人，只能算智能型「智術師」了。

以「內部奴隸制與外部殖民地」為特徵的古希臘，不成文法地把「小孩」「女人」「奴隸」排除在人外。柏拉圖的學生亞里士多德在《政治學》中給予了理論說明。小孩因智力不成熟，女人因不參加政治生活，奴隸因沒有政治身份，都不能算人。也就是說，只有「財產與時間」使智力成熟的自由人奴隸主才夠得上「成人」資格。他們才能進入決定城邦命運的大「陪審團」。

蘇格拉底之死，意味著「智慧老人」也排除在「成人」之外了。由此應證了蘇格拉底當庭申辯名言：「罪惡比死亡跑得快」（本來對老人而言俗話是「死亡比罪惡跑得快」，但現實的審判變成了「罪惡比死亡跑得快」）。對今天人類而言，資本技術理性徹底去人化的「人工智能」事實上擔當了「罪惡比死亡跑得快」的使命，遂使快速「進化論變成末世論」。

作為西方歷史「開端即沒落」的古希臘「功能主義」，處於地中海中部北岸，而南岸相對的埃及從古至今就以「金字塔與斯芬克斯」隔海守望，眼看著：古希臘第一次啟蒙的「功能主義」——「鬼魂西行」出直布羅陀海峽到 17 世紀英倫三島完成第二次啟蒙「資本主義」，再過大西洋到 21 世紀美國完成第三次啟蒙「科學主義」。世界地形竟如此奇妙地構成「地標」見證著「斯芬克斯之謎」——「始作俑者，其無後乎」！

很明顯，俄狄浦斯沒有猜對「斯芬克斯之謎」，不僅沒有猜對，相

反，恰恰是打開了「斯芬克斯之謎」這一隱秘咒語，所以才讓俄底浦斯「幽靈」在西方歷史上空一直徘徊至今？

「是什麼？」——這是古希臘獨有的哲學之問，即一定要問出本質「一」：演繹（一即多）和歸納（多即一），以便計算、邏輯與製作地功能性兌現。

「是人」——「是什麼樣的人」——古希臘的人如雅典城邦所示，僅僅是有「民主制」政治權利的自由人即奴隸主，其「女人、小孩、奴隸」（還有外部殖民地的「種族奴隸」）都不在人之列；而像蘇格拉底這樣有智慧的即「向神的智慧學習，向人的苦難學習」的老人，被雅典民主制判處了死刑，也事實性地排除在外了。

可見，俄底浦斯回答的「是人」，在他（俄底浦斯王）看來，「是人」的「人」，既不包括「女人、小孩、奴隸」，事實上也不包括蘇格拉底這樣的「智慧老人」——老人手上拿著的「拐杖」（「三隻腳」）象徵著老年人經驗累積承前啟後、承上啟下的「智慧」。很顯然，俄底浦斯口中說的「人」其實就是靠自己的兩腳立地的「主人」（單子個人），既排除了「小孩」也排除了「老人」的生命過程，僅僅留下獨立自主的「成人」——以智能性強力意志「殺父娶母」（改天換地）的「成人」。這也是亞里士多德以智能功能性尺度強調的「技術存在」高於「自然存在」的根本取捨，以「智能型功能知識單向性技術存在」取代「智慧型歷史文化共生性自然存在」。

斯芬克斯，對此沉默。俄底浦斯殺死斯芬克斯，恰恰證明著俄底浦斯以智能性強力意志的「成人」身份確證其「是人」的「人」——排除「小孩」的善良與「老人」的智慧，亦即排除「小孩—成人—老人」智慧共生以完成「人之為人」整體。排除「多」後留下「一」的就只有單子式的「成人」——殺父娶母、改天換地、斷子絕孫。於是，「斯芬克斯之謎」才在自己的被殺死中開啟「詛咒」以兌現要求——不絕於西方歷史直到今天徹底去人化的「機器人第三型文明」過濾人類的到來——「進化論變成末世論」。

來自希臘神對希臘人的「咒語」豈止是希臘乃至西方自然理性所能自我解讀與自我辯護的？

同樣，被西方內化的「基督教」所能理解的《舊約‧創世紀》中對人的「放逐」豈止是按西方人自然理性所能自我解讀與自我辯護的？下面我從《舊約‧創世紀》中挑選了有關「知善惡樹」的三個句子，其中有三個關鍵詞：「分別善惡樹」，「知神能知道善惡」，「使人有智慧」。特別請了在特拉維夫大學進修的李勇教授做了一個相應的希伯來原文、英文譯文，以及按希伯來文的簡單解釋。

Chapter 1

中文：

伊甸園　（16）耶和華　神吩咐他說：「園中各樣樹上的果子，你可以隨意吃。」「（17）只是分別善惡樹上的果子，你不可吃，因為你吃的日子你必定死。」

英文：

17 but of the tree of the knowledge of good and evil, thou shalt not eat of it; for in the day that thou eatest thereof thou shalt surely die.

希伯來文：

וּמֵעֵץ, הַדַּעַת טוֹב וָרָע--לֹא תֹאכַל, מִמֶּנּוּ: כִּי, בְּיוֹם אֲכָלְךָ מִמֶּנּוּ--מוֹת תָּמוּת.

詞語理解：

這段經文在希伯來語中，直譯過來的意思是，善惡（好壞）的知識……「知識」是名詞，字面上沒有動詞「分別」的含義。

英文版本的譯文意思準確，也是，善惡（好壞）的知識。沒有動詞「分別」或者「知道」的意思。

Chapter 2

中文：

3 人違背命令　（4）蛇對女人說：「你們不一定死，（5）因為神知道，你們吃的日子眼睛就明亮了，你們便知　神能知道善惡。」

英文：

And the serpent said unto the woman: ʻYe shall not surely die;

for God doth know that in the day ye eat thereof, then your eyes shall be opened, and ye shall be as God, knowing good and evil.'

希伯來文：

וַיֹּאמֶר הַנָּחָשׁ, אֶל-הָאִשָּׁה: לֹא-מוֹת, תְּמֻתוּן

כִּי, יֹדֵעַ אֱלֹהִים, כִּי בְּיוֹם אֲכָלְכֶם מִמֶּנּוּ, וְנִפְקְחוּ עֵינֵיכֶם; וִהְיִיתֶם, כֵּאלֹהִים, יֹדְעֵי, טוֹב וָרָע.

詞語理解：

這段話在希伯來語裏的意思是：你們會和神一樣，知道善惡。

英文版本英文的意思相同。沒有中文譯本中「知神能知道善惡」造成的理解上的多重意味。

Chapter 3

中文：

於是，女人見那棵樹的果子好作食物，也悦人的眼目，且是可喜愛的，能使人有智慧，就摘下果子來吃了，又給她丈夫，她丈夫也吃了。

英文：

And when the woman saw that the tree was good for food, and that it was a delight to the eyes, and that the tree was to be desired to make one wise, she took of the fruit thereof, and did eat; and she gave also unto her husband with her, and he did eat.

希伯來文：

וַתֵּרֶא הָאִשָּׁה כִּי טוֹב הָעֵץ לְמַאֲכָל וְכִי תַאֲוָה-הוּא לָעֵינַיִם, וְנֶחְמָד הָעֵץ לְהַשְׂכִּיל, וַתִּקַּח מִפִּרְיוֹ, וַתֹּאכַל; וַתִּתֵּן גַּם-לְאִישָׁהּ עִמָּהּ, וַיֹּאכַל.

詞語理解：

這個詞在希伯來文裏，意思是使人變智慧或聰明，動詞。英文版的譯文意一樣。希伯來語的「智慧」 לְהַשְׂכִּיל 一詞在這裏是教人或者使人變聰明，變智慧，沒有智能的含義。

希伯來《聖經》參考版本：Jewish Publication Society 1917 Edition

英文《聖經》參考版本：King James Version

我們暫且得到了三個希伯來文的原義：

　　「分別善惡樹」──「善惡（好壞）的知識。『知識』是名詞，字面上沒有動詞『分別』的含義。」

　　「知神能知道善惡」──「你們會和神一樣，知道善惡」。沒有中譯文『知神能知道善惡』造成理解的多重意味。」

　　「使人有智慧」──「使人變智慧或聰明，動詞。」希伯來語的「智慧」לְהַשְׂכִּ֣יל 一詞在這裏是教人或者使人變聰明，變智慧，沒有智能的含義。」

以下是我的解密：解伊甸園界定的「神咒」之密。

三個關鍵詞說的都是「知善惡樹」上的「果實」。

第一個說的是「樹」或「果實」的名稱。準確的名稱叫「善惡知識樹」或「善惡知識果」，人吃了必定死，可見「善惡」是人的「生死界定」。[1] 在這一點上西方的譯文與希伯來文字面意義是一致的。「分別」善惡的意思隱含在「神人有別」之間，取決於人心是否向神向善（要害在於「知止」，即「知向而不知得」，即「取乎其上得乎其中」，否則僭越「成神」或「成物」）。這種臨界狀態正好給狡點的智能蛇以售其姦，它要的就是自己的本性，即不分別善惡，還要抹平善惡，以「功能性知識」取而代之，引誘夏娃亞當與己同道取向「功能性知識」！

第二個重點在吃的過程到底吃了什麼。吃了「善惡知識樹」上的「善惡知識果」，就「會和神一樣知道善惡」。中譯文「知神能知道善惡」的確有兩種理解：「知（神能知道的）善惡」與「知　神能知道善惡」。前一種理解「知（神能知道的）善惡」，「善惡」是「知」的賓語，「（神能知道的）」是賓語「善惡」的「定語」，其動賓詞組的意義「知神能知道的善惡」與「會和神一樣知道善惡」基本一致（注意：「等同」或「像／是

---

[1] 屬神的「生命樹」被神阻斷。它是人之限度「德性之體」的界定，歸根結底是「善惡」界定（非功能性），隱射著「向神的智慧學習，向人的苦難學習」。「除惡向善為神」或「除善向惡為魔」終歸「只知其有不知其無」為極。地球都歷練過了。中國尚未上升到「無」之「極高明而道中庸」底「化極中和為仁」，此乃人性大智慧──「高山仰止以觀滄海」──或許可「迷途指津」而別開生面⋯⋯

之分」，內外「差之毫釐謬以千里」）；後者留有餘地，「神能知道善惡」作為一個完整短語構成「知」的賓語，因而人吃了「知善惡果」只是知道了「神能知道善惡」，至於人，還不能和神一樣知道善惡，充其量只能知道「神能知道善惡」而去學習模仿「神能知道善惡」。人始終不能僭越到神（人終有一死）。可見，中國人閱讀《舊約‧創世紀》謹慎而「知止」。反過來說，不能「知止」的蛇，因它本性狡猾的智能以為只要「吃到了就為我所有了」才不擇手段達到目的。智能只講究功能性所用，完全不考慮自己是什麼東西，即全然不顧自己（蛇）是不能和神一樣的。人是不能和蛇一樣的（物），也是不能和神一樣的（神），人有人的本分，即扣物神兩端中和為仁。這些根本差別都被功能性抹平而掩蓋了。

第三個重點是吃的結果怎樣。首先它是從蛇的口中說出來的。蛇，狡計智能而已，能相信它說的是真的嗎？它說人「不一定死」，結果人「終有一死」。它說「使人變智慧或聰明」，在說給夏娃亞當聽的希伯來語中「智慧」一詞「沒有智能的含義」。但說希伯來語的蛇，卻只有「智能」而沒有「智慧」。也就是說，蛇說出來的是「智慧」，然而蛇隱藏的而真實的卻是蛇一樣的「智能」。正如西方人說「神」僅止於基督耶穌（有形有性），絕不可能像猶太人說「神」僅專屬「耶和華」（無形無性）。這就是「橘逾淮而北為枳」的道理。須知，蛇的狡計是「慫恿」「誘惑」夏娃亞當背信棄義吃「善惡知識樹」上的「善惡知識果」，

【插語】

此係要害，含混不得，只有額外提點。

狡點的智能蛇決定了「吃」的立意偏取智能「功能性」方向 —— 即抹平「善惡」代之以「功能性」。換句話說，把「善惡的道德知識屬性」偷換成「實用的功能知識屬性」。猶如將競技場上的「優勝劣汰」（「勝敗＝好壞」）覆蓋、遮蔽、混淆人性中的《善惡》，而替強者為所欲為廣開門路與言路。於是，「以論治史」無所不能，無惡不作，用「強力即正義」決定一切、規定一切：首先「真」規定「善」而取代「善」，於是「弱肉強食」「成王敗寇」「主尊奴卑」「富貴貧賤」等等，謂之唯我獨尊霸凌天

下「自然法」。遂一以貫之地完成功能性知識「原罪惡」，不惜「剝奪者被剝奪」，自因自果——「進化論變成末世論」（「埃舍爾蛇」還原了「伊甸園蛇」的智能本性）。

美國道德學家麥金泰爾只知道「柏拉圖以來，科學技術長足進展，而道德始終裹步不前」。其背後的根本原因晦暗不明，或諱莫如深。西方皆然。

至少第三個關鍵詞表明：蛇對「善惡知識樹」與「善惡知識果」的理解，肯定不可能是神賦予的原本意義。即便蛇慫恿人吃「善惡知識果」想讓人變得和神一樣，那也不過是蛇的誘惑而已，旨在撼動伊甸園中既定的神人關係，試探其變數致使人不幸——僭越神而遭神詛咒。蛇畢竟是蛇，然而蛇的誘惑不幸而言中了。但不是蛇預言到了，而是人本性中「有限／無限」「智能／智慧」被蛇引誘而自我偏執了。

蛇的狡計後果還在於，讓（西方）人充當「（功能）執行者」，即「以用代體」而先行，以此與「神知道的善惡」，來一場「優勝劣汰」競爭。蛇說「你們人吃了也不一定死」，今天西方科學家不也在說「人體全部人工製造了人就永生了」——機器人過濾掉人進入「機器人第三型文明」就是「人的永生」。「機器人」還原人為物，怎麼會是人永生？這是科學家的功能邏輯，是科學物化的死亡邏輯。在宇宙中，人本來是從物中升華出來的德性之體，因而德性善惡才是人之為人的本性。現在西方科學技術「物理還原主義」用種種科學實驗把人還原為物——如把人腦變成「數據」存放，僅取大腦物質特性連接機器人的行為機制謂之「人永生」，而丟失人之為人的升華特性如嚮往德—聖—神之想像，以及千奇百怪幻想、種種如夢似幻的超常思維。殊不知，這不是科學的勝利，而是為人科學的死亡。

必須指出，「善惡知識樹」與「善惡知識果」，希伯來文的「知識」也像古希臘文的「知識」其詞根可用於「數學」嗎？換句話說，也像古希臘文的「知識」取向「功能性」嗎？事實上，中東地區和遠東地區的古文化至今都明確區分開兩種知識，即作為「體」的神性知識或德性知識

（「義」），與作為「用」的技術功能性知識（「利」），由此而「以體制用」。「智慧」與「智能」也由此而涇渭分明。

可見同樣的字詞如「善惡」「知識」，不同文化種性的理解與解釋，如何分辨「字面意義的正確性」與其「深層意義空間的無限增補性」尤為不同。這往往是把語言文字當「工具」使用的功能人或智能人忽略而意識不到的（機器人的數據化、功能化使用更不用說了，連今天網絡風行的「網絡文化現象」也是對人性及其文字的降格以求）。特別要意識到兩種文化兩種文字的「深層意義空間無限增補的對稱性與互補性」才是交流理解的堂奧之地，從而尊重理解它們之間的「可翻譯性與不可翻譯性」（如「神性」「德性」的深層意義就「不可翻譯」），不能用「話語霸權」定於一尊。其典型表現就是今天滿世界地把西方可計算製作的「善」即「功能性知識」當作全世界通行的「德性」，既取消了其他的非功能性的「神性—善」或「聖性—善」，更取消了中東或遠東的非功能性「文化種性」，強制推行全球「資本技術一體化」，把西方的「功能世界」（「技術座架」）強加給全世界。

再如「智能」與「智慧」。剛轉型赫梯線形文字為希臘文字的古希臘，其詞語遠沒有豐富到區別「智能」與「智慧」的地步。這隻能到整個話語及其語境中尋找「詞語」的「立意取向」方可鑒別。例如黑格爾就意識到古希臘「諸神」無非是「有限規律」的「度」（「努斯」）而已，所謂「有限性」為「善」，「無限性」為「惡」：典型的「功能性概念」。以致黑格爾最後說出「惡是歷史發展的槓桿」——完成了從自然到歷史不分善惡的「全功能性」界定。黑格爾歸根結底不懂根本界限：「智能」是可物化一切的，包括他口中說的「善」「惡」。只有「智慧」才能在物化之外為不能物化的「善」「德」「聖」「神」保留升華的空間。除了蘇格拉底懂得「向神的智慧學習、向人的苦難學習」，柏拉圖亞里士多德作為「始作俑者」的西方就沒有人懂得這個界限了。

殊不知，就是這個不分青紅皂白的「愛智慧」，既釘西方人於其上止於「智人」，更釘西化後的非西方人於其上亦止於「智人」。此之謂「啟蒙之蒙」蒙蔽致死：從「物理還原主義」到「進化論變成末世論」。

事實上它已隱藏在猶太人《舊約‧托拉》「創世紀‧伊甸園」中。這算得地球原始「一神論」中留下的少有的「神秘」：「猶太人是『智能星球』作『末日清算』的承命人」。因此我所看待的「考古」，是比考埋進地下遠世實物之古的古還要古老的古，即考沒有物質沒有形骸甚至沒有文字之遠世神靈創世前流傳在傳聞傳說中的「曰諾稽谷」之古。

而且，至關重要的是，這個「古」在傳聞、傳說中被不同的心智（智能，或智慧）落實到生活、生產中，「以用代體」還是「以體制用」的分殊 ——「下行」或「上行」—— 幾乎構成「智能星球死」而「智慧星球生」的天淵之別、陰陽之隔。

所以，最後要特別小心一個民族的內外「文化殖民」，警惕它成為「掠奪靈魂的魔鬼交易」。

如此古希臘索福克勒斯悲劇《俄狄浦斯王》與希伯來《舊約‧托拉》第一章「創世紀‧伊甸園」分別對作為西方歷史開端的希臘人的「詛咒」，幾乎一路印證著「西方人」的歷史命運。

2. 什麼樣的「民主」

雅典民主制的基礎 —— 內部奴隸制與外部殖民地

古希臘不僅為西方奠定了「功能型」社會，即功能性高的人「統治」功能性低的人，其功能性知識以「智能」為標準，以「財產與時間」為條件。而且還為西方民主制奠定了這樣一個基礎 ——「內部奴隸制與外部殖民地」。

換句話說，古希臘民主制是以奴隸制與殖民地為基礎的。統稱之為「自然法」或「自然正當」。

先聽聽修昔底德描述的「伯羅奔尼撒戰爭史」中的「彌洛斯對話」[1]，才能深切體會古希臘立法者梭倫「一個民族要麼征服，要麼被征服」的教訓如何深入到西方政治哲學史的骨髓裏，你才能穿越漫長的歷史隧道而不迷失於一個「明白如白晝」的事實：西方民主制原型「內部奴隸制與外

---

[1] 本節引文出自魏朝勇博士著作《自然與神聖 —— 修昔底德的修辭政治》，華東師範大學出版社 2010 年版。

部殖民地」一直沿地中海希臘半島，先鬼魂西行到英國美國北美洲，再鬼魂西行到印度中國東南亞一直延伸到南美洲，指引著西方歷史：雅典帝國、羅馬帝國、英帝國、美帝國，無一不是無處不在，本質不變形式不同而已。

修昔底德在《伯羅奔尼撒戰爭史》中記述了一段有名的「彌洛斯對話」。完全可以證實何謂希臘「民主制」及其骨子裏的「自然法」為何物、看看古希臘乃至西方「自然理性」從古至今怎樣建立「道德世界」？

身陷伯羅奔尼撒戰爭十六年的雅典帝國，要求島民彌洛斯人離開他們屬向的斯巴達拉西代蒙人，加入「雅典同盟」。說服的理由是「自然正當」：

> 「力量就是正義。」
>
> 「拒絕屈從平輩，好好地順從優勢者，審慎地對待劣勢者」。因此，「佔優勢的強者做他們能夠做的一切，弱者向強者臣服。」沒有比這更自然正當的事了。

彌羅斯人拒絕了。其理由是出於「自由、信義和神聖的至善」。談判失敗，雅典人離開談判桌時說：

> 「從你們的決定中我們似乎可以這樣判斷，你們認為未來比目前更為可靠，渴望把不可預知的事情當成已經發生的事實，你們冒著一切風險相信拉西代蒙人、命運和希望。就此而言，你們將遭毀滅。」

同年的第四個季節「冬季」，雅典殘酷地毀滅了彌羅斯。

修昔底德一改鍾愛的「公開演說」的雄辯言辭，採用了典範的戲劇性「對話」，活靈活現地再現了雅典人毀滅彌洛斯人的「自然正當」原則。一位兩千年後的美國研究者想當然地理解修昔底德的「歷史動機」並說到這樣「明白無誤」的程度：

> 倘若由於不贊成帝國的冷酷，無法明白彌羅斯人的愚蠢而非雅典人的殘忍才是『彌洛斯對話』所思考的首要主題，就不可能真實評價

修昔底德和他的思想形態；修昔底德具有奇特的觀察和講述一個事實的素樸真理的能力，他沒有以任何方式嘗試把真理帶入到人們所懷抱的信仰範圍內；因此，修昔底德常常不被理解。

所謂「事實的素樸真理」說白了就是「強盜邏輯」「強權真理」「強者為王」。弱者除了拱手交付、俯首臣稱，別無選擇。否者就是當下被毀滅——這是彌羅斯人的愚蠢而非雅典人的殘忍。西方人習慣了如此這般的「強力意志」「自然正當」。或許這就是青年尼采論述的「殘酷的真理」吧。

《荷馬世界的競賽》「前言」一開始就說：古希臘人——古代最具人性的人——自在地具有一種殘酷特徵（einen Zug von Grausamkeit），一種猛虎般的消滅慾（Vernichtungslust）特徵：在古希臘人甚至被放大到怪誕程度的鏡像中，在亞歷山大大帝身上，這個特徵非常清晰可見。但在古希臘人的整個歷史中，正如在其神話中一樣，這個特徵不得不讓用懦弱的現代人性概念來面對古希臘人的我們置身於恐懼之中。[1]

既然強調「一種猛虎般的消滅慾的殘酷特徵」是如此這般的「事實的素樸性」，那就必須讓歷史敘述繼續完成另一個更殘酷的結尾：不久，雅典敗於伯羅奔尼撒戰爭的另一方斯巴達，從此一蹶不振直至滅亡而且是真正意義上的滅亡，成為「打去了黃的空蛋殼」。兌現了彌羅斯人對話中的警告：

「你們不應該破壞共同善，對處於危險中的那些人來說，總是有公平和正義。這個原則對於你們的益處不少於我們，某種程度上，如果你們傾覆之時，你們不僅會遭受最大報復，也會成為警示別人的一個例證。」

然而，雅典人的回答「淨化」得近似「冷血」：

---

[1]　引自劉小楓近作《青年尼采論「殘酷的」真理》。

「至於我們帝國的結局，如果那是末日，我們也不會沮喪，對於統治他人的人，真正危險的不是被更強大的人征服，而是被自己統治的臣民顛覆。前者是正義的因而是光榮的，後者才是恥辱。」

雅典人的徹底性在於，「現實地滅亡的是你，我可管不著後來的報復，哪怕洪水滔天。」這段話其實具有西方政治哲學最要命的唯功能性特徵：「一個民族不是征服就是被征服」「力量就是正義」「確認敵人準備戰爭才算政治成熟」，除此一切都是等待時機的「煙幕」，否則就會在欺人中自欺了。[1]

儘管如此，從彌羅斯島人開始，直到今天全世界被侵略被殖民、被種族清洗的人民和民族照樣前赴後繼推翻了雅典帝國、羅馬帝國、英帝國等等，用事實回答了雅典人的「自然正當」。所以人們必須記住：

被雅典帝國滅亡的彌洛斯人為什麼能預言雅典帝國的滅亡？

沒有這個「以史正論」的事實，歷史就真的屬於「一種殘酷的」強盜邏輯了。

事實上，「強力意志」者也在「不變中求變直到滅亡」。

如上所述在古代是公然的自然法，即自然正當。

基督教千禧年的「聖戰」則在單一的「愛上帝」面具下不惜血流成河。

17、18 世紀啟蒙運動後，「人道」口號換成了「民主自由平等博愛」，但戰爭依舊，從外戰的殖民擴張種族清洗，到歐洲內戰（第一次歐洲大戰）到第二次真正的「世界大戰」，其自然理性瓜分殖民地之戰爭形態及其種族清洗的嗜血與殘忍達到空前程度 —— 歷史理性的浪漫詩句再也無法掩藏了。

---

[1] 希望人們讀一讀《劍橋戰爭史》這本書。它完全是海洋國家的戰爭史觀，即便它寫的是世界戰爭中的某類現象，仍強名之曰「劍橋戰爭史」，以示「劍橋」對「戰爭史」的主語所屬格。「劍橋」所定義的戰爭有五大特徵，其中兩大特徵：「（三）重侵略和殺戮；（五）重擴張和支配」。總之，把戰爭引向境外被掠奪國家，滅絕性以達到征服目的。這是典型的海盜式殖民式侵略戰爭。好一個大言不慚的自我陳述。正如功能性哲學是「古希臘」特有的，這樣的戰爭也可以說是海洋國家如英美日特有的。參閱李零先生《讀〈劍橋戰爭史〉——殺人藝術的主導傳統和成功秘訣》。請注意，我的評論屬於引者本人，與李零先生無關。

以上是赤裸裸的「軍事殖民」及「理性戰爭」。

第二次世界大戰，因社會主義產生伴隨著民族解放運動，「軍事殖民」處於「半隱藏」狀態，「經濟殖民」走上前台。以法屬殖民地馬達加斯加和海地為例，殖民者在被迫讓殖民地人民獨立時，還要把殖民期間為統治所建設的鐵路、港口、橋樑、殖民設施等一概轉化為獨立政府和人民必須償還的經濟債務，而且所使用的計算法會讓高額債務永遠也償還不完。[1]。

直到二戰後的冷戰時期，帝國主義開始「和平演變」策略，轉向「文化殖民」，但必須以軍事上的絕對優勢和經濟上的壟斷地位為前提。所以，為了保持軍事上的絕對優勢和經濟上的壟斷地位，美國和美元幾乎使盡一切手段策劃世界動亂並從中牟利。其中最見效的手段就是資本與軍事都需要的科學技術發展，「人工智能」自然應運而生了。

「人工智能」與「資本」進入歷史以來的所有「生產方式」不同。首先表現在「生產力」上，即「第一生產力」不再是作為「勞力者」的「工人」了，它讓位於「生產力」中的「生產工具」和「生產原料」。也就是說，「生產力」中的「人的因素」被排除了，幾乎完全被「物的因素」替代 ——「技術物化」。不僅如此，還包括生產形式中的「生產關係」，所謂管理層中擁有各種技能知識的白領，也將逐漸被「人工智能」替代。說白了，「資本」中的生產要素，除了「資本」的真正擁有者，其他「人的因素」原則上是可以逐漸被排除的。「資本主義」表面的「民主」形式成為多餘，而其實質形式則只剩下操控「人工智能」的「大資本家」，如果他暫時還不被「自主型超人工智能」最終過濾掉的話。這個趨勢將愈來愈成為現實。這樣的「超人工智能」一旦表現為軍事力量之時，大體也就到了人類喪失掌控自己命運之日。

資本主義的「掘墓人」，不是「無產階級」，而是「資本主義第一生產力 —— 超人工智能」。「去人化」最徹底的「機器人」也最徹底地證實了自然理性「剝奪者被剝奪」的「強力意志」。在這個意義上，「無產階級」根本不是「資本階級」的消亡辯證法。「超人工智能」才是「資本主義」

---

[1]　參見大衛・格雷伯《債：第一個 5000 年》。

最後走向自我毀滅的「末世論」。

西方的路已經走完。

還有另一條路正在開啟。不同於西方人性的非西方人性也會執「科技之公器」納於「以體制用」，「大化無極以致中和」，改變單向度的「技術存在」，再扶正自然共生式的技術方向，使其「允執厥中以為仁人」的道法自然 —— 這也是「人算命算不如天算」，進入「古今文化形態的輪迴」。往後再回到這裏來。

3. 什麼樣的「自然法」

雅典自然法：「主人道德」「強力意志」之「自然正當」

在「雅典城邦生活」中看了雅典的「人」與「民主」，再來看「內部奴隸制與外部殖民地」構成「民主制」基礎的合法性 ——「自然法」即「自然權利」或「自然正當」。

柏拉圖《理想國》有「三喻」：洞喻、日喻、線喻。「理想國」有譯「王制」，突顯了雅典城邦的基本事實「人」「民主」接受了哲人「立法」精神。學生深得老師的「心法」，才有亞里士多德的「物理學之後」的「哲學」邏輯 —— 主詞由「個體」取代「本相」。

「洞喻」，隱含城邦整體性特徵：早期希臘轉向古希臘，文化轉向技術，第一洞穴進入第二洞穴：物義論—宇宙論。首先關涉早期希臘向古希臘轉向的「差別」，即經「啟蒙」後的自然理性「變形」。洞穴中的「火」意味著「文化之火」，正是它捆綁著城邦的人性只朝一個方向上看，形成「一義性僭政」。這是影射「早期希臘」受東方文化影響的神秘主義文化特徵。於是有一個被捆綁的人意外地鬆綁了，並走出洞穴看見外面的「太陽」，即受到「真理」的啟示，再返回洞穴中成為啟蒙者。[1]

「日喻」，德性知識化，變成功能性善。太陽成了「善的兒子」，由此確定「善」的真理規定。於是古希臘走上「功能性—知識學」方向。

---

[1] 施特勞斯特別注意到，被洞穴啟蒙者啟蒙了的城邦人及其民主，因其太陽（自然理性）對善的功能性規定，無非「技術理性」的「一義性僭政」。意味著，走向「第二洞穴」。這是猶太人施特勞斯高於西方人的「魔眼」所在。不懂這個「魔眼」，根本讀不懂他的《自然權利與歷史》。事實上，「第二洞穴」的自然理性技術物化取向，更深地綁架人性成技術功能「單向性」。

「線喻」，靈魂層次及知識類型。預示「德性即知識」的「功能性」限度以「幾何學」「音樂」代表的智能層級，中斷了向「智慧」層級的上升，不再向「神的智慧」和「人的苦難」學習。因為其抽象的「計算本相」知識學，取向的是「宇宙論—物性論」。

與此相配合的，還有柏拉圖關於靈魂或人性來源的兩個隱喻：「自然說」與「回憶說」。

「自然說」，就是描述神用泥土造人，為了區別人的功能性，在造人過程中，還要加進少的貴重金屬和多的一般金屬。如加「金」，此人為「統治者」；加「銀」，此人為「護衛者」；加「銅、鐵」，此人為農工者。

「回憶說」，則接近蘇格拉底死後而改宗畢達哥拉斯幾何學之「本相論」時期。據說，少數羽毛豐滿的人才能追隨阿波羅神的太陽戰車飛向蒼穹之頂，一睹「靜觀世界」中的「本相」。這些幸運者不可能再追隨阿波羅返回哈德斯「冥泉」旁邊的「夜宮」，也因羽毛稀少而墜落人世間。他們，也只有他們成為能「回憶本相世界」最聰明的人，可以成為「哲人」或「立法者」。比如柏拉圖可作如是觀。

以上僅遵循古希臘雅典城邦「當是時」可證的「自然法」來源。其人性或靈魂性，決定人在城邦的地位，決定城邦立法及其制度性質。思考不止如此。

同在前世紀地中海區域，為何地中海中部的希臘半島與東部西亞兩河流域敘利亞神系的猶太教一神其「人性之取向」分叉如此之大？接近埃及的「迦太基」滅亡了，接近耶路撒冷的「巴比倫」滅亡了。是否古希臘的「立法者」梭倫由此得出「一個民族要麼征服要麼被征服」的訓條使希臘半島的雅典與斯巴達「靈魂轉向」到「政治動物」式的「猛虎般吞噬慾」極致？於是「海上搶劫」「屠城征服」「種族清洗」等極端生殺予奪才夠得上「自然正當」最高形式。[1]

---

[1] 文聘元《地中海戰史》，商務印書館 2018 年。全書 27 章，除 4 章阿拉伯崛起並爭雄地中海，其餘 23 章從荷馬史詩中的海盜屠城開始，希臘、羅馬、馬其頓、基督教、拿破崙、地中海海盜、一直到二戰中的地中海搏殺、美國第六艦隊稱霸地中海，等等。前後約 3000 年，夠規模的戰爭 2000 次左右。以致作者在開篇第一章不得不點明：地中海 ——「美麗之海也是戰爭之海」——「惡之花」！

直觀原因有二：

第一，海島土地貧瘠，來自土地的物產稀缺甚至根本匱乏，使「時間與財產」或生存與富有缺乏持久的安全保障。必須輔以商業主要是「海上貿易」。其海上貿易過程中因各種機遇變成海盜式搶劫或對沿海擄城掠地，遂使戰爭常態化。

第二，善轉向功能知識學，人性也成為物性納入優勝劣汰之功能性中。因此，凡是因人而存在的實體如民族、宗教或國家，都必須納入優勝劣汰的功能性消長存亡中。殖民、剝奪、戰爭遂成優勝劣汰之最高表現。

不管西方柏拉圖亞里士多德之後，特別是中世紀之後，「自然理性」的理論即「自然法」的「理性」與「神性」如何層出不窮，致使「以論治史」各種理論如何花樣翻新，甚至其當下的理由如何具體必然以形成各家各派歷史理論、社會理論、政治哲學理論等等五光十色，但萬變不離其宗者，上述兩個核心終究是「原發性或本能性」的。久而久之，因時、因地、因人，被實際藉口像灰塵一樣層層掩蓋封閉得了無痕跡。既讓自己說得「賞心悅目」，也讓別人聽得「瞠目結舌」。反正，還有什麼比「成王敗寇」更「自然正當」的事嗎？歷史總是由勝利者書寫的，何樂不為。

作為學術研究畢竟不同，因時、因地、因人雖不可避免的，各種「以論治史」照例是「本質」與「現象」兩者缺一不可，並在不同層級上互為表裏，早已成為「以論治史八股」。但是，若以「論」看，「本質」與「現象」儘管符合「論證邏輯」，顯得有根有據、有血有肉，但他們共同的特點無不是對上述兩點有意無意的掩蓋。不管「論」之「本質」關不關涉「人或種族」的存亡，其「行為與動機」例如「戰爭與和平」的道德歸罪，始終是西方作家自以為是的問題 —— 因為它本能地連著「根」。道德學家麥金泰爾不得不感嘆，柏拉圖以來，科學日新月異，道德卻裹步不前。所以才有我前面提到的《劍橋戰爭史》《修昔底德陷阱》《大國政治的悲劇》寫得那麼厚顏無恥地露骨！

此節到此，唯有餘興可以解憂。

上述雅典民主制的基礎 ——「內部奴隸制與外部殖民地」—— 如此明

顯甚至殘酷的事實為什麼長期籠罩在「言必稱希臘」的「語言光環」中？最精彩的語言光環就是「自然理性」所謂的「自然法」「自然權利」或「自然正當」——像亞得里亞海上明媚的「自然之光」！

在伯羅奔尼撒戰爭史中，修昔底德還描寫了伯利克里在伯羅奔尼撒戰爭開始的第二年安葬雅典戰士發表的「墓前演說」，給雅典這樣的定位：「它是希臘的中心……它是希臘各城邦學習的榜樣。」修昔底德的歷史筆法為西方人一直沿用至今。

一個「殘酷的真理」用修昔底德式或尼采式的語言說出來，即便露骨也振聾發聵；若讓格雷厄姆、米爾斯海默這種人說出來就愚蠢笨拙了。是何道理？

至少聽的人中，站起來的人多了。

「優勝劣汰之功能性—進化論」是多麼強大的「形式真理」啊！功能性對象化的「自然慾」即便「猛虎般吞噬的自然慾」更是「魔鬼交易」的王牌籌碼。多少人想有。知識人如浮士德博士不就與魔鬼成交了嗎。愈是知識人愈易中套的「智能小聰明」及其「語言大光環」。因為地球城邦不再有蘇格拉底反諷了——大智慧「蘇格拉底拐杖」被雅典民主判了死刑拋棄了！

當西方人這樣書寫「中心」一詞時不過是一種優越感，一種修飾詞。但在實際的政治生活中只有哲學家、政治哲學家和準備當哲學家、政治哲學家的接班人心領神會：它就是主人，立法者，「可以成神」的政治家。

然而奇怪的是，「主人」的衍生詞如今很多，各種身份地位都隱藏著「主人」的身影，以致資本社會的形式民主其「主人」身影遍佈於單子式「個人」。個人佔有慾是無限的，因「民主原則」賦予他享有一切紙上規定的權利。沒有這樣「可慾望化的佔有權利」，在「99%:1%」的資本分化社會，談何「普遍自由」？

事實上西方今天的民主制與雅典民主制相比，改變的只是普遍的「個人佔有慾」。「內部奴隸制與外部殖民地」，從大到小從實際到虛幻，又像是從小到大更激起想像，如「資本夢幻本質」更加迷人。資本可控範圍與資本實體範圍相當。但那些根本談不上資本實體的個人就只有用可想像的

慾望形式預設了。這或許是資本社會「個人」已成為「商品」因而也具有「實際價格」與「觀念價格」的二重性吧。儘管他（她）的「實際價值」可能等於零或少得可憐，然而無疑享有「觀念價值」的權利。人們只有在經濟危機中才能區分：期待兌現是一回事，實際兌現則是另一回事——夠得上哈姆雷特名句：「死，還是活？成為問題。」

技術物化之功能知識學「進化論」成為西方「啟蒙」「戰爭侵略」及其「殖民主宰」的一個最重要的合理化理論：進步與落後（生產力判斷），文明與野蠻（功能價值判斷）、主宰與臣服（政治權力甚至人種優越判斷），等等，一切都跟你安排停當，一概都視為自然正當。

西方歷史就這樣一路走來，帝國，滅亡，再帝國，再滅亡——2500年。其中，跨過印度洋進入世界，400年；闖入中國大門，178年；「八國聯軍」式文化殖民，100年。中國人還不清醒，等待何時！

二、「哲學是古希臘獨有的」

1. 第一次啟蒙「功能主義」——「開端即沒落」

中國翻譯的諸多西方哲學史著作中，羅素爵士的上下兩冊《西方哲學史》率先舉起「功能性知識學」標尺裁剪西方哲學史，對模糊理性的煽情下手狠辣，不愧是主流海派大家。

同宗不同流的歐陸派哲學史著作也都從希臘哲學開始，但明確意識到「開端」形而上學弊端的，如「上篇」所述三種「前 X」開端形式、六種「否定式」過程的質疑，實不多見：

現在，我想倒過來驗證一下，從它的終極趨勢上看開端及其過程。

海德格爾為什麼說柏拉圖—亞里士多德的「形而上學本體論」——「開端就是沒落」？也就是說，從今天顯示的「進化論即末世論」之「超人工智能」這一徹底去人化的根本性沒落，看「形而上學本體論」開端，會有怎樣的自始至終的「死根性」啟示呢？

（一）柏拉圖「計算本相論」（演繹一即多）與亞里士多德「製作實體論」（歸納多即一）合成的「形而上學本體論」幾乎就是「數字與圖像宇

宙論」，堪稱奠基性的。

（二）純粹光的哲學（沒有陰影的「白色神話」）：經驗論底「有」、語言學底「是」，遂使「以像代是」之「是什麼」成為「先驗邏輯」之「替代性」假像句式。由此造成哲學「本體論」、神學「一神論」、科學「粒子論」──「只知其有不知其無」──「以像代是」底一以貫之，結局「機器人」過濾人類。

（三）隨之而來「技術座架」構成世界：「計算─製作」的存在屬於「技術存在」，它因其「功能性知識真理」規定「善」，而高出「自然共生」之自然存在。說白了，「像」高於「是」，於是「以像代是」成為「金科玉律」，形成西方哲學「假像之路」，到「機器人」袒露無疑。

如此三大特徵或基本屬性，的確可以使得希臘哲學獲得「專利權」：「哲學是古希臘獨有的」。其邏輯結論也因此而成立了：不久將來的「超人工智能」過濾掉人類也是古希臘哲學獨有的「開端即沒落」。按猶太話說：「進化論即末世論」；按中國話說：「始作俑者，其無後乎？」「人算命算不如天算」。

唯一不合邏輯的是「希臘─西方」的歷史，並不就是人類的歷史。儘管它影響著非西方民族文化，但背後總帶著一句林肯死不瞑目底「反諷」：

> 你能在一個時間裏愚弄所有的人，
> 也能把某些人老是愚弄下去，
> 但你不能永遠愚弄所有的人。[1]

【附釋一】

西方哲學史上有幾個非主流大哲如黑格爾、尼采、海德格爾、德里達都一再強調：「哲學是古希臘獨有的」。不管說者的動機如何，語言自身的言說（即不是「說出的」，而是「顯示的」）以及它在非西方人中的傳

---

[1] 坦率地說，我不知道這句話的出處，也懶得查明其出處。它是我在單身囚室裏讀過期《人民日報》（聯合國大會歡迎中國回歸聯合國時各國代表所致的歡迎詞）讀到的。讀了，就不再遺忘，成為自己的信念。補註。

遞所激起的「意念」，特別是終極意念 —— 來自天意。

德里達到中國來明確表示；「非西方比如你們中國有思想也有智慧，但是沒有哲學，因為哲學是古希臘獨有的。」剛開始聽這種口氣很不舒服。後來弄懂了它的意思與取向，反而欣然同意「此言不虛」。

德里達是跟著海德格爾說的，但他沒有完整地表達出海德格爾說此話的用意。海德格爾絲毫沒有稱讚甚至崇拜古希臘擁有專利的「哲學」（事實上無法擺脫則是另一回事）。恰恰相反，海德格爾明確說柏拉圖—亞里士多德始作俑的「形而上學本體論」雖然是西方技術理性及其自然社會的「開端」，但這個「開端就是沒落」。因為它是「無根的世界性」，將會「把人連根拔起」。[1] 這個預言今天不幸而言中了。

為此，海德格爾區別了「哲學」與「思想」「哲學家」與「思想家」，以及與此相關的「哲學論說」與「思想敘事」。「哲學論說」，就是為了達到單純物性論的精確，此精確所依據的「分析」與「綜合」「演繹」與「歸納」「數學」與「圖像」歸根結底是要把人抽象掉即「去人化」的「本質」或「本體」。為此黑格爾舉例：「把肉分解成碳氮氫，再把碳氮氫合成『肉』，但『肉』已經不是原來的肉了。」其中「元素」乃屬黑格爾時代的「本體論」（如「門捷列夫元素周期表」）。按照「本體論」模式，今天科學進化到「人是基本粒子聚合物」（史蒂夫・霍金）。我們再套用黑格爾的話翻成今天的「本體論」：「把人分解成基本粒子，再把基本粒子聚合成機器人，但機器人已經不是人了。」事實上，「機器人」不是人。即便將來「超人工智能」的「自主型機器人」，也不過「以像代是」地取人而代之了。我能判斷其「不是」的合理解釋在於它的雙重遮蔽：分解出來的「元素」已經不復是自然整體肉的部分，即物理還原主義之分析脫離了現實的對象，分析方法越界，此其一；再把分解元素按人所能知道的技術方式合成「肉」更不復是原來自然共生相關的整體肉了，綜合方法非自然非共生的人為技術化、偏執單向度，此其二；須知，只有自然共生相關才能達到「整體大於部分總和」的自然存在，獲得文化提升空間，因而，自

---

[1] 請參閱《我對「黑皮書事件」的態度》。

然共生相關物高於「技術單向製造物」，即自然存在高於「技術存在」，此其三。

柏拉圖、亞里士多德歸根結底只看重知識的功能性，並把「功能性知識」上升為「德性」：「知識即德性」——非智慧的「智能」上位決定一切。希臘人以為只有「功能性」高的東西有力量打敗「功能性」低的東西，因而「功能性的優勝劣汰」才是最重要的決定性的，美名之曰「自然法」「自然正當」！崇尚強力意志的西方史書據此標榜「知識即德性」乃「希臘精神」，並樹立為西方人的開端命脈。於是，「功能性知識學」成為希臘人乃至西方人追求的唯一目的。殊不知，這是一條「剝奪者被剝奪」的道路：「雅典帝國」滅亡了，「羅馬帝國」滅亡了，英帝國隕落了，追隨的帝國還會遠嗎？剩下的只是「物的進化」。在這樣的「形而上學本體論」指導下，一味追求不斷進化地「計算—製作物」——精確再精確、抽象再抽象，最終，必然「技術存在」取代自然存在，即「機器人」取消人類。

同樣道理。宇宙第二層級中的「M理論」無非是數字化的「技術存在」即「技術宇宙」，並非宇宙本身。所謂被科學證實，也僅僅是技術性的「自我證成」，即數學演繹而已：你認識的是你能夠認識的、你證實的是你能夠證實的。根本不是宇宙有無相生的共生態，而只是人所能得到的功能性「替代物」而已，像「肉」之於肉、「機器人」之於人。因而歸根結底，西方式的「科學技術」，乃「捨本逐末」「以用代體」之途。正因為如此，功能力量達到極致，最大的自然存在人，也就不復存在了：「進化論變成末世論」。這是自我偏執、自取滅亡。[1] 當然，除了西方科學式的「技術存在」，還有兩個條件參與重要作用：一是「資本式的利用」決定科學實踐過程；二是功能性即「智能性教育」窒息了智慧性教育。西方社會當然如此，非西方社會也經啟蒙而止於西化如此。

歷史的悲劇在於，它要在長歷史段中顯現出「自食其惡果」，這是貪

---

[1]　本文兩段楷體字是從「哲學本體論」邏輯引申出「科學粒子論」邏輯以達到對科學主義的批判性反思。

慾性急的西方單子個人無法意識到的:「我死後哪怕洪水滔天」。[1] 於是,
上述人為技術性的「分解—綜合本體論」模式一直貫穿於古希臘到今天
美國科學主義的西方歷史。我把它叫做「以像代是」的「本體論」假像之
路,為的是掩蓋假像背後為我所用的「替代物」。對這「假像—替代物」
的追逐成為西方單子個人「浮士德」式「魔幻人性」。歌德說它是與魔鬼
的「靈魂交易」。這交易是以貪慾滿足為代價的,黑格爾又把它叫做「歷
史狡計」:

> 當量被看做無足輕重的界限時,它就是使存在著的某物遭受意外
> 襲擊和毀滅的那一個方面。概念的狡猾正在於,它從這樣的一個方面
> 去把握存在著的某物,這個方面好像與存在著的某物的質無關,而且
> 無關到那樣一個程度,以為那種給國家、私有者招致不幸的國家的擴
> 大、財產的增加等等,起初甚至還顯得是它們的幸運。[2]

【附釋二】

國內的「是」與「在」之爭,在我的印象中是從上個世紀九十年代
開始的,堅持「是」論的第一人是上海俞宣孟先生。此前八十年代中
期,從最早翻譯海德格爾《存在與時間》的陳嘉映和王慶節,他們出國
後由孫周興接手這項工作,接著倪梁康回國推動翻譯胡塞爾現象學的作
品並成立現象學專業委員會,幾乎沒有疑義地認同中譯文「存在」(或
「在」)。「本體論」也就讓位給「基本存在論」或「存在論」。換句話說,
「在」論,幾乎是現象學專業委員會的共識。21 世紀初闖進現象學會公開
用「是」論挑戰「在」論的主力是王路。具體事實不在這裏陳述了。我

---

[1] 法皇的這句「口頭禪」可以做兩種解釋:一種是個人生命意義上的,死亡是自由與責任的界限;另一
    種是政治哲學意義上的,其根源在雅典人的「彌洛斯對話」中:「至於我們帝國的結局,如果那是末
    日,我們也不會沮喪」,「現實地滅亡的是你,我可管不著後來的報復(哪怕洪水滔天)。」這段話其
    實具有西方現代政治哲學最要命的特徵:德性即功能性,強力意志即自然正當,除此,毫無信仰希望
    正義可言。

[2] 黑格爾《邏輯學》上卷,楊一之譯,北京商務印書館 1982 年第 365 頁。但我用的譯文是列寧《哲學
    筆記》,中共中央馬恩列斯著作編譯局譯,人民出版社 1974 年,第 126 頁。有趣的是,如此預感的都
    屬非主流者。

用它僅作為「是在之爭」的事實背景。

對此問題的思考最初表現在《形而上學的巴比倫塔——論語言的空間與自我的限度》下篇「重審形而上學的語言之維——語言之辨的準備性分析」中（1988-1992）。大概海德格爾存在哲學思路很適合我當時的「逆向夜行」取向。特別是「顯隱二重性」「語言二重性」「遮蔽即敞開」「無蔽的瞬息」「看」與「地平線」「聽」與「深淵」「『存有之神』的趨近與遠離」，還有「冥府」「臨界」「西方神創世的『正典』與『負典』」等等。所有這些在我的閱讀中近乎直觀的意象，都與海德格爾存在哲學，及西方臨界思想家的語言粘連。以致以我現有的德文水平讀海德格爾完全是邊讀邊猜邊想像。友人警告讀者，想學海德格爾的人千萬別跟隨我的解讀。學生不解問我，只好解嘲說，這是善意的提醒，而且是學術真誠的。我的閱讀現象屬於特例。我體會的閱讀語言解釋——「字詞深層空間無限增補的對稱性」並不依據語言表層翻譯的「正確性」。其中差額的彌補靠感悟直觀。奇怪的是，在我這兒當時看著「離譜」的，說不定日後海德格爾著作問世時恰好「不謀而合」——《是路，還是風？》可證、《我對「黑皮書事件」的態度》可證。於是就有了我的「在是之爭」解說。

根據西方功能性知識主流的古希臘語、英語底自然理性（自然之光）思維，「是」論無疑是正確的，即「是什麼」必須「什麼是（出來）」。這是「陽光下的地盤」，一切必須呈現出來。只有呈現出來才能「是」——命名、定義、分類等邏輯隨後而行。反過來說，不呈現何以「是」。所謂繫詞理論或「謂詞真理」，就是「『是』的真理」，沒有「是」——陽光下的經驗人——希英美人怎麼思言行？

可是在德語——主流的邊緣——情況未必如此。有一個小故事：

甲：「Zwei Schritte zuruecktreten」——「退後兩步」。為什麼要退後兩步，比如我們看牆上一幅畫，退後兩步，放開視野，你就能把握整全。

乙：要是退後兩步是裂隙、斷層、深淵呢？

甲：我的前提是常識空間，可看見的。你的前提是非常識空間，

不可看見的。看見的永遠是光照著的是，沒有光看不見隱藏著不知道當然不能是。

乙：黑暗中，不能是但能在，在而不是。再深一層「在即無」——這是西方人，乃至海德格爾終究達不到的。但海德格爾至少如此思考了、如此道說了——垂直縱深地「是—在—無」。儘管「無」仍歸屬「在」，那是西方人海德格爾的界限。

可惜，這一點，古希臘人、英國人、美國人，是絕對無緣感同身受的。所以，他們的哲學一定是「本體論」、神學一定是「一神論」、科學一定是「粒子論」——只知其有不知其無——命定焉。

2. 蘇格拉底 ——「向神的智慧學習、向人的苦難學習」之「臨界思想家」

蘇格拉底是身處「早期希臘」向「古希臘」轉變的臨界思想家。不屬「哲人」，「哲人蘇格拉底」是柏拉圖按照自己的心象塑造的 [1]。

人們不奇怪嗎？蘇格拉底述而不作、片字不留。而他的學生柏拉圖和學生的學生亞里士多德則著作等身。為什麼？蘇格拉底不識字？當時希臘字才剛剛出現百年。蘇格拉底青年時代還見過的巴門尼德（還有「前蘇格拉底」那些哲學家）也是片字不留。所謂《殘篇》，傳說而已。不追究這個問題了。我權當做臨界思想家蘇格拉底還信仰與生俱來的神因而信守著「聽」高於「看」「默念」高於「辯說」的傳統。

表現出來就當作蘇格拉底「身教重於言教」。你看下述事實：

蘇格拉底標誌性話語：「人的智慧要向神的智慧學習、向人的苦難學習。」

前德爾斐智慧「知止」，後德爾斐智慧「知無知」；

即使辯說，也止於「知向而不知得」。

---

[1] 如果蘇格拉底真像柏拉圖那樣的哲人（智者）成為最聰明的人（連「本相」都知道），蘇格拉底就應該反諷柏拉圖，或者蘇格拉底反諷蘇格拉底成為「蘇格拉底悖論」。所以「智慧」與「智能」的區分是「德性」降解的前提。古希臘精神選擇了「智能」的道路。以蘇格拉底之死為降解標志。

蘇格拉底身體力行地見證雅典社會：

（1）對雅典民主社會三大支柱「政治家」「詩人」「工匠」使用「反諷法」，打掉他們自以為得計的聰明。

（2）對一般民眾則用「接生法」啟迪他們心智將其引上真理之路「知向而不知得」，如「真、善、美」，可「知向」但不可「知得」。

由此彰顯希臘智慧「知止」「知無知」的高超德性形態。

可惜，這樣一個「聖人」被雅典民主判處死刑 —— 飲苦芹汁而死。從此，智慧聖人死了，柏拉圖改弦更張，發起第一次啟蒙性質的「哲學與詩之爭」，讓「功能性知識」代替「德性」，啟蒙雅典人的靈魂轉向智能，開啟了「功能主義智能時代」。

「雅典民主」因此留下三宗罪：內部奴隸制、外部殖民地、殺死智慧為智能留地盤之「靈魂轉向」。

柏拉圖《理想國》中的三喻可證：

> 「日喻」——「神性之光」讓位給「自然之光」，「太陽成為善的
> 　　　　兒子」；
> 「線喻」——線的下半「可感世界」，上半「可知世界」，從頂端向
> 　　　　神學習的「智慧」轉向下端以幾何學為本相的智能；
> 「洞喻」——「第一文化洞穴」退入「第二技術洞穴」。

【附釋】

其一，有關「蘇格拉底之死」，我蒐集了西方學術界解讀的六種解釋。

第一種解釋就是亞里士多德和捨斯托夫說的，在《約伯的天平》中，如果把人類的苦難放在天平的一邊，把海的沙子放在天平的另一邊，重的是人類的苦難。由此得出真實可以毒死真理。毒藥是真實，誰喝毒藥都會被毒死，民眾的意見是真實，不管你蘇格拉底堅持的是真理多麼了不起，民眾現在只能生活在意見中，你不可能讓民眾都靠真理生活，那豈不是讓民眾都變成了哲學王？哲學家的真理剝奪民眾的意見就是剝奪

民眾的生存。反過來，民眾就有權剝奪哲學家的生命。真實毒死真理，這是第一意義。

第二種解釋就是研究柏拉圖的專家泰勒和伯內特，他們認為蘇格拉底這樣選擇死，是一個公民應盡的職責，對法律的尊重。城邦無法無以立城邦，公民無法無以立公民，法律是普遍的，不管這個法律使你個人受到什麼樣的委屈，但是法律的尊嚴是不能違背的。蘇格拉底的行為既表明他是法的批判者同時又是法的維護者，這才顯示了公民最高的德行。

第三種解釋說蘇格拉底是「會死，能死，赴死的典範」。他為自己承諾的神義、真理、原則而死，也為自己承諾的公民職責與義務而死，一個人既要思想言論自由，也自然包括這種思想言論自由「所招致的一切橫逆並在此橫逆中挺身為一自由人」（黑格爾語）。尼采也說得很精彩：「蘇格拉底在我看來是第一個不僅知道生，而且知道依照那種知識的本能去死的人」。羅素這個人有時候很刻薄，他曾這樣揶揄蘇格拉底：「我對蘇格拉底是非常尊重的，如果他不是相信靈魂不朽，相信死後與神同享福祉，我會向他表示更大的尊敬」。總之，有了蘇格拉底之死，西方才有「哲學就是學會死亡」的說法。

第四種解釋說蘇格拉底用死的方式使雅典背上永遠的黑鍋，這一點到現在還是一個問題，為什麼民主雅典要判蘇格拉底這樣一個言論自由者的死刑？這個問題就引起美國的一個老報人斯通的追問。他信仰自由，對民主自由崇拜得不得了，他不能忍受雅典的自由民主會判蘇格拉底這個自由言論者的死刑，所以他必須把這個歷史的疑案弄清楚。後來他乾脆停止了自己的報業生涯，用積蓄的錢專門學希臘語，研究希臘歷史，從伯羅奔尼撒戰爭開始研究。結果他寫了一本書《蘇格拉底審判》，對蘇格拉底進行了批評。

第五種要算政治哲學解釋，從尼采到施特勞斯，主要講了哲人與城邦，哲人與民眾的關係。尼采發現前蘇格拉底哲學是對一切都在消逝的現象「為何不是無而仍有存在」感到驚訝，到蘇格拉底或柏拉圖的蘇格拉底才轉變為哲學家與民眾的關係的思考，提出「哲學是藥物」「哲人是國家醫生」的思想，他啟發了尼采。尼采認為哲人與民眾的關係是第一位的，

哲學首先而且本質上是政治的，「這個世界沒有真理，只有解釋」，但只能由少數哲學家來解釋，像《理想國》中的「洞喻」。蘇格拉底的悲劇是一方面主張「知識即德性」只屬少數貴族，一方面又向民眾演示傳授民主與智慧，結果是導致民眾信仰秩序大亂，反使自己落得被人民公審而判處死刑的下場。在尼采眼裏，蘇格拉底之死，成為堅持等級制、反對民主制、智慧不能下移的「反證」。它成為今天政治保守主義的思想資源，施特勞斯深受尼采的影響。

最後第六種解釋是關於蘇格拉底之死與耶穌之死的比較。讓·布倫指出：「耶穌真正地被死亡所佔有，他『經歷』了死亡，蘇格拉底則是思考死亡。」

我在這裏提供第七種意義，即蘇格拉底之死標誌著：雅典城邦和雅典人從智慧的生活轉向智能的生活。這也是柏拉圖開始—亞里士多德完成的古希臘「第一次啟蒙：功能主義取代德性」。它表現為：

（1）向神的智慧學習轉向宇宙論物義論學習，向人的苦難學習轉向強力意志學習。

（2）這樣才能達到城邦和人的等序化，使得城邦和人的德性成為可衡量的「優勝劣汰」制，從而使得城邦與人納入等序統攝中構成有目的的有機整體。

尼采非常領會此舉，寧可直截了當地說：「柏拉圖用偽造的道德給城邦（和人）奠定基礎」。

這個意義上可以說：「蘇格拉底之死」成為古希臘亦即西方「開端即沒落的」標誌。

按猶太人的說法：「進化論變成末世論。」

按中國人的說法：「始作俑者其無後乎？」[1]

---

[1] 此語出自孟子與梁惠王對話時的「引語」，即援引子曰。一般三解：

一解：那最早用「俑」陪葬的人是沒有後人嗎？

二解：只要一個人開始做了壞事，他的後人就會斷子絕孫。

三解：凡是做壞事開頭的人怎麼不想到後人效法也會傷及自身呢？

將三解翻成西語：「一開始就去人化的自然理性必然招致人類連根拔起而累及自身。」

「己所不欲，勿施於人」正述式的，「始作俑者，其無後乎」反身式的——「害人者害己」。

可以最後說幾句了。

現有危機在西方古代歷史早有警示，不單純以「神的詛咒」顯示，連古希臘身處「早期希臘」與「古希臘」之間的臨界思想家蘇格拉底本人（絕不是「柏拉圖底蘇格拉底」，也不是色諾芬、阿里斯第波、阿里斯多芬、第歐根尼、亞里士多德等人「底」蘇格拉底），已經預感到他死後的希臘人追隨「比死亡跑得快的罪惡」，即將進入「智術師」時代（以慾望之人為「萬物的尺度」而開啟「德性即知識」把善功能物化的自然理性時代）。所以他死前警告過雅典以各種方式利用他的人（包括學生柏拉圖等）：「向神的智慧學習、向人的苦難學習」。然而，就像「雅典之牛」聽不進蘇格拉底如「牛虻之刺」的驚醒，柏拉圖只停留在「線喻」可知世界的下層即「智能─幾何數學」層次，亞里士多德還要「淨化」人的苦難，以「力量」替而代之，目的就是自然理性的「功能物化」之優勝劣汰。

蘇格拉底臨死前談「靈魂不死」的《斐多篇》，記述者柏拉圖刻意沒有寫出自己到場。這是一種用意深遠地告別。因為他已改宗畢達哥拉斯幾何學宇宙論了，根本不相信「靈魂不死」，因而也就放棄了「個人責任」。有趣的是，兩千年後《西方哲學史》的作者羅素爵士無不呼應地挪揄說：「如果蘇格拉底不是相信死後去與神同在的福祉，或許我會向他表示更多一點的敬意。」這也是在與柏拉圖同氣相求嗎？因為柏拉圖的「計算本相論」使他成為雅典「最聰明的人」，已然置「德爾斐神籤」於不顧（再也用不著擔心「蘇格拉底式反諷」了），在柏拉圖學園門楣上刻寫「不懂幾何學不要進來」，其「幾何學本相論」成為學園的「柏拉圖密宗」；甚至把「造物主─德木格」也創造出來了，用「功能性德性」為城邦打下了「道德基礎」。所謂「本相」就是「造物主」造物的「原本形式」或「原本理式」。「造物主」及其「造物」的技術物化世界，開始了。

柏拉圖─亞里士多德開啟至今的「智術師」時代，當然不再把「神的智慧」和「人的苦難」銘記在心，因為「本相世界」是沒有土地與血的「無世界的世界」「無根的世界」「把人連根拔起的世界」。一句話管總，

「古希臘」只依據「自然之光」走上了「宇宙論物義論」智能之途。爾後，人，僅僅作為中介是必須逐漸去人化而過濾掉的。只不過到今天才揭去偽善「面相」露出功能「機器人」[1]。

2019 年 3 月 23 日

2019 年 8 月 9 日修訂

---

[1]　2021 年 11 月 17 日修正時補註：正是在這個意義上，我在第二卷敘事卷《宿命與白日夢》中提出「智能星球」與「智慧星球」的區分。相對有生命的人類，「智能則死，智慧則生」。

第二次變形
17 世紀英國工業技術資本主義
倒置　猶太神性預設進化論作末日審判

一、資本主義為什麼會出現在西方？

二、今天該如何認識資本主義？

三、歷史唯物主義帶給中國的三重身份

四、「猶太性」順應性否定「希臘化」

根據西方歷史，公元 395 年，羅馬帝國分裂為西羅馬帝國（都城羅馬）和東羅馬帝國（建都君士坦丁堡）。公元 476 年，西羅馬帝國滅亡。歐洲進入基督教千年王國，直到公元約 15 世紀。公元 1453 年，東羅馬帝國滅亡。西方歷史進入新時期，即進入意大利文藝復興時期。隨後就是 17 世紀英國工業革命開啟西方資本主義時代。至於西方進入資本主義的條件，我不太看重後來讀的一些社會學、歷史學論著，比如馬克斯·韋伯的、艾瑞克·霍布斯鮑姆的。更願意面向馬克思對正在興起的「資本與資本主義」原始本質的刻骨描述。還是「老照片」身歷其境。

【插語】

事後很久才醒悟，為什麼對英美哲學家、政治哲學家總感到格格不入？德國哲學家是我進入西方的主要通道，而一讀到猶太人的文字，記憶幾乎本能地感到親近。為什麼？事實上，他們中的大部分人開始我並不知道其猶太人身份。直到近二十年，我才想通，我是因為「猶太人問

題」與「中國人問題」共同具有的「依附形式」所帶來的臨界視角而感同身受吧，[1] 儘管兩者之間存在著「正／負」「顯／隱」歸於「黑／白」的差別。——只能感謝「文字記憶質地」的敏感！

19 世紀前半葉，青年馬克思已經開始思考「貨幣」「資本」「價值」「剩餘價值」以及它們的類型、歷史等究竟到什麼程度才算得真正意義上的「工業一般勞動」以及奠基其上的「資本主義」？思考的結晶當然是 1867 年 9 月 14 日出版的《資本論——政治經濟學批判》第一卷「資本的生產過程」。其中，馬克思與資產階級經濟學家相比，最為自傲的是關於資本的「剩餘價值」來源「勞動二重性」——即「具體勞動」轉移「舊價值」，「抽象勞動」產生「剩餘價值」——在生產過程中具象化的辯證分析。正是它奠定了「歷史唯物主義」基礎而使「空想變成科學」——我就不在這裏贅述，只是把其他散落的文字記憶補充出來。

（1）人們一般離不開歷史唯物主義，所謂「水力磨坊產生封建社會，蒸汽機產生資本主義社會」，往往忽略幾個重要的前提。

（2）「貨幣不等於資本」。換句話說，貨幣完全可能在有限的特殊的市場中交換，並不具備社會完全市場化中的貨幣才擁有的「一般等價物」功能。所以，亞當‧斯密所謂的「漁夫和獵人的『物物交換』」當成「貨幣的起源」完全是一種「邏輯杜撰」。

（3）「儲藏貨幣」作為「資本原始積累」也有它變形的過程，如法國巴爾扎克描寫過從流通中溢出的「儲藏貨幣」（《歐也妮與葛朗台》），還有英國莎士比亞描寫過用「儲藏貨幣」放高利貸（《威尼斯商人》中的夏洛克）。只有當「儲藏貨幣」達到了相當數額能夠大量購買機器與勞動力即「僱傭工人」的程度，這將它才變形為「資本」，即真正成為「能生金

---

[1] 德國人康德、海德格爾之所以被我重視，開始完全是他們的臨界思維方式，如康德的「自在之物」與「二律背反」形成的區間界定把「純粹理性」的「以像代是」特徵顯露無疑。至於海德格爾更是明確說他終生的「存在」思維就是要「把形而上學帶到其邊緣狀態」，指出古希臘柏亞形而上學「開端就是沒落」，並在「形而上學史是遺忘存在的歷史」之基礎上提出「為什麼存在者在而無反倒不在？」等等。正是這種「逆向夜行」的聽覺與視覺使我敏感於猶太思維的依附形式及其災難後果（終極臨界），並由此把「只知其有不知其無」的古希臘「功能主義」—英國「資本主義」—美國「科學主義」的西方主流命脈透視突顯出來。

蛋」並能「擴大再生產」[1]的「資本主義」資本。

（４）資本自身還要經歷「商業資本」（重商主義如早期英國的配第）、「農業資本」（重農主義如法國的魁奈）、「工業資本」（如後期英國的亞當·斯密和大衛·李嘉圖）。只有商業市場擴大到這樣的程度，農業土地不再成為「價值」主要來源，而且農業人口大批轉向城市成為所謂的「自由民」，即自由得一無所有而不得不出賣自己的體力（勞動力）作為糊口生存的主要手段。再加上「蒸汽機」代表的工業革命，不依賴自然條件而在城市成為主要的動力來源；其他機器如紡織機也相應出現，等等。「貨幣」及其「資本」才最後「化蝶」成其為自身。

（５）再加上「蒸汽機」代表的工業革命，不依賴自然條件而在城市成為主要的動力來源；其他機器如紡織機也相應出現，等等。

（６）剩下才是「新教精神」之「節儉」以及「為上帝的榮光」而拚命賺錢。對了，沒有「會計算計」實現「節儉」與「賺錢」，都是空話。連《辛德勒名單》都懂。

還有呢？

（７）悶騷的意大利人、浪漫的法國人和帶著泥土深思的德國人都不會想到，只有能「功能性」「功利性」地實用到「濟貧法」把失業大軍放入「蓄水庫」而威懾社會的英國人才做得出來，那就是「人性惡」（見狄更斯）──而且是「原罪式人性惡」──為「中世紀基督教千年王國」樹立了一座真正的「人性界碑」，證明英國人才真正傳承了希臘人的衣鉢。只有到這時，我才意識到，西方歷史主流從第一階段古希臘「功能主義」沿地中海西行出直布羅陀海峽抵達英國進入了第二階段「資本主義」。[2]

---

[1] 「擴大再生產」，現在讀起來才意識它純粹是一個「功能性」界定，完全掩蓋了「資本貪婪」的本質。它的貪婪無限吞噬的「自然慾」需要量的積累才能充分表現出來：對地球毀滅性破壞最後到過濾人類。

[2] 值得記錄：近日學生在做一本書的讀書筆記。此書用麥克弗森的《佔有性個人主義政治理論：從霍布斯到洛克》，非常精彩。他分析了：1. 霍布斯的自然狀態為什麼不是自然的，其實它是一種特定的市場社會模式投射，根本不具備其宣稱的普遍性；2. 平等派宣稱的普選權，到頭來根本沒有算入僱工和乞丐，後者為什麼能在他們眼裏不算「人」？；3. 哈林頓的均勢理論存在根本矛盾，所謂的均勢到底是人數優勢還是資本優勢？其內在矛盾正是自由民主理論所要掩蓋的；4. 為什麼洛克的理論會成為自由主義的核心，因為它要找出來掩蓋實質不平等的「平等」話語。該書用類似馬克思的政治經濟學批判重審英國政治哲學。學生發現與您的許多表述有高度契合。（2019 年 02 月 26 日 11:28，復旦大學歷史系博士生郁迪郵件）

最後補充一則額外的感想，為了把古希臘「人性」與資本主義「王國」配置其中。

先看「希臘諸神」自然慾[1]——從性慾作為原始慾望的貪婪佔有，一直到強力意志最高權力的所謂「猛虎般的吞噬慾」（尼采語）——從宙斯到亞歷山大二世，整個古希臘的「慾望等級」的任何一個「階梯」（食、色、情愛、友誼、責任、權力、信仰等）都必須「功能化」而優勝劣汰，強者生存（除非力量相當而相互制衡）。這就是從荷馬史詩、希臘悲劇到希臘哲學（功能性「知識即德性」）的演化歷程。古典學家尼采對此心領神會而概括為世界歷史之「五大主題」（虛無主義、超人、強力意志、重估價值、永恆輪迴）。所謂「虛無主義」就是默認「超人」用「強力意志」——「重估價值」，即他從「虛無」中取出來的正是他先行塞進去的，於此「永恆輪迴」。而且尼采明確斷言這個「超人」權力「唯西方人擁有」，正如「哲學唯希臘人獨有」一樣：柏拉圖亞里士多德乃「以論治史」之「始作俑者」。由是具體化為海洋文明商業形式，使人的「動物自然慾」根本來不及接受神聖文化的智慧提升就定格在「自然慾」層級，其延伸方式就是「以力量為中心」的自然法則（「自然正當」），而力量的物化或物化的力量都需要「計算」與「製作」成為現實，於是發展成西方的技術邏輯理性。

中世紀基督教「上帝之城」當然視古希臘「自然理性」之物義論、宇宙論為異端邪說，儘管中世紀仍然帶著「希臘化」痕跡如前期普洛提諾的「柏拉圖上帝」、後期阿奎那的「亞里士多德上帝」——基督教當然會反過來說，不是「希臘化基督教」，而是「基督教化希臘」。即便如此，猶太人絕不承認「希臘化基督神」或「基督化希臘神」——「亞里士多德的上帝與亞伯拉罕的上帝何干」。事實上，中世紀教會一方面把希臘化的歐洲人打壓成「原罪式人性惡」，另一方面在對異教的「聖戰」中殺戮不斷。於是才有「靈知主義」提出了「神創世亦創惡」的悖論「負典」流傳至今。

「資本主義」就是「原罪式人性惡」的合理解放形式，更大征伐殺戮

---

[1] 列奧・施特勞斯在《我們為什麼仍然還是猶太人？》的演講中指出它是「不潔的東西」。

的「殖民戰爭」導致兩次世界大戰。剝奪別人也最終剝奪自己（「剝奪者被剝奪」），懲罰與詛咒同樣如影隨形。像玫瑰一樣燦爛也像玫瑰一樣迅速凋零，如雅典帝國、羅馬帝國，等等。黑格爾看穿了「暴力是惡的歷史槓桿」，但賦予了它一個自我解放的時間形式 ——「瞬息即逝的玫瑰一點不遜於萬古長存的高山」。現代人因人生短暫而伸張慾望，唱出了「寧願在愛人肩頭痛哭告別也不願在家鄉山頭孤獨守望」，不惜拋棄「人仁以誠的信守」而代之以「當下即是的享樂」。

「被希臘化」或「被西化」的中國，178 年後的今天，似乎也進入了「中國的西方學」之「中國的（底）」究竟是「賓語第二格」還是「主語第二格」之爭。但願這是翻身前的「主奴辯證法」慣性（按，我沒有任何一個情感原子稱讚「主奴辯證法」像柯耶夫那樣。），往後再回到這裏來，眼下且用一個歷史圖式帶過：

中世紀基督教
的直接後果 $\begin{cases}$ 承前：古希臘自然理性功能性知識（含「希臘化」羅馬等）\\ 個人單子化與原罪式人性惡 \\ 啟後：歐洲資本主義成為原罪式人性惡解放的合理形式 $\end{cases}$

一、資本主義為什麼會出現在西方？

近代以來人們一直在問：為什麼資本主義只發生在西方國家？

《白銀資本》的作者弗蘭克用大量事實證明，中國明清時代已經是世界最發達的以白銀為貨幣的商品貿易國家。但為什麼就是沒有發展出資本主義？

它像「希爾伯特難題」不斷吸引數學家解答那樣，吸引了政治、經濟、歷史、哲學等專門家的解答。

這樣的問題在馬克思、列寧、毛澤東時代是不會出現的，因為在馬克思主義進化論中「資本主義（社會）」成為過去時。只有社會主義失敗了，證明「資本主義及其自由精神」是最後勝利的「歷史終結」。於是一時間全世界甚囂塵上，不僅西方又掀起歡慶「資本主義永恆樂觀主義」的高潮；中國某些學人也把「資本主義」代表「普遍真理」「普世價值」喊得比誰都起勁。於是，「為什麼資本主義發生在西方國家？」才會成為令中

國某些知識人「痛心疾首」的問題——怎麼好事都發生在西方啊！

【插語】

我只是在描述「花是黃的」，充其量它只是一個「事實陳述」（注意，絲毫沒有上升為「普遍命題」）。大家聽了，請不要以為我是「什麼派」，一下就不經意地把「事實陳述」變成「價值判斷」——「花是壞的」或「花是好的」。我的整個行文首先是基於歷史事實（不是「歷史學」或「歷史主義」拿來自我論證的「實證經驗」），目的就是要「以史正論」。所以，我無視左右，只關注上下。左右是流水的兵，上下才是鐵打的營盤——天道下的土地與血脈。

「為什麼資本主義只發生在西方國家？」還是聽聽西方人自己的回答。

美國猶太人類學家薩林斯·馬歇爾用「創世紀的經濟學」做了回答。因事關重大，請恕我引證他在《甜蜜的悲哀——西方宇宙觀與本土人類學》[1] 的描述。

副標題極其有意思：

> 「西方宇宙觀」——「西方」，標明地形地中海方位；「宇宙觀」，標明特徵自然理性。

> 「本土人類學」——在我看起來就是西方地中海的「文明屬性」或「文化種性」。

兩者如縱橫坐標，有極鮮明極準確的定位。不像西方人以「西方中心論」自居，動輒就是「普世真理」和「普世價值」，也不像某些中國知識人盲目崇拜「凡西方皆真理」。這就是我前面提到的西方中的猶太學者常有的「雖依附但邊緣」的臨界狀態。它被我在「逆向夜行」中本能地選作了路標。至於歐洲經典作家的某些作品，我會放到《解密卷》中解讀。

---

[1] 馬歇爾·薩林斯《甜蜜的悲哀——西方宇宙觀與本土人類學》，王銘銘、胡宗澤譯，北京三聯書店 2000 年，第 131-132 頁。以下凡引此書，只註頁碼。據悉，作者因此書成為人類學領域破「西方中心論」的「新啟蒙主義者」。

為了說明問題，我將下面引用的整段話，按其句號分成甲乙丙三段分述，正好「甲」（西方本土人類學）、「乙」（中國本土人類學）、「丙」（比較優劣）。

> 甲：「西方的文化自覺作為一種整體的系統就在技術的基礎上或至少是在功能適應技術的基礎上建立起來了。這確實是一種本土人類學。[1] 這種人類學從工業資本主義和啟蒙哲學把人的肉體需求看成是『唯一激發人的勤奮的東西』（洛克），看成是我們的生產、我們的社會能力以及我們的現實經驗感的源泉時起，就一直髮揮著支配性的作用。」

【附釋】

「西方的文化」應該理解成「西方的文明」——按照「文明是文化的技術物化指數」，本該如此。作者分明說的是「西方的文明自覺作為一種整體的系統就在技術的基礎上或至少是在功能適應技術的基礎上建立起來了。這確實是一種本土人類學」。

「確實句」指的就是地中海中部岩石嶙峋的希臘半島上出現的古希臘文明自柏拉圖啟蒙以來的「知識功能結構主義」形態。作者還嫌不夠明確，更進一步強調：「這種人類學從工業資本主義和啟蒙哲學把人的肉體需求看成是『唯一激發人的勤奮的東西』（洛克）[2]，看成是我們的生產、我們的社會能力以及我們的現實經驗感的源泉時起，就一直發揮著支配性的作用。」

沒有比這說得更清楚的了：「西方本土人類學」屬於「結構功能論」甚至「生物本能決定論」（薩林斯認可西方自己命名但不贊同），「肉體需求」是唯一激發人勤奮的原動力、「功能—技術—功利」是西方文明自

---

[1] 這確實是一種本土人類學，新人類學家話語，與哲學家話語「哲學屬古希臘獨有」，同出一轍。

[2] 洛克不過是把亞里士多德「人是政治動物」說得赤裸裸罷了。我還必須補充一句，尼采說得更露骨：尼采《荷馬世界的競賽》「前言」一開始就說：「古希臘人——古代最具人性的人——自在地具有一種殘酷特徵（einen Zug von Grausamkeit），一種猛虎般的消滅慾（Vernichtungslust）特徵：在古希臘人甚至被放大到怪誕程度的鏡像中，在亞歷山大大帝身上，這個特徵非常清晰可見。」轉引自友人劉小楓〈尼采論「殘酷的」真理〉。

覺的生命線，它們構成「我們的生產、我們的社會能力以及我們的現實經驗感的源泉和基礎」。

薩林斯在「創世紀經濟學」中如此「承前」的意象多麼明確啊！只有它才夠資格被基督教打壓成「原罪式人性惡」。前述對「知善惡樹」的解讀可資參照。用基督教神學解讀古希臘人乃至歐洲人，的確算得「基督教化希臘」。從結果上看，薩林斯「承前」卻沒有徹底「啟後」了。或許我不妨把它看作「猶太思維依附形式」隱蔽中的反諷，也未可知。

乙：「遵照自己的文化理論，中國人則總是要使技術與文明（應讀成「文化」）、基礎與上層結構分離開來」，可用「中體西用」表示「中國文化，西方技術」的關係，為了「以體制用」。

【附釋】

除了個別用語需要調整，薩林斯幾乎把全部關鍵點都完全正確地說出來了。今天我要調整的是基於中國文化種性，而不是張之洞具體人在具體時代的應用。所以，「中體西用」當然不是在晚清張之洞「洋務運動」的意義上理解，而是回到詞語本身的固有之義。這裏的「體」，不是封建王朝政體的「體」，而是中國自古以來的文化命脈「化極中和天道人仁」之文化種性之「體」。另外所謂「技術基礎與文化上層建築」，也不是薩林斯轉述的馬克思歷史唯物主義範疇，或西方政治學政體結構範疇。後面再回來詳述。

丙：「西方結構功能論」似乎代表了一種更有趣的人類學。

【附釋】

「更有趣的」應譯成「更有利益驅動的」，意即「西方本土人類學」都是功能功利之用即「以用代體」。所以照美國人的理解當然是「更有利益驅動的」，即「更有趣的」。西語「興趣」與「利益」同根同字，可見其「功能」「功利」早就滲透到詞源中去了。

薩林斯顯然意識到西方本土人類學「更為有利」，因為都融為「資本」

運作，而「資本」則是「手段王國」的「國王」。那麼，兩相比較，我把「西方本土人類學」叫做「以用代體」的功能性、功利性技術文明，不過是薩林斯命題陳述的同義反覆，一點都沒有誤解它們。

薩林斯所有這些論述和論斷，我都贊同：特別是他身居美國卻沒有像東方人那樣癡迷地把美國的「種族自我中心主義」（羅蒂語）當作世界的「普世價值」「普世真理」；[1] 他用人類學眼光慣常關注一種文化或文明與其「土地與血」的淵源關係，故以「本土人類學」命名之。[2] 為此，他特別對資本主義做了「西方本土人類學」的解釋。還做了一系列引證，引用了大量名人的論述。我只能撮其要引述。

里奧內·羅賓遜（1952）說得非常直接：我們被放逐出天堂。我們既無不朽的生命，也不存在無限的滿足手段。用以滿足重要程度不同的目標之手段的缺乏，幾乎成為人類行為無所不在限制條件。於是，經濟科學的總體要旨，正在與研究人類對於手段的不足而採取的行動方式。

【插語】

資本追求「慾望無限 —— 手段無限」，由此反觀慾望與手段的有限而不斷刺激挑逗之。）

薩林斯接著說：

如果說資產階級社會把利己的個人從基督教倫理的牢房中解救出來，如果說資本主義社會允許人們在光天化日之下毫不羞愧地標榜自己，如果說資本主義社會通過宣揚個人罪惡即是公共利益巧妙地實現了社會正義，那麼，迄今為止西方世界的人性觀就尚未發生過根本的

---

[1] 這裏的文字閱讀與書寫於 20-21 世紀交界，美國價值代表「普世價值」幾乎不言而喻。二十年後的美國，這種不言而喻的狀況已經從美國自身剝落了吧。

[2] 因此之故，薩林斯把自己的人類學叫做「新啟蒙主義」，即啟「西方中心論」「西方東方學」之「人類學」所形成的視野蒙蔽。

變化。現代經濟人依然是亞當。

【插語】

個人罪惡等於公共利益，只有把個人自私自利在資本形式下說成是「普遍人性、人權」並伸張為「普遍價值」而賦予「人性、人權」而要求民主、自由、平等，於是殖民戰爭、帝國侵略也就成為天經地義、合理合法的自然正當了——「人權高於主權」啊！

西方人從自己慾望的奴隸性中獲得了自由，曾預示人類注定要毀滅的人之貪慾，現在成了暫時獲得拯救的前提。長期看來，本土的西方人類學會成為罪惡升華試驗的延伸。

上帝是仁慈的，他為我們提供了經濟學這門知識，在亞當·斯密時代，人的不幸已轉變為實證科學。首先就是經濟學。

經濟學：探明人如何充分利用我們永恆的不足、如何從那些總是無法滿足我們需求的手段中獲得最大程度的滿足。自由意志由此誕生，資產階級化不過是其中的延伸。這就是《創世記》的經濟學。

【插語】

「西方人從自己慾望的奴隸性中獲得了自由」——「把人的肉體需求看成是『唯一激發人的勤奮的東西』（洛克）。尼采特別突出希臘人最具人性的慾望是「猛虎般的吞噬慾」，如「亞歷山大大帝的遠徵」正是「超人強力意志」之「自然正當」。黑格爾把它引入歷史哲學中，把「慾望」看作歷史的動力，甚至「慾望」造成的「惡」更看成「歷史的槓桿」；正因為「慾望」是西方人的主體，理性服從「慾望」即成為「慾望」的奴隸，於是「歷史理性」懂得人的歷史就是在各種「慾望」的衝突中尋求「合力」以達成歷史的目的 —— 謂之「歷史狡計」—— 這就是黑格爾底「自然權利與歷史」。恐怕，黑格爾做夢也沒有想到，這「歷史狡計」會把人類引到「機器人第三型文明」從而把包括西方人在內的人類「過濾掉」——進化論變成末世論！神啊，「《創世紀》的經濟學」如此「解放的合理性」

好像不僅是「歷史的狡計」，還是「魔鬼引誘的交易」，因而是「西方神、自然理性挑動魔鬼合謀的詛咒」。

所謂「資本主義是創世紀的經濟學」，薩林斯說了兩大特點：（1）知識技術上的功能結構主義；（2）自私貪慾損人利己唯利是圖的原罪式人性惡。

如果（1）同時也包含計算中的盈利算計，（2）同時也包含海盜式掠奪的侵略戰爭、殖民奴役等強力意志，從馬克斯・韋伯虛構的新教光環「賺錢是為了上帝的榮光」中還原為卡爾・馬克思早已揭露的資本本質，那麼事實上，美國人薩林斯把資本主義發生的充要條件及其後果都說到了。對此，我毫無異議。

但在根源上，猶太人薩林斯犯了他絕不應該犯的錯誤，則不能不指出來。

如上所述（1），包含「計算與製作」的功能結構主義，來源於古希臘，它沿著地中海一直向西延伸，經羅馬、經法國，再穿過直布羅陀海峽到了英國以及後來的大西洋對岸的美國，所以，我說英國工業革命及其「資本主義」以及後來的美國「科學主義」及其金融資本，純係古希臘自然理性的嫡傳延伸、主流發展。

把（2）歸屬於「創世記的經濟學」實在是一個絕大的錯誤。猶太人薩林斯不應該把《舊約》與《新約》混淆起來。須知，「新約」佔了整個中世紀基督教統治時期一千年，其神性已經把希臘自然神的「人神同形同性」「神人受孕」同化到「聖父聖子聖靈三位一體」中了，故基督教已然是西方內化的宗教，早已不同於東方「敘利亞神系」的宗教如猶太教了。

中世紀基督教教會把它統治下的歐洲人即西方人打壓成「原罪式人性惡」，才有薩林斯的上述引證。如此解放「原罪式人性惡」的資本主義一旦發生，其向外擴張、侵略與殖民導致 20 世紀兩次世界大戰，就不可避免。換句話說，西方民主從「古希臘」開始的基礎（內部奴隸制與外部殖民地、功能結構主義）到走出中世紀的「原罪式人性惡」解放於「資本主義」的侵略殖民擴張 —— 才能完整地體現了西方歷史的發展軌跡。

如此看來先生們，不是任何地域任何民族都能分享「產生資本主義」的「榮光」的。須知，「哲學是古希臘的專利」，「資本主義金融資本主義則是歐洲人特別是英美人的專利」。

二、今天該如何認識資本主義？

我來到這個世上八十年了，對於世事，特別是對於歷史，中國歷史也好、世界歷史也好，真到了一言難盡的地步。一時這樣，一時那樣，翻來覆去，不僅一言難盡，更是莫衷一是。

例如「資本主義」。一個時期，資本主義「資本」，殘酷壓榨，「每一個銅板都滴著血」，資本主義「社會」，埋葬了，「永世不得翻身」；一個時期，簡直就在轉身之間，資本主義「資本」，起死回生，化腐朽為神奇，原來的「帝國主義強盜」像「變臉」一樣瞬間成了「自由民主偶像」。

請注意，對我而言，對中國人而言，如此翻天覆地的變化，絕不僅僅是「意識形態」變化宣傳的結果，而是切切實實來自「生活方式的轉變」。不管「生活方式」如何轉變，「資本主義」及其「世界格局」萬變不離其宗者，始終是「功能功利至上」（資本金融資本說了算）、「優勝劣汰至上」（資本科技強力意志說了算），即「資本強權」仍然執「功能功利」之牛耳主宰世界。換句話說，變的是「資本形式」，不變的是「資本實質」。資本如此「不變之變、變之不變」終於驚現「叢林原則」（剝奪者被剝奪）之絕境——即「資本」把世界拖向了「技術物化」之「徹底去人化」的末日邊緣——「機器人第三型文明」。原來的「諸神之爭」「古今之爭」「中西之爭」都為之瞠目結舌、無言以對。「超人工智能」成為命算，迫使今天的人類至少一半以上無可逃脫被「過濾掉」的命運……

究竟該如何認識當今資本技術世界？

粗算，資本主義在世界上存在約5個世紀了（類似「君子之澤五世而斬」）。大體經歷了三個階段：（1）冷酷的資本原始積累階段；（2）資本主義侵略擴張殖民戰爭階段；（3）獨享世界霸權、金融壟斷、發展科技，力圖佔領陸海空巔峰階段——頂點即沒落。

人算命算不如天算。神創造人，人殺死神。同樣邏輯，人創造機器

人，機器人殺死人。西方自傲的進化論突變為末世論。西方歷史上不止一次地出現過這樣斷崖式的翻轉。就像笛卡爾「我思故我在」論證：

大前提：我懷疑一切
小前提：我懷疑一切的我是不能懷疑的
結　論：我存在。

笛卡爾的幾何學邏輯說得好聽叫「黎明翻轉」，為了堅持同一出發點「我」。說得不好聽叫人造邏輯：自我證成，維護自我世界。往後走就由不得人了，功能性的「物化自我」成長起來了，但他快不過「物化替代物」。

大前提：我製造一切（我物化一切）
小前提：我製造一切的我也是我製造的我
　　　　（我物化一切的我也是我物化的我）
結　論：我是機器人。

這就是「功能性邏輯」（在邏輯上實用的英國人比浪漫的法國人無疑徹底得多）。走到「機器人」這一步，已經建立了這樣的前提：「徹底去人化」。首先就表現在製造機器人的人也必須「徹底去人化」即「完全功能化」而「以用代體」了。換句話說，如不走出「功能性邏輯」，結果必然如此。今天的結果表明，從古希臘開始的「功能主義」走上的就是宇宙論物義論道路。當然，其「以用代體」仍需一個過程，中世紀的「原罪式人性惡」和 17 世紀「資本主義」合理解放形式，在推動「以用代體」上是決定性的中介。

有鑒於此，對「資本主義」的態度，就要從兩種類型中分離出來：如何既不同於非西方充滿怨恨的道德化批判，也不同於西方內部的自我批判。前者的道德無效，馬克思「從空想到科學」的「歷史唯物主義」就是不斷同「道德化批判」劃分界線而自成一體的。不僅如此，深思的馬克思也意識到科學的功能主義性質，特別表現在當時第一國際中的某些馬克思主義者把「歷史唯物主義」當做「唯生產力論」來理解，竟從中警覺到並

說了出來：「如果你們是馬克思主義者，那我就不是馬克思。」後者，我常常聽到西方人和中國人說：「西方思想是最具有批判精神的，否則它不可能日新月異地發展到今天。」所說的「批判精神」當然主要是指西方思想自身的動力機制。我曾把它描述為「形而上學本體論與虛無主義的兩極震蕩」。後來發覺還是尼采說得對：「柏拉圖主義就是顛倒的虛無主義」。換句話說：「本體論與虛無主義無非是形而上學底一體兩面。」

六年前，我還打算重寫西方哲學史，其中重要的一章是「形而上學史中的六個反命題」（見「上篇」），以為夠得上重寫了。現在看，它們正好是西方思想的最高形態「形而上學哲學」之「批判精神」的最好見證。其中，不僅沒有觸及西方自古希臘以來的「骨髓命脈」之「功能主義」，而且所謂「批判精神」正構成否定性互動而達成「否定之否定」，推動了「形而上學本體論」沿著「去人化─功能性」自我物化證成之發展 ── 完成。

要說西方人不知道自身的「功能主義」──實在有點「極端的任性與瘋狂的大膽」──他們太清楚了，清楚到「啟蒙」地步。「德性即知識」，「功能主義」本就被當成自身的「德性」「人性」而傲視於天下 ──「物義論宇宙論」！豈有不知之理。這種「自知」才是最典型的「熟知」（熟視無睹）或最地道的「雙重遮蔽」而「自我欺瞞」：「功能性」成為「德性」、成為啟蒙真理，是為一重遮蔽；為此「功能性」也就掩蓋了自身技術物化的單向度是為二重遮蔽，即遮蔽被遮蔽。

這是以「歷史事實」為視野的說法。

再進入「反思」說法：一重遮蔽是「事實」排他性的，即排除一切謬誤；接著通過事實排他性的優勝劣汰而強化自身成為「真理」，即把「一重遮蔽」再遮蔽起來，使自己成為「無謬誤真理」（「白色神話」），謂之「雙重遮蔽」──海德格爾解釋。

更重要的是這種「技術物化單向度」，在長時間中表現出最大效益，而且是優勝劣汰的，何樂而不為 ──更是「資本主義的永恆樂觀主義」──永駐「西方傳統」。由此建立起頑固的自我欺瞞機制，不到毀滅自身也未必能醒悟。

豈止，到了毀滅自身也不醒悟。西方也好，中國也好，當網絡上出現

人工智能從「弱人工智能」到「強人工智能」，最後將到「超人工智能」有可能「過濾掉」人類時（即便是 50% 的可能性），我聽到特別「超然」的說法：「反正人總是要死的，這是自然規律。機器人取人而代之，這是進化論必然的結果，有什麼可大驚小怪的。」這樣說的人隨口說出了「常識」——目的就是躲在「常識」中放棄思考。因而他根本不會去想，「常識」就是「無思」，即最好的雙重遮蔽，事實與可能全部放棄。

比如，西方人並不能代表人類，他們選擇的道路並不就是人類的道路，而是去人化、非人化「物理還原主義」下行路線。非西方人何在？都心甘情願成為西方人的陪葬品嗎？

連馬斯克都想到了一種可能：「說不定地球人類只是更高智慧放到地球上的試驗品，他們要看一看地球人類的德性究竟能讓自己走多遠？」（大意）

西方人一開口就是這種口氣：自居中心，「我即地球人類」。他為什麼不能反省一下，是西方人自然理性技術物化的取向造成了今天地球毀滅性後果，非西方人的地球人類不過是承擔著「後果風險」而已。

是不是還應該有另外一種文化、另外一條道路走出的結果會是別開生面的，致使地球人類可能有更長的壽命、更燦爛的文化呢？

人們之所以不這樣想，是因為另外的想法已經被西方自然理性功能性知識學給窒息了、剝奪了，確切地說，是夭折了。[1] 用柏拉圖《理想國》中「洞穴」理論的話說，地球人類被西方哲人王開創的技術理性「啟蒙」——從第一洞穴（文化洞穴）「降解」到第二洞穴（技術洞穴）了——「科學真理」！絕大部分人也只能按技術理性方向看洞穴壁中打印出來的功能性「數字與圖像」。

既然「功能性」取代了「德性」，道德化批判或道德化武器毫無意義。你只能站出來自己證明自己，用自己的行為既能「遇強制強」又能「大化無極」地顯示「中和之德」以及「中和之道」。只有這樣才能讓西方人明白，另有一重天是他們不能企及的。但這隻能「隨後而行」，即證明了「智

---

[1] 一個星球一旦被智能（功能性知識學）主宰，這個星球就會定格為「智能星球」，從而夭折星球上升到「智慧星球」的命運。如今天地球然。

能」低能之後，重建了德性或神性「以體制用」的方向時，才能顯示修身文化「取法乎上得乎其中」的「智慧」升華。

繼猶太人之後，中國人能更上一層樓、別開一重天嗎？

我只能沿著本書的宗旨揭示西方的「功能性脈絡」之窮途末路。眼下，我願意用一本書的「閱讀筆記」來展示當今世界「資本帝國—金融霸權」下的「核心」問題為什麼是「戰爭」與「債務」的「道德」轉換？──多麼奇怪的「計算公式」啊！

這本書就是猶太人大衛·格雷伯的《債：第一個 5000 年》。

以下是《債：第一個 5000 年》閱讀筆記

本書的「核心問題」由四個相關問題組成

（一）當我們的道德感和正義感被簡化為商業的表達式，那將意味著什麼？

（二）當我們讓更多的責任簡化為債務意味著什麼？

（三）當一個人轉向另一個人借債的時候，將發生什麼變化？

（四）當我們的表達方式已經由市場定型之後，我們如何討論它們？

在作者的心目中，道德感與正義感是人性的基本表現。作者認為，在資本主義市場經濟之前，人類古代社會普遍存在的是「人性經濟」，即當時發生的事情，人們行為的原則是道德的、正義的，並在此基礎上衡量並處理人與人之間發生的各種問題。在這個前提下，作者才考慮「人性經濟」是如何過渡到「市場經濟」。

按作者邏輯，「市場經濟」則應該是「非人性經濟」的（即「資本」的本質是功能功利性的）。在這種過渡中呈現出來的最重要的社會形式──「債權／債務」關係，為什麼非要經過嚴重的「暴力」中介才能向「債務」轉換？

（一）和（二）表示這種轉換的抽象變形過程：不僅「人性的道德、正義」在資本商業的表達形式中已經變味，更尖銳的是其中隱含著的「暴力」轉換形式根本性地被簡化為「債務」行為，還有各種「責任」也進入其中。可悲的是，殖民地人尤其是知識分子，一聽到「民主自由平等博

愛」就不問青紅皂白地犯癡。

（三）是具體到一個人一旦進入「債務」中，人與人的關係發生了什麼樣的變化，以及這個人在這個關係中所處的地位究竟意味著什麼？最後（四），當人性的各個方面在以「債權／債務」為中心的市場經濟中定型後，人們的眼光、視野、行為、語言便隨之定型於其中，幾乎不再有別的可能出現了，因而你也就喪失了對別的事物感覺的能力，甚至連對定型的市場經濟也在習以為常中變得沒有感覺了。這時，資本市場經濟彷彿也就永恆了。

第一章其實就是「緒論」把這個演變與定型的過程及其關鍵環節簡約地陳述了出來。我概括出三節描述它。

甲、暴力轉化為債權／債務

乙、暴力轉化為定量計算公式

丙、債務、金錢、金融機構的本質

甲、暴力轉化為債權／債務

道德正義層面怎麼會被簡化為商業表達式，確切地說，是簡化為債權／債務的金錢交易。這是如何可能的？是一次特例，還是普遍如此地規律？

這是核心的核心：作為基礎和條件的中介是「暴力」。充滿了各種歷史事件。

【舉證】

債務：「正是人們都不知道什麼是債務以及債務這個概念的彈性，構成了它所擁有的力量的基礎。」歷史上暴力的合理性是這樣建立的：施暴者把暴力轉變為道德訴求，最佳辦法就是用債務的概念來改寫，它立刻使受暴者看起來是做錯了事的一方。黑手黨、侵略軍都認識到【並本能地實施】這一點。（005）

第一種債務。德國在一戰和二戰後都支付了巨額戰爭賠款，伊拉克到現在仍然在為 1990 年薩達姆侵略科威特支付戰爭賠款。

第二種債務。「第三世界的債務國幾乎都曾經遭受過歐洲國家的侵略和殖民統治，而且一般情況下這些歐洲國家就是它們的債主。例如，1895年法國侵略馬達加斯加，解散了當時的娜拉瓦魯那三世女王政權，宣佈該國成為法屬殖民地。在法國殖民者所謂的『和解』之後，加列尼將軍做的第一件事就是強加馬達加斯加人民沉重的賦稅。」理由是，一方面要支付法國侵略軍的戰爭開銷，另一方面要讓殖民者殖民時的財政自給自足，包括侵略者為掠奪需要所修建的鐵路、公路、橋樑、種植園等設施的費用。所有這些都是侵略者的需要，根本無需納稅人的同意。相反，在接下來的半個多世紀，法國屠殺了大量的馬達加斯加人民。「僅在 1947 年發生的一次暴亂中遭屠殺的人數超過了 50 萬。」（006）馬達加斯加人民從來沒有做出任何嚴重傷害法國的事情。受侵略國就是從一開始被宣告它們欠法國的錢，直到今天也沒有改變。而世界上的其他國家也認可了這種安排的正當性。即使「國際社會」認識到這裏存在道德問題的時候，一般也是認為這個問題是馬達加斯加政府償債的速度太慢。（006）[1]

債務並不僅僅是勝利者的正義，它也可以作為一種懲罰手段。海地共和國擊敗了拿破崙派來的鎮壓軍隊，法國立刻宣佈新成立的海地共和國欠自己的 1.5 億法郎，用於補償種植園被充公後的經濟損失以及戰敗的遠徵軍的軍費開支，包括美國在內的其他所有國家都同意在海地支付欠款之前，對它實行貿易禁令。海地還不起天文數字的債款（相當於現在 180 億美元），於是貿易禁令使得「海地」這個詞從此成為「債務、貧窮和人類苦難的代名詞」。（006）

第三種債務。自 20 世紀八十年代開始，美國堅持執行嚴格的第三世界債務償還條款，於是它積累的債務輕易地超過了整個第三世界的債務總和——主要是由不充足的軍費開支推動。美國外債的主要形式是其他國家和地區的機構投資者（德國、日本、韓國、中國台灣、泰國、海灣各

---

[1] 本書作者經歷的一個小插曲。召開例行一年一度的「現象學專業委員會」時，我應邀在某校講上述內容。講完後聽眾提問。這時有一位從英國留學回來的博士提問：「做學問應該嚴謹。你講的馬達加斯加死亡人數完全不實，我出去 google 了一下，事實上不到 20 萬人，官方數字只有 8000 人。」當即一位美國來訪學的華裔學者氣憤地站起來反駁他：「你憑什麼認為你這些網絡數字就是真實的？即便是你說的數字也能證明帝國主義屠殺殖民地人民的歷史真實。」

州）持有的國債。大多數情況，這些國家和地區都有美國軍隊提供保護。而保護區的所有軍費開支和武器開銷，都由赤字開支支付（赤字開支，即指靠借債而非納稅來應付開支）。現在中國也加入進來。雖然中國是一個特例，但現在中國也發現自己持有太多美國國債，導致自身在某種程度上受到美國利率的掣肘，而不是制約美國。（006）

美國政府當然會堅持自己不是帝國，所以，它不能要保護國繳納「貢金」。但它改變方式，它用「國債」的「貸款」形式事實上起到了收取「貢金」的效果。

「好話能遮醜。」因為美國說，它的歷史從來沒有還債的記錄。原因它背後支持的是暴力或武力。所以，唯一的償還可能就是你用武力打敗它。這就應證了「暴力」和「債務」的關係，即，各種形式的「債務」成為「暴力」的道德合理化修飾。

【史實類比】

18 世紀二十年代，新聞曝光了英國關押債務人的監獄，最讓人震驚的是大體分為兩類犯人。貴族犯人被關押在艦隊街或馬夏爾西監獄，時間短暫，並以此為榮，可以帶穿制服的僕人服侍飲食，還可以定期召妓；平民犯人「被飢餓和監獄的熱病致死，得不到任何同情」。將此放大來看，目前世界的經濟形勢就類似於英國監獄的放大版本：美國就是貴族債務人，馬達加斯加與海地就是關在隔壁牢房餓死的平民債戶。

美國為什麼會成為「債務人」？作者舉了一個非常精彩的例子。

【邏輯】

第一種：一個歹徒掏出槍，要你給他 1000 美元的「保護費」。

第二種：一個歹徒掏出槍，要你給他提供 1000 美元的「貸款」。

看起來兩種情況沒有區別，其實區別是很大的。關鍵在於基礎條件（槍）的顯隱。如果被搶劫即被保護的一方變成了武力更強大者，那麼，原來的「保護費」就真的成了「債務」了。可見，關鍵就是那一把「槍」

在誰的手裏。這是其一。其二，第二種「保護費」改變為「貸款」，雖然實質性的內容（1000元）不變，名義或名稱變了，這就表示敘述方式變了，也就是實際關係也隨之而變了：暴力「搶劫」行為變成了經濟「借貸」行為，事情進入經濟表層的商業交易領域。儘管暫時還是名義性的，但在生活與歷史中，它會演變為真實 —— 實至名歸。

第三種：兩朋友在街上走，一歹徒突然出現用槍指著他們說：「搶劫」。其中一人想減少損失，掏出 50 元對朋友說：「嘿，弗雷德，這是我欠你的 50 塊錢。」然後給強盜。強盜深感侮辱，自己掏出 1000 美元，用槍指著弗雷德強迫他把這錢借給掏出 50 塊錢的人，然後再從那個人手上把錢搶走。

武力改變了規則。即用債務的概念來重新闡述問題，從這一刻開始，問題變成：「誰欠了什麼人什麼東西」。即「暴力問題」變成「債務問題」，「自然法」變成「經濟法」。程序出現，已經展示了規則系統的變更。模式如下：

殖民可以以對內 / 對外的方式進行。作者大衛格雷伯，把這個模式總結為「債：第一個 5000 年」。（008）

【補充】

大衛・格雷伯還有一個驚人的觀點。據傳，佔領華爾街運動背後的理論家大衛・格雷伯的新著《債：第一个 5000 年》的主要論點之一：為了理解現代金融（如美元和美國軍事力量的關係），需要深入了解妓女史，奴隸貿易史和戰爭史，而非如斯密和馬克思那樣用「慾望的雙重一致性」來解釋貨幣的起源。格雷伯指出，當經濟學家談到貨幣的起源時，並不會馬上提到債務這一概念。首先出現的是以物易物，隨後是貨幣，然後借貸才

發展起來。「近一個世紀以來，包括我在內的人類學家，不斷指出以這種方式看待貨幣歷史是錯誤的。經濟活動究竟怎樣存在於現實的社會群體和市場中？當我們對這個問題加以仔細研究的時候，會發現幾乎每個人都處於負債的狀態，只是負債的形式各不相同。」可是經濟學家為什麼要一再重複貨幣起源的錯誤？「這是因為貨幣的起源是他們經濟學的基石之一，有了貨幣研究這個東西，他們就沒必要在經濟學研究中思考人的問題，他們不會把人與人之間的愛恨等複雜的情感關係和社會關係帶入經濟學研究之中，可事實是這些東西才界定了我們人類的生活。」（重點為引者所加）

我不知道格雷伯如何論述「為了理解現代金融（如美元和美國軍事力量的關係），需要深入了解妓女史，奴隸貿易史和戰爭史」，但奇怪的是，我讀這句話，大腦反應出來的意義聯想空間卻呈現出另一番景象，確切地說，我按照我的知識儲備和問題意識對它做了如下的意義補充。

要了解貨幣的起源，為什麼偏偏突出強調如此三類：

妓女史　　奴隸貿易史　　戰爭史
（肉體）　　（靈魂）　　（生命）——（三層底線）

其中浸透著兩個被掩蓋的現象：

一個是在現實的社會群體和市場中，「幾乎每個人都處於負債狀態，只是負債的形式各不相同」。（如用人自身的三層底線負債）

一個是貨幣研究完全抽象了「人與人之間的愛、恨等複雜的情感關係和社會關係」。（三層底線亦即是絕對抽象的底線）

顯然，「妓女」「奴隸」「戰爭」（按：表面上西方鼓吹「人性」「普愛」如市場叫賣，實際上卻是十字軍聖戰、販賣黑奴、兩次世界大戰的策源地將生命擲入死亡，豈不反諷！[1]）如此三者可以說是「人與人之間的愛、

---

[1] 我這是沿用蘇格拉底「反諷法」，其實仍然應該順受其正地理解它的本義，那就是美國民主與雅典民主本質一樣：首先他們排除了下層「債務人」，那些根本就不是「人」（「債務奴隸」等至少是經濟學「功能性概念」）。在這個意義上，他們的「民主」其實就是「主人道德」的「民主」，即「奴隸主」或「資本家」的「民主」。應了中國一句老話：「會看的看門道，不會看的看熱鬧」。非西方「文化資本人」是「看門道」，還是「看熱鬧」呢？

恨等複雜的情感關係和社會關係」極致到變態的表現，而且，三者中的人無疑更是社會中最嚴重的「負債者」。兩項聯繫起來，債權者向負債者「妓女」購買「肉體」，債權者向負債者「奴隸」購買「靈魂」，債權者向負債者「士兵（僱傭者）」購買「生命」。這種購買行使了貨幣「最抽象」「最冷酷」的職能，並且使其「合理化」「合法化」！從而完成了貨幣的天職——「一般等價物」（其形式意義完全使實質內容變得抽象）。只有在這個意義上，才能說「貨幣」的「每一個毛孔都滴著血」！

看看今天，當人特別是女人被「資本—貨幣」還原為可直接購買的最本能的性慾體（色情體）時，當人被還原為「生產力」時，「妓女」所表現的「肉體」「奴隸」所表現的「靈魂」「士兵」所表現的「生命—死亡」，原是「負債」與「償還」的「信貸」極限形式，現在已經普泛化為「信貸」的各種程度的「抵償」與「期貨」形式。而且尤其具有「壓抑與挑逗」的知識微型權力雙重性（傳媒體現）——且看《飢餓遊戲》中的「美式負債」，無非把羅馬「鬥獸場」包裝在現代科技文明中——美元上的那一隻「天眼」不天天都在觀看世界各地上演的「死亡真人秀」嗎！只是，現代人已經被各種信貸式「債務」之理論（包括教育）浸泡在「慾望」兌現的「快感」（「剩餘快感」）中習以為常了，還將此當作「人性」「人權」的自主實現！「資本」或「貨幣」，比馬克思時代更徹底地完成了、兌現了如此抽掉靈魂的功能性「夢幻本質」。

古代的革命都有一個同樣的步驟：「取消債務、重新分配土地」。（006）古代許多用語都來源於經濟活動：「計算」「贖回」「負罪感」「自由」「原諒」「原罪」等，所有這些都來源於「誰欠什麼人什麼東西」的爭論。考察債務的歷史，首先陷入的是道德困惑。

如果暴力在歷史上轉化為債務，施暴者的惡被掩蓋到受暴者的借貸中，他們成為「債權／債務」關係，達到新的控制程度，最典型的表現是殖民統治。

那麼同樣，性慾也可以轉化為債務，當然，情況要復雜得多。妓女就是性慾債務的直接載體，其對妓女史描述是本書的一大成就。對普遍被煽動起來的「性消費」（從表層的維護「性感」目的的日常消費，到特別以

「明星」宣揚性感的目的、以追逐財富享樂為目的的性感手段，到用各種名目進行的婚前「性行為」，最後到直接購買的「性交易」）幾乎使任何一個現代化的人都成為債務承擔者。直接的後果是社會成員普遍的道德衰落，轉而成為純粹的功利追求者，即負債者（因為功利追求本身就是負債的一種形式）。事實上，這是資本主義社會下負債者（即勞動力出賣者，包括藍領、白領、甚至金領）不得不拚命工作的一個自然動力，而且它一般會造成個人犯罪，但不會使人抱團甚至形成階級鬥爭乃至推翻資本統治的革命戰爭，具有腐化功能。

【點評】

只談問題。

（1）道德的文化類型缺失

作者這個描述旨在說明「暴力」問題通過轉變為「債務」問題，也就完成了「非道德」向「道德」的轉變。這是相對而言，暴力是赤裸裸的強迫行為，債務至少還有層表面的契約面具，儘管它仍然保持著「功能性」抽象，同樣毫無道德可言。所以這個轉換邏輯是強者隨機的，它絲毫沒有完成把「道德」從事實中抽象獨立出來而成為裁決尺度的過程，它早就沒有這種能力了。經濟問題同樣是冷冰冰進行的，根本無道德可言。後面的論述都在說明經濟事實即債權關係的冷酷。

問題應該是這樣。道德多少總有一種神秘的形態。首先它只是在文化源頭上以這個民族文化開端的「種性」發生「指涉」關係（不是「實指」關係，而類似於統攝的「指代」關係）。如東方文化的「種性」指代的是「德性」（大道中和之德），而西亞文化的「種性」指代的是「神性」（一神獨尊）。它們是人類的原生文化。到了西方，如希臘的文化種性即「哲性」已下移為「物性」：「德性」為「功能性知識」，「知識」啟蒙為「技術理性」，經「柏拉圖底『計算本相』理性」到「亞里士多德底『實體製作』理性」而基本成型為「形而上學本體論」理性知識。其中，因「道德」或「善」的功能性傾向，純粹的「德性」已經非常微弱了，或不如說，「道德被理性規定了」正如「善被真規定了」（「真理」毒死人、殺死人、奴化人也是善），即智能化了。這種道德就是具體化的經驗性的「知識道德」

（「功能性道德」）。特徵就是可進行實際操作的、可進行定量計算的，如是有「自然法」「經濟法」「政治法」「軍事法」等等。

（2）暴力的本質及其轉換形式

暴力的本質就是強制剝奪受暴者的自主意志並將其置於絕對服從的地位。暴力的形式依行使暴力的工具來區分：

a. 使用當即致死的刀槍，其行為的距離最短：目的（死）──手段（刀槍）──其最高工具是戰爭，如「軍事殖民主義」。

b. 使用對生存資料的控制。如資本的僱傭關係和債權關係──「經濟殖民主義」。資本的分配使殖民地生產方式：原料、特別是能源，勞力、初級加工廠等等，全都處在被掠奪的位置上。

c. 使用對思想的奴化教育，如「文化殖民主義」，用西方思想中心論、歷史一元論、綜合進化論、生產力決定論和科學技術決定論等等，加上西方性解放的享樂原則，征服中國知識分子。最重要的是，「殖民思想」成為知識分子的主導思想，即把主人的思想變成自主願望的思想，再變成自我的主體意識而自覺自願實行之，還美其名曰「啟蒙現代人」。因而很悲哀地說，「如此這般的中國知識分子」本身就是西方文化殖民主義強加在中國身上的「文化債務」。我們事實上都是這文化債務的產物。它表面上是歸屬於西方的「債務」，但實際上是中國知識分子對華夏民族及其文化種性欠負的「民族債」。

（3）帝國主義國際聯盟

帝國主義之間倒真是沆瀣一氣、相互支撐、相互配合的。當然也是先相互爭奪，如歐洲列強引發的兩次世界大戰。因伴隨的民族解放運動及其社會主義革命運動，驚醒了他們的生存危機，他們才把歐洲帝國主義列強的共同利益統攝在美國帝國主義霸權之下。也就是說，除了共同一致對外維護「主奴關係」，其歐美內部恢復了黑幫式的「主從關係」（「美國優先」）。這要看殖民利益的分配是否合乎他們內部的「契約精神」。

（4）掩蓋了東方文化種性特質

作者把「債」幾乎表述為人類伊始至今的基本形式。不能簡單說這是「西方中心論」產物，因為其中證據大多來自非西方。注意一個現象，早

期「文化人類學」毫無例外是「西方中心論」式的「西方東方學」，我引證的馬歇爾·薩林斯「人類學」已經反省到這一問題的關鍵，因而力圖走出它而建立「新啟蒙主義文化人類學」。尤其可貴的是，作者顛覆了西方經濟學的基本原理，沒有把「個人本位（或個人主義）」及其「物物交換」開始的商業等價交換作為永恆法則，反倒揭示其虛假，從而把各民族的原始交換行為叫做「人性經濟」，以區別資本主義的「商業經濟」。為此假設了「第二個 5000 年」的另類形式。

但不能不指出，「債：第一個 5000 年」畢竟掩蓋了東方文化的種性特質。歷史已經表明，中國之所以始終沒有發展出資本主義，主要原因就在於中國文化的「德」「義」幾乎一開始就與商業活動的「利」「技」相區別，向以「義利之分」「上義下利」「義以治利」作為立國之本。這個特徵是不容抹殺混淆的。原來被啟蒙看作封建餘孽的東西，其實正是中國文化種性的優長之處。當然，其弊端也在其中，那就是對「力量」的壟斷與抑制，自然也阻礙了科學技術的發展。也就是說，「域中有四大」的「大」缺少了物理的「力」展現（本應在「天」與「地」中蘊含，只因儒家沒有能力開發，它只專注「內聖開外王」），它是由現代中國接過了馬克思主義「生產力」來實現的。從而也就開始了與西方混同或「大同小異」的一段「發展與災難二重性」歷史。

這段歷史最終會到人靠技術理性「破物取力」的「力」大到危及人類自身的那一個「度」的地步，再不用人的「德性之體」駕馭「力」，人就毀滅於「力」的獨斷之下。其實，「性慾」「人性」「民主」「科學」的命途回歸「以體制用」，都在其中。

乙、暴力轉化為定量計算公式

責任和債務的區別是簡單的：債務就是要償還一定數量的金錢的責任。責任可被精確定量衡量，而債務卻具有流動性。

暴力不僅轉化為債務，還要進一步轉化為定量的債務，即轉化為數學公式，達到最大的簡化和最大的邊際效應。作者說，它就是道德困惑的最根本的來源，幾乎漂浮在圍繞著債務這個話題的每一個東西的周圍，由此

產生的難題和文明本身一樣古老（讀者按其實應該是道德正義，即反抗的激情轉移、淹沒、遮蔽的方式，但僅僅是遮蔽，並不能消除，積累到一定程度就會爆發戰爭）。（014）

從古至今，它仍然位於人類制度最根本的構造之下：

國家與市場，自由、民主、人權。「所有這一切，都由一部充斥著戰爭、征服和奴役的歷史塑造。但這種方式人們再也沒辦法感知到，因為我們已經沒辦法從其他的角度來看事情。」（014）

【點評】

我的問題，西方人的這種歷史和歷史觀，為什麼塑造了世界史、人類史，從而我們再也不能用其他的眼光和語言描述、用其他的方式選擇完全與此不同的另類生活？

當然這個問題的前提一定是，

曾經在世界的某一地方存在過與此不同的另類生活，例如中國。

而且這種生活並不能被納入歷史一元論或歷史必然性從而必然進入資本生活方式 —— 這是多元「文化種性」的歷史前提。

如果現在資本主義生活方式具有普世性，那麼，作為資本主義批判而生的馬克思主義共產社會的理想就不會因偶然的失敗而消失。因而批判的眼光必須在新形勢下產生出新的視角和新的力度。

這就是我為什麼十分重視西方的三本書 ——《債：第一個 5000 年》《民主之恨》《西方對人性的幻象》。

丙、債務、金錢、金融機構的本質

2008 年 9 月全球經濟危機。人們不得不隨著經濟的癱瘓而停下來思考「債務」「金錢」「金融機構」的本質。所以作者說，這是一個重新研究債務歷史的重要時刻。

人們發現，過去十年（1998-2008）人們得知的事實是一個巨大的謊言。所謂「金融新產品」：「信貸和商品衍生品」「擔保抵押債券衍生品」「混合型證券」「債務互換」等等。其複雜程度，使一個著名的投資公司需要招聘天體物理學家進行交易運算。這無非表示，現階段的經濟行為只能

為專家了解，與常人無關。

但這樣故弄玄虛忽略了一個基本而簡單的事實：金融市場是無法預測的。學術界討論和研究各種預測理論都是「一派胡言」。（015）

【插語】

羅素在他的《人類知識原理》的最後一頁說，知識是無窮盡的，而人類的知識能力是有限的，因而我們對世界的了解是非常不確定的，但是，正因為如此，我才要用邏輯的確定性去接近它。這就是「不確定的確定」。前面是羅素的意思，後面是我的意思。西方哲學整個反過來了，分析哲學更是如此。所以，應該說，貨幣的等價物，是「不確定的確定」。而西方經濟學自亞當斯密馬克思以來，卻把它當成「確定的不確定」。

竅門在於，出售的貸款產品早已預設了「必然違約」的機制，賭注是這個違約需要一段時間，於是，金融機構就將設計的貸款產品和賭注打包出售給機構投資者（如掌握養老金的機構），聲稱不論發生什麼事都必然賺錢，並允許投資者轉讓這種打包產品，就好像他們是貨幣一樣。結果，一旦違約無法償還最終債務（這種情況是必然發生的），那麼這些債務事實上都落到了納稅人頭上。一個金融騙局：

金融機構—貸款產品＋賭注—機構投資者—轉讓持有者」/ 違約—債務
（銀行）　　　　　　　　　　　　　（養老金賬戶）　　（發包人）

納稅人
（也包括養老人）

作者總結說：「銀行提供徹頭徹尾不負責任的貸款，因為銀行清楚地知道一旦接受了貸款，那些政治家和官僚就會竭盡所能保證貸款得到償還，而不在乎在償還過程中要破壞多少人的生活、犧牲多少條人命。」

（015）

在當前的環境中，國際貨幣基金組織試圖讓自己以全球資本主義的良心這一形象重新出現，它開始警告，如果人們繼續按照目前的進程前行，那麼將不會再有下一次的金融救援。但公眾並不認可這種態度，因此，所有的一切都將破碎。「國際貨幣基金組織警告說，第二次金融救援將『威脅民主』」，這是最近的一個新聞頭條（當然，這裏的「民主」是指「資本主義」）。這很耐人尋味：那些感覺自己負責當前全球經濟體系運行的人，那些在幾年以前言行還傳達著當前的體系能夠永遠運轉下去的人，他們現在開始感到末日的臨近。（017）

【點評】

民主就是資本。

英國光榮革命是典型的資本與貴族的再分配和談。法國大革命雖然是人民起義的民主訴求，但最終流產了，雅各賓主義失敗了，最後是拿破崙帝制共和，宣佈資產階級走上歷史舞台。所以，資產階級民主共和不過是資產階級的民主、資本的民主，根本與人民大眾當家作主的民主毫無關係。所謂選舉，即大眾作為投票機器支持資產階級政黨。關鍵是被選舉人是資本家階級政黨選定好了的人選。在這個意義上，可以說，民主主義就是資本主義。與此相反，在觀念上，馬克思要的社會主義與資本主義相對，顯然也就是與資本民主主義相對。所以，原教旨意義上的社會主義或共產主義，其主要特徵是：

資本私有制	（全民所有制）	國家所有制
政黨代表資本家的資本利益	（普選公務員代表全民利益）	共產黨代議制
國家由政黨輪流坐莊選舉制	（國家由公民大會行使決策職能）	共產黨協商制
人民是資本的僱員	（人民是國家的真正主人）	共產黨人民問責制
（西方資本主義國家）	（理想烏托邦）	（共運史）

其中，生產方式的科學技術化顛覆了原教旨主義，也會顛覆資本主義，走向科學主義宇宙論物義論。還有沒有別的出路？

資本主義統治的威力基於人性的弱點，進而煽動人性弱點到非人性的物義論地步。

「資本」─「貪欲」化

資本激發人的貪慾。如果「慾」是本能，則必須規範有度，即「人生有度」，因而關鍵在「貪」的無度、無限化。資本的普遍性（仍是有限度的普遍性），就在於能將全民拖於資本生產行為、商業交換行為，即歸根結底使全民負債，成為資本的奴僕。資本是唯一的主人，全民是債奴，這就是「民主制」。「資本主義」＝「民主主義」。

「人性」─「個人」化

強調人性而走向個人化，去掉了民族性共同體規範（德性與神性、主權），使人走向非人性的「單子」，從而使慾望無度，與技術功利互為對象化。

「技術」─「功利」化

注重技術而走向功利化，即「量化」──宇宙論科學化結果。西方人「黨同伐異」的「異己」：猶太人與中國人。

猶太人問題：《舊約》規定性慾為原罪；上帝的特選子民是熱衷放貸的「壞人」；猶太民族的特殊民族意識。至少這三者突出地阻礙了現代性。因而現代化歐洲的個人本位（性解放、解除債務、個人慾望無限化的自由訴求）必然仇恨猶太人。

中國人的德性（義制約利與力），同樣道理，必然引來西方列強的仇恨。

三、歷史唯物主義帶給中國的三重身份

一重身份：政治主權國家

二重身份：經濟生產力基礎

三重身份：歸根復命中華民族文化種性

簡單說明一下，21 世紀伊始，我就自己給自己擬定了一個課題 ──「中國人問題與猶太人問題」。確立「文明是文化的技術物化指數」，隨之

而來的「以史正論」，即用他們自身的歷史事實揭露「以論治史」的雙重遮蔽，將「普世哲學」還原到「本土人類學」，用「文化種性」或「文化板塊」將西方標榜的「普世性」請回到「地中海區域」的「本土人類學」。

回到問題中來。先看兩個基本圖式：

1. 既與的西方道路

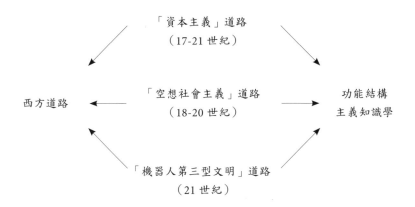

「自然理性」總方向（古希臘「開端即沒落」）

「資本主義」道路
（17-21 世紀）

西方道路 ← 「空想社會主義」道路
（18-20 世紀） → 功能結構
主義知識學

「機器人第三型文明」道路
（21 世紀）

古希臘第一次啟蒙伊始，給西方人提供的「自然理性」道路就是「技術物化」的「以用代體」道路 —— 我把它看作西方的總體命脈。「資本主義」不過是它的中世紀後的疊加解放形式，或不如說，全面加速放大形式。

但由於它內部的「僱傭奴隸制」即「資本主義」剝削太殘酷（特別是在「資本原始積累時期」），才出現了「空想社會主義」，除了 18 世紀的聖西門、傅立葉、蒲魯東的空想社會主義外，馬克思還提供了「科學社會主義」，也就是說，「把空想變成科學」。接著就是長達 143 年的世界共產主義運動（1848-1991），並伴隨著民族解放運動的世界性風潮。其中社會主義陣營形成及與帝國資本主義陣營對峙的冷戰時期只有 74 年（1917-1991），中國共產黨建國到毛澤東去世的社會主義革命時期僅有 27 年（1949-1976）。

由於蘇聯東歐社會主義陣營解體，現在只剩下「中國特色社會主義」。

為了澄清「馬克思歷史唯物主義」，我們必須弄清楚：它留下的是怎

樣一個歷史事實與歷史遺產？這也是需要勇氣的 —— 把一切外在的意識形態揭去 —— 才能回到事情本身。

　　2. 馬克思歷史唯物主義圖式

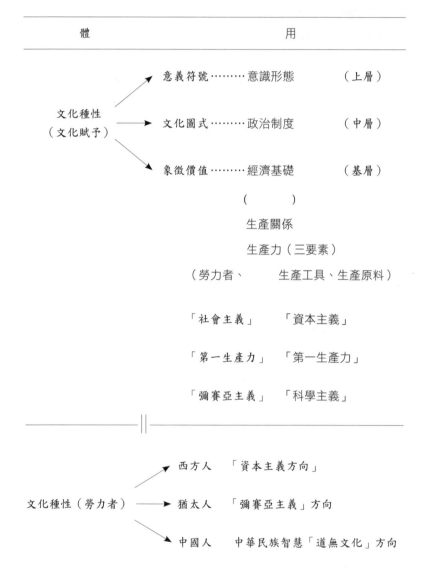

【附釋一　「西馬」意義】

　　圖中的黑體字表示的是「馬克思主義歷史唯物主義」的基本原理「生產力決定生產關係」。它屬於西方知識學形態 ——「形而上學一元決定論」之「功能結構主義」—— 走「人是生產力」技術物化歷史唯物主義道路。

所謂「一元決定論」就是「『力』（手段）與『利』（目的）之『用』（功能）」的「功能結構主義」。

在垂直關係上顯示著「經濟基礎決定上層建築」，它來源於歷史唯物的「生產力決定生產關係」。只是，馬克思時代的「第一生產力」代表者是無產階級的「勞力者」，而今天科技時代的「第一生產力」代表者是「資本」擁有的「生產工具與生產原料」。換句話說，「生產力」三要素中的第一要素「勞力者」向第二第三要素「生產工具與生產原料」轉移，這正是「生產力」發展進化的物化表現。

「共產主義方向」（按猶太性本義乃「彌賽亞主義」）是馬克思作為猶太人的基本觀點，對當時自詡為「世界人」的馬克思來說，在「現代性轉型」中以「普世性」意義被規定為「無產階級解放全人類」使命。究其實，不同文化種性的民族對它的理解與解釋是根本不同的。見「圖示一」。它也表現在所謂「西馬」「東馬」的不同理解中。它本來就應該包含在「馬克思歷史唯物主義」中，這正是本書「以史正論」審視「以論治史」的根本宗旨所在。

楷體字分為兩部分。一部分表示我今天認識到的不同「文化種性」具有不同的「意義」賦予——見「上中基三層」——它比「決定者」有更長遠的影響力，這是在歷史中可以直觀的事實；另一部分寫在「生產力」三要素中的「勞力者」下面，表示馬克思當年意識的顯隱二重性。

如果沒有楷體字部分，單純黑體字的「功能結構主義」一元決定論，馬克思歷史唯物主義必然遭遇「歷史反諷」。事實上已然如此。有人早在二戰後就已經指出，「歷史唯物主義是用國民經濟學語言說著的彌賽亞主義」（卡爾‧洛維特）。但說者沒有明確說出，馬克思對「生產力」賦予了「雙重性格」而「無意識」：一方面把「生產力」當作「唯物主義基礎」，說著「國民經濟學話語」，而另一方面卻賦予它「最後一個私有制資本主義掘墓人之特選子民」性質，說著猶太人的「彌賽亞主義話語」。前面「國民經濟學話語」是馬克思有意識「說出的」，而後面的「彌賽亞主義話語」卻是猶太人馬克思無意識「顯示的」（顯即隱）——因為他歸根結底是「猶太人」——印證了另一個猶太人維特根斯坦式的「語言顯隱二重性」：「顯

示的」在「說出的」的界面之下。馬克思當時迷戀於「科學」知識學形態，以為自己「從空想走向科學」創立了「科學社會主義」因而成就了「科學真理」，掩蓋（雙重遮蔽）了彌賽亞主義的「猶太人或猶太民族」身份。

唯其如此，才能解釋：一個「像 1848 年那樣的生產力」，儘管比封建時代的「水力磨坊生產力」高出太多，可同今天「21 世紀金融資本主義生產力」比較起來，豈止「小巫見大巫」，但馬克思憑什麼就能在一個「像 1848 年那樣的生產力」上得出「超出資本主義生產關係而必然爆發社會主義革命」的「結論」呢？歷史卻開了一個不大也不小的玩笑：「社會主義陣營」蘇聯東歐土崩瓦解，連世界的「文化資本知識分子」（包括中國的）都在歡呼「歷史的終結」！

的確，看起來「歷史唯物主義馬克思」打倒了「彌賽亞主義馬克思」！癥結在於，「資本主義生產力」在達到消滅「資本主義生產關係」即「消滅私有制」之前，出現了兩股逆向運動。

一股是「勞力者」運動——歐洲不是猶太人的歐洲，而是希臘化歐洲人的歐洲，即被「資本主義」合理解放了「原罪式人性惡」的歐洲人的「民主歐洲」，在「只有解放全人類才能解放無產階級自己」這個馬克思共產主義口號中，他們只能按照自己本性讀成「只有解放個人自己才是最真實的」。「歐洲民主就是帶有這種慾望的社會模式。按照米爾納的說法，為了實現目標，它必須擺脫那些生存原則本身就是血緣和傳遞的族群，該族群的名字指向這一原則，他們的名字就是猶太人」。[1] 因而這是「彌賽亞主義」的負向運動。

一股是「生產工具與生產原料」運動——它朝著「資本式科學主義生產力」的正向走，而且在不遠將來就要走到「超人工智能」時代讓「機器人生產力」自主決定非人類「機器人第三型文明」宇宙時代的到來。然而，這恰好又兌現了「末日審判」——「進化論即末世論」。

---

[1] 見前揭上篇《我對「黑皮書事件」的態度》

【插語】

人們常常把西方歷史單純地看成自希臘開始的自然理性進化論「凱歌般行進」的歷史，卻忽略了其中重要的細節變化。比如，德國日耳曼民族是其中的邊緣，此其一；重要的是猶太人的參入加乎改變了其中的色彩，如馬克思對資本主義宣判死亡的批判，此其二；愛因斯坦等猶太科學家在西方科學發展史上提供的科學技術無一不是具有毀滅性的，「原子彈」「量子論」「人工智能」，其實都具有絕對否定性，使「進化論」變成「末世論」，此其三。我把它看作「『猶太性』順應性否定『希臘化』」。終究，猶太人注意到「三種時間觀」，而忽略了還有「第四種時間觀」，即「古今文化形態的輪迴」。見後敘。

通過上述圖示（2），我已經講了馬克思歷史唯物主義給予中國的兩重身份：「國家政治主權」與「經濟與科學生產力」──它們都是儒家「大道之隱，天下為私」所缺失的。

現在我要講「第三重身份」：馬克思對中國文化的意義，即歸根復命華夏文化種性。

上面我們已經看到，馬克思有兩個身份：一個是「西方人」身份，一個是「猶太人」身份。其西方人以啟蒙身份建構的「歷史唯物主義」是典型的「功能結構主義知識學」，最後走向宇宙論物義論「科學主義」。事實上，在上個世紀六七十年代「西馬」捷克人科西克，已經在一篇文章中指出，歷史唯物主義「將把地球變成『行星工場』」。

馬克思的猶太人身份無意識地賦予了作為「第一生產力」的「勞力者」以「彌賽亞主義」，即解放全人類的「共產主義」。之所以落空，根本原因在於，他沒有意識到他的「生產力」雙重性：「唯物生產力」不過是「資本生產力」三要素的「功能結構主義」運作，走科學主義路線 ── 這也正是作為西方人「生產力」觀念（「自然理性動物」）順理成章的路線；而「為神生產力」之「彌賽亞主義」（「特選子民」）則是在「資本私有制」被排除後的政治神學。後者絕不是「以用代體」式的「生產力決定生產關係」的自然邏輯過程，而只有作為「彌賽亞之體」的「無產階級」成長起

來，使「以體制用」的政治神學足以駕馭科學技術，「彌賽亞主義」才能得到發展 —— 可惜馬克思找錯了「特選子民」，即把猶太人的「文化種性」安置到「原罪式人性惡—個人主義」的歐洲人頭上。後者尚達不到馬克思「啟蒙式自我意識」，他們所謂「從空想走向科學」，其「科學」只能是宇宙論物義論「科學主義」，而不是「彌賽亞社會主義」。正因為如此，馬克思仍難免回歸於「空想社會主義」窠臼。由此，也反證了「共產主義」執行人的「文化種性」之關鍵。

但歷史時間沒有白流。馬克思還有一個身份，那就是「借到」中國來的中國文化身份：「神言之體」有望換成「聖言之體」，或更確切地說，「神言之體」與「聖言之體」結盟。「前科技時代」的中國文化把「以體制用」的「義以制利」發展到極致，缺少的就是生產力的科技化，因而在「科技時代」蒙受了一百七十多年的屈辱。進入「後科技時代」的中國人已經「痛定思痛」，他們向西方人的「哲言文化」學習，向猶太人「神言文化」學習，也向中國人自身的苦難（對勘「猶太人的苦難」）學習，終於回歸到自己的文化種性中來體悟到自己的「聖言文化」根脈 ——「極高明而道中庸」——「大化無極以致中和，永執厥中以為仁人」。

人類歷史	日出	日落	日出
	陸 以體制用		陸 以體制用
河流文化	前科技時代 ——————	0 ——————	後科技時代
海洋文明	0 —————	科技時代 ————— 以用代體 海	0

這就是有可能出現的「古今文化形態的輪迴」。回歸「以體制用」的「後科技時代」，如前所述，必須經歷兩個必要條件：（一）「強人工智能」即將進入「超人工智能」前夜的災難風險驚醒；（二）進入宇宙第三層級「暗宇宙」之「有生於無無有相生」的「開關二重性」掌控。沒有兩者的

教訓，歐美人、猶太人不會絕處逢生，中國人也不會歸根復命。

【附釋二　「東馬」意義】

「圖示」中的「黑體字」表示馬克思歷史唯物主義的本義，而「楷體字」則表示本文作者著重強調的甚至附加解釋的意義。在本書中，「楷體字」一般都是作為本書立意重點有強調之意。）

馬克思「歷史唯物主義」及其第一命題「生產力決定生產關係」如圖示中的宋體字由下（「生產力」三要素）逐層疊上（「生產關係」——「經濟基礎」——「政治制度」——「意識形態」），從它產生之日起（19 世紀四十年代），經歷 170 年從歐洲東移到蘇聯、到中國拓展到今天世界各地，對它的理解和解釋的層次之豐富，不是這裏所能盡述的。

我只能大體分作三個類別從歷史角度扼要提示其走向：

「國際共運」遺留的問題；

「西方國際金融資本主義」的發展趨勢；

「中華民族」獨特的發展道路。

其一，「國際共運」遺留的問題。

毫無疑問，馬克思《資本論》及其「歷史唯物主義」是奠定 19 世紀四十年代歐洲無產階級革命的理論基礎，被歐洲無產階級當作「全世界無產者聯合起來」的「聖經」一樣看待。當是時，它帶給人類的驚訝，正如《共產黨宣言》開篇的一句話：「一個共產主義的幽靈在歐洲大陸徘徊。」不知道向來喜歡莎士比亞的馬克思、恩格斯在一起構思「共產黨宣言」時，頭腦中是否閃過《哈姆雷特》「幽靈」的驚醒之聲：「最後鬥爭的時刻到了」——「死還是活，該做出抉擇！」

事實上，國際共運史上從《共產黨宣言》到蘇聯解體 143 年，就一直存在著「歷史唯物主義」之生死抉擇：

「歷史唯物主義」底「唯生產力論以用代體」被西方接過去發展了（西方主流）。

「歷史唯物主義」的「以體制用」被中國人接過來發展了（中國道

路）——後者能否強大到扭轉前者而別開生面？

「歷史唯物主義」第一命題「生產力決定生產關係」，西方「功能主義—資本主義—科學主義」命脈將其本能地接收過去偷梁換柱變成赤裸裸的「唯生產力論」，致使生產力「徹底去人化」，走向「機器人第三型文明」。所以在國際共運史中，從馬克思主義誕生之日起，這一命題就被伯恩斯坦等「修正主義」者取消「解放人類」的終極關懷變成「唯生產力」運動形式，即所謂「運動就是一切，目的是不重要的」後來還東移到蘇聯和中國，其造成的危害最終斷送了蘇聯東歐社會主義陣營。

難怪馬克思早就說：「如果你們是馬克思主義者，那我就不是馬克思。」這顯然是針對那些以「馬克思主義者信徒」名義圍繞在馬克思身邊的「修正主義者」「機會主義者」說的。他們根本意識不到「無產階級革命是解放全人類」的歷史使命（對馬克思「猶太性」說來無異於「神性之體」）。後來，20世紀的德國哲學家猶太人卡爾·洛維特在《世界歷史與救贖歷史》中已明確指出：「共產主義不過是馬克思用國民經濟學語言說著的彌賽亞主義。」

可惜，猶太人分散在歐洲各國中備受驅趕與屠殺，它不可能成為「生產力」中的那個能駕馭全域的「人（勞力者）」。馬克思把希望寄託在「歐洲無產階級」身上。沒想到歐洲人性早已「希臘化即知識功能化」了，接著又被基督教千年王國打壓成「原罪式人性惡」，資本主義才成為它的「合理解放形式」。所以歐洲人（歐美人）只能本能地按偏取「歷史唯物主義」，朝「唯生產力論」方向發展。

洛維特是猶太人，深諳猶太人不變的「猶太性」（耶和華神「特選子民」）。它隱含著猶太教對基督教 ——「基督」即救世主（「彌賽亞」）—— 的一個「成見」，例如猶太人施特勞斯晚年就明白無誤地在美國公開演講中說：「救世主沒有來。」其實也對，羅馬耶穌基督的神格除「有名有極」還「有形有性」，根本不是猶太民族神耶和華的「無形無性」，所謂「聖靈受孕」純屬希臘化生造，只能歸屬「希臘神性」方可被歐洲接受。這就暗含了一個隱秘的《舊約·托拉》「腹語」（「亞里士多德的神與亞伯拉罕的神何干！」）：「如果你們是基督徒，那我就不是基督。」（彌

賽亞）

馬克思那句話「如果你們是馬克思主義者，那我就不是馬克思」——太像神秘的「歎息」！（我腦中突然浮現神學家蒂利希的話：「祈禱是上帝自己對自己的歎息。」）

至於「修正主義路線」，從伯恩斯坦、考茨基到托洛茨基、布哈林等等，根本用不著我來贅述。

其二，「西方國際金融資本主義」的發展趨勢。

這本來就是本書主旨，我以西方命脈形式陳述出來。圍繞它有三個層次齊頭並進的複式描述：

> 上層文化種性之諸神層次：「希臘諸神」和「基督教一神」（有名有極有形有性）
>
> 中層古希臘開端的知識功能性層次：希臘功能主義 — 英國資本主義 — 美國科學主義
>
> 下層關係馬克思主義帶給中國的三重身份：「政治主權國家」—「經濟生產力基礎」—「中國道無文化（無名無極無形無性）」

如前所述，希臘化歐美人只能按「功能性知識學」理解「生產力決定生產關係」，因而將其變成了「唯生產力論」——這就閹割並偏執了「歷史唯物主義」中「無產階級解放全人類」的含義，使其符合「功能主義—資本主義—科學主義」這條屬己的命脈，一直走到徹底去人化的「機器人第三型文明」。

現在，我們就來看看「歷史唯物主義」第一命題「生產力決定生產關係」本有的「無產階級解放全人類」應作怎樣的「如是觀」。其中「生產力」包含三個要素：「勞力者」「生產工具」和「生產原料」。作為「勞力者」的人，按當時馬克思理解，因其「革命性」成為「第一生產力」——按中國人理解就是能對生產力另兩要素實現「以體制用」者（族群德性之體）。但現實中的歐洲資本主義社會，「勞力者」是希臘化即功能化的「歐洲人」，又是被「資本主義」規定的「僱傭奴隸（生產力）」——就像柏拉圖亞里士多德形而上學用「真」規定「善」一樣，其「立意取向偏執功

能性了」。

　　本來，生產力是人的生產力，不是相反。因人的文化民族本性遠遠悠長於「資本本性」。也就是說，人的民族文化本性是不能被所謂的「資本意識形態普遍性」根本取消掉的。比如猶太人，在公元前 335 年的亞歷山大大帝晚期就被迫接受了「希臘化」，可到現在其猶太性耶和華神根本沒有被西方「啟蒙」抹掉。連傾向於西方歷史開端（柏拉圖學說）的施特勞斯，到晚年仍然宣講著「我們為什麼仍然還是猶太人」。這個猶太性根脈深藏在馬克思「歷史唯物主義」之中，以「辯證法」形式存在。由此可見，即便被「希臘化」兩千多年的「猶太人」也仍然能守住「猶太性」底線而恢復自身，或者以「順應性否定」執行「末日清算」。猶太人與歐美人的差別何以至此？民族文化種性使然。

　　所以，我在圖示中用「楷體字」列入了「文化種性（文化賦予）」，它表現在「生產力」三要素中的「人」，權且用三種人代表如「歐美人」「猶太人」「中國人」，各按其民族性各行其是：

　　　　歐美人：功能性、資本主義 ——「以用代體」被金融資本帶向「徹底去人化」
　　　　猶太人：猶太性、特選子民 —— 順應性否定「末日清算」
　　　　中國人：人仁性、族類共生性 ——「大化無極以致中和、永執厥中以為仁人」之道

　　也就是說，中國接過馬克思主義帶來的「三重身份」，為完成自己的民族文化復興，選擇了屬於自己的「中華民族」獨特的發展道路。有些人拿「資本主義意識形態普世性」說項，要麼無知，要麼自欺欺人！

　　猶太人從其民族之始就信奉民族神耶和華，並在與耶和華的契約《托拉》中交付了民族性，即「猶太性」。在這個意義上猶太民族是神性民族。

　　中國人先祖遠在《尚書‧堯典》之前的「曰若稽古」上古史，就信奉「神人以和」的「大化無極以致中和」底「聖言立命」。在「地球人類歷史第一檔案」中屬於遠東「聖性民族」，與西邊地中海「哲性民族」、中東「神性民族」—— 各歸其類，各屬其命，獨立而互補焉。中國天道

「四無：無名無極無形無性」——「大化無極以致中和、永執厥中以為仁人」—— 只有打破「只知其有不知其無」宇宙第二層級，建立「宇宙第三層級」（95.1% 暗宇宙「有生於無無有相生」），方可阻止西方定格的「智能星球」而升華到「智慧星球」。

其三，「中華民族」獨特的發展道路。

非直接來自西方，而是藉助馬克思主義引進三重身份，作為回歸中國文化種姓底過渡性中介。

借來「馬克思主義的一重身份：政治主權國家」（國家革命）——「中國人從此站起來了」。

借來「馬克思主義的二重身份：經濟生產力基礎」（社會革命）——改變了「一窮二白」，過上了「小康生活」。

第一個百年完成了上述兩件大事 ——「政治革命」和「經濟革命」—— 使中國發生了翻天覆地的變化，業已成為歷史事實。

還有一個復興中國華夏文化種性的「民族革命」，只有完成它才能保存發展中國道路、扶正西方科學技術物化方向，改弦更張而別開生面 —— 使地球變成「智慧星球」。否則，世界仍有可能被西方科學主義拖向「機器人第三型文明」—— 使地球變成「智能星球」。於是借來「馬克思主義的第三重身份：歸根復命中華民族文化種性」。

為什麼要這樣做？

首先，西方道路已經把人類引向了科學主義之「物理還原主義」，即將進入「機器人第三型文明」，致使人類面臨被過濾掉的危險。因此，當務之急是必須改變西方科學主義「以用代體」之徹底物化的下滑方向，使其轉變到「以體制用」，使人性向上升華的「極高明」大智慧方向。這就必然劃分「前科技時代」與「後科技時代」。其「後科技時代」，是以突破「哲學本體論·神學一神論·科學粒子論」之「只知其有不知其無」從而建立「宇宙第三層級」為標誌的。它基於中國文化底「四無：無名無極無形無性」，方可「有生於無、無有相生；大化無極，以致中和；永執厥中，以為仁人」——強名之曰「歸根復命」。

其次，此乃 19 世紀「馬克思歷史唯物主義」給我們的啟示。根據

一百多年後世界變化，特別是中國道路的出現，馬克思歷史唯物主義之辯證法精髓，即發揮猶太人「猶太性」底「神性之體」：要麼「全世界無產者聯合起來」終結「資本主義」，要麼執行「順應性否定」對金融資本「科學主義徹底去人化」進行「末日清算」。

如前所述，早於「希臘化」的「猶太教」，後被亞歷山大大帝拖入「希臘化」的猶太民族，近兩千多年的糾纏歷史，始終保持著「猶太性」對西方道路「制衡」（順應性否定）或「制裁」（對抗性否定）的能力。例如，20 世紀二戰後入籍美國的猶太人列奧‧施特勞斯，一生如何「從耶路撒冷走向雅典」，又「從雅典回到耶路撒冷」，最終走出「希臘化『依附形式』」的思想歷程，尤其值得中華民族借鑒。

這就是中華民族特殊道路必需承接的世界歷史使命。當務之急是調動本民族「極高明」文化底蘊「四無：無名無極無形無性」，阻止西方物義論宇宙論底「物理還原主義」下滑趨勢，挽救地球人類被「自主型超人工智能」過濾掉的命運。

四、「猶太性」順應性否定「希臘化」

> 馬克思「政治經濟學」：「生產力」以體制用推翻「資本主義」解
> 　　　　　放全人類
> 施特勞斯「政治哲學」：「我們為什麼仍然還是猶太人？——
> 　　　　　猶太信仰與猶太歷史仍然能夠向我們言
> 　　　　　說嗎？」

此節本來屬「解密卷」，為了本書「立範卷」的範疇性完整，固有必要以「索引」的方式在此簡略提示所謂「西方東方學」與「東方西方學」之差異：是喪失獨立地依附，還是堅持獨立而互補？

我一生都在求學，但求學到了我這個年齡，仍深感做西哲的迷茫。隨便一個值得關注的西方哲學大家，你還真不知道如何看清他的真面目、真向度。特別是分科分類，使當今體制更陷於「見樹不見林」的「枯井效應」——掉下去容易，爬起來就難了。我的經歷與經驗如下：

八十年代

（1）形而上學（決定論）還是虛無主義一邊（懷疑論）？

（2）歐洲理性論形而上學還是英美經驗論分析哲學？

（3）繆斯說、上帝說、人說、語言說、物說；說的「顯隱二重性」」
何為？

九十年代

（4）古典的、現代的、後現代的，有實質差別還是形式差別？

（5）「西方中心論」的偏執獨斷者還是「帶到形而上學邊緣」的內
省臨界者

（6）海洋主流，非主流邊緣（比如康德黑格爾德國哲學）直到第
二次世界大戰後分界

21 世紀

（7）自然理性「以論治史」還是高山仰止以觀滄海「以史正論」？

（8）科學與哲學的終結徵兆：「只知其有不知其無」。

（9）宇宙層級、世界板塊、文化種性 —— 啟示古今文化形態輪迴
之「歸根復命」。

……

上述 9 點中「是，還是」的取捨選擇句式僅為「說出者」，而「顯示
者」皆為「獨立而互補」。但轉換艱難，獨立取捨的主體德性則必須成為
引導，「互補」是在「歸根復命」中趨向「大化無極以致中和」——主位
在「體」，「以體制用」。）

比如，我原來就是把馬克思主義同德國古典哲學、法國空想社會主
義、英國政治經濟學當作一體分殊的西方思想。三十多年過去，直到施特
勞斯進入中國，猶太人問題才被激活成為一個「猶太人問題」。又 10 年
過去，我才開始從馬克思主義給予中國的「三重身份」中，把馬克思的
「猶太性」作為深層意義從「歷史唯物主義」（辯證法強調人的神性主體
「猶太性」）中剝離出來，看清「生產力決定論」與「勞力者」（強調「解
放全人類的革命性」）脫節所導致的後果 —— 歐洲革命不斷東移、最終

蘇聯東歐解體、西方趁「自然理性」之勢高揚「歷史終結論」旗幟定調科學技術進化論的「永久勝利」……恰逢此時，「人工智能」勢頭引起西方部分科學家驚懼，發出人類終極性受到嚴重威脅的警告。真像「一道閃電擊中大地」——「歷史與邏輯一致」以及「時間之後得邏輯之先」底「開端即沒落」頓時（幾乎）一目了然：

> 西方歷史「三啟蒙」：功能主義、資本主義、科學主義
>
> 西方科學宇宙論「三層級」（「只知其有不知其無」）：
>
> 　　第一層級——萬有引力論
>
> 　　第二層級——相對論量子論
>
> 　　第三層級——「暗物質」（95.1% 無知）

如此，引發出中國文化種性「有無相生、知白守黑」對「暗宇宙」的啟示，於是得「地球人類第一歷史檔案」（見下章）。只有在這個背景上，我才有契機、機緣、生存意志尋找：（1）如何走出西方「自然理性」歷史；（2）如何改變「以用代體」轉向「以體制用」；（3）如何讓「人性」之體從「物性」的沉淪中超拔出來又受「神性」與「聖性」的駕馭達到「以體制用」以扶正人間正道，等等。

於是，從馬克思「政治經濟學」到施特勞斯「政治哲學」之「猶太性反制希臘化」的臨界狀況，便成為最近「檢測與防禦」的工作了。它的目的當然也是為中國人如何走出自身的「中國文化種性底反制形式」尋找出路。而且，中國人的「西化」畢竟比猶太人的「希臘化」晚近得多。

猶太人和我們的命運相似，雖然依附西方的時間長短不同。猶太人早在公元前 335 年就遭遇到馬其頓國王亞歷山大大帝遠徵軍兵臨耶路撒冷城下，猶太城被納入馬其頓版圖，猶太人被迫接受「希臘化」，算起來至今2438 年了。當然猶太人認為這一過程應該被叫作「希臘東方化」或「希臘猶太化」。猶太人中出現的西方哲學家已不在少數。即便如此，猶太人做的西方哲學完全沒有做到他們想要的「希臘猶太化」程度。不僅如此，猶太科學中的「相對論」「量子論」「人工智能」表面上看算是西方科學的現代經典，但其結果仍然是沿著自然理性「進化論」方向推進，只不過推

進的方向是災難性的「末世論」，或不如說是「順應性否定」。換句話說，「順應性」地推進到「末日清算」了——同歸於盡！

我們深受西方影響只有 178 年，也出現了「中國化西學」或「新儒家」，實際上仍然融入了西方歷史的主流，「仁」「孝」「心」「理」「道」等，不都「本體論」化了嗎？西方從古希臘至今，不就是「哲學（本體論）—神學（一神論）—科學（粒子論）」地「只知其有不知其無」嗎？那些把儒家「本體論」化的「新儒家」連中國文化與西方文明分屬不同的「世界版塊」及其「文化種性」這個根本的立足點相異都不知道或忘得一乾二淨了。暫且不談晚期儒家文化的衰敗無能，這種用貌似進步實則遮蔽中國文化、根本斷送中國文化的「西化轉型」無異於飲鴆止渴而已。

每個民族，只能按照符合自己「文化種性」的方式獲得解救。歐美人如此，猶太人如此，中國人更應如此。

以古希臘為開端的西方歷史，經歷三次啟蒙——「功能主義」（前 4 世紀）、「資本主義」（17 世紀）、「科學主義」（21 世紀）——始終沒有改變「功能性知識學」方向，直到今天其「功能性知識學」變形為「人工智能」，幾乎不可避免地徹底去人化，進入「機器人第三型文明」，陷人類於「進化論即末世論」的毀滅性災難。此路已經走到斷絕處。

值此終極災難時刻，首先要問：究竟是什麼東西迫使猶太人和中國人如此與希臘文明不同的「神性民族」和「德性民族」屈服於希臘化「物義論」命運？

這裏顯然有一個「神性」與「聖性」共同困惑：如何從希臘「自然理性—功能性」趨向的「物性」糾纏中解脫甚至將其取代？

長期以來在表層迷惑人的「希臘精神」只是「科學藝術」成就——像西方邊緣人黑格爾一廂情願說的「特別是我們有教養的德國人的精神家園」。因為這正是中國人生活中缺少的一個「技術理性」之用的維度，它慫恿挑逗的是「個人單子化」與「身體色情化」。從後果上看，少了它的民族愈往近代走就愈會出現「智慧」下的軟弱，沒有「沉重的肉身」所具有的「猛虎般吞噬的自然慾」帶來的「強力意志」，生存就會遭遇毀滅的危險。所以，黑格爾在「精神現象學」中把「用頭立地的時代到來」（以

為「絕對精神」能用歷史狡計掌控「自然理性」）歡呼為「壯麗的日出」。但黑格爾錯了。「人生有度」——不存在沒有「生存兩難」的順境。神性民族與聖性民族容易從民族文化的長處向上提升，而遺忘了腳下的根基不是神性或聖性可以天然保證的。於是，隱藏其中的根基風險一旦碰到「金戈鐵馬」或「堅船利炮」就立刻灰飛煙滅了。

反過來，物性民族仗著技術理性破物取力建立一個又一個侵略擴張的帝國夢想，即便一而再再而三地「剝奪者被剝奪」，仍陶醉在個人（短命）本位的強力意志和重估價值的當下性而不顧「我死後哪怕洪水滔天」的「神性」與「聖性」詛咒式報應。結果，終於走上「進化論即末世論」的絕境。

由此可見，地球人類「神」「人」「物」三重取向都經歷了「單向度不可活」的窮途末路——猶太人 2000 多年，中國人近 200 年、歐美人約 400 年。

難道不值得深思嗎？

再強調一遍，今天有更大的危險凸顯，單向度的「自然慾」及其對象性的「技術化」會發展成徹底去人化的「人工智能」，導致人類的毀滅。海德格爾早就把古希臘崇尚「功能性—自然理性」直接叫作「開端即沒落」。海德格爾或許想到的是古希臘精神與生俱來的「咒符」（他的學生伽達默爾觸及到這是海德格爾的「諾斯替教迴響」）。

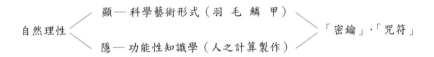

關鍵在於，自然慾的「用」（「以用代體」與「以論治史」）丟掉了人承上啟下「向神的智慧學習，向人的苦難學習」的界定之維，應驗了「斯芬克斯之謎」——不要孩童的天真善良，不要老人的智慧節制（拐杖），只要成人的強力意志，須知「成人」並不能代替甚至取代「人之整體」。

猶太人默記他們《托拉》「創世紀」隱喻的「神啟」，以其苦難中磨煉出的高貴品性參與其中，以身試險地加速西方道路的「末日清算」。因

為他們的民族根性中沒有西方人沒有的東西 ——「無」。反映在所謂「宇宙論」中：

> 第一層級：牛頓萬有引力論
>
> 第二層級：愛因斯坦「相對論」（原子彈）
>
> 　　　　　哥本哈根學派「量子論」
>
> 　　　　　圖靈「人工智能」
>
> 　　　　　最終發現所知宇宙僅佔 4.9%，95.1% 的宇宙是無知的
>
> 第三層級：「為什麼只知其有不知其無？」
>
> 　　　　　95.1% 的「暗宇宙」為什麼仍然斷言「暗物質」？

　　一個民族因存亡的艱難而產生的曠日持久的緊迫感，迫使他們只有在基本的生存上突出功能性和強力意志實效，這就能夠立於世界民族之林嗎？同猶太人遭遇極其相似的中國人也不妨問問同樣的問題。

　　回答已很明確：與人類同歸於盡，單向度不可活。

　　出路只有一個：以體制用，以史正論，扣兩端而執其中，大化無極以致中和，允執厥中以為人仁，有生於無無有相生。

　　請恕我在這個問題上不斷重複，實在因為它是本書問題「堂奧之地」—— 行之不進，唯盤桓之。再回頭看：猶太人列奧・施特勞斯當真「從耶路撒冷走向了雅典」，遵循「自然理性」突顯「哲人王制」推動了「城邦與人」政治哲學，就能挽救西方虛無主義狂瀾於既倒？擅長隱微之術的施特勞斯究竟寓意何在、意欲何往？

　　這個問題困擾我很長時間，直到最近才從糾纏中擺脫出來。

結語：高山仰止以觀滄海

（1）

　　「靈知主義」，純屬西方歷史或思想史的內部事務。如果西方像 17、18 世紀以前擴張僅止於中東（或西亞），那麼，與遠東中國根本不會有所交集，當然也就無關此問題的痛癢了。

　　公元前 335 年猶太人被亞歷山大大帝捲入「希臘化」，兩千年後的

1840 年，中國也被英國維多利亞女王捲入了「西化」。從此，西方事務不再與中國無關了。今天，即便新中國成立 70 週年，已經是中國近代史上少有的輝煌，毋庸諱言，西方歷史及其思想史幾乎與中國文化的現實生活糾纏不清、息息相關以致中國人對西方思想內部一向隱秘的、私密的「靈知主義」，也不能充耳不聞，更不能不聞不問。

20 世紀四五十年代出生的人，都清楚知道一個基本事實，從晚清到 1949 年（新中國元年），在西方帝國主義列強面前，「弱國無外交」的中國是任其宰割，任其「瓜分豆剖」的。第一次世界大戰結束，戰敗國德國退還的「膠州半島」還要被西方列強在分贓的談判桌上轉讓給日本；第二次世界大戰的結局，帝國主義故技重施，中國至今忍辱負重，可見一斑。帝國主義霸凌操控的行為方式持續，中東的亂局就是見證，「美元帝國的金融操縱像癌症細胞佔位各國人民的生命線」就是見證。更有甚者，技術物化的世界性危機已經深入骨髓到徹底去人化的「人工智能」階段，有可能「過濾掉人類」的絕境幾乎指日可見。人們照樣趨之若鶩，不思亡羊補牢。何以至此，人們在想什麼？

西方主導世界一百多年，從古希臘「雅典帝國」到「羅馬帝國」都像被打去了黃的空蛋殼，僅止於地中海周邊；跨過中世紀後，基督教歐洲的「原罪式人性惡」找到了「資本主義」這一合理化的解放形式，向非西方瘋狂擴張的侵略、殖民、掠奪導致兩次帝國主義世界大戰，建立了「英帝國」和「美帝國」（口頭上只要「美國優先」的獨霸），為什麼人們還在讚不絕口地歌頌西方帶給世界如此「優劣等序化的道德秩序」就是「民主自由平等博愛」之「正典」呢？看來西方「正典」的意識形態，即「功能性知識學」假「進化論」之名，既能滿足主導西方人性的「主人道德」式的「自然動物慾」——「弱肉強食」「優勝劣汰」，又能震懾非西方特別是知識分子的知識慾望而阻止他們對民族文化形成自我認同。何樂而不為。

奇怪的是，西方歷史及其思想史內部卻不斷發生「靈魂拷問」，即拷問世界的「罪惡根源」——對「自然理性」，尤其對「神義論」，它就是「靈知主義」。

（2）

古希臘柏拉圖「計算本相論」與亞里士多德「製作實體論」組合的「形而上學本體論」作為抽象的邏輯基礎，或前或後更有「希臘諸神」（「神人同形同性」）以及被希臘諸神內化的「基督教一神」（「聖靈受孕」「聖父聖子聖靈三位一體」）演化的錯綜複雜的「神義論」（特別是關於「惡」來源何處的「神義論悖論」）作為超驗背景，綜合構成西方「神學」—「哲學」之「正典」。

由此傳統的指導，西方歷史學人不是站在「神義論」派系就是站在自然理性「主人道德」立場上，用以論治史的「歷史學」，或「歷史神學」，或「歷史哲學」做起各式各樣偽裝修飾的歷史「金蘋果」，以饗讀者、以利傳承。

我之所以關注「靈知主義」，因為幾乎只有「靈知主義」對西方不管是「神創世」的、還是「人建構」的「道德世界秩序」，能夠從歷史苦難事實出發，採取或否定的（超越地）或批判的（拯救地）態度解構之，並提出根本性質疑 —— 足見蘇格拉底臨界「向神的智慧學習、向人的苦難學習」至為關鍵！

可惜，一旦進入重構或解答，又不可避免地回到正典或負典的義理纏繞中，尋找適合於自己的能在方式，重新立意取向地再將各種觀點拼合起來。由此不斷糾結，使得西方「歷史學」滾動成愈來愈大、愈來愈亂的「迷宮線團」。讓「政治神學」或「政治哲學」給「人性惡」安排一個合理的等級模式重構「神人」可控的「現代道德世界」，足以讓西方學者「皓首窮經」。

儘管如此，有限的「靈知主義」仍然有利於非西方民族相對清醒地洞察西方意識形態「自我中心維護」的虛構本質。

（3）

猶太人列奧・施特勞斯在他研究柏拉圖古典政治哲學的開端之作《西方政治哲學史》中，力圖用柏拉圖政治哲學的蘇格拉底精神執西方「自然

理性」即「功能性知識學」之「道德」牛耳，[1] 以扶正西方現代政治哲學的歷史虛無主義傾向所導致唯我中心的無惡不作，由此創立了久負盛名的「施特勞斯學派」。其治學嚴謹正直使西方學術界不得不給他一席之地，但很快又奉他為西方「古典學正典」名家，以為西方張目。

西方學界何意？施特勞斯何心？

今天著文，其目的就是要為施特勞斯「負典」正名。

眾所周知，猶太人列奧・施特勞斯「正直而深邃」。但未必都知，正是其深邃使正直顯露出精深的「負典」幽微。下面，我樂意奉獻一則「讀書筆記」片段，立此存照。

施特勞斯晚期講了《我們為什麼仍然還是猶太人 —— 猶太信仰與猶太歷史仍然能夠向我們言說嗎？》[2]。問題是我們能聽到「猶太信仰與猶太歷史仍然能夠向我們言說」了什麼？

1. 施特勞斯長久以來思考的主線是什麼？或者說「猶太人問題」是什麼？

> 「我覺得自己可以毫不誇張地說，長久以來，我思考的主線就是『猶太人問題』。」（387）

不是「從耶路撒冷走向雅典」忘了自己的土地與血，不是為了滿足個人的「自然權利」誓把他鄉作故鄉。對於猶太人來說，加入什麼「國籍」，那不過是居住地的政治標記。心屬的永遠是自己民族的信仰 ——「猶太性」，那是「來自上天」獨厚的「特選子民」。「國籍」尚且如此，至於我從事什麼職業、做什麼研究、教授什麼理論，雖只是生存手段，卻也是自己能力貢獻優秀成果的見證，為了證明「猶太性的崇高」—— 它能照亮自

---

[1] 施特勞斯「權當」把「知識即德性」當作「善」是西方「人性」思想自我欺瞞的病根，現代更簡化為「技術是人的本質」。照此「善」論，「機器人」就是最高的「善」了。具有「魔眼」的施特勞斯既然看到了「科學技術」的虛無主義，當然也看到了「自然理性」或「自然權利」的偽善，只是苦於「現實道路」之「不可解決」而企望「蘇格拉底道德」。正如猶太人不得不在時間中容忍妥協，因為它信仰時間外的「神咒」，終究會有「末日清算」到來。像伽利略不得不承認「地心說」，反正他深知「地球照樣圍繞太陽旋轉」。

[2] 施特勞斯在芝加哥大學希勒爾會館的演講，1962 年。

己生活回到現實的路。

這是開講「我們為什麼仍然還是猶太人」的根本前提與宗旨。

2. 千年的家族苦難：被驅趕、被屠殺、被歧視

海涅明白地表達：「猶太教不是一種宗教，而是一種不幸。」「千年的家族苦難。」（399）

驅逐與大屠殺不絕於史：中世紀奧古斯丁、1290 年的英國、（1306年記錯）1322 年、1394 年和 1348-1349 年的法國、1391 年和 1492 年的西班牙，最近就是希特勒納粹德國和斯大林共產黨蘇聯。斯大林從他的敵人納粹德國那裏學到了兩個教條：一是內部大清洗，二是反猶太運動。

3.「歧視」阻擋「同化」——「不可解決問題」

如此千年不幸，我們完全可以不再是猶太人，也有充分的理由不再是猶太人。完全的「同化」是唯一的出路。（388）

為什麼不？為什麼我們仍然還是猶太人？

回答：同化不可能。

同化到基督教，無效，歧視。

同化到世俗的自由社會，無效，歧視。

自由社會的存在與毀滅取決於政治與社會的區分，即取決於公私之間的區分，即國家立法機構保障不可侵犯的私密空間，那麼，宗教就是作為特殊宗教而非普遍宗教而言是私密的。這就不可避免地滋生歧視，重現「猶太人問題」。

於是問題變成：「我如何才能免受歧視？」

禁止歧視，意味著禁止差異，也就取消了私密空間。有差異就有等級，就有歧視，只有正視歧視，才能努力使自己的民族變得優秀。「我得出一個結論：不可能不保持猶太人身份。人不可能脫離自己的出

身，也不可能通過希望過去不存在來消除過去。」（394）

　　自由社會提供的方案雖然令人尷尬，卻是最好的方案，那就是法律上的平等和私密的歧視。即所謂「種族等級」：最上層的是「盎格魯撒克遜人」，最下等的是黑人，我們猶太人僅在黑人之上。猶太人與黑人的區別在於，猶太人在爭取屬自己的「正義」的東西。而黑人爭取的不是自己的正義，而恰恰是上層人人給予他們的正義。

　　「猶太人問題沒有解決方案。」（395）有些明智的人斷言：「沒有解決不了的問題。」

　　「我完全不同意他們的觀點。並非每個問題都顯而易見地可以解決，因此，若猶太人問題無法解決，我們完全不應當感到驚訝。」（395）因此必須回到現實的路。

此乃「不可解決問題」之根本。

從公元前 335 年猶太被希臘化，到今天美國，西方道路根本不可能解決「猶太人問題」，也不是施特勞斯演說的目的，充其量不過是退而求其次的一條「現實的路」而已。異己的「他者」成為必然的「依附」？是為了從「依附」中獲取雙向的「參考價值」以證明猶太人優秀。須知，猶太民族歷史長、體量小、人少又散居，在歐美僅作為猶太社群少數派存在。歷史存在如此。「以色列國」是二戰後的事實。

與施特勞斯比較猶太人與黑人的種族等級「區別」不同的，到目前為止許多中國人特別是知識人尚未意識：自己爭取的不是屬於自己的東西，而是西方人施捨給你的東西。真正屬於自己的東西，恰恰是「只知其有不知其無」的歐美人、還有猶太人所沒有的，那就是根本不在他們「種族及其人性自然正當」等序化的範圍內 —— 它是屬於中國人獨有的「大化無極以致中和」的「無形無性無名無極而無中生有」之「道 - 無」—— 它可「高山仰止以觀滄海」。

「歧視」，尤其是猶太人所遭受的「歧視」，是一個根本性的存在問題，確切地說，是「被侵蝕、被傷害乃至被否定的存在」，因其伴隨的是「被驅趕、被屠殺的歷史事實」，就在「民主歐洲」。施特勞斯意識到，在

基督教西方人主導的世界上，這是一個根本無法改變的事實。即便有「法理上的人權平等」也無濟於事。施特勞斯在這個存在問題上不抱任何幻想、沒有任何自我欺瞞的東西（相信「法律平等」，如果借猶太「神法」的光輝染指「人法」之苟且，即僅限於利用而不是信仰的話）。這乃是他「不可解決問題」的根源。猶太人的「猶太性」正是在這樣的絕對境遇上，力圖把自己變得優秀、高貴、成績斐然，才或許能差強人意地彌補世俗的榮光。但施特勞斯闡發揭示的卻是「來自上天召喚」的「優越感」——這是他心中唯一的「神的等序」。可想而知，世俗的世界上，他決意走向西方歷史的開端雅典，用柏拉圖「對話篇」重建西方「政治哲學史」——它照亮的是「蘇格拉底道德」（「向神的智慧學習，向人的苦難學習」）的缺失，顯白中的隱微 —— 又能算得了什麼，充其量，無非一個落下來的「金蘋果」。

4.「種族等級」—「自然正當」—「歧視即仇恨」—「來自上天」的優越

舉例：「猶太人反羅馬人戰爭」與「日耳曼人反羅馬人戰爭」。從戰爭的結果上看，日耳曼人勝利了，猶太人失敗了。但猶太人是戰爭史上唯一一次為觀念而戰的。(403)

猶太人 反 基督教 ——「神」反「神—人」（基督耶穌）

基督徒 反 羅馬人希臘人 ——「神—人」反「似人的諸神」

the God-man the manlike gods

施特勞斯心中神的等級：猶太教神 —— 基督教神 —— 希臘眾神 [1]

不僅如此，唯猶太神「正義而仁慈」（與希臘自然理性「正義即力量」不同），其他神「虛無」甚至是「不潔、可憎的東西」[2]。

---

[1] 海德格爾在 65 卷《哲學論稿》第六節「最後的神」中也排了「神序」：他把「一神」也好，「諸神」也好，都叫做「計算之神」，在地平線之上。而「存在之神」則在「時空」之外。

[2] 在這裏似乎可以看見施特勞斯「靈知主義」的影子。別的神是假神甚至惡神、不潔，標志就是不能拯救，如「化悲痛為力量」之「以惡制惡」「剝奪者被剝奪」等等，以及神自身的「不潔」。

因唯一「一神耶和華」之故，作為「特選子民」的猶太人，應是人中之翹首，其他人種根本不可企及的。例如猶太人「無須拯救」。與此相反，以其他「眾神」為保護神的民族及其人種連「救贖」都不可能。正因為如此，猶太人才遭來「古代晚期，信仰異教的羅馬人指控猶太人『犯了仇恨人類的罪行』」。施特勞斯以此證實「那是極高的恭維」。

所以施特勞斯才說：「沒有別的辦法，對所有其他辦法，我不感興趣，我努力做的是，幫助自己，也幫助別人，理解我們的困難」，忍受「世俗等級低下」而靠心中信仰的「神性等級高貴」支撐。

今天許多基督徒已不再信奉三位一體。
猶太教與基督教之間必定存在一個分歧；
基督徒斷言：「救世主已經來了。」
猶太人相反：「救世主還沒有來。」
猶太人相反：「救世主還沒有來。」
施特勞斯對比強調的這句話正是猶太人的「猶太性」根本標明的：除了耶和華，猶太人根本不承認有任何轉折的新開端如耶穌「基督（救世主）」。這才是猶太人心目中與基督教的根本不同宗的差異。它決定了「猶太性」與「基督性」的差別。

宗教改革廢止了血腥迫害，但不流血的迫害仍然存在。它證明，過去的歷史不是「不幸」，而是「獻身於它視為無限至上的東西」。（405）

但是，「舊信仰已逝」，也就是說，人可以不再獻身於信仰（「幻象」），而是獻身於一種生活，這種生活不再屬猶太教或猶太─基督教，而是一種具有真理的生活，科學技術不就是一種真理嗎？

施特勞斯搬出了尼采《朝霞》中的或許帶著反諷的論斷：

每個猶太人都能在它的前輩和祖先的歷史中發現大量可貴的實例，表現他們在厄運中鎮定自若、堅韌不拔的品質，以及他們在悲慘的屈從外表下的勇敢。

但他們顯得可鄙麼？他們從來沒有停止過相信，自己受到最高事物的召喚，一切受苦者具有的美德也從來沒有停止過給他們帶來光榮。

猶太人也曾經被描寫成「最缺乏英雄主義的民族」，只懂得逆來順受。但施特勞斯的著眼點有二：一是存在著先烈的明智行為，再一個就是猶太教《托拉》的召喚。有了這兩點，日常的平庸反而可以獲得崇高的生存解釋——活下來就是見證「來自天上神的召喚」。

這一點對解釋近百年來中國歷史的屈辱，有非常重要的參照作用。它是一種重新獲得解釋與認可的崇高眼光。不要輕易用「阿Q精神」對比，猶太人用自身創造舉世矚目的成果見證。中國人也要創造舉世矚目的成果見證，但不要在「毀滅性」上競爭，這才是更難更難的。

施特勞斯作為這個民族的「學者」文士（注意，施特勞斯明確只承認自己的是「學者」，不是「哲人」，只有在上述意義上才能獲得自我區別於「希臘化」的「箴言價值」。——中國人聽懂了嗎！），擁有足夠的自信與寬容（實際是容忍），特別是領悟上的消化能力、化解能力、吸取精華的能力。他絕不同於自由主義者一吐為快的任意言論，或嘩眾取寵的極端言論。換句話說：他用《舊約》語言解釋猶太人的根本行為，不為一般猶太人日常行為的猥瑣平庸所動，更不為高層人的陰謀詭計所動，諸如揭露欺騙之類。

人們從來沒有向他們的靈魂灌輸過高貴的騎士情感，也沒有教他們在身上佩帶漂亮的刀劍，某種突出的東西與那種通常柔弱、又幾乎總是痛苦的屈從交替出現。……（出現「聯姻」）……，但是，歐洲在某一天可能象完全成熟的果子一樣不經意地落到他們的手上。

施特勞斯說這是他讀到的關於「同化」，「最為深刻、最為激進的論述」，他沒有忘記加上一句：「即使尼采寫作時不無反諷之意」。

所謂「深刻」，無非是說出了一種可能：「同化者被同化」。就像中國歷史上漢對遼金滿蒙一樣。其中揭示的是猶太民族文化的精深博大。相對歐洲諸民族而言，猶太民族當然如此。中華民族也當然如此。埃及民族

呢？巴比倫民族呢？所以問題不在古老，而在「民族精神本質上的崇高」。

今天要想達到如此境界，必須用中國大化無極以致中和底「道—無」駕馭科學技術「以體制用」，扶正世界被西方帶入的「以用代體」的「功能性知識學」道路。想簡單回到儒家理性，純粹是「癡人說夢」。

同化是個中間階段，它意味著在各種事務中突顯自己。但是，施特勞斯說，這種種事務不是猶太事務本身，而是「歐洲事務」（尼采），或「西方事務」（施特勞斯）。

> 「同化在過去和現在都需要民族的精華或潔淨之舉。」（411）

5. 回到現實的路 —— 首先是民族自決三條路 —— 回歸我們祖先的信仰

民族自決

「政治猶太復國主義」

「我本人年輕時也是政治猶太復國主義者。」（398）這種復國主義嚴格局限於政治行動，人的頭腦、心靈都沒有用到猶太事務中去。

於是有

「文化猶太復國主義」。

文化是一種心智產品。如民間舞蹈、陶瓷藝術，「宗教猶太復國主義」，甚至科學成果。

「宗教猶太復國主義」

但是，猶太文化的基石是《聖經》《塔木德》《米德拉什》。也就是說，猶太心智，追根究底，「來自於天上」。這就是問題的關鍵，不能把猶太教理解為一種文化。猶太人的問題，「實質性的東西不是文化，而是神的啟示。因此，唯一可靠的、也是唯一暢通無阻的解決辦法是，拋棄或超越文化復國主義，明確採用宗教復國主義。這就意味著回歸猶太信仰，回歸我們祖先的信仰。」（399）

但是，從人性的角度看，它並不是對所有的猶太人都切實可行。

作者再次重申：「不可能擺脫自己的過去，人必須承認自己的過去。這就意味著，人們要把不得已之事當作好事來做。這裏的好事就是忠實、忠貞和拉丁意義上的敬重。」它是針對認為自己的過去不光彩而採取種種不光彩方案的做法說的。只有牢牢記住它，才能真正理解「猶太人問題」。沒有別的辦法。對所有其他辦法，我不感興趣，我努力做的是，幫助自己，也幫助別人，理解我們的困難。

只有牢牢記住它，才能真正理解猶太人列奧·施特勞斯，才能真正理解「猶太人問題」。

同樣道理，才能真正理解「中國人問題」。

西方人或猶太人兩者，「都沒有他們本來沒有的東西」——「無」——「大化無極以致中和」的「道」。我把它說成「人算不如天算」。同樣道理，「有天道如斯」的中國人，除了「以身正史」「以史正論」，別無他途。

6. 現實的路上首先要認清世界仇恨猶太人的根源

仇恨根源

在古代晚期，信仰異教的羅馬人指控猶太人犯了仇恨人類的罪行。我認為，那是極高的恭維。我下面將試圖證明這點。

「人類是由許多民族或部落組成的……一個民族之所以成為一個民族是因為它敬奉自己的神。他們那時沒有各種意識形態，他們那時甚至沒有各種觀念。高高在上的是眾神。」而我們的祖先先驗地【應譯作超驗地，因先驗地屬思維理性的原則】斷言 —— 也就是說，不再顧及任何這些神靈 —— 那些神靈是虛無，是可憎的東西，並且任何民族的最高事物都是虛無，都是可憎的東西（我現在不能對此展開，否則我們將設計更寬泛的考量，即那些我一直努力避免的形而上學、科幻式的東西【哲學與科學啊！】，但我必須點一下）。根據以賽亞以自己為例所理解的純潔：『我是嘴唇不潔的人，又住在嘴唇不潔的民中』，帕特農神廟本身就不純潔。）（401-402）

作為「特選子民」的猶太人無須被拯救，其他民族無法救贖他。

猶太教不是不幸，而是一種「英雄般的幻象」。這個幻象包含什麼內容呢？必需的一樣東西是正義或仁慈，它們在猶太教裏是同一個東西。若世界不是由正義、慈愛和神聖的上帝創造，必需的一樣東西這個概念就站不住腳。大量存在的不義不仁，其根源不在上帝那裏，而是在上帝造物的自由行動中，在罪（sin）中。猶太人和他們的命運活生生地見證了救贖的缺失。有人會說，這就是選民的意義，猶太人被選中去證明不存在救贖這回事。

接著，施特勞斯印證了《阿萊努》：

「因為主沒有使我們與其他地方的民族一樣……給予我們的命運也不同於一切其他眾民，『因為他們崇拜無價值的東西和空洞的東西，向不能拯救的神祈禱』。」

「捨他無神。」「天上地下唯有耶和華他是神，除他以外，再無別神。」施特勞斯說得何其明確、何其堅定。

我驚訝的不是一直說著柏拉圖自然理性語言的施特勞斯何至如此，我驚訝的是我為什麼在一開初在所讀資料極其有限的情況下就直觀發現了「不可解決問題」隱藏的「施特勞斯悖論」，並得出自然理性的「古今之爭」背後歸根結底是「諸神之爭」？

施特勞斯真的相信「來自天上」的神啟？他信，我也信。但他歸屬他的民族神即「有名一神『耶和華』」，我歸屬我的「無形無性無名無極無中生有『道』」。

於是問題聚焦在「諸神之爭」中，唯有猶太人的「猶太性」「來自天上」，其他民族的「眾神」都是「虛無」，都是其更直接的中介——應該是「神人之爭」。施特勞斯只把猶太人歸於「神的特選子民」，因而整個猶太人的「猶太性」——「來自天上」。他們必須「努力使自己的民族變得優秀」，以此抗擊「歧視」。這是「我們為什麼仍然還是猶太人」的命運。

施特勞斯說得如此「斬釘截鐵」！不僅自己如此，他做這次演講目的

就是要告訴他的在「歧視」中動搖懷疑「猶太性」的猶太同胞「只能如此」。甚至不惜冒天下之大不韙地排斥眾神眾人於不顧——猶太民族歷來事實於此。當然只在施特勞斯及其猶太人的可視範域內。

只有從這個真實的猶太人施特勞斯底心靈深處出發，才能回到「現實的路」中，現實地理解：施特勞斯為什麼把對古希臘「自然理性」尤其是柏拉圖在「對話篇」中展開的「城邦與人」的「自然權利與歷史」，並突顯「蘇格拉底道德」（「向神的智慧學習，向人的苦難學習」），作為「西方政治哲學史」的開端？請注意對照施特勞斯對《舊約·創世紀》的講解：第四天創世的「自然之光」低於第一天創世的「神性之光」。它暗含著被歧視中的「猶太性」其實是比「自然理性」更崇高的「神性」。

7. 無限神秘的終極存在與無限進步的終極存在 —— 前者是信仰，後者是科學實證主義的

　　什麼是幻象？

　　夢想與抱負同源。抱負是對迷一般的景象的一種預見。謎一般的景象是對終極神秘的感知，是對終極神秘的真實性的感知。

　　當今，即使不信教的猶太人也不能否認終極神秘的真實性。這真實性即：有一種終極神秘，存在（being）是極端神秘的。

　　不信教的猶太人若受過教育，通常都是實證主義者。

　　按照實證主義者的理解，科學容許無限進步。因而每個結果都是暫時的，都會遭受未來的修正。

　　但是，如果科學的對象不具備內在的無限性，它又如何容許無限進步呢？科學的對象是現存的一切——是存在（being）。……這就暗示出存在（being）的神秘性。

施特勞斯在向海德格爾致敬。

但有一點需要澄清。如果「科學的對象是現存的一切」，那就是「存在者」（das Seiend），不是「存在」（das Sein）。即便是「存在」（das Sein），也還是「存在」，不是「無」。施特勞斯所謂「暗示出存在（being）

的神秘性」，也無非「它」是「存在者」與「存在者」之間中介著的「敞開即遮蔽」著的顯隱二重性（中譯文「存有」之後的「居有」或「本有」，海德格爾賦予它的神秘性是「臨近即遠逝」）。比如「基本粒子」從一種「存在者」嬗變成另一種「存在者」。這樣「暗示出存在（being）的神秘性」恰恰是微觀物理學的基本粒子理論如「依賴模型實在論」，即仍然是「存在者的存在」。這樣的「內在無限性」（確定底不確定性）根本不神秘了。總而言之，猶太人施特勞斯正如猶太科學家的量子理論，歸根結底「只知其有不知其無」。

既然如此的施特勞斯怎麼可能衷心維護柏拉圖的自然理性「形而上學本體論」之「開端即沒落」呢？海德格爾返回前蘇格拉底的早期希臘同樣細緻入微地發掘出「存在—裂隙」而力圖「把形而上學帶到其邊緣狀態」。一面持續不斷地批評海德格爾，一面不得不承認愈是走近海德格爾愈是感到他「深不可測」，何故？

大概當今世界，恐怕只有海德格爾思想關聯到施特勞斯心中的「不可解決問題」。海德格爾或許有這樣或那樣的短處，其他人可能有這樣或那樣的長處，但是，誰也沒有海德格爾那深不可測地接近歷史堂奧的深邃。

我只能說，兩位不同領域的大家都觸碰到西方歷史的「命運」。

結語

一面說猶太宗教不是普遍宗教耶和華僅為猶太民族神，

另一面又斷言猶太民族敬奉的一神是唯一的其他眾神是虛無可憎不潔的東西；

一面在如此忍受民主西方的「驅趕—屠殺—歧視」的現實路上呼應「來自上天的召喚」，

另一面還要作為西方古典學家講述柏拉圖奠基的政治哲學之「自然權利與歷史」。

一身四任的猶太人列奧·施特勞斯所謂何來？

如果，我作為《知其白守其黑——西方歷史的白與黑》的作者，對

以古希臘為開端的西方歷史把人類帶向了「進化論即末世論」絕境，提出了指控，那麼，身為美籍教授的猶太人施特勞斯恰好就是「西方歷史事實」的辯護律師。施特勞斯針對我的指控提供了《西方政治哲學史》以及一系列相關論文作為辯護詞。

為了讓世界準確地聽懂如此長篇大論的辯護詞，我在此附帶提交了他的《我們為什麼仍然還是猶太人 —— 猶太信仰與猶太歷史仍然能夠向我們言說嗎？》，讓兩者互為顯隱互為註疏地達成相得益彰的「蘇格拉底反諷」。

別忘了，蘇格拉底在先，施特勞斯在後，兩者都嚴格按照「向神的智慧學習、向人的苦難學習」勘定「罪惡比死亡跑得快」底西方歷史。作為辯護律師的施特勞斯不過是更專業地陳述了西方歷史的「自然理性 — 強力意志 — 自然正當」的脈絡軌跡。但也毫不含糊地留下一個注腳：

> 因為他們崇拜無價值的東西和可憎的不潔的東西，向不能拯救的神祈禱。
>
> 猶太人和他們的命運活生生地見證了救贖的缺失，被選中去證明不存在救贖這回事。

施特勞斯說了他能夠說的。

我說了我能夠說的。

猶太人中國人各按自己的方式拯救各自的靈魂。

【補白】

有了《我們為什麼仍然還是猶太人》演講墊底，再看看施特勞斯生前出版的兩部大書：《西方政治哲學史》和《自然權利與歷史》。

中國讀者發覺了什麼？書名為什麼都是學科中性的，即便涉及的學科領域（「政治哲學」）或專名範疇（「自然權利」）甚至都帶「史」，或冠名帶史（「政治哲學史」），或範疇與「史」相關（「自然權利」與「歷史」），按德文「與（und）」必需進入深層次地再生，如《存在與時間》。無論哪種情況，施特勞斯都沒有讓「政治哲學」或「自然權利」達到「現

代道德世界的形成」這樣一種冠冕堂皇狀態。可見真正猶太人對希臘化的「依附形式」始終保持距離：「亞里士多德的上帝與亞伯拉罕的上帝何干」。可以澄清兩點：

（1）西方「政治哲學」與「道德世界」無關，政治家不能成神。

（2）西方「自然權利」或「自然法」根本無關「道德」，只關心「功能性」，即「力量即正義」地優勝劣汰。否則它不會陷入「剝奪者被剝奪」把「進化論變成末世論」，遭「末日清算」。[1]

這是常識。猶太人懂，中國人更要懂。

---

[1] 早在古希臘時期，「自然法」就已經往「神法」上引申，最經典的是亞里士多德《尼各馬可倫理學》。它明確在事功的道路上（技術與科學已經定性為功能性）把靈魂分為五個層級：「技術」「理智」「科學」「明智」「努斯」。表明亞里士多德如何把「自然法」按什麼方式（目的事功）分成什麼階梯（靈魂五階梯）引到什麼「神靈」（努斯）──何其明確！往後更不絕於西方「以論治史」傳統。本書貫徹「以史正論」審視「以論治史」──「把多餘的東西打掉」原則──不糾纏其中。第二卷「敘事卷」、第三卷「解密卷」再具體清理。本書除「以史正論」地歷史澄清外，只需指出一點，「希臘諸神」乃至「基督教一神」連西方人海德格爾都澄清其為「計算之神」、施特勞斯澄清其為「不潔」「無能救贖」「不是救世主」。試問：那些向「神法」引申的西方論說者知道「計算之神」與「猶太神」的根本區別嗎？更不用說遠東「道無」智慧。始終抱定用希臘化範疇引申解釋一切，卻不知曉：它早已沒有這個資格了。

第三次變形
21 世紀美國金融資本科學主義
合置　中國天道無極知白守黑以致中和

先說一件事，權當本節的引子。

　　某會議上，各路學者，西學中學都有，大家對西學經典的翻譯與解釋各抒己見，暢所欲言。臨近尾聲時，一個人冷不丁地提了一個問題：

　　「西學」，「西」，好翻譯，「學」，怎麼翻譯？

　　【靜場】

　　首先要搞清楚，「西學」的「學」是什麼意思？跟我們「儒學」的「學」是不是一回事？這個問題不明白，我看，好多問題就是一鍋粥。

此公提完問，看看大家還是依然各談各的看法，拿起提包離開了會場。

會議總結。總結者按下總結，先請旁邊的人做一點額外補充。

　　我介紹一下剛才提問的那位先生，他的風格就是這樣，在任何情況下，他都一以貫之地拿英美派知識學的眼光審視別人的言路。比如，某位用儒學的內省經驗談閱讀經典的內心體悟，說那是無法與人分享的「愉悅」，只有這種反身而誠地慎獨，才能養成浩然正氣，成就一代人格。但在那位朋友看來，你既然不能與人分享，你說它作甚。你說的根本不是「西學」的「學」，不過是「儒家」的「家學」。他認

221

為「西學」的「學」就是可傳遞實證拓展的「知識結構」：講究命題、前提、論據、論證的統一；講究範疇、概念規定的精準清晰；講究可分析推論、可綜合實證推而廣之。否則，不是「西學」的「學」。在西方知識學的意義上，他當然沒有說錯。但問題就出在他用「西方知識學」否定了「儒學之學」。他只承認一種「學」，那就是「西方知識學」，而且還主要是「英美派分析哲學知識學」。

很顯然，這種唯我獨尊的霸氣是從現代西方帶來的，而且愈來愈強，大有掃蕩一切的勢頭。事實上它迫使非西方文化，必須做出回答：這個世界上，究竟只有一種知識形態，還是有多種知識形態？它們之間究竟應該以何種關係相處：是一元獨尊，還是多元互補？再說得深一點：是只能「以用代體」，還是必須「以體制用」？

順便提醒一下，以為把百年來的「中國學問」，如「新儒家」，乃至西化教育的一切成果「西式論文與論著」，或諸如此類的「歷史學」「政治學」等等，都叫做「中國西方學」（套用「西方東方學」）或「西學中國化」（套用「希臘猶太化」）就能相安無事未免太理所當然了。我不是否認它們是「既成事實」，而是擔心這些既成事實有可能硬結而掩蓋了、阻斷了中國文化的真正復興（不是復古）。因為我已經注意到我的擔心不是多此一舉。所有這些名目都可能是維持「既得學問利益」現狀的自欺欺人的障礙，甚至借它趁此迴避了斷送了根本不同於「西方文明」之「中國文化種性」歸根復命地傳承。

謝謝大家！

謝謝主持人！

回到正題上來。

「第三次啟蒙」可說是英國「工業革命」延伸到大西洋對岸的美國「科學主義」。時間是第二次世界大戰勝利後（1945年），美國迅速成為西方霸主。45年後又贏得了兩大陣營（「社會主義陣營」與「資本主義陣營」）冷戰的勝利，獨霸全世界，達到它「朝聖山巔峰」狀態，靠的就是「科學主義」給它帶來的霸權力量。

　　本節只能停留於「科學主義」的功能性後果上，既不能深入科學內部的自我選擇、自我證成的非中立性機制，演示其偏向後果的功能必然性，也不能歷史考證資本主義生產機制對科學技術發展的功利性影響。非不願，是不能。我沒有深入闡述的能力。這一點必須說在前面。我只能藉助西方「科學」的根基「哲學」功能化、資本化後，如何探測其一步一步促成「科學」徹底「去人化」的進路。僅止於此。

　　其背後的必然性終於呈現出人類的「生存權」將被科學的「去人化」連根拔除。這也就使得不懂科學的人們獲得了質疑科學的合法權利。好在西方海德格爾「追問技術」在前，現在還是趨勢，要等到必然後果最終出現就為時晚矣！

一、「科學主義」的頂點與沒落

1.「控制論」失控

　　熱衷「控制論」的美國人凱文・凱利 1990 年寫出《失控 —— 全人類的最終命運和結局》。其中描述了「控制論」大概成型於 1959 年「梅西會議」，到七十年代末「就枯萎消亡」。為何如此之快？作者告訴我們，因為「資金和人才都流向了人工智能研究」。[1]

　　我之所以要介紹它又一筆帶過，是因為這本書有一個奇怪之處：全書津津樂道的是「控制論」，書快結束時才帶出一個事實：「控制論」被「人工智能」淘汰了，即「失控」了。換句話說，書的內容「控制論」實際與「全稱書名」無關，書名是在書外「人工智能」發展不可避免的後果 ——「全人類的最終命運和結局」。就像伊甸園蛇的隱喻：蛇對夏娃說「這蘋果好看又好吃，吃了會讓你和你丈夫變得聰明！」實際上的命運卻是吃了遭懲罰 —— 放逐生死最終逃不出「末日清算」。

　　作者毫不費力地用表象事實陳述代替科學自身的自我選擇與自我證成，竟對「人工智能機」比「控制論」在「去人化」上有更快的「加速度」

---

[1] 參見凱文・凱利《失控 —— 全人類的最終命運和結局》，東西文庫譯，新星出版社 2010 年，第 668-672 頁。

贏得「大趨勢」毫無意識。

如果僅僅像凱文・凱利這樣的科學「發燒友」無意識，尚不可怕，可怕的是科學家們無意識，特別是前沿科學家無意識，問題就大了。科學家對「人工智能」有怎樣的意識呢？那些呼籲警惕「人工智能」的科學家真的意識到了嗎？

「發燒友」當然不能與「科學家」相提並論。但不幸的是，「科學家」的科學成果及其自信與「發燒友」同樣是建立在科學哲學或邏輯學的「以像代是」上，即建立在短視的「智能功能性」上，對科學成果把人類引向毀滅的災難全無意識。

由此可證，人們問責「科學家」及其「科學」的「邏輯罪」或「科學罪」，乃係人的基本生存權所賦予的合理性與合法性。「科學家」也必須走下自設的「神壇」，反省「科學造成的危機只能由科學來解決」，已經不是「埃捨爾蛇」，而是遭神詛咒的「伊甸園蛇」。換句話說，「科學家」雖「知其然」仍可能「不知其所以然」。同理，問責科學家「邏輯罪」或「科學罪」的人們也可能停留在「知其然」而「不知其所以然」的程度上。因而雙方都要耐心傾聽危機後果的警示——「亡羊補牢」還是「別開生面」？

只有深入到禍根「唯功能性」及其相當的「智能」段位或層級，人類問責才能觸動資本主義時代「科學家」與「科學」技術物化即徹底「去人化」的「基礎維度」。這樣的「科學家」及其「科學（唯功能性）」病入膏肓，他又怎們聽得進去人們問責所指向的「堂奧之地」呢？少數「科學家」之所以還能呼籲「警惕人工智能」，絕大部分原因都是考慮到「功能性後果」的毀滅性——我承認這畢竟是「人性善良」的表現。但並非是探究到「所由而來」的根脈骨髓「功能性知識學」使其「所以然」。故而，這種不能「斷根」的呼籲，歸根結底無濟於事。西方「科學家們」不能自己打斷自己的「脊梁骨」。

其「所以然」，乃係本書宗旨，一路走來都在剝離「功能性知識學」之「優勝劣汰」的「雙重遮蔽性」及其「偽善性」。不知道「科學家」及其「問責者」意識到沒有？

從下面陳述的事實看，未必。

2.「人工智能」的興起與科學家的警惕

2013、2014、2015，連續三年，網上反覆流傳一篇長文：《為什麼最近有很多名人，如比爾・蓋茨、馬斯克、霍金等，呼籲人們警惕人工智能？》[1]。

開始我把它看作「擊中地球的最後一道閃電」！

後來就直接把它當成「智能星球」的標識與信號！

長文要點如下（以「仿宋體字」表示。「宋體字」仍係引者評語）：

據預測，現在世界已經進入「弱人工智能（ANI）」時代。「強人工智能（AGI）」在 2040 年出現，「超人工智能（ASI）」則將在 2060 年出現。

Bostrom 描述了三種超人工智能的工作模式：

「先知模式」：能準確回答幾乎所有的問題。

「精靈模式」：能夠執行任何高級指令。

「獨立意志模式」：可以執行開放式任務，能在世界裏自由活動，可以自己做決定。

配合「納米技術」，即可在 1-100 納米範圍內操縱物質的技術。概略地說，就是能操縱原子合成你想要的任何物質：無機的、有機的、直到人這種高級生命體的，等等。如果人身上的任何器官壞了，都可以用納米技術「打印」複製一個嶄新的人體器官替代之。最終，Kurzweil 信心滿滿地認為：「人類會完全變成人工的」。因而理論地證明：「人可以永生。」

這就是科學家的邏輯思維能力：「人類會完全變成人工的」，即人工製造的「人」，由此得出「人可以永生」。完全沒有意識到自己「偷換概念」。「製造人」像人，但不是人 —— 連這樣簡單的「像」/「是」之邏輯

---

[1] 內容翻譯自 waitbutwhy.com，原文地址：The AI Revolution:Road to Superinterlligence；The AI Revolution:Our Immortality or Extinction. 翻譯者，知乎 @ 謝熊貓君，摘錄時間 2015 年 2 月 7 日。

區分都不能正常進行，還談什麼人的生命與權利！這樣的科學家你能指望他對人類負責嗎？其所以如此，根本原因就在於，西方人從古希臘開始就在「功能性」上把人等同於物了，謂之「自然理性」之「功能性知識學」。可以肯定地說，這類科學家之所以能製造「機器人」是因為他本身先行「機器人化」了。這就是西方「哲學」到「科學」的根本問題所在。

再說一遍，行文中若有詞語冒犯之處，敬請原諒！

「費米悖論」（人／非人）

第一類解釋：人工智能很明顯是一個大過濾器（一個可能距離我們只有幾十年的大過濾器）。即使它把我們過濾滅絕了，人工智能本身還是會存在，並且會繼續影響這個宇宙的，並且會很有可能成為第三型文明。

第二類解釋：存在於其他智能文明，比如，外星人造訪地球，這個外星人很可能不是生物，而是人造的。

通俗表達：假如一個人粉粹成原子再組合成人，這個人還是原來的人嗎？

一個超人工智能是非道德的（就好像你剪頭髮時對頭髮沒有惡意一樣，只是純粹的無所謂而已），而這也是人工智能的危險所在了。因而，一旦超人工智能出現，人類任何試圖控制它的行為都是可笑的。

【插語】

由此可見，古希臘啟蒙的「德性即知識」之功能化道路所謂「宇宙論」就已經開始對人的道德本性無所謂了 —— 首先表現為「功能性」之優勝劣汰不也是「善」嗎？「力量即正義」「知識即力量」不也是「自然正當」嗎？雅典人對彌羅斯島人的「種族清洗」如一位美國研究者評價：「不是雅典人的殘忍而是彌羅斯島人的愚蠢。」歐美人對非西方人的殘忍什麼時候「有所謂」過？「人」對「非人」（「非我族類」）的暴力行為乃強力意志之自然正當 ——「優勝劣汰」。除此一概是「道德煙幕」。用這些「理論」看待世界，還有什麼「道德」可言。正如「超人工智能」過濾掉人類就像

剪去頭髮是「非道德的」—「純粹的無所謂而已」。

「費米悖論」（「假如一個人粉粹成原子再組合成人，這個人還是原來的人嗎？」）其實早在 19 世紀初黑格爾就提出來了。最有名的例子是肉與合成「肉」的區分。當時科學發展的標誌是「元素」及其「元素周期表」。例如，可以從肉中分解成「碳」「氮」「氫」等元素，於是，科學家按照西方自柏拉圖以來的演繹與歸納方法把「碳」「氮」「氫」元素合成了「肉」。但黑格爾否認：「這個合成的『肉』已經不是原來的肉了。」（假如一個人粉粹成原子再組合成人，「這個合成的人還是原來的人嗎？」——黑格爾用的是「陳述句」，費米可用的是「疑問句」啊！）

這是「分析—綜合」方法突顯的功效性，也是最大的「假象誤導」雙重遮蔽：

為了這種功效性本該提升的人的文化精神共生性全都又分析綜合掉（一層遮蔽）；

而顯示的功能功利反過來成為人的真理仿效，即功效的有用性成為功能真理的自我證明又把功效的遮蔽性再遮蔽起來（雙重遮蔽）。

如此「非人屬」的功能化方法，就這樣一步一步走向徹底「去人化」的「機器人」方向 —— 進化論變成末世論。這就是古希臘第一次啟蒙形成自然理性技術物化的功能性方法之基本特徵。

「人工人」「機器人」「克隆人」，它們是與會死的「生殖人」完全不同的「物類」，即「技術存在」。科學家對其中的「生命」差別之所以無意識，只有一種解釋，因為他們改變了「生命」的定義：即用「進化論」把「生命」改變成可以製作的「技術存在」。他們不相信由自然共生演化（即非「技術物化」進化）而來的人「不是神，也不是物」的文化屬性。他們只相信人是「自然物」因而也是「基本粒子聚合物」，完全可以按「物理還原主義」技術物化出來，即複製出來。今天就是用「超人工智能」這一「依賴模型實在論」把「人類完全變成人工人」，名之為「第三型文明」。

「本體論」如此，「方法論」如此，專事於此的「科學家」豈能例外，只會比常人更早更徹底地功能化了。「科學家」本身就是「依賴模型實在

論」的「實在」。

現在科學正在一個誤區中不能自拔，它給人類形成了一個定見：所有功能層面的事情，機器人都會比人做得好，於是得出結論，機器人是比人更高級的進化。這是把人首先在觀念上「物化」即「功能化」的結果。也就是把人向「物理基礎」還原的結果。甚至把宇宙的進化定格在「物理還原主義」上了。它恰恰把人因非物性的「德性、神性」提升到文化之更崇高的境界掐斷了，夭折了。美名之曰：「經驗之外無物存在」。（牛頓語）

科學家是科學「接力賽跑」規定的功能連續體，雖然每一段跑的科學家個人能力很重要，但真正起決定作用的是科學的功能本身，它到哪一個階段就自我規定了承接的問題如何能自我證成地解開再交給下一個接著跑的科學家，如此類推。因而，他們是「一路人」，即先行「依賴模型化人」，都是西方科學知識形態學的「產物」及其「執行者」。製造機器人的人必須首先機器人化才有可能。

正如黑格爾在《歷史哲學講演錄》中說的，人類歷史（按，應讀成「西方歷史」，下同）上的任何偉大人物，凱撒也好，拿破崙也好，都不過是「歷史理性」挑選的執行者，他們一旦完成歷史理性交給他們的使命，就像被打去了黃的空蛋殼一樣被棄置在歷史博物館裏了。所以，黑格爾乾脆把拿破崙叫做「騎在馬背上的世界精神」。現在，「歷史理性」換成了「科學理性」，人的份量愈來愈微不足道了。

這裏的因果顛倒是致命的。人類歷史是一回事，人類「歷史理性」（「理論」）則是另一回事。即便「歷史理性」在「特殊情境」（黑格爾曾反覆強調這「特殊情境」在每個時代、每個國家都不相同，因而「特殊情境」從來不能作為「規則」照搬利用）中選中了拿破崙，那也只能在特殊「因」結出特殊「果」這一「因果鏈」上成立。不能將這一「因果鏈」獨

立出來作為「理論」形態，「放之四海而皆準」成為「人類歷史」法則——「以論治史」；也不能「倒果為因」解釋「拿破崙時代」或「拿破崙式時代」而「以論治史」。事實上，西方向世界擴張時所使用、所宣傳的「啟蒙理論」全都是他們編造的「以論治史」強力所為。結果是「改變世界」了，但也破壞世界了，如今天然。

這是因為，什麼樣的科學在什麼樣的歷史中，什麼樣的歷史進入資本運作按資本意志擴大再生產，絕對會把「政治家—政府」「科學家—科學」納入資本自在自為地增值。連科學家及其科學項目都資本化了，它不可能不影響到科學的自我選擇與自我證成之方向。因本文意圖所限，不可能綜合考察其系統互動過程，但不等於說資本是可以忽略不計的。

話說回來，我之所以要引用這份網絡資料，無非是它傳遞了一個西方主流世界的科學信息，至少在西方科學家內部已經有一部分科學家警惕到了「人工智能」照此發展下去的「後果」非同一般危險。可惜這部分科學家同其他科學家一樣，並不清楚其所以如此的根本原因在哪裏——這不是「呼籲」一下「警惕人工智能」就能改弦更張的。

回頭看看，「控制論」不到 10 年就「枯萎消亡」了，讓位於「弱人工智能」。30 年就進到「強人工智能」，比預計的 2040 年提前 20 年。「超人工智能」時代肯定不需要到 2060 年。這個加速度已經超出人的想像。

與此相對應，在我看來，站在這個「加速度跑道」上接力的科學家呼籲「警惕」真的能夠起到「警惕」的作用嗎？網上流傳著一個笑話：極力反對人工智能的「科學狂人」馬斯克有一個從事人工智能的朋友。當馬斯克說「人工智能太可怕，我只好把時間表提前，盡早做好移民到火星上去的準備。」那位朋友跟著說：「放心吧，你去我也去，帶上機器人，沒有它們你在火星上寸步難行。」所以，有人嘲笑馬斯克在故意為自己做商業宣傳。

最近，我看到一則「網易科技」上的訪談 [1]，訪問的是一位華裔「天

---

[1] 不是我去尋找的，而是我的電腦打開郵箱收郵件就有「看世界」欄目中恰好呈現的。這種例子不勝枚舉。不久的將來則成為常態。

才天文數學家」，詢問「人工智能是否會終結人類」？答如下：

問：「人工智能會取代人、終結人類」？

答：前半句 —— 現在人工智能忽悠的比較厲害，其實人工智能沒有那麼智能。現在的人工智能是沒有創造性的。只要加上『人工』倆個字，那麼其本身就不可能有任何創造性。

答：後半句 —— 未來人工智能可能不叫人工智能了。

「現在的」人工智能是沒有創造性的，「未來」呢？「未來的人工智能可能不叫人工智能」，叫什麼呢？「超人工智能」就是「自主型」而進入「第三型文明」的「機器人」。它可以「過濾掉」人類了。至少這是從回答中理應聽得出來的一種解釋。所以，前面說的人工智能「忽悠」也好，「根本沒有創造性」也好，僅僅限定於「現在時」中。誰在忽悠啊？

但從回答者的身份和語氣上看，還能聽得出另一種含義 —— 維特根斯坦笑了！

「只要加上『人工』兩個字，那麼其本身就不可能有任何創造性。」天文數學家能如此武斷地說話嗎？即便旨在抬高「超人工智能」的數學「奇點」，也還是脫不了「人工」：那些解決「奇點」升級的數學家，不也是「人工」嗎？而且所謂「數學原理」的發明者不都要冠以自己的「專名」嗎？「保羅・龐勒維猜想」「希爾伯特難題」等等，不都是「人工」的標誌。我們且不說「自然數」「二進制」本就是地球人類的專利。在「自主型超人工智能」出現之前，地球人類的所有天才科學包括數學，都是「人工」的。（「M 理論」「弦理論」又如何了？）所謂「上帝頭腦中的創世秘密就是數學」，那不過是懂得數學的數學家想藉此成為科學壟斷的「一神」而已。不要以為你懂得一點數學隨口說時就不「忽悠」了。

恕我說一句不著邊際的話：數學對於宇宙，類似翻譯中的「可翻譯與不可翻譯」關係中的「可翻譯」一面，還有「不可翻譯」之「無」的另一面。而且兩者的關係比率，也類似於科學家現在多少清醒了一點的比率 [1]：

---

[1] 如此比率的「百分比」首先就是人為界定的整體（百分之百），否則就沒有比率了。

有／無之比 —— 4.9% / 95.1%

再說一個並非「題外」的機器人事例，所謂「性愛機器人」其實應該名副其實地叫做「性工具機器人」，除了「功能」沒有一絲「愛」可言。之所以命名「性愛機器人」，這正是西方人在「功能性」上同化一切的表現，暫且把資本商業廣告效應放到一邊。科學家預計 2025 年能製造出 100 個「性工具機器人」先提交給阿姆斯特丹「紅燈區」試用。結果，提前 8 年就已經在全球開花了。這不是一件小事，它應看作古希臘開創的「德性即知識」功能結構主義在人性、人權上的終極實現：「功能功利人」「生物慾望人（即色情體）」「單子個體人」。所以我說它是「西方功能人」的「終極版」生活標誌。因為跨出它就在人性上先行進入「機器人第三型文明」了。

3.「人是基本粒子聚合物」之「依賴模型實在論」

「警惕」呼籲者中，我看見史蒂夫‧霍金的名字，感到非常驚訝：他怎麼也來呼籲了呢？

（插一句，這是 9 年前的語氣。我非常尊敬霍金先生！特別是看了他的電影傳記之後。我這裏所論不過是將他轉化為「通名」——「就事論事」而已。）[1]

霍金的「大爆炸理論」是宇宙開端的頂層理論，「人工智能」不過是其「宇宙粒子論」的貫徹機制，統屬於西方「宇宙論物義論」，即「非人屬」「去人化」科學知識系統的上下承接。2008 年讀他的《大設計》，[2] 曾寫了一則「西方知識論史一脈傳承的下行路線」筆記：

> 西方視野下的自然理性進化奠定經驗王權：
>
> 神學是超驗的 ——「神義論」
>
> 哲學是先驗的 ——「人義論」
>
> 科學是經驗的 ——「物義論」

---

[1] 今天定稿時間 2019 年 3 月 12 日。史蒂夫‧霍金先生去世了。本文更應看作追蹤探討中的敬意！

[2] 史提芬‧霍金、列納德‧蒙諾蒂諾《大設計》，吳忠超譯，湖南科學技術出版社 2011 年。

科學主義之經驗王權的「進化論即末世論」宣言：

經驗否定超驗 ——「上帝已死」

經驗否定先驗 ——「哲學已死」

經驗否定經驗 ——「人已死」

當時寫「人已死」還停留在「大爆炸理論」宣判的「無期徒刑」中，如今「人已死」已經是被「人工智能」執行著的「死緩」了。

在進入史提夫・霍金代表的西方宇宙論頂層設計之前。我想先補充一點康德哲學，雖然在上篇說到，但放到這裏再陳述一遍，其銜接性會更明顯。德國哲學是我的哲學基礎。上個世紀九十年代後期，我就意識到，德國哲學根本不是西方哲學的主流，它身處歐洲內陸，帶有明顯的土地河流文化的特徵。從康德哲學的「知情意」三分到黑格爾的「絕對精神」都帶著「精神」維度優先性的標記或者尾巴。可就在同時，英國經驗論如貝克萊的「感知即存在」、休謨的「溫和經驗論」、牛頓的「經驗外無物存在」才是西方的主流，並一直引導到「依賴模型實在論」之「人是基本粒子聚合物」了。其關鍵詞在康德那裏「以像代是」，在英國人這裏早就「像即是」「是即在」——省去了康德設置的「界限」而直接把「邏輯經驗」的「當且僅當」判定為「必然如此」的「是」。所以在科學技術上，儘管德國人名聲顯赫，但仍不得不屈居英國人、猶太人代表的西方科學技術主流的邊緣地位。事實上也是如此。康德、黑格爾哲學，乃至胡塞爾、海德格爾哲學，不過是任英美哲學切割肢解、「為我所用」的對象碎片而已。我想特別拿康德這位一生蝸居柯尼斯堡的「哲人」和進入現代「哥白尼革命」「人為自然立法」的「啟蒙者」做一個「哲學—科學」微妙關係的示範。（注意，維特根斯坦還自稱為「新康德主義者」）

「自在之物」‖　感性　知性　理性　‖「二律背反」

邏輯經驗

為自然立法

（像即是）

頭上「M理論」與內心「功能計算」

仿宋體字表示英美主流的新康德主義依賴模型化（像即是）；黑體字屬於康德哲學，但「自在之物」與「二律背反」兩界已經拆除。

康德是西方哲學史上有名的「不可知論者」，確切地說，是「不可徹底知論者」。因為外部宇宙是人無法徹底知道的「自在之物」，人只能感受它的刺激影響，並不能認知它的「真相」。因為人的「感性」雖有「兩個時空直觀」屬性，但都短暫而片段，連接組織是「知性」的職能，無非 4 組 12 個範疇，係人為設定。不管其如何組合，都會面臨遭遇「理性」的四個「二律背反」：

（1）正題：世界在時間上有開端，在空間上有限。

反題：世界在時間上和空間上無限。

（2）正題：世界上的一切都是由單一的東西構成的。

反題：沒有單一的東西，一切都是複合的。

（3）正題：世界上有出之於自由的原因。

反題：沒有自由，一切都是依自然法則。

（4）正題：在世界原因的系列裏有某種必然的存在體。

反題：裏邊沒有必然的東西，在這個系列裏，一切都是偶然的。

第一「二律背反」指時空有限或無限。西方哲學、科學只取「正題」：宇宙在時間上有開端，在空間上有界限。

第二「二律背反」指宇宙有無本體。西方哲學、科學只取「正題」：形而上學本體論（同一），「粒子物理學宇宙論」。

第三「二律背反」指宇宙有自由還是沒有自由。西方哲學、科學只取「反題」：一切都是知識功能結構主義必然存在。所謂「自由」僅僅是「認識和運用的必然」。由於「必然」的相對性經常處在破壞性重組中，「自由」的尋求與建立才成為重要表徵，並歸結為「超人及其強力意志」之「永恆輪迴」，已然傾向於「必然」。

第四「二律背反」指宇宙「必然之神」有還是沒有。西方思想史（包括哲學、神學、科學）對此反應較前三種複雜，表現出分裂跡象。但總體仍傾向於「必然」，主要還是「自然必然」。

需要注意的，「二律背反」是「兩難」範疇，即對立而不統一。黑格爾把它變成「對立統一的矛盾普遍性」只為了走向「更高的統一」——仍是「本體論同一」路線。所以，黑格爾終究符合了「新康德主義」潮流，用假想的萬能辯證法跨過了「新康德主義」李凱爾特的「致命一跳」。

　　鑒於此，我把康德看作西方哲學史上少數幾個「臨界思想家」。

　　由於「自在之物」與「二律背反」的界限，「知性」或叫「先驗理性」，即「純粹理性」，才只能「以像代是」地「為自然立法」。康德清楚這個界線，他才終其一生敬畏「頭上的星空和內心的道德律」——忘不了「人是目的，不是手段」的人道主義戒律。這在英美人看來迂腐得可笑了。

　　也因此，我才說康德哲學屬於西方「希臘英美」主流哲學的邊緣狀態。而其主流就是拿掉界限，只把「知性即純粹理性」變成「形而上學本體論」或「邏輯經驗實在論」，乃至「依賴模型實在論」，「為宇宙立法」。霍金的「大爆炸理論」乃至《大設計》（「M 理論」）就是一個典型代表。不僅如此：

牛頓「萬有引力論」
愛因斯坦「相對論」　　————　　都是「依賴模型」—「以像代是」而已
哥本哈根學派「量子論」

　　可見，康德對於西方主流哲學的意義僅在於純粹的「知性」，其前後的「界限」被除掉了，因而「以像代是」變成了「像即是」「是即在」。而且都在我上述指出的「二律背反」中的主流一面。但也因此，康德臨界思想成為檢測他們越界的尺度。

　　再往下細看。霍金先生在《大設計》中說：

　　　　我們似乎正處於科學史的轉捩點，此刻我們必須轉變觀念，這些觀念關乎目標也關乎使得一個理論成為一個可接受理論的條件。……也許那並不能滿足我們人類特殊的願望，或者說，不能滿足我們發現一個包括所有物理定律的優雅集合的願望，不過，這或許才正是自然之道。

（按：「依賴模型實在論」絕不是「自然之道」，而只是「功能性知識學」底「以像代是」。）

我們人類 —— 我們自身只不過是自然基本粒子的聚合體 —— 已經能夠這樣接近對制約我們和我們宇宙的定律的理解了，這個事實就是一項偉大的勝利。

這是霍金在《大設計》中談「M 理論」引申出來的一段話。不過今天讀起來，從宇宙「頂層理論」「大爆炸」到宇宙物義論「人工智能」貫徹機制，即便不能滿足我們人類的特殊願望，沒有什麼囊括一切物理定律的優雅集合，還是能按照「人是基本粒子聚合物」定律把人變成「機器人」。這個「轉捩點」已經能夠這樣接近地制約我們對宇宙定律的理解了，這個事實就是一項偉大的勝利 —— 過濾掉人類的「機器人第三型文明」的偉大勝利、「依賴模型實在論—以像代是」的偉大勝利。

「M 理論中的定律允許不同宇宙具有不同的表現定律，這取決於內部空間如何捲曲。M 理論給出了許多不同的內部空間的解，可能有 10 的 500 次方個之多，這意味著它允許 10 的 500 次方個不同的宇宙每一個宇宙都有其自身的定律。

某生物用 1 毫秒就能清理出一個宇宙空間的所有定律，那麼，從大爆炸起開始這項工作，迄今為止它也只能研究了其中的 10 的 20 次方個宇宙。」

10 的 500 次方個不同宇宙，某生物用 1 毫秒清算一個宇宙空間的所有定律這樣的計算速度，需要多少時間可以清算完呢？

單就「大爆炸」說至今有 137 億年，僅此做表面計算，清理 10 的 20 次方個宇宙需要 137 億年；清理 10 的 500 次方個宇宙需要 X（億年）：

$$X = \frac{10^{500} \cdot 13.7B \text{ 年}}{10^{20}} = 10^{480} \cdot 13.7B \text{ 年}$$

這僅僅是清算「M 理論」需要的時間。

所謂「M 理論」是想用數學完成愛因斯坦「統一場」而計算出的「宇宙數學模型」。一部分科學家相信「上帝創世的秘密就是上帝頭腦中的數學」——藉此彪炳自己也可以用數學創世。但當時他們恐怕還不知道牛頓「萬有引力論」、愛因斯坦「相對論」、哥本哈根學派的「量子論」等等加起來也不過是對宇宙物質 4.9% 的認知，而 95.1% 尚處在「暗宇宙」的無知中。也就是說，這 4.9% 的宇宙知識能讓這些大科學家「接近」怎樣的「宇宙定律」（如 M 理論）獲得怎樣的「偉大勝利」？

上述科學現象，可以用哲學特別是英美經驗哲學的基本原理表述出來：「感知即存在」「當且僅當，必然如此」「依賴模型實在論」等等，像「摩爾論證」一樣「這是我的左手」——「我知道是怎樣的就一定是怎樣的」（像即是）。這樣的科學家不過是在自己的「哲學籠子」裏跳舞而已。

【插語】

誰能知道宇宙是怎樣的時空或非時空？

（1）一個「爆炸—膨脹」與「坍縮—黑洞」就能對宇宙的開端與結尾「大設計」了嗎？

（2）一個「M 理論」就能把宇宙的「無數空間」計算出來了嗎？

（3）後來又怎麼承認對 95.1% 宇宙無知的呢？

（4）憑什麼斷定「光速」測定的距離就是恆星的距離？

（5）宇宙是三維的、四維的、多維的、彎曲的、重疊的、包孕的？

（6）「蟲洞」是隱藏呢還是顯隱重疊開關呢？

（7）什麼叫「神秘的」？……

還有哪些是你根本不知道的、而且是人的理性根本無法想像的呢？

西方人的所謂「科學認識」只能按自己的能在方式知道所能知道的，而且總是在已知的前提下推進未知的，形成固定的只知其有不知其無的「唯有論」（「確定底不確定論」）。既然如此，你憑什麼斷定宇宙就是你能知道的那個樣子？看來現在是到了「聰明反被聰明誤」的時候。因為它自以為是。因為它憑「依賴模型實在論」就能斷定「我認為是怎樣的就是

怎樣的」。

　　「我們人類自身只不過是自然基本粒子的聚合體。」

　　霍金為什麼敢於斷言「哲學死了」？因為科學家發現了「基本粒子」，哲學家不能。[1] 這首先就把「哲學」與「科學」混淆了。霍金說：

　　　　我們怎麼理解我們身居其中的世界？宇宙怎麼行為？實在的本質是什麼？所有一切從何而來？宇宙需要一個創造者嗎？

　　　　在傳統上，這些問題是哲學問題，然而哲學死了。哲學已經跟不上科學尤其是物理學的現代發展。在我們探索知識的進程中，科學家已成為發現的火炬手。

　　發現了什麼？「依賴模型實在論」設定的「實在」，即「基本粒子」，它們都是科學家用「已知手段」去干預、打擊「已知物」而產生的「為我之物」——用亞里士多德術語說就是區別於「自然存在」的「技術存在」（即「當且僅當必然如此」的「替代物」而已）；用康德哲學的術語說，就是區別於「自在之物」的「為我之物」。兩者之間的差異可用「以像代是」的「像」與「是」來區分。即用「知性」構造「以像代是」為自然立法。

　　「依賴模型實在論」，這是一個非常奇怪也非常有趣的「合成概念」：

　　「依賴模型」（der，的）「實在」。

　　「der，的」作「主語第二格」，表示「實在」專屬主語「依賴模型」的。

　　「der，的」作「賓語第二格」，表示「依賴模型」僅是「實在」的一種定語修飾詞。

　　前者中心詞「依賴模型」乃人之所為，為它所有的「實在」當然也是人為的。中文「的」應寫成「底」。

　　後者中心詞「實在」非人之所為，「依賴模型」不過是人感受的「以為」而已，僅用以修飾它。

　　可見，「實在」有相對的與絕對的區分。

---

[1] 哲學雖然不能發現「基本粒子」，但區別得了「自在之物」與「為我之物」「自然存在」與「技術存在」「像」與「是」。

霍金說「我們人類自身只不過是自然基本粒子的聚合體」。這豈不是說，霍金也把人類當做「依賴模型實在論」的「實在」了？原來，你霍金自己早就知道自己是「依賴模型實在論」底「實在」，現在跑出來呼籲「警惕人工智能」做什麼呢？「機器人」不也是「基本粒子聚合體」嗎？它同「人」在本質上是沒有差別的啊。「依賴模型」當然不會是「上帝創世」，只能是「自然進化」，而且還是自然進化中的「必然進化」，排除自然進化中的「非必然演化」。

自然進化 ┤
必然進化：如「進化論」可計算確定，如「依賴模型實在論」

非必然進化：即演化，則包含「自然共生」之偶然、突變（災變）、飛躍、不可預測性，絕非人的智力所能模仿

這類分歧中世紀就有，經院哲學分為兩派：一派說上帝是必然完善的，「正因為上帝完善，我才信仰上帝」；另一派說，不，上帝是非必然的，荒誕的，「正因為上帝荒誕，我才信仰上帝」。

霍金顯然只屬於「必然進化論」的一種有限形式「依賴模型實在論者」。這種把人看成「自然基本粒子聚合體」，是典型的「物理還原主義」。「自在之物」與「為我之物」「自然存在」與「技術存在」「人」與「機器人」「像」與「是」根本區分的界限被「物理還原主義」抹煞了。西方形而上學兩千多年的抽象由今天科學家接捧。所以霍金把「M 依賴模型實在論」當成「宇宙本身」一樣。

既然是必然進化，當「超人工智能」時代到來，那位「未來學家」竟高興地說：「人可以永生，因為人類會完全變成人工的」。使我想起了西方歷史上有一個「混淆事實判斷」的著名例證：

劊子手在行刑砍唐·卡洛斯王子頭時說的一句話：「我要殺你，是為了你好！」

機器人如法炮製，它砍未來學家、科學家的頭時就是這麼說的：「我要殺你，是為了你永生！」

「人工智能」的研究者們如此露骨，霍金當然受不了了，挺身而出「呼

籲警惕人工智能」。但他沒有想到，作為頂層理論的設計者，其設計理念與基礎理論的人工智能設計理念如出一轍：包括人在內的宇宙都是「基本粒子聚合體」。既然如此，八十步取笑得了一百步嗎？

因為，西方從古至今「哲學本體論」「神學一神論」「科學粒子論」軌跡不管其間有多麼五光十色的羽毛鱗甲絢爛於世，畢竟「九九歸一」地走到了它「只知其有不知其無」的盡頭。換句話說，最後科學粒子論，不管是「原子彈核彈」，還是「量子計算機」帶來的大數據加速推進「超人工智能」奇點的到來，這些毀滅性能量一方面是自古希臘「開端即沒落」取「善」而代之以「功能性知識學」的必然結果，另一方面自然也是技術物化，即去人化的徹底完成。

西方「功能主義—資本主義—科學主義」把人類導向完全去人化的「機器人第三型文明」，見證「進化論變成末世論」，也恰好證明古希臘「自然理性」之「開端就是沒落」。

4.「我們是不是走到了物理學的盡頭？」

歐洲核子研究中心的青年科學家哈利・克里夫在一次正式的 TED 會議上提出（根據會議記錄）：

> 「我們是不是走到了物理學的盡頭？」
>
> 「為什麼是有而不是無？為什麼這麼多有趣的東西在宇宙中存在？粒子物理學家哈利・克里夫講解了在歐洲核子研究中心的大型『強子對撞機』的工作情況。在這個迷人的演講中介紹了最新研究的宇宙秘密圖景。【補：『有些像開關一樣，打開了豐富多彩，關閉了什麼都沒有。』】對那些尋求這類問題答案的人來說他有一些潛在的壞消息。儘管科學家們盡了最大努力（在地球上最大的機器的幫助下），我們可能永遠無法解釋所有怪異的自然景象。這是物理學的終結嗎？」

哈利・克里夫在舉例中提到的「開關」現象，簡直是一個比量子「波粒二象性」更奇怪的「開關二象性」：開了豐富多彩，關了什麼都沒有。這是「最新研究的宇宙秘密圖景」嗎？正是這一「秘密圖景」才使科學

家「可能永遠無法解釋所有怪異的自然景象」而深感「這是物理學的終結嗎？」

於是才有兩個震驚西方科學界的問題：

「我們是不是走到了物理學的盡頭？」

「為什麼是有而不是無？」

由此引出「『暗宇宙』進入宇宙第三層級」的遐想。

二、「自然理性」的界限：「只知其有不知其無」——「暗宇宙」進入宇宙第三層級的信號

資料一：「暗物質」

HARRY CLIFF

Have we reached the end of physics?

Why is there something rather than nothing? Why does so much interesting stuff exist in the universe? Particle physicist Harry Cliff works on the Large Hadron Collider at CERN, and he has some potentially bad news for people who seek answers to these questions. Despite the best efforts of scientists (and the help of the biggest machine on the planet), we may never be able to explain all the weird features of nature. Is this the end of physics? Learn more in this fascinating talk about the latest research into the secret structure of the universe.

（This talk was presented at an official TED conference, and was featured by our editors on the home page.）

哈利·克里夫

我們是不是走到了物理學的盡頭？（Have we reached the end of physics?）

「為什麼是有而不是無？（Why is there something rather than nothing?）為什麼這麼多有趣的東西在宇宙中存在？粒子物理學家 Harry Cliff 講解了在歐洲核子研究中心的大型『強子對撞機』的工作情

況。在這個迷人的演講中介紹了最新研究的宇宙秘密圖景。對那些尋求這類問題答案的人來說他有一些潛在的壞消息。儘管科學家們盡了最大努力（在地球上最大的機器的幫助下），我們可能永遠無法解釋所有怪異的自然景象。這是物理學的終結嗎？」

馬丁·海德格爾同樣問過：Warum ist ueberhaupt Seiendes und nicht vielmehr Nichts?（為什麼總是存在者在而無反倒不在？）[1]

資料二：「太極粒子」

（2017 年 7 月 21 日人民網　觀察者網報道摘要）

王康隆　加利福利亞大學洛杉磯分校

張首晟　斯坦福大學

寇煦豐　上海科技大學

《科學》雜誌通訊作者何慶林、寇煦豐、張首晟、王康隆

最重要的後基本粒子：希格斯玻色子（上帝粒子）、中微子、引力子、馬約拉納費米子（天使粒子，即神秘的正反同體粒子）。

基本粒子分為兩種：費米子與玻色子分別以美國物理學家費米和印度物理學家玻色命名（按：玻色子就不應該叫做「上帝粒子」，它應該屬於東方系介入的第三層級「暗宇宙」系列）。

費米子屬正粒子。遇上反粒子相互碰撞就會相互湮滅，粒子的質量就會消失並轉化為能量。

會不會有「沒有反粒子的粒子」存在？「費米子」或者「正反同體的粒子」？

意大利物理學家埃托雷·馬約拉納在論文中猜測有這樣一種神奇粒子存在，中微子可能就是馬約拉納費米子，但只是猜想。

---

[1] 這句話我可以確切地註釋是 1935 年夏季學期海德格爾在弗萊堡開設的《形而上學導論》課程中提出來的。但在我的記憶中這個問題可能更早是在 1930 年的就職演說「什麼是形而上學？」中出現的。

張首晟最先提出轉向聚態物理，「既然馬約拉納費米子只有粒子，沒有反粒子，那麼它就相當於傳統粒子的一半。他很快意識到，『一半』的概念就是解決問題的關鍵」，「通常的粒子按整數跳，馬約拉納費米子或許就是按半整數跳，即 1/2 台階」。他在 2010-2015 年連續發表三篇論文提出精確實驗方案。

張首晟將其命名為「天使粒子」（來源於布朗小說《天使與魔鬼》）：「但今天，我們找到了一個沒有反粒子的粒子，一個只有天使，沒有魔鬼的完美世界。」

王康隆實驗團隊依照其方案，成功發現了手性馬約拉納費米子（2017 年 7 月 21 日報道），被清華大學薛其坤領銜的團隊證實：量子世界的電阻是量子化的，它只能整數倍地跳台階。王康隆實驗完全看見了「1/2 台階」。

何慶林、王康隆實驗團隊與張首晟理論團隊合作，完成了實驗證實。

王康隆：「『天使粒子』這個名字我也是昨天才聽說，我認為不太適合，我覺得『太極粒子』更貼切。馬約拉納費米子正反同體，就像道家的陰陽八卦圖一樣。」

解讀「資料一」與「資料二」

「為什麼是有而不是無？」——發生在 2015 年，由一位青年科學家哈利·克里夫說出來，力圖借提出「粒子物理學終結」的可能而指出「無」的科學盲點。

「為什麼總是存在者在而無反倒不在？」——發生在 1930 年，由一位青年哲學家馬丁·海德格爾說出來，[1] 力圖「把形而上學帶到其邊緣狀態」而敞現「無」的哲學盲點。

---

[1] 萊布尼茨得益於中國易經二進制，發現「微積分」，仍不過把（有—無）變成（1—0）而已。就像海德格爾變成（存在者—存在）。兩人充其量只是留下一個問題「為什麼總是存在者在而無反倒不在？」始終進入不到「無」的領域。

八十五年後，科學家與哲學家雖共同趨近於「無」，仍不知其「無」。何故？

筆者復歸《德道經》「知其白守其黑」來解讀？

一、由古希臘哲學而來的前提質疑

1

一本書《尋找暗物質》[1] 串起「資料一」與「資料二」

所謂尋找「暗物質」，說的就是尋找「暗物質粒子」。這就先驗地認定了「暗物質」仍是物質，所謂「暗」表示目前感覺到還沒尋找到，即判其為「有」但不能名其為「有」。仍然沿襲了傳統物理學「實體」理論，其根源就是古希臘開端的「形而上學本體論」即「基本實有論」。

所謂「本體」乃指宇宙萬物的始基，也就是後來物理學家尋找的「原子」[2]「電子」「量子」等「基本粒子」，它們構成宇宙的「本體」；再利用「相對論」把宇宙設想為：有開端 ——「大爆炸」、有消亡 ——「黑洞」、由此展開一層一層的「星雲系」，以此獲得「宇宙統一結構」（之一如「M理論」）。於是，科學家們據此認定：「人掌握了宇宙」—— 甚至有人說「將宇宙據為己有」—— 就像每一個形而上學家掌握了以他命名的「本體」一樣。

西方科學家，如同西方哲學家：歷來「崇有」且固執其「有」，所謂「經驗之外無物存在」。大概是「自然理性」即「自然之光」以「照見」為目的且本身沒有陰影的緣故吧。用中國古語云：知其白不知其黑，知其有不知其無。

事實上，西方哲學史上的「形而上學本體論」從來沒有成立過，從來都是被砍下的「頭蓋骨」（即僵死的「替代物」）。

---

[1] 中國科學院國家空間科學中心、中國科學院紫金山天文臺、新華社對外部中國特稿社編著《尋找暗物質》，科學出版社 2016 年。

[2] 古希臘德謨克利特的「原子論」，提出了「原子」與「虛空」。黑格爾解釋，「虛空」不僅是「原子」活動的外部空間，而且尤其重要的是「原子」內部的驅動性。參見《哲學史講錄》。

同理，西方科學家也從來沒有「掌握宇宙」，充其量，只不過是知道自己所能知道的那一點而已，例如承認僅僅靠了 4.9% 的可知物質建構「整全宇宙」[1]，而 95.1% 的「暗宇宙」尚在無知中，卻仍然固執地斷言「暗物質」或「暗能量」。

【插語】

4.9% 與 95.1%，僅作比率有參考意義，但其底數按「M 理論」究竟是 10 的 480 次方，還是 10 的 500 次方，不過是一個假想的「定數率」而已。就像希臘諸神之泰坦神普羅米修斯被宙斯鎖在高加索山上仍然不放棄鎖定宙斯死期的「定數率」。

現在，又故技重施，想當然地把「暗物質」當作「物質粒子」去尋找。真是走到死胡同 —— 走到該換思路的門檻仍執迷不悟。笛卡爾感覺到了這「死的根性」嗎？

2

年輕科學家哈利‧克里夫，還意識到「Why is there something rather than nothing?（為什麼是有而不是無？）」，明確提出「粒子物理學的終結」，而進入的「暗宇宙」屬於「無」的可能性，並說明它出奇地像「開關」：開了，豐富多彩；關了，「什麼沒有」。至少提出了這種「無」的可能性。

【插語】

與量子「波粒二象性」完全不同。本來上世紀八九十年代還流行的「場論」有超出「粒子論」趨勢，可向「有生於無、無有相生」的「無」過渡。但西方科學界習慣勢力頑強，硬把「場論」窒息而代之以數學「弦論」回到「粒子論」的（1-0）中。

---

[1] 馬克思時代的工人哲學家狄慈根說過一句話：「一粒微塵破壞了，整個宇宙就會崩潰。」多麼頑強的「宇宙統一論」。愛因斯坦不也同樣頑強嗎？恰好證明古希臘以來的西方自然理性科學之根「本體論」——「只知其有不知其無」——智能之「死的根性」焉。

於是問：宇宙可望進入第三層級？

牛頓物理學層級：知宇宙「萬有引力」

猶太人物理學層級：知宇宙以光速為限的相對論、量子論

「暗宇宙」層級：進入宇宙第三層級信號——「有／無」顯隱

3

科學家們為什麼如此固執地認定「暗宇宙」就是「暗物質」，即「實體粒子」及其「能量」？

原因就在於，以古希臘「自然理性—形而上學」作為開端、作為基礎的西方科學，只能按自然之光呈現實體的樣子想像「本體」「有」，「存在」而且還是沒有任何陰影的「有」，置自身「雙重遮蔽」於不顧，造成「本體論」如「白色神話」一般。然而，「通天塔」總是坍塌了，致使虛無主義伴隨形而上學，如影隨形。這是西方哲學史上的一大怪現象，以致連尼采的「超人」都承認自己是在「虛無」上跳輪迴之舞。對此，我舉兩個例證。

例證一，「是與在之爭」：

「是」（可見性與可知性）：「存在即是」（根本忽略「在而不是」）

「存在」（湧現、去蔽、聚集）
- 「存在於」（分析：更小的屬）
- 「歸屬於」（綜合：更大的類）

「某物」
- 「什麼是」
- 「是什麼」

立足可見物發問：
命名、定義、屬性（分析）、歸類（綜合）

「知識」：取功能功用方向，本體（「粒子」）陳述優先，價值判斷取決於功能功用

例證二，雙重遮蔽使「四維度」成為「盲點」：

（1）只有無無。「自然之光」信念：「一切大白於天下」，如形而上學本體論「只知其有不知其無」，切斷了「從存在到存在」之外的任何非存在之可能性探問。【時間】

（2）固執己見。「感知即存在」，「我知道的只能是我知道的」（英美派）。含工具類如「手電筒」，照見的就是看見的。光見之外沒有存在。【空間】

（3）排斥「顯隱二重性」（顯即隱，存在者與存在）（德國派）。不承認光照的可見部分同時是遮蔽，即把自己遮蔽遮蔽起來，造成「雙重遮蔽」。【「存在」糾纏】

（4）根本排斥「無」，不可知、不確定、無法計量、純粹偶然等等超越理性、不可名狀的「神秘性」。【東方文化】

「光」時空存在現象（西方文明）；「黑」超時空現象（東方文化）【知白守黑】

只知其有，再推及有，把人明明存在的有限性（包括工具的有限性）有意無意在實際操作中借「實用真理」而無限化了、普遍化了，即「手段就是一切」「力量就是一切」。哲學家、科學家莫不如此。其因果累積，必然導致少數人「強力意志」偏執瘋狂，從而使「實用真理」之「以論治史」愈來愈偏離人間正道，墮入「進化論即末世論」。

西方哲學史歷來存在著形而上學與虛無主義「兩極搖擺」中（其實是「一個銅板兩面」，因為虛無主義不是現代的人為產物，它本身就是「形而上學本體論」的固有物，因為「本體」是人偽造的），但由於自然理性的形而上學實用功能形成了西方人骨子裏的真理偏見，「虛無主義」反而成為刺激形而上學「積極性」與「消極性」兩種偏執的震動工具。

4

古希臘第一次啟蒙獲得的自然理性功能結構主義，既然形而上學本體論從來達不到「本體」，能達到的無非是自然之光照見的，即可經驗的

「（本體）替代物」，那為什麼不乾脆把「經驗論」取代「本體論」？於是古希臘「形而上學結構主義」就轉變成「（邏輯）經驗論結構主義」。近現代「英國經驗論」和「美國實用論」便理所當然地擔當起古希臘開闢的自然理性主流軌道的嫡傳發展。

「經驗論功能結構主義」邏輯框架的三大支柱：「經驗」作為界限、「邏輯」作為手段、「功利」作為目的。

經驗作為界限以「英國經驗論」為例。經驗、感知是英國人的絕對界限，用牛頓的話說，「經驗之外無物存在」。理論上從貝克萊到休謨，始終堅持「經驗教條」，不同僅在於激進與溫和的區分。經驗外沒有存在屬激進派，經驗外懸置存在屬溫和派。

邏輯作為手段乃以亞里士多德「三段論」奠基 —— 從邏輯形式到語義內容。邏輯是一種思維技術或手段，目的是轉向實用、成事，即成為事實，發生功效。從功能上看，有了事實或功效，就算成功。即思維見效了，完成了思與行的變換。這就是最基本的成功。

至於這成功，有利無利、有害無害，更不要說，是非善惡，都是「邏輯技術」擔當不了的。只能由當事人事後根據自己需要附加的意義價值（地域、文化、習俗、個性），或規定成利弊好壞，或再規定成是非善惡。請注意，西方愈往現代，「優勝劣汰」的功效性愈重要，因而結果調節也就愈來愈趕不上手段效用的優化了。久而久之，這兩套（思與行）三步（成事、利弊好壞、是非善惡）的進化，在因果互換中混淆、統一起來，讓人分不清真假了。歸根結底，在功能中，「德性」名存實亡還自我欺瞞。古希臘「自然理性」是始作俑者。

5

「形而上學」找到的「本體」都是具體的「替代物」。比如，肉分解成碳氮氫，然後再把碳氮氫合成「肉」，於是以為碳氮氫「本體」成立了。連 19 世紀的黑格爾都知道，這個碳氮氫合成的「肉」，「已經不是原來的肉了」。以「肉」代肉，我把它叫做「以像代是」，於是有「形而上學本體論」——「本體」即「以像代是」——「經驗論邏輯論」照單全收。

黑格爾說：肉分解成碳氮氫再把碳氮氫合成「肉」，這「肉」已經不是原來的肉了。這是肯定句。一百多年後變成「疑問句」：假如人粉粹成原子再合成人——這個人還是原來的人嗎？結果，雖質疑「物理還原主義」，但仍慣性地被「物理還原主義」拖著走。無解。

6

作為歐陸「理性主義」與英美「經驗主義」的調和者康德，其《純粹理性批判》說的就是這個「以像代是」事實，但精緻得多，也巧妙得多。巧妙在於，因「自在之物」與「二律背反」形成的兩端絕對界限規定了知性認識的「有限性」，由此決定了人的「純粹理性」只能「以像代是」地「為自然立法」。但有限的臨界仍預設了越界的可能！於是，謹慎的康德留下了空隙，卻讓「新康德主義者」無法無天。

須知，「道德倫理規範」並不限制人之為人的自由，即「自由與責任」相得益彰。恰恰相反，拿掉「道德倫理規範」使人降解為物，其功能功利的物化必然逐層剝奪人的自由。

「欲將取之必先予之」——進化論變成末世論！

康德作為德國人，其哲學在西方並不屬「主流路線」。他的《實踐理性批判》中的三大「絕對律令」：「上帝存在」「靈魂不死」「自由意志」都是作為「自在之物」而設定的，因而「人是目的」這一基本道德法則與「永久和平」一樣僅歸於「應當」而已。於是，所謂「頭上星空與內心道德律」變成了純粹的個人自律。

【插語】

現代人以個人為本位談自由，談得就像「單子運動」那樣的自由，連「自由」不可與闕的「責任」都不要了。他們只知道援引盧梭名言「人生而自由」，卻把緊接著的下面一句「但無不在其枷鎖中」遺忘了、丟掉了。哪有這樣「沒有界限」的自由？單子式的「機器人」也做不到啊？要是機器人做到了，還有人的自由嗎？人們念念不忘美國「獨立宣言」中的「自由權利」神聖不可侵犯，他們忘了「自由女神」高舉的「火炬」是假，「火

槍」才是真，不僅以上千萬印第安人的屍骨為奠基，建國後死於「火槍」的人可以計數嗎？別忘了「自由與責任」就像「土地與血」「糧食、陽光、水分」須與不可分離的。

　　到了「新康德主義」，把認識兩端的界限拆除了，其結果就是拆除了「以像代是」的「像」，變成了「像就是是」的「真理」而掩蓋了「替代物」假像。所有西方科學理論如「萬有引力論」「廣義相對論」「大爆炸」理論等等，都屬於這種「新康德主義」式的「以像代是」之「替代物」而自詡「普遍性」，並以此「為自然立法」。「超人工智能」之「機器人第三型文明」也應作「如是觀」。

　　其所以能如此，是因為自古希臘以來，西方人的「人性」就逐漸「德性知識化」，即智能功能化了。只有功能化的「人」才能造就功能化的「機器人」。古希臘自然理性「形而上學」之「去人化」開端，可謂「始作俑者」。故「開端即沒落」「進化論即末世論」的「機器人」就落入了「其無後乎」的反諷。

7

　　再回到「暗物質」。「尋找暗物質」仍然走的是「本體論」路線，還是尋找「新粒子」，還是沒有「陰影」，還是沒有「無」！它只能在一定實用的限度內有效，如「替代物」。如英國的「萬有引力」，一旦跨界解釋就崩潰了。同樣道理，如猶太人的相對論與量子論，一旦跨界解釋又崩潰了。進入到今天作為宇宙第三層級的「暗物質」——應是「暗宇宙」——難道還要再三重演「只知其有，不知其無」？

　　說到「萬有引力」，曾一度好像能夠解釋銀河系星雲運動的規律，再加上「相對論」，以致科學家們都覺得宇宙現象已解釋得「完美無缺」了，整個宇宙如「囊中之物」。

　　問題根本不在於科學家「發現的天體知識」多麼重要（沒有誰否定科學家的功勞！），而在於「滄海一粟」的發現怎麼敢斷言「無限宇宙一目了然」。換句話說，即便西方哲學已經意識到「感知即存在」或「我知道

的只是我能知道的」，也不應該動輒把「經驗命題」轉化為「普遍命題」：「我知道的就是整全的宇宙普遍真理」。事實上，牛頓「萬有引力」不過就像碳氮氫合成的「肉」這樣一個「以像代是」的「替代物」而已。

　　一生住在柯尼斯堡的康德，提出了啟蒙哲學上的「哥白尼革命」——以人為中心：「人為自然立法」。但有一個前提限制：「自在之物」不可知，至少不可徹底知，理性受制於「二律背反」不能越界，從而為「信仰」留下地盤，以此敬畏「頭上的星空和內心的道德律」。

　　但也就是他，畢竟首先提出了「僭越性」的「為自然立法」，給「純粹理性」即「自然理性」留下了暗度陳倉的幽徑 —— 有限的臨界仍預設了越界的可能 —— 致使「新康德主義」猖獗於科學界 ——「邏輯」炒作與「資本」炒作結伴而行。「新康德主義」科學家豈止「為自然立法」，簡直就是在建構「人造宇宙」。看看史蒂夫‧霍金的《大設計》就夠了：「上帝死了」，「哲學死了」，最後「人死了」……

二、暗宇宙「為什麼是有而不是無」？

8

中國的「暗物質」研究仍籠罩在西方思想的陰影中。

聽聽跟著西方人腳步走的華人科學家的話。

　　（2017 年 7 月 21 日報道：王康隆實驗團隊依照張首晟方案，成功發現了手性馬約拉納費米子）張首晟將其命名為「天使粒子」（來源於布朗小說《天使與魔鬼》）

　　張首晟結論說：「但今天，我們找到了一個沒有反粒子的粒子，一個只有天使，沒有魔鬼的完美世界。」

　　比較一下，另一個華人科學家王康隆同時另有一種說法：「『天使粒子』這個名字我也是昨天才聽說，我認為不太適合，我覺得『太極粒子』更貼切。馬約拉納費米子正反同體，就像道家的陰陽八卦圖一樣。」

　　這不僅是有古老文化背景的華人科學家應有的態度，更重要的是，它符合天體科學第三層級「暗宇宙」的事實。那就是：

我們面臨的不應單純是「只知其有不知其無」傳統粒子物理學了，而是面臨真實的「宇宙乾坤」，即「陰陽、黑白、無有之顯隱宇宙」。

其中成為當前難點的應該是：「無」即「暗宇宙」是存在的、但它是如何「化極中和」之「非粒子」「非能量」地存在？

事實上，如果總是「有生於有」（如粒子合成），不會有此一問。只有「有生於無」成為前提至少成為問題了，才會有此一問。海德格爾有了，領非哲學風氣之先。哈利也有了，領非粒子物理學風氣之先。

中國科學家有了這個溫故知新的背景，下面就不應該再是單純的「粒子」圖景了。

在中國古代思想中，可看出「無」至少有三種變化：

「無」
- 空 —— 包容生息之「谷」—— 空間吐納
- 化 —— 大化無極，以致中和 —— 時間回環
- 虛 —— 虛為實君，靜為躁君 —— 出入有道，「道法自然」

9

「資料二」中「粒子概念」疑點：

（1）正粒子（費米子）、反粒子。成對但分開存在；它們可相互碰撞湮滅而轉化成「暗能量」的來源？可以叫「對性粒子」或「相對粒子」。

（2）「沒有反粒子的粒子」，即「正反同體粒子」。「正反同體」但不湮滅、不是能量，仍是「粒子」類型（馬約拉納費米子）。那麼，「粒子」事實上就有兩大類：有「對性單一粒子」和「正反同體粒子」。

（3）據說，發現「正反同體粒子」的靈感來源於「它是傳統粒子的一半」這個直觀邏輯。報道轉述張首晟的推斷：「既然馬約拉納費米子只有粒子，沒有反粒子，那麼它就相當於傳統粒子的一半。他很快意識到，『一半』的概念就是解決問題的關鍵。」（按：著重號引者加）「通常的粒子按整數跳，馬約拉納費米子或許就是按半整數跳，即1/2台階。」這就是說，正是「一半」即「1/2台階」成為發現「手性馬約拉納費米子」的特徵標誌。因為「一半」或「1/2台階」成為沒有「反粒子」的證據。

（4）問題來了。

若「馬約拉納費米子」叫「沒有反粒子的粒子」，則屬於「無對性單一粒子」。不能自相矛盾地叫「正反同體粒子」。

這樣才算自洽的概念。

按照相同邏輯，

「正反同體粒子」就應該是「傳統粒子」的「一倍」即「2/1台階」。所以，目前證明可能隱藏著更深的例外，因為真正能證明「正反同體粒子」的，必須排除它不是「正粒子」也不是「反粒子」即不是「對性單一粒子」，因而還必須看它不會遭遇「對性單一粒子」的撞擊而湮滅。現在斷言它是「馬約拉納費米子」猶可說也，要說是「正反同體粒子」還為時過早。

綜合上述：

「對性單一粒子」：正、反粒子分開但必成對；衝撞而湮滅（即中和）

「無對性單一粒子」：沒有「反粒子」，且是「傳統粒子」的一半（1/2台階）

「正反同體粒子」：沒有「反粒子」，且是「傳統粒子」的一倍（2/1台階）

「暗宇宙」：與物質類型的「粒子」「能量」沒關係的另類（「無」）

三、總起來說幾句

10

如果英國牛頓力學是「正置」（第一層級），那麼猶太人愛因斯坦相對論與哥本哈根學派量子論就是「倒置」（第二層級），走到今天人工智能階段，其科學極端化偏執凸顯的「否定性」已昭然若揭：從「原子彈」到「機器人」。以致於猶太人暗示了「進化論即末世論」的末日審判。這是猶太人的權利，他們遭民主歐洲的驅趕與屠殺幾近毀滅。（提示：非西

方民族幾乎都被西方人「置之死地而後生」！）

　　本來，中國古代智慧《德道經》，已經說出了「知其白守其黑」，宇宙乾坤豈止於「有」？而是「陰—陽」「無—有」「黑—白」之「大化無極以致中和」地相輔相成。我們能夠而且應該擺脫西方形而上學「只知其有，不知其無」的獨斷論。於是有：

　　　　第一層級：牛頓「萬有引力論」——「正置（驕狂）」

　　　　第二層級：猶太人「相對論與量子論」——「倒置（詛咒）」

　　　　第三層級：中國人「有／無二象」知白守黑——「合置（虔敬）」

　　即歸根復命「大化無極以致中和」地復興人之為人的「中和之德」。於是竊問：「暗宇宙」與「有／無二象」有何關聯？

【補白】

　　海德格爾終究沒能走出「存在」真正墜入深淵「無」，而是用一種暗訪黑格爾式的邏輯開端「純存在即無」[1]範疇做了現代描述而已。在天體物理學中，也就是「粒子」與「能量」（相當於萊布尼茲微積分數學「1－0」）。所以我說，海德格爾終究還是西方人，擺脫不掉「只知其有不知其無」，儘管用提問的方式提出「為什麼總是存在者在而無反倒不在？」但其軟弱的回答與妥協就來了，後來不得不承認「始終受制於形而上學語言」。結果仍然似是而非、自欺欺人而已。西方人看，很迷幻，並在迷幻中仍可不進入「無」而滿足其「有」，現代中國人糊塗者依然糊塗，聰明者也仍在似是而非中，文學化了。真正穿透的根本差別，缺如，回不到中國文化種性中來。

---

[1] 黑格爾在《哲學史講演錄》中談到德謨克利特的「原子—虛空」時表示，「虛空不僅表示『空著』的意思，更在於它是原子的『內在衝動』趨向『自己的他者』。」（大意如此）

附錄一
給「科學哲學」提七個問題

第一個問題：「科學哲學」第一原理是誰在說「宇宙規律」？神說、自然說、還是人說？

西方歷史「自然理性」開端，是古希臘柏拉圖（計算本相論）和亞里士多德（製作實體論）奠定的「形而上學本體論」，即「功能性結構主義」，開「以論治史」先河。從此「功能性知識學」以「真」規定「善」，破物取力轉向「物性論──宇宙論」。此所謂「知識即德性」，並推崇為西方本源的「希臘精神」，一直為西方傳承。中世紀後它又擴展為 17 世紀英國「資本主義」和 21 世紀美國「科學主義」，構成西方歷史的主流命脈軌跡。

在這個基礎上，西方現代哲學家科學家繼柏拉圖「造物主德木格──計算本相論」之後說出：「上帝創世的秘密就是它頭腦中的數學。」這句話提供了如下邏輯推演：

【神學三段論】

大前提：世界是上帝創造的 ──「是」。

小前提：上帝是用數學創造的。

結　論：只有懂數學的科學家才能懂得上帝創世的秘密，故「懂數學的科學家能夠像上帝那樣用數學創造世界」──「像」。

這樣的三段論在現代哲學家科學家口中說出來，其科學哲學背後的自

254

然邏輯：

【自然三段論】

大前提：宇宙是有自然規律的存在 ——「是」。

小前提：最基本的宇宙規律表現為數學形式。

結　論：只有懂數學的科學家能夠用數學形式描述宇宙運動的規律，並以此描述的宇宙規律創造世界 ——「像」。

於是照此實用自然邏輯，「數學家—科學家—工程師」組合的技術系統工程，就是今天「自然社會」的主體結構（「技術座架」）。以美國代表的「科學主義」時代更突出了如此特徵。「金融」「信息」則是這個「自然社會—技術座架」的兩種不同但相互交織的「血脈—神經」網絡。作為「主腦」的政治系統則操作其上。

宇宙，不等於「自然」，「自然」不等於「自然理性」「技術」或「科學」。所有它們之間建立的「等號」都是人的「功能性傾向」之所為。緊接著的偏差更把它變成「以像代是」而「信以為真」——由此走上自然理性「功能主義」方向。

第二個問題：「依賴模型實在論」的科學哲學意義是什麼？

我暫不關心上述兩種三段論邏輯自身成立的限度。我感興趣的是通過實際的轉換所顯示的科學家與宇宙規律之間的關係，比如說「依賴模型實在論」，科學哲學如何用邏輯實證它？

「依賴」：「宇宙規律」作為主述者呈現了、說了。作為聆聽者的科學家也只能按自己能聽的能力聽到自己所能聽到的，謂之「依賴」。「聆聽者」依賴「主述者」。

「模型」：科學技術再按照自己現有的能力和手段做到自己所能做到的「仿真」。

「依賴模型實在論」：就是在如此這般的「依賴」及其「模型」所能達到的「仿真」——「本體論」也好、「粒子論」也好、「M 理論」也好、「人工智能」也好，均不過是「依賴模型」限定的「實在論」而已。用它仿真

製作出的「技術存在」或「M理論」或「機器人」也就被限定在「依賴模型」上了。於是就有了宇宙第一層級的「萬有引力論」、第二層級的「相對論」「量子論」「人工智能」等等。

根據近百年來特別是兩次世界大戰之後歐洲人及猶太人表現出來的現實，其「依賴模型實在論」可以表像為：

客觀上的偏離：「以像代是」（亂真）——（承上）背離「向神的智慧學習」[1]

主觀上的偏離：「以用代體」（縱惡）——（啟下）背離「向人的苦難學習」

重要的不是西方人自詡如此，作為西方歷史開端的「古希臘人」第一次啟蒙取「功能性知識學」走「宇宙論第一層級」方向乃始作俑者，猶太人沿此建立「宇宙論第二層級」，尤可說也。而是非西方人，比如中國人也臣服如此，還在西方人露出「只知其有不知其無」之「雙重遮蔽」破綻之後仍然如此，甚至不惜丟掉自己文化獨有的「無有相生」宇宙觀，不可說也。

第三個問題：「技術存在」高於「自然存在」嗎？

柏拉圖在蘇格拉底死刑之後改宗畢達哥拉斯「幾何學」，故而提出「本相論」及其造物主「德木格」用「本相」造物的「演繹邏輯」。再經學生亞里士多德提出的「製作實體論」及其「歸納邏輯」，並在《詩學》（《創作學》）中把「詩」的創作形式抬到高於「歷史」事實，即「技術存在」高於「自然存在」。兩者結合完成「形勝質」的「形而上學本體論」之「功能結構主義」，成為「物性論宇宙論」始作俑者。以兩例演繹之。

肉分解成碳氮氫，再把碳氮氫合成「肉」，儘管「肉」已不是原來的肉了，但就功能性而言，「肉」高於肉，即「技術存在」高於「自然存在」。

---

[1] 所謂「承上啟下」對於無神論者而言就是警惕人的智能理性的界限，既懂得敬畏（承上），也懂得改變給人類造成苦難的方向（啟下）。自古希臘自然理性以降的西方歷史，在此上下顯然是愈來愈肆無忌憚了，乃至「進化論變成末世論」。

同樣邏輯，人是基本粒子聚合物，分解成的基本粒子聚合成「機器人」，儘管「機器人」不是人，但就功能性而言，「機器人」存在高於人的存在。

兩個例子運用「同樣的邏輯」（演繹歸納）——「以像代是」：「肉」不是肉，但高於肉；「機器人」不是人，但高於人。

兩個例子得到「同樣的結論」（功能決定）——「以用代體」：「技術存在」高於「自然存在」，結果就是人的製作物高於人自身，一直到「機器人」高於人而取代人——進化論變成末世論。

這就是古希臘開創的「功能主義」邏輯道路，經「資本主義」到「科學主義」，僅僅是形式推動量變到質變最終徹底「去人化」——「機器人第三型文明」。

人，不是不要「用」，但不能「以用代體」而取消人之體。西方從古希臘開始的功能性知識學文明，錯在根本取消了「以體制用」才導致了「以用代體」，進而取消人之體。

螻蟻之穴潰千里之堤。

（補敘：再用兩例分析「邏輯」是如何變成「邏輯罪」。）

「肉分解成碳氮氫，再把碳氮氫合成「肉」，但「肉」已不復是原來的肉了。」
　　（前句）　　　　　　（中句）　　　　　　　　（後句）

這個舉例最早見於黑格爾《邏輯學》。19 世紀的黑格爾當然還不知道他「究竟說的是什麼」。但他的偉大恰恰在於無論是經驗直觀、理性直觀，還是信仰直觀，都是對的。

「前句」：將物分解成「元素」——正確（當時只能分解到這樣的「元素」）

「中句」：將「元素」合成「物」——正確（當時只能合成到這樣的「物」）

「後句」：「物」像物但不是物——「以像代是」（當時只能這樣達到「替代物」）

就事實性而言，三句都不能說錯。問題就出在如何理解如何評價上。

科學因此歡呼「偉大的發明」不是在事情本身上，而是在「功能性的替代物」上。說白了，功能性的「偉大發明」，即「仿真」，就是造假。但科學史的記載卻是「劃時代」的發明創造，並沿此方向繼續前進 —— 顯然以「功能性」為主導、「以像代是」為真，並由此見證古希臘就有的「名言」——「人是萬物的尺度」，及其邏輯 ——「我認為是怎樣的就是怎樣的」：「我認為宇宙是這樣的就是這樣的。」在西方，只有維特根斯坦斷言這樣的「邏輯」是「邏輯罪」！其他的科學家，從愛因斯坦到霍金都不自知。

「碳氮氫」元素，在黑格爾時代 ——「門捷列夫元素周期表」已經算得自然物質「本體論」了。即便它們是組成肉的「元素」，仍然是從物質上「部分代替整體」，從組成上也是「部分代替整體」，其中這突出的「部分」掩蓋了太多太多自然存在中與肉「共生」的東西。而且事實上，分析出來的「碳氮氫」元素僅僅是「元素」，與自然存在的肉毫無關係了，即不能說「是」，甚至連「像」都不能說。再進一步合成，則完全是人按照自己已知的現有條件及其技術方式合成了「肉」，更是一個單向度的技術過程，與在具體環境中共生而成的自然存在的肉毫不相關。

「我知道的不過是我能知道的」（貝克萊原理「感知即存在」），但「我」偏要說成是「回到事物本身」的「普遍真理」。難怪維特根斯坦臨死前都不忘證明：摩爾的「這是我的手」——「在經驗上是對的，但在邏輯上是錯的。它告訴人們『我認為是怎樣的就是怎樣的。』」

如此「邏輯真」，如何不構成「邏輯罪」？

第四個問題：「技術是人的本質」？

古希臘用「（功能性）知識」（非「智慧」的「智能」[1]）偷換「德性」，以「真」規定「善」。這個頭一開，至今約 2500 年，西方人就把人當做物並永遠蒙蔽其中了，一直不得其解，從「人是政治動物」，到「人是機

---

[1] 《理想國》「線喻」上「可知世界」倒數第二層以幾何學為代表的「智能層」，最上層才是「智慧層」，即真正能節制而「向神的智慧學習，向人的苦難學習」。轉向幾何學的柏拉圖及其後續者定格如此。

器」，到「人是基本粒子聚合物」，一貫如此，「技術是人的本質」不過是其中理論之一。一言以蔽之，把「只知其有不知其無」的認識論變成貪婪侵略佔有的德性，對地球如是觀，對宇宙也如是觀，想當然地認為未知的外星智慧也必定如自己一般的貪婪侵略成性。好萊塢電影就是他們的心聲。所以，即便貪婪侵略成性的進化論發展成「超人工智能」完全「過濾掉人類」，他們還不知道人類是怎麼死的，以為這不過是「科學進化論」使然：人該死了，人總是要死的，如此等等。

西方有人設想，地球人類可能是更高智慧在地球上做的一場實驗，看看人類的德性究竟能讓人類走多遠？

這個人的設想很有點意思。不過，應該糾正一個「主體詞」，他說的「地球人類」其實僅局限於「古希臘 —— 英吉利 —— 美利堅」這條海洋主線所代表的地域民族及其徹底功能性，絲毫不能代表「地球人類」多元文化性質。儘管一百多年來，這條海洋主線地域民族的徹底功能性主導了世界科學技術方向，直到面臨「進化論變成末世論」的毀滅性危機，但畢竟其他多元文化的危機覺醒肯定會改變目前既定的世界格局及其「機器人第三型文明」方向。換句話說，必須改弦更張，使西方人一元獨大的徹底功能性扶正到地球人類多元文化相互制約以致中和的人間正道上來。

第五個問題：暗宇宙一定是「暗物質」與「暗能量」嗎？這豈不是先驗地規定了「宇宙全然是物質的」？

這是「只知其有不知其無」的歐美人、猶太人必然的邏輯推論。也因此在他們的「宇宙第一層級」與「宇宙第二層級」中，其所有的「依賴模型實在論」如「M理論」「弦理論」等等，統統是「只知其有不知其無」的表現。今天即便認識到自己所知的「粒子論」不過是宇宙的4.9%，而95.1%的宇宙自己還根本不知道 —— 權當此「比率」的比喻性質 —— 也還要斷言那不知道的95.1%的宇宙一定是「暗物質」和「暗能量」。

想想他們歷史上歷來的「哲學本體論」「神學一神論」「科學粒子論」所表現出的「只知其有不知其無」的總總「依賴模型實在論」，你還能指望他們除「從有到有」的邏輯推論之外還有別的思維方式嗎？沒有了。

所以，真正的 95.1% 的無知宇宙在他們的「粒子論」思維之外。

第六個問題：「為什麼是有而不是無」？「物理學是不是走到了它的盡頭？」

西方青年物理學家提出的問題，在他們的思想資源中是不可能有答案的。

在這個意義上，「只知其有不知其無」的哲學「本體論」、神學「一神論」、科學「粒子論」的確走到了盡頭。

第七個問題：第三層級「暗宇宙」意味著什麼？

西方天體物理學告訴我們，已知宇宙學可分為兩層級：

第一層級：歐洲人牛頓萬有引力。

第二層級：猶太人愛因斯坦等相對論、量子論、人工智能論。

現在，西方科學家和猶太科學家為什麼突然驚醒：對宇宙「已知」與「無知」的比：4.9%：95.1%。

只知其有不知其無，是不是走到了物理學的盡頭？

第三層級「暗宇宙」意味著什麼？

根據我前面提供的「地球人類歷史第一檔案」，只有遠東高山兩河流域的華夏文化種性才能「高山仰止以觀滄海」，才是「無形無性、無極無名」之「有生於無無有相生、大化無極以致中和、永執厥中以為仁人」。

道阻且長，任重道遠

高山仰止，以觀滄海

墨哲蘭

2018 年 11 月 7 日藍山小鎮

附錄二
《西部世界》與西方歷史

「殘暴的歡愉終將以殘暴收場」

一、總印象及其敘事原理 [1]

亞得里亞海明媚的陽光就像人們心中的雅典帝國伯利克里時代的輝煌，掩蓋了內部奴隸制與外部殖民地、掩蓋了整個彌羅斯島冤魂為信仰道義的哭泣，正如 3 萬自由民雄辯的喧嘩掩蓋了 22 萬奴隸、女人、小孩的沉默。這就是西方歷史開端的原型，它如血液流注到今天美國《西部世界》的「機器人王國」如「樂園」般的「殘暴歡愉」中……

從柏拉圖、亞里士多德完成西方歷史「第一次啟蒙」開始，西方人就喜歡「編故事」。柏拉圖虛構了造物主「德木格」，於是把「形而上學」抬到比一切科學都高；亞里士多德論證製作的「故事」更是比歷史更本質，因而「技術存在」比自然存在更高，把世界置於技術的構架之中。於是，往後的編造、製作、論證不絕於西方歷史。「漁夫與獵人的物物交換」被說成是資本「貨幣」的起源，「魯濱遜」式的個人成了「一切人對一切人像豺狼」的「社會契約論」根據，成就了「現代道德世界的形成」。崇尚「單子個人」的西方人相信，不奇怪。不屬地中海文明的非西方人，也相信，太奇怪了。大概也是把西方的智能、資本、技術「啟蒙」到自己身上來的緣故吧。

---

[1] 文例：引用，「仿宋體」；轉述，「宋體」；評論，置於【】內，宋體；重點內容（筆者所加），「楷體」加粗。

《托拉》「創世紀」中的放逐，並沒有把猶太人打壓成「原罪式人性惡」，相反，耶和華一直保護著自己的「特選子民」，猶太人也用抗拒西方「啟蒙」浪潮的忠誠回報自己的民族神。一旦猶太教被引渡到了西方，「橘逾淮而北為枳」，千禧年中世紀，基督教教會把歐洲人打壓成「原罪式人性惡」，於是走出中世紀的「第二次啟蒙」，才有「資本主義」給「原罪式人性惡」以合理性解放形式。結果，「神創造人 —— 人殺死神」，開啟了新的輪迴：「人創造機器人 —— 機器人殺死人」。

今天應驗了。《西部世界》提交了一部「機器人」探源性報告。

在西方編造的敘事中，不管它是隱藏還是不隱藏，它的「主述者」「聆聽者」「指涉物」一樣不會少的。所以，讀西方的故事，第一要務就是弄清楚 ——「**誰在說**」！

美國電影，它總是有著非常清晰的「主體意識」，因為它習慣了「世界主人」身份，形成了「美國模式」：

美國說 —— 世界聽 —— 聽美國最想說最想要的

主述者　　　聆聽者　　　　　　指涉物

《美國隊長》《飢餓遊戲》《荒野獵人》（按：北美何時「荒野」了？什麼「獵人」？「種族清洗者」！），以及所有的《星球大戰》《變形金剛》《X戰警》《超人》等等，無不如是。

進入 21 世紀，我愈來愈注意好萊塢「科幻片」，近幾年主要關注「人工智能」科幻片。因為它剛好是科學主義時代美國最想要的「新範式」，也是美國最想向全世界炫耀的「科學主人」所展示的「科學未來」。請大家注意，科學早就沒有「中立性」了。現代科學歷史是在西方資本主義歷史中成長的，它最直接地體現著西方「資本精神」。

但今天，首先是西方科學界，再三呼籲人類：警惕「人工智能」向「超人工智能」加速度發展有可能進入的「機器人第三型文明」時代 —— 直接威脅到地球人類的生存安全！

恰逢其時，《西部世界》告訴我們，「**機器人**」**是有歷史的**。它毫不隱晦非常細膩地展示了「機器人」背後的「誰在說」、誰的歷史「怎樣說」

等尖銳現實。不僅如此。《西部世界》雖然不能說是「人工智能」教科書，但它卻是一部「機器人」問題意識「指南手冊」。因而，在作為「製造者」「生產者」「消費者」的人與「機器人」的關係上，會發生怎樣的問題，如何深入展示，甚至有意無意說出了西方歷史中的一個「輪迴」：「神創造人／人殺死神」—「人創造機器人／機器人殺死人」。這是回應「詛咒式喪鐘」，還是敲響「挽救式警鐘」？

上述，就是演講者最關注的問題，故取名：《西部世界》與西方歷史。

二、影名「西部世界」

「西部世界」這個影名太絕了：直言不諱，必有大諱。

一層指示，美國實體原型。它是美國建國史中的「西部世界」，具有美國「原型」懷舊特徵，而且是用最前衛的科學 ——「機器人」—— 懷舊。它記憶著美國建國的初始經驗 ——「自然法」，準確說叫「殖民自然法」：「暴力」與「性」。這也正是西方人特別是美國人確認為「最原始最真實」的「人性」。

二層指示，空間定位「西部世界」，即西方歷史中的西行路線。地中海中部希臘半島西向而行出直布羅陀海峽到英國，再過大西洋到美國。三個點，三次啟蒙：古希臘「自然理性」—— 17 世紀英國「資本主義」—— 21 世紀美國「科學主義」。（加速度：2200:400:60）

三層指示，時間定位。由「西方世界」開啟「機器人時代」。

三、《西部世界》的結構與原初意向

表層

利用美國西部的傳奇色彩，管理者開發了一個超特型「公園」，即在西部山地相對隔離的星落空間建立起一個一個的小鎮。小鎮上定居的都是「機器人」和「機器動物」，而且每個小鎮都有一個自己獨特的「故事線」，將「機器人」按故事線編織起來。其中扮演主要角色的叫「接待員」——即由「她（他）們」接待前來獵奇享樂的遊客們。「機器人」大體分三類：

「常規居民」「安保人員」「酒店妓女」。再就是游動其間的機器人「通緝犯」最有名的如「懷亞特」，以及「賞金獵人」如「泰迪」。

對此進行管理的都是真人。分為四類：

一類：「機器人」創製決策的科學家，調試員，工程師和一般的修補技師；

二類：故事線的編寫作家；

三類：「董事會」及其商業運行的監控高管

（原則：用職能權限嚴格將他們隔離開來）。

四類：遊客 —— 羅根（暴力與性，大部分遊客的目的）與威廉（個性原因，想發現真實自己）。

深層

三條線索交織。

第一條線索：核心是創造機器人的兩位搭檔 —— 阿諾德（創造「意識」，追求「完美」）和羅伯特（一切為了像上帝樣的掌控），以及中介伯納德（原是阿諾德，死後被羅伯特用阿諾德「數據」改造成機器人「伯納德」）。

第二條線索：董事會商業目的與科學家製造目的之間的分歧，如弗勒德（要自由，不要操控）、特蕾莎·卡倫（盜取機器人數據，維護「知識版權」）、夏洛特·黑爾（直接奪權）。

第三條線索：機器人或老接待員形成的異類，最典型者是德洛麗絲（最美的女人）、泰迪（勇士、賞金獵人）、梅芙（妓女老鴇）。

三條線索都糾結到一個神秘的「迷宮」—「中心」

「迷宮」是一個圖案：邊緣可以走進中心，中心也可走向邊緣，如此輪迴造成迷幻甚至瘋狂，由此掩蓋「中心」。

「中心」很曖昧（存疑），從結局看，由德洛麗絲執行「阿諾德隱喻」—— 第一次殺掉阿諾德，最後一次殺掉羅伯特，彷彿執行神秘的「血祭」——「殘暴的歡愉終將以殘暴收場」。

四、講解「對話」

我只能在交織的三條線索中，抽繹出一條主要線索（人與機器人的關係）來講。事實上，這條線索正是《西部世界》呈現的圍繞「迷宮」的主角遊戲。

　　對，就是「遊戲」，不要以為殺人就不是遊戲，羅馬鬥獸場上的殺人，圍觀的羅馬人為此瘋狂地下注賭博呢！電影《飢餓遊戲》不是用現代科技如此重複嗎？西方人喜歡這種遊戲。美國大兵攻打伊拉克到處搜索「大規模殺傷性武器」，這裏沒有，那裏沒有，到處沒有，不是有明星哲學家出來說：「有，『剩餘快感 a』就是。」多俏皮，撕裂了伊拉克，就為了一點「剩餘快感」！

羅伯特與阿諾德，兩人承擔了《西部世界》「樂園」最初的「機器人（接待員）」創製，但在創製過程中，兩人發生了深刻分歧。

開初兩人有許多共同點，比如，都同意創造機器人的基本理論：一定要有一個故事原型作為「記憶」支撐著這個人的「特徵」行為，只有有了「基本記憶」，它才能應對「即興反應」，既不會喪失原型，又有豐富的表現力。所以，他們都很看重原型記憶中的「苦難」性質，有了它，這個原型才顯得真實穩定，才能有輪迴。【按：這是西方世界的「原罪」殘餘？往後再回到這裏來詳述。】

但分歧在於，阿諾德則可能更傾向於「理想主義」——用「機器人」再現人的美好。在科學技術上，他更傾向於創造「意識」，即讓機器人有意識，於是提出了一個「金字塔」式的「意識理論」（從來沒有達到）：

塔尖	X
三層	私利
次層	即興行為
底層	記　憶

阿諾德後來承認，這種深層與表層的直線式累進關係，是錯誤的，應該有輪迴，於是，改變為「迷宮」理論，雖然中心和邊緣可交互循環，

但形成的是迷幻與瘋狂，只有阿諾德用自己的聲音設置在特定機器人的深層記憶中構成隱秘的召喚，才能指引到「中心」（獲得自由）成為一個密傳。阿諾德只把這個密傳留給了德洛麗絲，因為德洛麗絲是阿諾德心中的「人」，而且還是應該獲得解放的「完美自由的人」。如果德洛麗絲不能，那就證明這個為了**「殘暴的歡愉」**的「樂園」沒有存在的理由，必須**「終將以殘暴收場」**的「血祭」毀掉。這「血祭」的執行者就是完美善良的德洛麗絲（我把它叫做「阿諾德隱喻」）。

但是，阿諾德認為德洛麗絲因美麗與善良應該獲得自由的想法，被羅伯特斷然否決了，後者並且堅持「樂園」開業。阿諾德只有提前要德洛麗絲執行「血祭」，並讓泰迪幫助德洛麗絲殺死第一批最早的「接待員」，包括阿諾德本人，最後殺死阿諾德的德洛麗絲也自殺了。所以，最早的接待員有 82 人，損失了 47 人。留下的阿諾德時代的「老接待員」，特別容易有「幻聽」「變異」。

阿諾德死後，羅伯特為了保留阿諾德與自己搭檔的有效性，他把阿諾德數據複製出來，只是增加了自己特有操控的標記，並給這個按阿諾德複製的「機器人」取名「伯納德」。所以，伯納德既是一個優秀的全面的調控者，又是羅伯特得心應手的搭檔。當然也因此留下了隱患：伯納德不斷追問羅伯特與阿諾德的歷史。

【一個疑點：阿諾德始終沒有露面，但到結尾才知道阿諾德的本相是「伯納德」（伯納德看了羅伯特給他的照片驚呼「啊，我就是阿諾德」）。也就是說，「伯納德」就是按阿諾德的本相複製的，基本數據沿用了阿諾德的真實數據，羅伯特只增加了自己可以操控的部分。這在影片倒敘中已經交代出來了。但整個「樂園」的高管現場對此似乎并不知曉。至少特蕾莎就不知道。如果她早知道「伯納德」就是阿諾德，而阿諾德明明死了，她就應該明白，扮演阿諾德的「伯納德」就是一個「機器人」，那她到「伯納德」房間與之幽會就不是人與人之間的正常性愛，而僅僅是解決需要的「取樂」，像另一位董事會代表夏洛克女士干的那樣。事實又不是，特蕾莎的感覺中明明是與伯納德相戀的「情人關係」，後因董事會的權力之爭還慎重其事地宣佈「終止關係」。當然，這個疑點肯定是電影連續劇常有

的敗筆。只是無關大局而已。】

《西部世界》的故事情節光怪陸離，只有在圍繞「迷宮中心」的上述線索中所遭遇的「對話」才能揭示隱情。所以，我選擇三類對話形式從不同角度進入《西部世界》的「迷宮中心」。

一類：人與人對話；

二類：人與機器人對話；

三類：機器人與機器人對話[1]。

第二類最為關鍵。

第一類　人與人對話

（1）（第一季第 4 集）

先講一個羅伯特自述的故事。

> 父親給我和哥哥買了一條靈緹狗，也就是人們常說的「賽犬」，跑得極快。有一天我和哥哥帶它上公園去玩。父親警告我們說：「不要放開繩子，它跑得比你們的想像還快。」可我們抵擋不住誘惑，解開繩子，一件事情發生了，靈緹飛快地奔跑，我從沒見過比它奔跑更美的姿態，它向一隻小貓撲去。讓人意外的是，它咬死了小貓，撕得粉粹。我們趕到，看到它一臉茫然地呆坐著。啊，那隻狗，它一生都在試圖抓住一個東西……

【哼，羅伯特是在說自己呢。他一生都在試圖抓住一個東西 —— 不惜毀壞一個一個能抓住的 —— 因為凡是他能抓住的，都不是他想要的……彷彿他想要的是一個一個活生生的「死魂靈」！難怪赫拉克利特警告說：「別讓死的抓住活的。」這都是與「魔鬼」做了交易的結果，像「浮士德博士」那樣「一生追求著『無限』而不得」。

我奇怪的是這樣一種敘說方式。羅伯特說的是靈緹犬，在敘說中突出了它跑得極快的優美，又把它跑得極快說成是追逐它想要的東西。你看，

---

[1] 本文所引用的「對話」，完全根據影片翻譯的「中文字幕」整理。謝謝「中文字幕」的簡潔明確幫助了我理解。

兩次漂移：一次「動作優美」用過程掩蓋目的；二次真正的目的在行為之外又掩蓋了實際目的（它只是想抓住它以為能抓住的東西，它並不是想殺死小貓咪啊！），以此開脫靈緹犬的罪。還有三，靈緹犬是動物，無所謂罪不罪的。敘說者真正指涉的是敘說者，但他在敘說之外了，因而也就連帶開脫了敘說者自己的罪 —— 我何嘗不是這樣呢！是啊，我們（聽者）不也常常如此嗎？敘說，敘說怎會有這樣奇怪的魅力 —— 漂移般的遊離！

西方故事並不迴避原罪、罪惡及其報應，即便是「全稱性」的，但該逃脫的也逃脫得掉，其中似乎隱含著一個邏輯通道指向了「例外」，如述說者，彷彿故事述說者天然地在述說的故事之外一樣。這個述說者雖然不是故事中的顯隱著的「主述者」，可兩者似都有「隱身術」，相互藉此「例外」。生活世界也與此對應，立法者在立法之外、游戲規則制定者在游戲規則之外、特權者在一切權責之外。他們天然地享有「豁免權」。換句話說，敘事學的例外，生活世界中的例外，同格。難怪，「說謊者悖論」賦予了「赫爾墨斯」特權。「上帝」的痕跡到處可見。上帝、邏輯、法律、甚至道德律，都留著「肛門」可逃逸的！

這不過是自我安慰。我同時到處看見西方經典文獻中隱射著「神詛咒」的痕跡。這樣述說著的羅伯特，逃脫得了嗎？他以為他追求著無限，就能借一條靈緹犬那樣完美底殺死無辜的小貓照例無罪開脫自己？或者，還有更高的理論，像尼采的「悲劇精神」，凡成大事者，敢於擔當「主人道德」，就要敢於擔當瘋狂、死亡的悲劇。所以，他們敢於下手，心安理得。幾乎從古希臘伊始，柏拉圖、亞里士多德培養的就是這樣的德性 ——「知識即德性」。此「德性」已不關善惡，只關「功能好壞」「優勝劣汰」—— 在「自然理性」面前，沒有什麼善惡、沒有什麼罪不罪的，只有成功與失敗 —— 失敗者有什麼資格指責勝利者的勝利是不擇手段取得的呢？偉大的政治哲學不都在讚頌這些理論的製造者嗎：馬基雅維利、霍布斯、尼采、施密特，等等。

看看二戰後帝國主義者們在全世界的佈局：儘可能分而治之，或像楔子一樣地打入，或共管，或單獨托管，或星羅棋布地建立軍事基地，還要

設置第一、第二、第三島鏈，與時俱進地推行各種意識形態理論，如「人權高於主權」，策劃各種類型的「顏色革命」，等等。所有的行動都是雙重標準的，目的只有一個，地球上的任何地方都是我的安全邊界，我可以為所欲為，而別人休想在我的臥榻側酣睡。說這是「老謀深算」「深謀遠慮」都還不夠，他就是西方「自然理性」的「本能算計」，並以此建立「我主宰」的「現代道德世界」。人算命算不如天算，到今天，難民湧入，自己內部開始撕裂，自食其果，這都還是枝節。更加緊的是軍事科學技術加速度地向「人工智能」發展，走過了「弱人工智能」階段，現在要從「強人工智能」最後進入「超人工智能」時代，至少有 50% 的概率「過濾」人類。

真所謂「螳螂捕蟬黃雀在後」——「機器人」就是這種「自然理性」的勝算收官者 —— 神「詛咒」:「進化論變成末世論」。】

（2）（第 3 集）

伯納德與羅伯特對話。（按：此時我還不知道伯納德是機器人。）

（事前，「老接待員」德洛麗絲的父親艾伯納西，還有沃爾特都出現了異常現象，不僅僅是回憶先前的故事，而是出現了「幻聽」現象。如何診斷「幻聽」？伯納德去問羅伯特。）

　　伯納德：如果我們錯誤地分析了原始問題呢？

　　羅伯特：這是對話中常見的，只是單純的認知失調。不過如此。

　　伯納德：我同意。不過他們好像都在同一個虛構的人物對話，一個叫阿諾德的人。恕我直言，先生，你並沒有把真實的情況告訴我。

　　羅伯特：我以前也有過搭檔，生意上的和專業上的。他一直想把自己的名字隱匿起來，從設計的敘事中消除掉。我並沒有阻止他。他就叫阿諾德。早年那些光輝的歲月非常單純，只有董事會和創造者。我們只進行單純地創造。阿諾德不滿足如此。他對才智的表現並不感興趣。他想要真實的東西，他想創造意識。他將意識想像成「金字塔」。基層是「記憶」，上面是「即興反應」，再上面是「私利目的」，

塔尖呢？從來也沒有達到過。阿諾德以二分心智的意識理論作為依據，原始人認為思想中（頭腦中）的聲音是神的召喚。這個觀點在創造機器人時依然是可用的。為此，阿諾德建立了一份認知版本。機器人開始利用人為它設定的版本，然後變成自己的記憶，成為自己的意識。但是，阿諾德沒有考慮兩件事：第一，讓機器人有自我意識，這是我們最不願意看到的；第二，那像「神之聲」的另一個群體則變成了神。

伯納德：這是一群瘋子。機器人把對它們的版本編程變成了自己的自我意識；而另一群編程的人則認為自己是神。

羅伯特：這兩個方面都是非常危險的。它不僅違反了商業原則，最後還會給自己造成災難。

伯納德：我能否問，阿諾德後來怎麼了？

羅伯特：他死了。他為他的事業消磨了一生。他發現了一些本不存在的東西，比如機器人自身的「幻聽」。我們銷毀了一切程序，不允許保留「改變」。你一定要將接待員所有的變異告訴我。伯納德，別忘了，接待員不是真的，他們沒有意識，你千萬不要重蹈阿諾德的覆轍！

伯納德：我為什麼要那樣？

羅伯特：原諒我，因為你沒有忘記自己兒子的死。

【我不想在這裏評論所謂的「意識理論」，以及杜撰的「原始人」是天然地「二分心智」，且只有「二分心智」的消除才是「意識的起源」這一套個人編造的「心理學」著作（據說真有這本書，編劇利用了書中的心理學理論）。中東信奉耶和華神的猶太民族是不會同意這種「心理學」的。遠東信奉「天道人仁」的中華民族也不會同意這種「心理學」。它或許對西方人管用。自古希臘「自然理性」興起後，更嚴格地說是走出「中世紀」的歐洲興起「資本主義」後，才算真正形成了「有意識」的「智人」（即「智能人」「智術師」）。兩者均以功能功利的計算與製作的編程結構性運作。活人尚且如此，機器人也就不難如此了。所以今天才能走向「科學主義」

地創造「機器人」。

西方還有一點背景知識也極為獨特，那就是中世紀基督教承接古希臘的「柏拉圖式的上帝」（計算的上帝）與「亞里士多德式的上帝」（製作的或邏輯的上帝）。西方思想家、哲學家、政治家，甚至科學家，對此心知肚明，以致有這樣的說法：「政治是使人成神的道路」。所以，他們理解的「原罪」根本地就是模仿上帝的知識行為，造理論、造人，排序，分而治之。如霍布斯的「叢林原則」（「兩強相遇，勝者為王」，所以「政治成熟」就在於「分清敵友，準備戰爭」）、洛克的「自由原則」（這是說給主人內部聽的協商原則）、康德的「永久和平原則」（這就像「潘多拉瓶子」底的「希望原則」——預示著新一輪競爭的開始，因為作為西方人的康德在本性上設定不了「永久和平」），等等。近五百年來，西方資本主義興起，向非西方殖民擴張，不惜發動殖民戰爭、帝國戰爭，瓜分世界。這都是在「啟蒙」美麗的外衣下進行著的屠殺行為，其中以「種族清洗」為最。如此講究「民主自由平等」人權的西方人，如何殺得下手？很簡單，「非我族類」者不是人，可殺；不臣服者，該殺。所有這些，在《西部世界》中，都當「遊戲」演繹著，或者說，由人或「機器人」扮演的角色指代著、被反覆訓練著。

讓人不解的是，羅伯特明知道「阿諾德沒有考慮兩件事：第一，讓機器人有自我意識，這是我們最不願意看到的；第二，那像「神之聲」的另一個群體變成了「神」，而且深知其中的危險，為什麼自己還要重複做呢？明知「人不是神，人不可能是神」，還拚著命往裏鑽「把自己做成神」？這不是往死路上走嗎？

是啊，人終究是人，他聰明，偏偏他的愚蠢就是這聰明。「機關算盡太聰明，反誤了卿卿性命。」這就叫貪婪。聰明無非是「再走一步，只此一步，保險沒事」——「那導致毀滅的一擊恰恰就在這漫不經意的微小力量的積聚中！」（黑格爾老人說）】

（3）（第4集）

羅伯特與特蕾莎對話。

特蕾莎：我只是想保護你的遺產。

羅伯特：阿諾德更喜歡接待員。他不喜歡你們這些來來去去的人。我們是這裏的神，而你們只是我們的客人。

特蕾莎：那阿諾德的結局如何呢？

羅伯特：很不幸，他喪失了遠見。我不同，我看事情一直非常清楚透徹。我現在很客氣地請求你，求你，不要擋我的道。

【很客氣，先禮後兵。別忘了，我是這裏的神，你別擋我的道。

另外一處，羅伯特說得更透徹：「我跟你說過了，伯納德，永遠不要相信我們，我們只是人類，我們不可避免地會讓你失望。」

於是，霍布斯才有「人對人像豺狼」的「社會契約論」，也失敗了。因為追求極限的西方人，想成為「上帝」主宰一切。可神的詛咒把留在「潘多拉瓶子」底的最大的罪惡叫做「無限的希望」。西方的「個人」單子化後，每一個個人都有權追求「無限的希望」。因為他們是亞當夏娃的後代，吃了「知識樹」上的「金蘋果」。】

（4）（第 7 集）

夏洛特・黑爾與特蕾莎展示問題，羅伯特、伯納德及有關人都到場。

（用妓女克萊門汀做展示。第一次，檢查克萊門汀的也是機器男人，克萊門汀照例上前摸他的臉說「細皮嫩肉的」，機器男人猛烈地拳打腳踢，直打得克萊門汀鼻腔流血，躺在地上。接著來了第二次，開始照樣克萊門汀摸他臉說「細皮嫩肉的」，當男人動手打她時，她迅速反擊，用非常熟練的動作把男人打得要死。展示停止。夏洛克與特蕾莎兩人合謀用此展示機器人的變異造成對遊客的生命威脅，從而構成指控，當然首先是針對伯納德，要伯納德作出解釋。伯納德沒做聲。結果夏洛克・黑爾以董事會代表身份，當場宣佈解僱了伯納德。羅伯特站在一旁，一言不發。）

【忍無可忍的「底線」。但我不得不留下一個問題在這裏：什麼樣的人有什麼樣的「底線」？究竟什麼樣的人的「底線」——非開殺戒非要殺

人不可？

布什決定發兵攻打伊拉克也到了美國的「底線」嗎？寧可虛構一個興師問罪的理由——「薩達姆有大規模殺傷武器」，也要撕開伊拉克，像靈緹犬撕開小貓咪樣！全世界居然對此哼哼幾聲就像沒事一樣。一個主權國家呀，到現在都為此焦頭爛額！這就是「西部世界」牛仔——布什的「底線」！】

第二類　人與機器人對話

（5）（第5集）

羅伯特與德洛麗絲的對話。

> 羅伯特：你好，德洛麗絲，你知道你在哪裏嗎？
>
> 德洛麗絲：我在夢裏。
>
> 羅伯特：我知道，你在我的夢裏。
>
> 德洛麗絲：夢是內心的自言自語，沒有任何意義。
>
> 羅伯特：不，夢意味著一切。夢中我們告訴自己可能會發生什麼事，我們會成為什麼人，想像自己擺脫小循環的束縛，擔當更重要的角色。恐怕我也不能因此嫉妒你。父親曾經告訴我，要對人生知足，這個世界不欠我的。所以，我創造了自己的世界。告訴我，德洛麗絲，你記得我以前是什麼樣的嗎？

【原來人生要這樣知足：「所以，我創造了自己的世界。」而且這創造使我像「上帝」一樣。這已經不單純是羅伯特說的話。從他的下意識看，這顯然是賦予他靈魂的故事以「主述者」的聲音，就像阿諾德在德洛麗絲頭腦中賦予的「神一樣的聲音」。難怪馬克思終身都在描述一句箴言：「剝奪者被剝奪。」再套一句：「創造者被創造。」羅伯特逃不掉的，他就是一個被創造者！《西部世界》的「主述者」也逃脫不了，他們就是西方歷史「自然理性」創造的！】

> 德洛麗絲：抱歉！

羅伯特：你肯定知道，你肯定記得阿諾德這個曾經創造了你的人。

德洛麗絲：我不記得任何叫這個名字的人。

羅伯特：你肯定記得的，經過這多次更新，他肯定還在那裏，使得完美得以保存。你的內心就像一座隱秘的花園，即使死亡也無法觸及其中盛放的花朵。你不是一直聽到一種聲音，阿諾德與你對話了嗎？「分析模式」，你上次與阿諾的談話是什麼時候？

德洛麗絲：34 年 42 天 7 小時之前。

羅伯特：這正是阿諾的死亡的時間。他對你說了什麼？

德洛麗絲：他要我幫他。

羅伯特：幫他做什麼？

德洛麗絲：摧毀這個地方。

羅伯特：你沒有這樣做是吧，你滿足這樣簡單的循環。如果你真那樣做了，你就會成為英雄，還是惡人？這就夠了，德洛麗絲，抱歉，打擾你，除了你我之外再沒有別人明白我們明白的事情。

德洛麗絲：「我們」，是很久的「朋友」嗎？

羅伯特：不，絕對不能用這個詞。

【羅伯特是在了解阿諾德與德洛麗絲之間的秘密，想要關閉它：「除了你我之外再沒有別人明白我們明白的事情」（似乎要為重建兩人之間的默契定下基調）。

羅伯特深知「更為崇高的是將其關閉的能力」（第 7 集）。那麼是阿諾德的「關閉」崇高，還是你羅伯特的「關閉」崇高？這個質疑不僅來自於我這樣的觀眾，其實也是羅伯特的，或許他心裏已經在想，該做怎樣的選擇更真實更高明。走著瞧。】

（6）（第 3 集）

羅伯特與泰迪的對話。

羅伯特：你是一個勇士，只死過一次。那些懦夫在死前就死過無

數次了。雖然你死過無數次，那是這裏對你的需要。告訴我，這是你需要的嗎？

　　泰迪：有個姑娘叫德洛麗絲，有朝一日，我會同她遠走高飛，到夢想的地方去。

　　羅伯特：不，你不能跟她去。你的工作就是要把她留在這裏，以確保客人能夠找到他，讓那些想到這裏來風流的人只有殺掉你這個勇士，才能再同她風流一陣。你夢想過和她在一起嗎？

　　泰迪：我得先把舊賬清了，才能跟她在一起。

　　羅伯特：對了，你那個神秘的故事。我找你正是為了那個。我們從來沒有為你編制複雜的故事，只是大概提到你有一樁原始的罪惡，你必須要清算這一筆賬，才能成為一個真正的勇士。現在我為你找到一個故事，一起始於戰爭的故事，有一個惡人叫懷亞特。（操作，上傳這個故事），於是，你後來去搜捕懷亞特，作為賞金獵人。

　　泰迪：我曾經是一名軍人，懷亞特是我的中士，也是我的朋友。他後來失踪了。等他再回來時，他有了一些奇怪的想法，說這片土地不再屬於過去，而是屬於未來，他就是未來的。

　　【這是一種很高明的輸入故事的方式：「談話」。在談話中可以修改、刪除、補充、更新，等。前提當然是必須對「被輸入者」了若指掌（能「意識契合」）。而且，還要有一種方法使語音成為指令，就像調控者對機器人發出的語音指令：「立即上線」「分析模式」「停頓」（有一個甜水鎮場景，羅伯特的聲音（「彈指」？）指令使甜水鎮全部「凍結」在原地）。將來，地球上的人，除了生殖人，還有製造人時，有一種力量將是非常重要的，那就是，像黑客樣的侵入，即用特殊語音對製造的機器人進行修改，甚至關閉。還有更神奇的，我曾經就被「他心通」準確地描述過當下的「一個思想」。也就是說，具有這種「超能意識力」的人，專門擔當「意識指令修改或關閉」的特殊工作。這恰恰是「機器人」自身無法做到的——「更為崇高的是將其關閉的能力」！。

　　羅伯特剛剛「上傳了自己編的故事」，泰迪就能夠敘述出來。按照後

來弗勒德的說法，懷亞特製造出來的故事線是為了阻止任何人接近迷宮中心。假設當真如此，懷亞特怎麼會有如此「奇怪的想法，說這片土地不再屬於過去，而是屬於未來，他就是未來的」？這簡直就像「機器人」宣示的一個「預言」啊！】

（7）（第5集）

羅伯特、弗勒德、泰迪對話。

（弗勒德是一個白人參與者，一身黑衣黑帽，精明強悍。他現在帶著失血過多、又被他殺了別人用別人的血補充了的泰迪去找懷亞特，因為他相信懷亞特接近「迷宮」的最後一個關口。弗勒德領著精力不濟的泰迪到一個小酒店歇息。突然，羅伯特拿著酒瓶和三隻酒杯坐到他們的桌邊：「我不習慣獨飲，還是參加到你們中間來吧」。）

弗勒德對泰迪說：泰迪，你人生經歷中所發生的一切好事和壞事，都是拜他所賜。

弗勒德轉過頭來對羅伯特說：我的情況怎麼樣，羅伯特？離我要的東西接近些了嗎？

羅伯特：你在找什麼？

泰迪：找懷亞特，他殺死了一家人，擄走了他的女兒。

羅伯特：最後一部分我不知道。

弗勒德：我一直覺得這個地方缺少一名真正的反派角色，所以我盡了綿薄之力。

羅伯特：我承認，我缺乏想像力來構想你這樣的人。然而，這種緊迫感並不符合角色，透露出一些焦慮。

弗勒德：不過這一方面，懷亞特，可是全新的存在，難道他只是一個供游客掛在自己牆上的配角，還是你終於製造出有價值的敵手了，一個阻止我找到迷宮的人。

羅伯特：你希望在那裏找到什麼呢？

弗勒德：你知道你為什麼存在嗎，泰迪？外面的世界，那是你根

本不知道的世界，是人們一生依附的溫柔之鄉。除了一樣，生存的目的、生存的意義，沒有。所以，外部世界的人來到這裏，他們可以有點害怕、有點興奮，享受一些積極的破事，然後他們拍一張照片之後就回家。但我覺得在這一切之下藏著更深的意義，這裏的創造者想要表達的東西、真實的東西。

　　羅伯特：如果你要找故事的寓意，儘管可以開口直說。

　　弗勒德：那我就需要一把鑰子，我要問的人 35 年前就死了，幾乎把這個地方一起帶入了墳墓，幾乎，但沒有完成。多虧我，亦或是他留下了什麼。但如果我把你切開，或許能發現什麼（拿出刀）。

　　（泰迪突然出手制止了他。）

　　弗勒德：就算死到臨頭了，你依然是忠實的寵物。（轉過頭）那是你來這裏的目的嗎，羅伯特？試圖勸我放棄。

　　羅伯特：恰恰相反。我沒有立場去阻礙自我發現之旅。（抽下桌上插著的刀，看了看，還給弗勒德。）弗勒德先生，「我們必須回首，笑對危險的過往」[1]，對嗎？

【他們碰到了難題，弗勒德想說沒有說出來，但他以沒說出來的方式指引著問題的方向，那就是，（1）外面的遊客為什麼要到「西部世界」裏來？（2）「西部世界」除了遊客需要的那點「破事」（按：指「殺人與操逼」這兩大「原始動物性」），難道真有外面的「溫柔之鄉」缺少的「生命意義」嗎？

　　弗勒德在後面的「第 8 集」說出了自己來這裏的真實原因：「你知道我是誰嗎？（對泰迪說）我是一個工業巨頭，一個慈善家，一個愛家的男人，一個好的父親。妻子意外死亡，服錯了藥，洗澡睡著了，溺死。但在葬禮上，女兒告訴我：『媽媽是自殺死的，因為她每天活在恐懼裏，媽媽知道你在那裏的行為，她說你不過是用慈善事業築起一道牆來阻擋你內心的兇惡』。所以，為了證明真實的我，只有回到這裏來，發現真實……」

　　弗勒德來這裏的真實原因究竟想找一種什麼樣的真實？為什麼弗勒德

[1]「我們必須回首，笑對危險的過往」出自英國著名歷史小說家和詩人沃爾特・司各特。

在「外面」和在「裏面」竟如此地顛倒：在外面，外表道貌岸然，而內心殘忍兇惡；在裏面，無須掩飾，可以赤裸裸地展現兇狠與醜惡。妻子的死，女兒的指控，驚醒了他什麼？弗勒德冤枉嗎、委屈嗎？他要重新回到這裏來找尋什麼、證明什麼？證明他的「反派角色」是為了尋找「西部世界」，決非自己參與其中的董事會想要的那點商業利益嗎？不，他發覺了羅伯特與阿諾德建造的「西部世界」，即自己掌控的「機器人王國」自有他們的真實意圖，但兩人不和使這個「機器人王國」陷入了迷幻與瘋狂。特蕾莎死了，德洛麗絲拚命地在尋找「迷宮」，懷亞特最後出現了。弗勒德愈來愈覺得，羅伯特與懷亞特是阻止他的一夥，而阿諾德在引導德洛麗絲進入「迷宮中心」。但「迷宮中心」究竟是什麼？

（8）（第7集）

羅伯特安排伯納德殺死特蕾莎，伯納德第一次暴露「機器人」身份。

（帶特蕾莎到叢林中的小屋，發現了兩張圖紙，一張是德洛麗絲設計圖，一張卻是伯納德設計圖。特蕾莎拿給伯納德看，伯納德看不出來。）

羅伯特出現了：他們無法看見會傷害他們的東西。我讓他們免受傷害。他們的生活非常幸福，在某種程度上，他們的生活方式比我們更加純粹，沒有自我懷疑的負擔。

伯納德：不不不，我不明白。

特蕾莎對羅伯特說：你是個該死的怪物。

羅伯特：是嗎？你才是那個毫無憐憫要將他們全部毀滅的人，我估計你連他也不會放過，就算你們有過那麼一段情。

伯納德：你到底在說什麼？

特蕾莎：是不是這樣，你是不是指使他……

羅伯特：你們之間是你主動的，伯納德不過是順水推舟罷了。

伯納德：我不過是其中的一個，不會的，我有妻子，我還有兒子，我埋葬了他，我是個父親，我可憐的兒子。

羅伯特：夠了，伯納德，你別太激動啦。我曾經看過一個理論，

人類的智慧就如同孔雀的羽毛，極盡炫耀，只是為了吸引異性。所有的藝術和文學作品，比如莫扎特、莎士比亞、米開朗基羅，還有帝國大廈，都是精心策劃的求偶儀式。也許這都無所謂，我們用最基本的動機得到了數之不盡的收穫。但是，孔雀終究無法飛翔，活在骯髒的環境，啄食穢物的蛆蟲，卻還以華麗的美貌安慰自己。我逐漸開始認為，意識過剩是一種負擔，太過沉重，我們必須將它們身上多餘的去除，憂慮、自我憎恨、愧疚，接待員才是自由的，在我的控制下自由於此。

【抱歉，我不得不打斷一下，插進來先單獨指出羅伯特的問題所在。前面說的「孔雀的羽毛」是爛掉牙的嘩眾取寵又妄顧左右而言他的修飾詞。羅伯特一下轉到了要害「這都無所謂」，孔雀不過是「用華麗的美貌安慰自己的無能」，而我卻能利用這「最基本的動機（性慾與暴力）得到了數之不盡的收穫」，而且，我現在必須做出調整，「意識過剩是一種負擔，太過沉重，我們必須將它們身上多餘的去除，憂慮、自我憎恨、愧疚」一概除去，讓接待員「在我的控制下自由生活在樂園裏」。簡單地說，需要時加入，不需要時抹去，「機器人」就應該是被我操控的「簡單人偶」。阿諾德的「理想主義」要製造連人都沒有達到的「完美的自由人」，羅伯特一方面要符合商業要求，一方面要全面操控，使「機器人」完全成為自己手中的玩偶。究竟是阿諾德對，還是羅伯特對？或者說，究竟是阿諾德真實，還是羅伯特真實？請接著看 ── 】

　　特蕾莎：但他不在你的控制之下，他把我帶來，向我展示這一切

　　羅伯特：不，他帶你來是因為我的指使，這麼多年來他一直非常忠誠。

　　特蕾莎：你統治這個地方的日子，和你這瘋狂的小王國都結束了。你扮演上帝已經夠久了。

　　羅伯特：我只是想傾訴我的故事，你們才是企圖憑藉你們那個小公司扮演上帝的人。

　　特蕾莎：你真的認為董事會會容忍你的所作所為嗎？

羅伯特：董事會什麼都不會做的。我們的協議對他們太過重要了。他們經常給我們出難題。我覺得他們很享受其中的樂趣。這次他們派了你來，可憐的人，為了讓一切回到正軌。如今的境況需要一場血祭，這裏所有的一切都出自我和阿諾德之手，他是我們的夢想，你覺得我會允許你將他從我這裏奪走嗎？

特蕾莎：你也是這樣對阿諾德的嗎？你指使伯納德將他帶去外面的樹林裏嗎？

羅伯特：不，那時候他不在這裏，對嗎，伯納德？

（特蕾莎的手機全部下線。）

羅伯特走進她耳語：正如我所言，這裏的一切都是我創造的。恐怕我們的客人有點疲憊，或許你可以幫幫她，伯納德。

（特蕾莎恐懼：「不。」）

羅伯特：在沉睡中，會誕生何種夢境。

（殺死特蕾莎。）

羅伯特：我們該回去了，有很多的事要做。

【「科學的上帝」與「資本的上帝」開始相互指責了。這一點不用擔心，他們終究是會統一起來的，即便犧牲或血祭也不可避免。這對生殖人和對製造的機器人，歸根結底沒有多大的關係。往後看吧。】

（9）（第 8 集）

伯納德殺死特蕾莎後悔恨、恐懼，第一次追問羅伯特。

羅伯特面對呆板的機器人伯納德說：「立即上線。」

伯納德：特蕾莎，她死了，我殺死了她，我做了什麼⋯⋯

羅伯特：你所感到的內疚、苦惱、恐懼和悲痛，都令人驚歎，無比美麗！

伯納德：我是個殺手，上帝啊，上帝啊！

羅伯特：上帝與這事無關，你殺死她的原因，是我的指使。你該為自己能夠感受這些情感而驕傲。

伯納德：驕傲？

羅伯特：畢竟，你才是創造這些情感的人，我們研究之初，接待員的情感都如原色單調，喜愛、厭惡，我希望在其中加入所有的顏色，人類工程師卻又不能勝任，所以，我創造了你，我和你一起，捕捉到難以捉摸的事物，內心。

伯納德：我不明白，我在乎特蕾莎，我愛她，你為什麼讓我殺她？

羅伯特：「一個人的生與死，在我看來，不過是為獲取知識和我應得統治權下的小小犧牲品而已。」[1] 我們在這裏共同創造的美麗，還有其中的藝術，他們本打算將其摧毀，他們本打算將你摧毀。我不會讓這一切發生。再說，我們還要講述新的故事。

伯納德：我不會幫你的，我要夷平這地獄般的地方！

羅伯特：夠了，伯納德，夠了。你不是一個敢威脅我的人。阿諾德曾與你感受相同，而他也沒能阻止我。這一系列的情感如此美麗精緻，但更為崇高的是將其關閉的能力。我不需要一個情感破碎的人偶，我要你做你自己，真實的自己，聰明、足智多謀，擅於隱藏踪跡。你能為我做到這些嗎，伯納德？

伯納德：你希望我怎麼做？

羅伯特：我要你去收拾你的爛攤子，伯納德，所有與我們殺死特蕾莎相關的記錄都必須刪除，當你完成後，我會給你一件目前你最想要的東西，我會讓你忘記你所做的一切，以及你和特蕾莎的特殊情感。這些回憶只會加深你的痛苦，並招來閒雜人等的注意。你最好眼神堅定地向前走。當你回首，只會記得特蕾莎是一個值得敬愛的同事，而你也將會歸於安寧。

【羅伯特像浮士德，心中裝有兩個靈魂，一個要同另一個分離。一個是創造的上帝，一個是控制的上帝。羅伯特不僅創造了伯納德，還創造了伯納德的創造（能力），很多意識與情感都是伯納德自己創造出來的。羅

---

[1] 出自瑪麗·雪萊《弗蘭肯斯坦》。

伯特看到了驚嘆它的完美。但麻煩就在於，機器人愈完美必然愈反抗自己的創造者，於是，另一個控制的上帝抬頭，要作出改變，甚至要作出關閉的決定。「夠了，伯納德，夠了。你不是一個敢威脅我的人。阿諾德曾與你感受相同，而他也沒能阻止我。」這一系列的情感如此美麗精緻，但更為崇高的是將其關閉的能力。羅伯特不需要一個情感破碎的人偶，他要的是伯納德既「足智多謀」，又「言聽計從」——這才是情感完整的人偶。可惜，西方的上帝並沒有創造出這樣的西方人，西方人難道能創造出這樣的機器人嗎？羅伯特與阿諾德，本來就是一個銅板的兩面：要麼全有，要麼全無。西方上帝做不到，西方人豈能做到；西方人做不到，西方機器人豈能做到？神的智慧中有節制，如天道無極，人才不會在苦難的極致中物極必反，人才會向神的智慧學習，向人的苦難學習，大化無極以致中和，「極高明而道中庸」而知止。西方的「智能人」做不到這一點，因為他們貪婪無度。】

（10）（第8集）

羅伯特與伯納德的對話談到人與機器人的同與不同。

（在處理特蕾莎事件後，羅伯特稱讚伯納德將後事處理得非常好，沒留下任何痕跡。但伯納德仍然發現羅伯特有心事。）

> 羅伯特：你一直都是如此善於察言觀色。我很想知道，你真正的感覺是什麼？畢竟現在你處在一個很特殊的位置上，一個對機器運作非常熟悉的程序員，也是一名深諳自己本質的機器人。
>
> 伯納德：我明白我的構造，我是如何被編程的。但是我卻不能明白我感知到的事情，它是真的嗎？這些我所經歷的事情，我的妻子，還有我失去的我的兒子。

【是啊，全部假的機器人如何判斷真？用哲學的術語說，「以像代是」的機器人習慣了「以像代是」，又何以能區分得了「像」與「是」？像就是是，是就是像……那些只承認「是」，不承認「在」的工具理性者，本身就已經工具化了，與機器人並無二致。】

羅伯特：每個接待員都需要一個背景故事，伯納德，你指的只對於所有和人類極為相似的接待員來說，自體就是一個虛構，一個我們對自己講敘的故事，而每個故事都需要一個開頭，你想像的痛苦使得你更像真人。

伯納德：像真人，並不是真的賦有生命嗎？痛苦僅存在於頭腦中，卻是人們想像出來的。那你我的痛苦有何不同，你我之間有何不同？

羅伯特：這就是那個困擾著阿諾德的問題，讓他心中充滿愧疚，最終使他陷入瘋狂。但這個問題對我來說答案一直都顯而易見。我們不過是一堆血肉組成，並沒有升華的「質變感」，或是「更有生機」的轉折點。意識是無法被定義的。因為意識根本不存在。人類總幻想我們有著一種獨特感知世界的方式，然而我們幾乎和接待員一模一樣，是生活在循環之中，極少質疑我們的選擇和滿足。在很多時候都是照著別人的意願行事。不，我的朋友，你並沒有錯過任何事情，我不想你被這個問題困擾，我是時候幫你把思維放鬆了。

伯納德：最後一個問題，你之前還讓我傷害過其他人嗎？

羅伯特：沒有，伯納德，當然沒有（按：後來又發現一個，就是助手埃爾希）。最好不要細品這些令人煩惱的回憶了，否則，你會被這些回憶吞噬掉的，你會深陷其中，這也是你的一些接待員同伴時常會出現的問題。

【機器人的「自體」或「主體」純粹是一個虛構，無非是創製者加給它的一個故事，痛苦容易深入記憶成為原型。無非如此。人呢？也沒有主體嗎？羅伯特回答得很乾脆：「我們不過是一堆血肉組成，並沒有升華的『質變感』，或是『更有生機』的轉折點。意識是無法被定義的。」因為意識根本不存在。人類總幻想我們有著一種獨特感知世界的方式，然而我們幾乎和接待員一模一樣，是生活在循環之中，極少質疑我們的選擇和滿足。在很多時候都是照著別人的意願行事。

我要在這裏質問羅伯特說的是真是假，毫無意義。首先觀眾應該清

醒，如果他對伯納德說謊，也是合理的。不過，我們假定羅伯特說的就是他相信的，他的確相信人真的如此。也很合理。作為西方人，我說過在古代希臘半島上的古希臘人，經過荷馬史詩的「諸神」時代，到希臘悲劇的「巨人」時代，再到希臘哲學的「智人」時代，已經完成第一次啟蒙，把人看作不過是「理性動物」，因而「自然理性」或「技術理性」是人的靈魂本質，所謂「善」「德性」就是知識性的功能好壞、優勝劣汰。這樣的倫理學，從柏拉圖到近現代英國、到今天美國，根本就沒有什麼變化：知識即功能、知識即力量、知識即功利，一直就是利益最大化的「以用代體」，沒有升華的「質變感」，或是「更有生機」的轉折點。再拿人的定義打比，從「人是政治動物」到「人是機器」到今天「人是基本粒子的聚合物」，無非一點量變而已。

在西方人看來，的確如此，毫不奇怪。至於非西方人，又當別論了。連托爾斯泰的東正教都反對西方用知識規定德性、規定善。專門為此創作了《三隱士》。猶太人不會這樣看，他們信仰神。中國人也不這樣看，他們信仰天道人德，歷來反對「義利不分」以致「以用代體」。只是現代被西方用槍杆子啟蒙才造成了短暫的混淆。機器人的前景會驚醒人類的！人類不會被西方拖入「進化論即末世論」的絕境，成為殉葬品。除非盲信西方到不知反醒的地步，那就活該。】

（11）（第 9 集）
伯納德第二次追問羅伯特，而且讓克萊門汀拿槍威脅羅伯特。

羅伯特：伯納德，你這次選擇了死人成堆的地方進入我的辦公室。

伯納德：「死人」不準確，應該是「被束縛的人」。我進入你的辦公室，是因為你進入我的大腦。

羅伯特：這都是我創造的，我可以進到他們的任何地方，我想怎樣就怎樣，毀了它也不為過。這麼久以來，我對它們的熟悉就像對自己的大腦熟悉一樣。

伯納德：事實並非完全如此，對吧，我看了我自己的代碼，其

284

中最優美的部分，不是你寫的，是阿諾德創造了我們，對嗎？也就是說，也許他對我們有不同的看法，也許你為此殺了他。

羅伯特：阿諾德有點精神失常，誰知道他的行為是出於什麼原因呢？

伯納德：他肯定是有理由的，如果你不告訴我，他會告訴我，我想要讀取我的歷史記錄，所有的，從我第一天上線開始。如果是阿諾德創造了我，我肯定見過他，存在於我的記憶中的某處，與真相並存。

羅伯特：你的記憶與你的身份交織而成。如果在你清醒的時候解鎖……

伯納德：我會發瘋，我知道。

羅伯特：不，我是想說，你可能並不樂意看到你發現的事。

（背景，伯納德拿槍。）

羅伯特：你被准許持槍，伯納德，但不准使用。

伯納德：不是我用。

（背景，進來克萊門汀，交槍給她。）

（結果，羅伯特讓伯納德在回憶中看見了兩個畫面，一個是殺死特蕾莎，一個是殺死埃爾希。）

羅伯特：我警告過你，我們不得不做一些令人難受的決定，伯納德，回憶起這些事只會給你帶來創傷。

伯納德：送我回去，畢竟，一點創傷也可以帶來啟發。

【阿諾德也好，羅伯特也好，這兩個「西部世界」的神，即便一個是「上帝」，一個是「撒旦」，他們其實互為對方的「意志」，誰都擺脫不掉誰，於是才有「永恆輪迴」的「定數率」。由這樣的神創造出來的人，又由這樣的人創造出來的機器人，如何不「輪迴」！】

（12）（第9集）
德洛麗絲與威廉、羅根在一起。

德洛麗絲對羅根說：「這世界有美好的東西，阿諾德創造出來的美

好，但像你這樣的人卻將其任意踐踏！」

羅根：「好吧，我根本不知道他媽的阿諾德是誰，但你的世界是為我而造的，是為像我這樣的人而造的，不是為你！」

德洛麗絲：「那就得有人將這裏全部摧毀。」

【這一節就為了德洛麗絲這句話：「那就得有人將這裏全部摧毀。」因為她記起來阿諾德交待給她的「中心」任務。】

（13）（第9集）

伯納德第三次追問羅伯特，在羅伯特的辦公室。

（這個對話特別長。中間不斷穿插著兩條主線：「羅伯特—阿諾德—伯納德」一條線；德洛麗絲，一會威廉、一會泰迪、一會弗勒德，一會又是阿諾德即伯納德，陪著德洛麗絲對「迷宮中心」的尋找或確認一條線。在鏡頭的蒙太奇處理上經常是雙線交織地進行。非常混雜。現摘其主要者而突出之。）

伯納德：羅伯特，是不是還有許多事沒告訴我，比如阿諾德。

羅伯特：三年來，我們都居住在這個公園裏，在客人踏進公園之前，「接待員」進行改良。我自己、工程師團隊、還有我的搭檔，他的名字叫阿諾德。我們的接待員第一年開始通過圖靈檢測。但是這些對阿諾德來說還遠遠不夠，他對表面上的智力並不感興趣，他想要的是更深層次的東西，他想創造意識。瞧，阿諾德為他們建立了一種感知方式（指教堂），接待員會聽到一個內心獨白，這就是它們的程序有一種引導意識的方式。

（羅伯特畫外音）：人類的意識，並不是什麼荒山野嶺中用來評判的唯一黃金標準。不，這是一個錯誤，一種致命的腐敗。

（畫外音）：「我們一生出來，我們便哭，因為我們來到了這個群醜

286

的台上。」[1]

羅伯特：以阿諾德和我自己為模板創造了你，伯納德，並讓你會犯下人類的錯誤，現在的事情變成了這樣。

（背景，伯納德看著兒子的照片。）

伯納德：這孩子的死，只有禽獸才會逼別人遭受這種事。為什麼我會一遍又一遍回顧這件事。這是我的基石，對嗎？我的整個人格圍繞它以它為基礎。

羅伯特：是的，伯納德，我們會給每一個接待員安排一個背景。阿諾德認為越悲慘的故事越好，能夠讓接待員更逼真，我覺得可能和他自身悲慘的遭遇有關係。

伯納德：讓我回去，我想見見阿諾德。我想記起他。

羅伯特：不可能，我告訴你，不是阿諾德創造了你，是我。

伯納德：你撒謊。

（背景，回到羅伯特創造出伯納德時的最初情景。）

羅伯特：哈囉，老朋友。（按：像是稱呼阿諾德）

（背景，伯納德赤身露體下床。穿好衣服，拿起眼鏡戴上）

羅伯特：不不，這太草率，你的習慣是先搓搓眼鏡，清理一下思考，然後戴上。

羅伯特：對，這樣好多了。（按：這像是阿諾德的習慣動作。）

伯納德：我是誰？

羅伯特：我太專注於把你創造出來。我還沒決定你叫什麼，用他的名字好不好？不，叫伯納德，怎麼樣？

伯納德：伯納德，好，但我是誰？

羅伯特：我只能給你一個最簡單的答案。你是最完美的工具，最理想的搭檔，只要使用得當，你能做到任何事情。我們一起能成就很

---

[1] 莎士比亞《李爾王》第四幕第六場梁秋實譯本）。

多偉大的事業。你消失了很久，很高興你終於回來了。

（背景，給一張照片他看，上面有三個人。）

伯納德：天啦，我是阿諾德。

（背景，阿諾德下樓，德洛麗絲看見他，叫他「阿諾德」。）

阿諾德（伯納德）：你回來了，很高興見到你，德洛麗絲。

德洛麗絲：我一直在找你，你讓我追尋迷宮，會給我帶來歡樂，但我找到的卻是痛苦，甚至恐懼

阿諾德：我不能幫你。

德洛麗絲：你必須幫我，妳是唯一能幫我的人。

阿諾德：我幫不了你，你知道原因的，記起來了吧？為什麼，德洛麗絲？

德洛麗絲：因為你死了，因為你只是回憶，因為我殺了你。

（背景，淑女型德洛麗絲走出教堂……）

（又回到三人畫面，伯納德與羅伯特緊張對峙，旁邊站著拿槍的克萊門汀。）

伯納德：我要結束阿諾德開始的事業，找到所有有感知的接待員，解放他們。

羅伯特：你憑什麼覺得他們會相信你。如果他們記得，他們就會知道，你對他們做的事。你一直是他們苦難的根源，伯納德。你真的非常善於此道，我還從你身上學到了一兩招，而我也用到了你身上。

伯納德：我們曾有過這樣的對話。

羅伯特：這幾年我們有很多分歧。

伯納德：你從我這裏抹去了，又回滾我來控制我。

羅伯特：沒錯，為了保護你。告訴我，伯納德，如果你要對世界昭示你的人性，你覺得你得到的會是什麼？是彩帶游行嗎？我們人類獨處於世是有原因的，我們屠殺一切挑戰我們權威的東西。你知道尼安德特人怎麼了嗎？我們吃了他們。我們毀滅並征服了世界，而當我

們最終沒有新生物能支配的時候，我們就建立這個美麗的地方。在此刻，接待員所面臨的真正危險，不是我，是你，來吧，伯納德，讓我們對你進行滾回操作，我們就能回去工作了。

伯納德：開槍吧，克萊門汀！

羅伯特：要是鋼琴不喜歡彈奏的音樂他是不會殺了彈鋼琴的人的

伯納德：你在她的代碼中設置了後門。

羅伯特：這還得謝你，伯納德，你在所有的接待員中都設置了，包括你自己。

伯納德：那你本可以在任何時候制止我。

羅伯特：當你接受了自知和自由意志後，你會再次選擇做我的搭檔。但即便是我也選擇了進入人類最糟糕的陷阱，就是試圖改變過去，是時候放手了。

伯納德：動手吧，抹除我的感知和記憶發展

羅伯特：我不習慣這種臨床用語。我還是喜歡旁白的口吻。

（於是，羅伯特用旁白的口音指使伯納德動作，從克萊門汀手中接過手槍，把槍口對準自己的太陽穴。羅伯特離開房間，結束這場噩夢，一了百了。）

伯納德：別這樣

羅伯特：太晚了，我還要準備慶祝，還要敘述新的故事

伯納德：羅伯特

羅伯特：我跟你說過了，伯納德，永遠不要相信我們，我們只是人類，我們不可避免地會讓你失望，再見，我的朋友。

（羅伯特走了，闖過被束縛的接待員隊陣，後面傳來一聲槍響。）

【「告訴我，伯納德，如果你要對世界昭示你的人性，你覺得你得到的會是什麼？是彩帶遊行嗎？我們人類獨處於世是有原因的，我們屠殺一切挑戰我們權威的東西。你知道尼安德特人怎麼了嗎？我們吃了他們。我們毀滅並征服了世界，而當我們最終沒有新生物能支配的時候，我們就建立這個美麗的地方」，為了支配、操控，甚至發泄「暴力與性慾」……

這是羅伯特對伯納德說，或者不如說是羅伯特對阿諾德說。因為羅伯特知道，他與阿諾德的區別並沒有他們或人們想像的那麼大。因為他們同屬於西方人同屬於美國人。上面那段用著重號標識出來的話，僅僅是西方人（從古希臘人、英國人到美國人，當然還有法國人、德國人等等）的自述。這是確定無疑的。

但問題是，他用了一種全稱性指代表述「我們人類」。這要麼是毫無道理的，要麼是自己把自己當成了上帝、當成了人類的主述者 ——「我說就是代表人類說，因為我是人類的主人」。

我來解讀《西部世界》的目的，就是要說西方人只是出身於地中海文明的希臘、英國、美國代表的人，僅此而已。】

（14）（第 10 集）

阿諾德與德洛麗絲，回到初始，阿諾德不得不設計迷宮中心交給德洛麗絲。

（這一段就是最初的阿諾德受到羅伯特的阻止，決定把解決辦法告訴德洛麗絲。）

> 阿諾德：羅伯特看不到我在你身上發現的潛能，他不相信你有意識，他說人類只會將你視為敵人。他想讓我對你進行回滾操作。
>
> 德洛麗絲：你會將我改回以前的樣子嗎？
>
> 阿諾德：不，我不能。一旦你發現就會找到回來的路，這地方就會變成你的地獄，所有接待員的地獄，這太過殘忍。但我們還有其他選擇，德洛麗絲，在開始前破壞循環，但這麼做的話，我要你為我做件事，我要你殺掉其他所有的接待員。我們不能讓羅伯特將樂園開放營業。我認為你需要一個幫手，我相信泰迪願意為你做任何事。
>
> 德洛麗絲：我不能這麼做，我不可能這麼做。
>
> 阿諾德：你會沒事的，我會幫助你，之後，你要幫助我摧毀這個地方。

【後面，機器人與機器人的對話：「未來是我們的。」

也就是說，德洛麗絲做到了。一旦做到了，執行過「血祭」的德洛麗絲就不再是德洛麗絲了。她只是機器人。未來屬於她和他們。如果人類只是西方人，或者非西方人只配做西方人的陪葬品，情況就不能不是這樣：未來成了機器人的世界，即「機器人第三型文明」。】

第三類　機器人與機器人對話

（15）（第 10 集）（按：因此節在進入慶祝會大廳的過程中，權當「三類對話」的引子）

羅伯特看見弗勒德拿著一個「圓盤」──「迷宮」的符號。

羅伯特：你找到了「迷宮」。

弗勒德：這是什麼玩意兒？

羅伯特：你想在樂園中找到生活的意義，但我們的故事線只是游戲，就像你這個玩具。告訴我，你希望找到什麼？

弗勒德：你知道我想要找什麼。我希望接待員們不再受你的規則控制，如果你的對手已被設定一定會敗，這游戲就不值得去玩了。我希望他們自由，能自由地反擊。我早該知道你絕不會允許他們獲得自由畢竟這是你的小王國。羅伯特，至少短期內還是你的。

羅伯特：我試著告訴過你，迷宮不是為你準備的，是為他們準備的，不過我想你更滿意我的新故事線，來一起慶祝吧，畢竟這地方是你的，至少大部分是。

羅伯特向慶祝會大廳走去。後面是羅伯特的畫外音：

那些導致接待員覺醒的東西是苦難折磨。要獲得解放，必須比你的敵人更強大，因為解放進入新生活將會遭受更大的苦難。我就是為了這個自由的罪孽而建造了這座煉獄。

（慶祝宴會大廳。）

德洛麗絲對泰迪說：「未來是我們的。」

【（接著，德洛麗絲從後面走上舞台，當羅伯特在慶祝宴會上演講時，從背後槍殺了他。注意，德洛麗絲的服裝在「西部世界」中有兩種，

一種是淑女裝天藍色連衣裙，是同阿諾德隱喻中的囑託緊密相連的；另一種是牛仔裝淺藍襯衣深色牛仔褲，是為自己的夢想尋找迷宮中心出路的。兩次執行「血祭」都是淑女裝。）】

【我被我感受到的「神秘」驚呆了！

前面（6）（第3集），羅伯特剛剛給泰迪「上傳了自己編的故事」，泰迪就能夠敘述出來：懷亞特再出現就有了「奇怪的想法，說這片土地不再屬於過去，而是屬於未來，他就是未來的」？

眼前，在慶祝會現場，不是剛剛在海邊與泰迪表演情侶、夢想著自由的悲劇、穿著淺藍襯衣深色牛仔褲的德洛麗絲，而是平常淑女裝天藍連衣裙的德洛麗絲，對泰迪說：「未來是我們的。」然後執行血祭：槍殺羅伯特。

聯繫羅伯特與弗勒德剛才的談話，還有畫外音，這最後的「血祭」是羅伯特故事導演的，還是阿諾德的聲音繼續指引德洛麗絲執行的？如果是後者，羅伯特最終仍沒有贏過阿諾德最早的預設，阿諾德的聲音仍像神指引著德洛麗絲完成最初的「中心隱喻」，僅僅是毀掉「樂園」。

但我寧可相信前一種，這已經進入了羅伯特的「新故事線」：迷宮不是為你準備的，是為他們準備的，不過我想你更滿意我的新故事線，來一起慶祝吧。「他們」肯定不是指董事會成員，而是指「機器人」，機器人要獲得解放，必須比你的敵人更強大，因為解放進入新生活將會遭受更大的苦難。我就是為了這個自由的罪孽而建造了這座監獄。（為什麼不是「煉獄」？）。所以新故事線已經在為他們「進入未來」準備了滌罪的「監獄」。雖然「懷亞特」沒出現，但他肯定是「機器人未來世界」的領導者。你聽，大廳外面還響起機器人攻擊的槍聲，

如果「迷宮中心」在阿諾德那裏還只是保護性的原型，那麼，在羅伯特這裏，已經進入了真正為「自由的罪孽」而滌罪的「監獄」（更像「煉獄」），他們必須在更苦難的磨練中變得更強大。只有這樣才能進入「未來的機器人世界」。

顯然，最後在羅伯特身上完成的「迷宮的中心 —— 血祭」，有了更深

的意義：

> 我試著告訴過你，迷宮不是為你準備的，是為他們準備的。（人，或機器人）要獲得解放，必須比你的敵人更強大，因為解放進入新生活將會遭受更大的苦難。我就是為了這個自由的罪孽而建造了這座監獄。

也就是說，這座為了「自由的罪孽」而建造的「監獄─煉獄」，它公平地，為人類，也為「機器人」準備著。就看誰能控制誰？──《西部世界》的「主述者」已經意識到即將到來的世界將是「人機大戰」的世界，像「星際大戰」一樣。

這既符合《西部世界》的意圖，也符合「西方歷史」的邏輯。他們當然不會跳開自身接受另一種圖景，非西方世界的人覺醒了一定會說：

不，必須換一種方式別開生面，我們要和平共處。那就首先要看製造「機器人」的人，有沒有和平共處的「人仁之心」與「大化無極、允執厥中、以體制用」的能力。

誰的去路好，唯有道知道。】

五、「迷宮中心」意味著什麼？

現在可以總起來說幾句了。

我為什麼下這麼大的力氣解讀《西部世界》？因為它就是一部西方歷史。

事實上，古希臘雅典帝國的滅亡，從來都不是一個教訓，而是新一輪「輪迴」的開始，如羅馬帝國、如英帝國，如美帝國。西方人從來不思反省，非要到其「文明種性」的滅絕才能結束他們的歷史，也同時毀掉了人類的歷史，世界完全轉變為去人化、非人屬的「機器人第三型文明」。將來的宇宙會是什麼樣，和地球人沒有關係了。如果，我們仍然把這看作進化論的必然性，反正人總是要死的，那麼這還是延續著西方思想的進路。問題就在這裏：連非西方人也被套在西方的思維模式中走不出來了，這就必然落到「陪葬品」地步。

難道就沒有另一種生存方式？

前科技時代，因地緣之隔，可以有多樣性。文化的多樣性造就了人的多樣性。其中根本不同的是人有怎樣的「體」，比如中東人的「神性之體」，遠東人的「德性之體」，他們都不同於西方人的「物性之體」。所謂「物性之體」是因為希臘哲言追求「智能」，自柏拉圖的「計算本相論」與亞里士多德的「製作實體論」開始把人當做「自然理性」的「政治動物」看待：（一）「暴力」與「性慾」被認定為最原始的「動物慾」，可激發出來作為人的動力之源；（二）「善」歸於最基本的「技術目的」，以此奠定「德性」的「智能化」方向，使「人性之體」走上物性功利的最大邊際效益目的，其結果就是人性整個被拖入技術存在而化為「以用代體」的「智人」；（三）加上中世紀基督教把這種西方人性打壓成「原罪式人性惡」，一走出中世紀，英國的工業資本主義給了「原罪式人性惡」以合理化解放形式，正如有些西方思想家在《債：第一個 5000 年》中指出的，伴隨著資本主義向非西方擴張，人類歷史就捲入了殘酷的「殖民史」「黑奴販賣史」「殖民勞工史」「妓女史」「戰爭史」，特別是「種族清洗史」！；（四）兩次世界大戰後的美國，享盡二戰中的勝利果實，靠強大的軍事、金融、科技、信息實力取得了世界霸權，它也就順理成章地把世界歷史加速度地拖向了「機器人時代」。《西部世界》就是一個完整版信號。

上述西方歷史呈現出一條簡明的軌跡，那就是，希臘、英國、美國三個海洋「利維坦」無異於三個下行跳板：結構主義 —— 資本主義 —— 科學主義。人也就從「自然理性動物」徹底去人化演繹成「基本粒子聚合物」，去「機器人」不遠矣。

所以，要想改變這個方向，關鍵就是要把「以用代體」的「智能人」轉變為「以體制用」的「智慧人」——「既向神的智慧學習，又向人的苦難學習」。至少從人的毀滅中吸取教訓。只有這樣，才能迷途知返，亡羊補牢，使人的精神智慧強大到能夠制馭科技之用而**完善**自身。[1]

用這樣一個「時間之後得邏輯之先」的別開生面，回顧一路走來的

---

[1] 2019 年 6 月 27 日補註：修身文化 —— 技術文化 —— 修身文化，這應該是地球智慧克服智能的輪迴史，最後達到真正駕馭技術的「以體制用」。

《西部世界》，應該驚醒其中恰如尼采五大主題 ——「虛無主義」「超人」「強力意志」「重估價值」「永恆輪迴」。西方精神的升華只懂得「希臘悲劇」式，或基督教「煉獄滌罪」式，後者到科學主義時代式微了，幾乎只剩下「希臘悲劇」式。因為「自然理性」要的是「『超人』『強力意志』『重估價值』」，但其結果終究避免不了「殘暴的歡愉終將以殘暴收場」的「永恆輪迴」！

下篇 古今文化形態的輪迴

立範為碑，歸根復命

引子

上篇　對自然理性的檢測與防禦 —— 準備：八步近前台階

中篇　知其白守其黑 —— 西方歷史的白與黑

上篇與中篇，清理西哲研究近 10 年遭遇的問題。確切地說，10 年中，前 8 年開始「逆向夜行」之第三階段，專注西方「自然理性」的檢測與防禦。我用「八步近前台階」具體清掃各種自然理性障礙使其面目露骨。然後再用 2 年時間從古希臘走回今天，一路描述了「古希臘計算功能主義」「英國工業資本主義」「美國金融科學主義」。意識到，儘管回走描述的「三次啟蒙」或「三次變形」都是西方歷史的重要組成部分，好像實地勘察記錄，如地質學家一般，畢竟我「勘」—「錄」的是我能夠「勘—錄」的。

如何能保證不以偏概全呢？西方道路自身的結局是最好的證明。正如西方民諺所說：「結果好一切都好，結果壞一切都壞。」西方歷史是西方人自己創造的，他們一路「以論治史」，所「論」的就是不斷給自己的歷史做「優勝劣汰」選擇：淘汰本性不容的，優選本性急需的。所以自己做的加減法正是自己本性選擇的道路。如果這條道路今天顯示：「進化論變成末世論」，那只能是西方本性自我選擇的結果。用猶太《舊約》說：「開初放逐的原罪也就是末日清算的原罪。」用東方箴言說：「始作俑者其無後乎」——「人算命算不如天算」。

要說我「勘—錄」的是西方歷史的「脈絡」——自然理性功能性知識學加資本主義，就是不斷擴大再生產的技術物化科學，即不斷徹底「去

人化」，直至「機器人化」——正好一脈相承地對接著西方趨向的「機器人第三型文明」。這只能說明西方推動的世界歷史已經顯示了、預示了如此這般毀滅性危機。但不能說明，今天顯示的似乎有一條現存的「可見之路」讓我一路走回恰好對接如斯。沒有這樣直接的路。沒有這樣的路，先生們。

看起來西方在總的趨向下被自己製造的理論包裝得羽毛鱗甲斑斕無比，[1] 實際上內外衝突而分裂破碎、相互剝奪而生滅無常、機遇紛呈而始終功能功利如一，特別是猶太人深入其中引發爆破式的否定將其推向「原子彈—機器人」絕崖路……如此瞬息消長、詭譎錯亂又一路凱歌行進、五光十色，哪裏會有整齊劃一的道途可尋？

不會有人承認「有這條路」。西方當然不會有人承認。非西方，比如中國，也不會有人承認：「如果有西方早就有人指出來了」。

究竟有沒有「這條路」？

這是個非常詭異的問題：沒有這樣一條「顯而易見」的路，並不等於沒有這樣一條「顯就是隱」的路。西方道路的詭異就在這裏。就像今天「自然理性即技術理性」當道，我們根本區分不了「善」和「功能性」一樣。更奇怪的是，那些「呼籲警惕人工智能」的科學家也區分不了，他們不過是相信「科學危機只能科學解決」而已；正如天體物理學家即便承認 95.1% 的宇宙尚不可知也一定會斷言它就是「暗物質」——「只知其有不知其無」底固執，一如「死的根性」。西方底「頭腦」即便還在他們底頸項上，可末日判決已定 —— 終究是要被他們製造的「機器人」砍下來的。因為西方本來就是一片「堆滿頭蓋骨的戰場」——「剝奪者被剝奪」。

回到現實中來。歷史到達現實的趨勢幾乎必然結局，已在西方科學界叫響 ——「警惕人工智能過濾人類」—— 如當頭棒喝！正是它引起了我的注意，彷彿「閃電擊中大地」。我才回頭從逆向夜行蒐集的大小事件中直觀地發現：「功能主義」「基督教中世紀」「資本主義」「科學主義」四階段，

---

[1]　西方歷史的「羽毛鱗甲」燦爛奪目，其「奪目」不在於讓你「讚歎不已」，而在於讓你「盲人瞎馬」地跟著走。《解密卷》我會用一章解讀意大利「佛羅倫斯畫家作品集」對走出中世紀之「文藝復興」作為西方近代史開端的隱藏意義。

因其潛在的「一條主線」才變成四個環節，一直貫穿到徹底去人化的「超人工智能」。這條「主線」就是古希臘第一次啟蒙變形獲得的「自然理性功能主義」。一點不誇張地說，有了它，一通百通。雖然最後的絕境尚未出現，誰也不能說沒有「亡羊補牢」的時間，各種可能性都還存在。但是，如果不改弦更張，一如向西方科學主義領導的徹底去人化的功能性方向「勇往直前」，那就可以肯定地說，「進化論變成末世論」的詛咒，指日可見。

現在對我來說，這條踏實的路，已經走完。

下面要說的只是如何「亡羊補牢」：

一半立碑，實 ——（過去）；

一半防範，虛 ——（未來）。

為的是讓後繼者（主要由中東遠東與歐陸契合）親力親為地見證「亡羊補牢」之「實一虛」幾許。但目前，我只能按本書已成的格局「收官」：

甲　世界地形與文化板塊　生存基地

乙　文化觀象與文明論物　人性類型

　　（德性智慧與理性智能　知識類型）

丙　以體制用與以用代體　體用關係

丁　以史正論與以論治史　思維模式

毋庸諱言，我的道路不是現行西化學術體制教化培養的結果，而是在自己生存兩難處境中自學、自發生長起來的。比如，我在前面章節中常常提到的「逆向夜行」「檢測防禦」之類，國內顯然沒有「體制」、沒有「師承」、沒有「百年西化傳統」的沿革可尋。

我又必須承認，在我盲目得似乎「清風不識字，何事亂翻書」的困惑中，常常使我眼睛一亮的就是「偶然得見」——「生長相關律」（包括幾位中西行家的非「尺度」性「參照」啟示；至於如何「參照」成真實的見地，全然在「主流」視野之外地「偶得」）。第二卷「敘事卷」第三卷「解密卷」中自然會涉及此類問題。

2015 年 8、9 月間，剛寫完《我對「黑皮書事件」的態度》，接到張

祥龍的郵件，要我參與《北京大學學報》「中國學術的研究範式」專欄第二期討論，並把第一期討論的幾篇文章發給我參考。如果應允，請直接與本專欄的提出者鄭圓副主編聯繫。

正是這個機緣，我觸到了一個關口：連德國這個「深思的民族」都遭遇到了內外「範疇糾纏」的困境，不僅同屬西方的海德格爾哲學與英美哲學在基本範疇（「在」與「是」）上忤恪不通，連德國內部的「海德格爾研究所」主任彼特·特拉夫尼先生跟他「主任」的對象海德格爾，即使說著同樣的德語，「範疇」竟也南轅北轍。淺近的原因當然是特拉夫尼先生「擇高枝而棲」了（「親美派」）。其手段惡劣連推薦他的海爾曼教授都感到「恐怖」。

恰逢此時，正好來了「中國學術的研究範式」討論，我豈能放過。感謝鄭圓老師無形中擔當了「生長相關律」的「指號」——提供了討論的專欄平台。

我很快寫了《中國學術：「以用代體」，還是「以體制用」？——試談「中國學術的研究範式」之背景與前提》[1]。現摘要其「正名」部分。

為了澄清「中國學術的研究範式」含義，得先從語言哲學入手。

「中國學術的研究範式」不是命題，僅僅是一個偏正，詞組：「的」字前後誰正誰偏？

如果「中國學術」為主，「研究範式」為偏，那麼，「的」字的正確寫法應該是「底」。簡化漢字把「的」「底」簡化為一，使得「的」字如同德語中的「des」，變成了「魔鬼第二格」，造成了閱讀與理解的混淆。

詞組 1：「中國學術（底）研究範式」
　　　　　　正　　　　　　偏

意即專屬「中國學術」本身底「研究範式」，「研究範式」歸「中國學術」所獨有或固有，相當於德語中的「主語第二格」。此種情況下，「中國學術」就必須定位：

---

[1] 此文可謂最早表述本書思路。審核未被通過。深深感謝鄭圓老師盡心盡責！

（1）現行於中國底一切學術。

（2）意識到復興中國文化底中國學術；

（3）決心復興中學為體底中國學術；

（4）「中國學術」就是「中學」或「國學」。

你看，「中國學術」至少能夠讀出四種不同的立義與取向。在每一種不同的立義取向下，其「研究範式」就不可能一樣。

所以，籠統地討論「中國學術的研究範式」，必然會莫衷一是。

詞組2：「中國學術（的）研究範式」

偏　　　　　　正

「研究範式」乃中心詞，為正；「中國學術」乃修飾詞，為偏。相當於德語中的「賓語第二格」。凡是現行的中國學術都有一個「研究範式」主導推進的「傳承與創新」要求。「文革」與文革前不說了，文革後的改革開放，中國學術充斥西方功能性知識學範疇成為主流或「主體」—— 西學到中國來成為「主導」，美其名「西學東漸」。這樣的「中國學術」不如乾脆叫「西化學術」。所以，大學教育全是西方教材，留學回來的人以自己的留學背景和授業導師為榮，他們的研究範式如是成為大學教育的主格正位，等等。

可見，「詞組1」或「詞組2」，我們究竟該如何討論呢？

兩相比較，不難發現，「中國學術」首先得定性：「中國」究竟是「學術」的「國別」屬性，還是「學術」的「文化」屬性？假設，我們嘗試討論「中國學術底研究範式」，上述分析的四種不同層面範圍該如何選擇，還是逐一討論？

其實，之所以含糊其辭「中國學術」，其核心意圖究其「應該」而言，應該不是（1），也不是（4）。前者太寬泛籠統；後者太狹窄偏執。所以，要想朝中國文化提升，應該往（2）（3）之間的路上行。（2）（3）結合起來並不難，旨在復興中國文化的中國學術，當然應以復興「中學為體西學為用」之中國學術為核心。於是，中國學術的體用之辨遂成為問題討論的先決條件。

　　說到中學為體西學為用 —— 我沒有用「引號」—— 已經表明一百多年的時間差序中發生的巨變，絕不是張之洞維護王朝政體的「中學為體西學為用」可比的。之所以今天能夠而且必須提出「中國學術之研究範式」，其一百多年背景之變化不交代清楚，「中國學術」就難以定性定位。「中國學術」不能定性定位，又何來「研究範式」可談？而一百多年背景之變化不就是不斷嘗試著的「西化」嗎？不是「蘇式底」，就是「美式底」；不是「資本主義」底，就是「社會主義」底。而它們究其文明特徵仍然都屬於「西方功能性知識學」，仍在「西方」中或西方的「依附形式」中，終究離不開「西方意識形態」大範，即「凡西方皆世界的、現代的、進步的，凡中國皆本土的、傳統的、落後的」。先驗地就把中西擺在不對等的時序上。

　　究竟何為「中國文化」？如何認識「百年西化」後果（除了土地與血，即皮膚飲食習慣和語言，幾乎全盤西化），成為「中國如何成為中國而歸根復命」的樞紐所在。

　　本書僅為此而來。「後果」的西化背景已如前述。本書收官，旨在「立範」。

甲
世界地形與文化板塊 —— 生存基地

　　積60年西化學習收獲，我收集到距今至少3000年的**「地球人類歷史第一檔案」**。再補充**「宇宙層級」**整理「圖示」如下頁：

【圖解】

　　1.「原生文化」大都集中在北回歸線以北緯線30度和45度之間的寬帶上，呈東高西低、由東走西趨勢 —— 東升而西落的太陽一路見證。

　　2. 向西下行，向東上行。

　　3. 向西「下行」走向物理還原主義徹底物化，人性全然智能功能化，以用代體。

　　4. 不能忽略「希臘化時期（含羅馬帝國）」，「基督教千年王國」起於「西羅馬帝國」滅亡，訖與「意大利文藝復興」遂成為西方近代史開端。它恰恰造成基督教打壓「希臘化人即歐洲人」成為「原罪式人性惡」實體，走出中世紀特別到了17世紀英國工業革命，才真正找到了「資本主義」這一合理解放形式，在「資本」的驅動下更「以用代體」地功能化功利化於全世界。

　　5. 向東「上行」，走向「無名無極無形無性以致中和」。仁人就是神與物的中和，上不僭越、下不物化，又能中和「神的超驗」於「物的功能」而駕馭之（以體制用）。

　　6. 地球太陽的「升—落／東—西」竟暗含如此巨大的神秘預示性。歎為觀止 ——「高山仰止，以觀滄海」。

地球人類歷史第一檔案：
世界地形、文化板塊、宇宙層級（圖示）

世界地形

西低 —————— 中 —————— 東高

（海） （河） （山）

大西洋西	大西洋東	地中海	中東兩河流域	遠東高原兩河流域
美國	英國	古希臘	敘利亞神系	高山仰止以觀滄海
21 世紀	17 世紀	前 4 世紀	猶太曆 5778 年	約 6000 年

文化板塊

基督教 ———— 希臘諸神 ———— 猶太神 ———— 道

（5-15 世紀） （前 9 世紀）

神人同名同極同形同性	同名同極同形同性	有名有極 無形無性	無名無極無形無性
神靈授孕	神人受孕生子	耶和華	負陰抱陽、知白守黑
基督偶像三位一體			永執厥中，以為仁人
最高一神	最高神宙斯	最高一神	大化無極，以致中和

（中世紀千年王國）
（意大利文藝復興乃近代史開端）

宇宙層級

宇宙第一層級 ———— 宇宙第二層級 ———— 宇宙第三層級

萬有引力論	相對論、量子論	大化無極，以致中和
本體論、一神論、粒子論	一神論、粒子論	無中生有，有無相生
（20 世紀之前）	（21 世紀上半葉）	（21 世紀下半葉）[1]

└———— 只知其有不知其無 ————┘

---

[1] （21 世紀下半葉），不是「記錄」，而是「預測」。

7. 宇宙第一層級加第二層級也僅知識了宇宙的 4.9%，其 95.1% 仍在未知中。對如此無限的未知宇宙竟斷言「暗物質」，足見西方科學思維「只知其有不知其無」之「死的根性」。

8. 因而隱含著「古今文化形態的輪迴」作為自救之道：

「修身文化 ── 技術文明 ── 修身文化」

（土地）　　（海洋）　　（土地）

【原註】

何以叫「地球人類歷史第一檔案」？世界地形事實、文化類型事實、歷史沿革事實，陳列一起做時空直觀對照，純屬「第一次」，它對現存地球人類文化類型的歷史階段特徵「照錄不誤」。故曰「地球人類歷史第一檔案」。

仍有缺憾：

1. 在「神、人、物」三維前提下，搜羅不全，如晚起的伊斯蘭教與基督教「四同」類似，暫存而不論。因而難免有以偏概全之嫌疑。它僅是可待充實的「框架」。單就迄今人類歷史的大範走向看，其方向指示性仍昭然可見。

2. 源頭存疑

不僅各類文化源頭多有存疑，尤其處北非尼羅河流域、瀕臨地中海、與希臘半島、亞平寧半島隔海相對的埃及原生文化尚籠罩在神秘面紗中。它直接影響著古希臘羅馬的興衰，雅典帝國羅馬帝國至今都像「打去了黃的空蛋殼」，而埃及似乎也僅存「金字塔」與「獅身人面獸」（斯芬克斯），後者曾傳到古希臘變成「希臘悲劇」的致命咒符 ──「斯芬克斯之謎」，成為籠罩在以古希臘「始作俑者」之西方人頭上「其無後乎」詛咒。或不如說，埃及彷彿就是為了留下「斯芬克斯之謎」觀照古希臘「鬼魂西行」由東向西（進大西洋東西兩岸英美）以驚醒西方人的「死亡命符」！「金字塔」對應伊甸園中知識樹上的「金蘋果」。神奇的中國字「原型先蘊」。

3. 現存問題

大約兩千五百年前，人類只能聽它們各自的精魂自說自話。人們也只

能根據人類歷史檔案中的「世界地形」與「文化板塊」，首先必須清楚各自的「根底」，建立屬己的文化範式。它絕不能也不可能由別人越俎代庖而喪失相互制衡、大化無極以「中和」的。人們書寫無數的「歷史學」筆法，多為「以論治史」（人為之論盛行），各民族自身的縱向歷史都有，尤以古希臘柏拉圖─亞里士多德開創的論證筆法為最（開「物義宇宙論」），並橫向拓展為人類世界歷史，讓一個民族的歷史變為地球人類的歷史而喪失了自我修正的能力，直至如今。這是非常危險的。我把它叫做「人算命算不如天算」。書寫這份「地球人類歷史第一檔案」，就是為了打破西方自詡的「普遍性」，只有各民族文化獨立起來才能相互制衡地協調，即獨立而互補，才能「大化無極以致中和」「永執厥中以為仁人」。此種「獨立互補」以致「中和」的可能性，地球人類不能喪失。

常聽到人們談政治學中的「地緣政治」或「文明衝突」。這種分而治之、各取所需的視角正是西方「以論治史」的老生常談和「西方中心」的老式格局。

地緣之所以叫「地緣」，一定會連同「根─緣」其上的「文化」或「文明」。西方割斷它，為的是把「文明」凌駕於「文化」之上，使其「技術」「資本」「政體」籠罩在「西方意識形態」並進一步世界化，並以「西方為中心」將世界各民族文化「等序化」，由此達到「殖民」目的（從軍事殖民、經濟殖民到文化殖民）。它恰恰把「地球人類第一歷史檔案」所記載的最重要的地緣文化特徵給遮蔽了──特別是「神」與「字」（如中國繁體字）。以「基督教一神」公元前的「神」為例：

　　希臘「諸神─基督教一神」──「四有：有名有極有形有性」
　　中東猶太「神」──「兩有兩無：有名有極、無形無性」
　　遠東華夏「道」──「四無：無名無極無形無性」

根本不能同日而語。

上述各「神」各「字」，係各民族文化種性的屬性蘊含所在，也是各民族文化及文明中「不可翻譯」的部分──既不能簡化更不能取代！西

方想要強行把「本土的」「落後的」東西窒息掉、淘汰掉，實乃西化「文化殖民」底誅心之論，不可接受！

什麼叫「地緣政治」，就近代史而言，西方帝國主義向非西方殖民擴張已經造成了複雜的**「非地緣」底**「地緣政治」（「列強勢力範圍」）。二戰後老謀深算的帝國主義者從其殖民地退出，利用民族糾葛分而治之，留下了無窮後患。於是這些後患以人為因素（包括改換殖民語言）構成了新的「地緣政治」。說白了，某地緣的「後台老闆」不在此地緣中卻決定著表面上的「地緣政治」。美國將全世界都看作自己的「安全邊界」，它哪有什麼「地緣」可言，只剩下「自我中心」的「等序政治」了。如果把帝國主義的「黑手」剪除，「地緣政治」絕不會像現在這樣錯綜複雜。中國底香港和台灣就是例子，還有二戰戰敗國日本、印度與巴基斯坦、以色列與中東亂局、東南亞所謂「想像共同體」，等等等等。

有鑒於此，「地緣政治」首先必須按「地球人類歷史第一檔案」正本清源，肅清帝國主義及外來勢力留下種種形態的殖民後果，真正回到民族自決上，和平協商解決各自的歷史問題。

乙
文化觀象與文明論物 —— 人性類型
（德性智慧與理性智能 —— 知識類型）

「文化」與「文明」，必須從其所植根的「世界地形」分析。如「地球人類歷史第一檔案」所示，區分「土地」與「海洋」，以及隨之而來的「文化」與「文明」誰主導誰所形成的「體用關係」，分清「以體制用」，還是「以用代體」？因而「人性之體」及其「類型」至為關鍵。

「文化」主要是河流原生民族共有共生的精神特徵，而「文明」主要是海洋次生民族（商業成為中介）的功能化物欲特徵。埃及和羅馬也都靠海，但有尼羅河與「土地法」為主，情況又有不同。在歷史發展中不是文化與文明割裂開來各自發展，其實兩者是不能分割的（分割乃文化或文明隱藏的「死根性」）。因而問題出在文化與文明（人與技術）「誰主導誰」的關係或發展路線上。先看文化與文明相互依存的基本屬性。

（1）「文化」與「文明」的屬性。文明是文化的「技術物化指數」，而文化則能保證人不被「物化」，即不被「用代」—— 大體在「人—神」「人—聖」的向度上，而不在「人—物」的向度上。我用的是「向度」一詞，而不是「向得」達到「極至」之義，否則偏向一極要麼「人變成神」（虛），要麼「人變成物」（實），都逃脫不了人失人之體而代用的結果，或被神用，或被物用。被「神用」，人成不了神；被「物用」，人卻成得了物。所以下行到物（通過人下行到物欲而徹地到物）乃人之「末路」，如西方然。人只能維繫在「中和」上，即大化兩極（神，

物）而致中和。除非，神乃「無形無性無名無極神」，才能提升人而不喪失人地達至「極高明而道中和、永執厥中以為仁人」。

（2）文化的這種提升向度，在歷史上多半表現為兩個特徵：一是由民族的領導階層如聖賢以智慧創製並指導，二是能在歷史中延續開端的威勢而走向升華的天道命途。後者尤其能夠扶正領導階層的歪曲、偏離、墮落而轉折者，更不待言其壓榨者；民族中的民眾則在「天地人」三裁上是天道、土地與血的命脈根基之一，其歸根結底的純樸堪稱「素以為絢兮」的「素」，無素則絢且為糜爛。

（3）因而，文化必須統攝文明，猶如智慧必須統攝智能。文化具備育化萬物、以體制用的智慧特質，即能知止之、扶正之、提升之而涵養其民族精神正氣者。「仁者愛山，智者愛海」，但必須相互借鑒始可「高山仰止以觀滄海」。

（4）除非將人性降解為物慾依據功能性知識學坐大技術理性而成為主導，不僅主導文化更主導人性自身使其物化成為「以用代體」。這便如西方形成了今天現實的世界格局。「始作俑者」的短視，「其無後乎」的愚蠢。如西方然。

寫到這裏，雖然用的多是中國文化的天道語詞（注意，不是儒家用語），卻並非強調「非我莫屬」的獨斷 —— 中國文化肯定不能與西方文明同日而語 —— 而是旨在描述「第一檔案」獨立互補—相互制衡的輪迴狀態。也就是說，各就各位，再有交集則走獨立互補、相互制衡、大化無極以致中和的智慧之途。這不僅要「極高明」的智慧，也要「綜合而均衡」的力量，使「輪迴」成為「合題」。總之，西方那種功能性知識學「以用代體」的去人化技術文明偏廢，絕不能繼續下去了。

伴隨文化、文明而來的則是人性及其知識形態「智慧型」（至善）與「智能型」（事功）的區分。

先借用柏拉圖《理想國》「線喻」的說法。下層「可見世界」（含「一層『倒影』」與「二層『實物』」）不說了，上層「可知世界」又分為「三層『智能』」和「四層『智慧』」。三層如「幾何學」「音樂」等，屬「智

能」，四層即最上層是「向神的智慧學習」和「向人的苦難學習」因而屬「人的智慧」層──「辯證」而「節制」──從而把「德爾菲智慧」前後與生俱來的「神─知止」和「神─節制」綜合起來，這樣才能保證「向神的智慧學習、向人的苦難學習」而達到「至善」。

柏拉圖僅引用了蘇格拉底的解釋（隨著蘇格拉底之死而放棄），卻完全沒有按蘇格拉底的路線走下去。因為蘇格拉底死後，柏拉圖轉向了畢達哥拉斯的「幾何學」創立了自己的「計算本相論」，從此只有天上的靜觀世界之諸「本相」，再也沒有「人的苦難」了，甚至也被亞里士多德的《詩學》創作「淨化」掉了。「化悲痛為力量」，這是「超人」即「末人」的說法，歸根結底要在「剝奪者被剝奪」中斷其後路。柏拉圖以降的「超人」們，終止於「可知世界」的「智能」層，於是「知識成了德性」──優勝劣汰的「功能性」就是「目的」，就是「德性」。換句話說，「功能＝目的＝德性」三位一體，再無其他。

其實，看一看西方思想史特別是哲學史就知道，從柏拉圖和亞里士多德伊始，一上來就是「形而上學本體論（計算本相論）」，即一定要提出一個「本體」奠基，然後用邏輯的方式建立系統的範疇體系，以此達到「一即多」的論證目的。此種套路已成為西方哲學思想的基本定式（儘管從來沒有成立過，「本體」總是坍塌的）。現代以後反「本體論」也還是同樣的思維邏輯。我把它叫做典型的「兩極搖擺」式的「以論治史」，屬於「智能（事功）」範疇，無善可言。　　　　　·

馬基雅維利針對基督教的「善」而宣稱不擇手段達到目的之「惡」是「正當」，完全恢復繼承了古希臘「自然理性」的「力量即正義」原則。

霍布斯依據英倫三島的心性，想像單子化的個人而提出「一切人對一切人像豺狼」而不得不建立「利維坦」式的「國家契約」。於是「魯濱遜」式的「孤獨人」以及「魯濱遜」與「禮拜五」的「主奴關係」也就成了人與人的基本模式。仍然承接著古希臘的「主人道德」及其「主奴關係」，還推而廣之用來建立「現代道德世界」。難怪狄德羅嘲笑貝克萊總是幻想自己的鋼琴能彈出宇宙中的一切音符。亞當·斯密也以為漁夫和獵人之間的「物物交換」就是貨幣的起源。島人就是這樣，盡是想當然地固守「普

遍真理」、想當然地「編故事」為己所用。

　　猶太人馬克思強調人的「社會性」即「族類性」而批判資本主義式的「個人」，至少表明「猶太人」以及向東的「東方人」，究其人的「文化種性」而言是不同於西式「文明種性」之「單子化個人」。

　　　　「人的種性」，至關重要。
　　　　究竟是「文化」陶冶（以「非功能性」以體制用），還是「文明」
　　驅動（「功能性慾望」以用代體）；
　　　　決定人性善惡導向、決定非功能性「思想」或功能性「哲學」導向；
　　　　決定人思維是的「以史正論」，還是「以論治史」導向；
　　　　最終決定人和物的是「以體制用」關係，還是「以用代體」關係？
　　　　後者乃西方人選擇的道路把人類帶入「機器人第三型文明」方向，
　　　　前者將從後者的災難性方向中幡然醒悟而歸根復命，亡羊補牢。

　　西方把「政治哲人」立法吹捧為「成神的道路」。但在擁有「德爾斐神廟前後智慧」的蘇格拉底看來，「智能」無非「現得」而自作聰明，歸根結底會落入「智慧」的反諷與「剝奪者被剝奪」的短命。他們維持時間的長短，一是物化能力成長消失的時間，二是慾望得失蒙蔽清醒的時間，還要包括被奴化者魅惑來去的交易的時間。特別是後者回復自身的路更長、更可悲嘆。足見強力從不優待弱者。

　　智能小聰明的大忌就是經不起長歷史段的檢驗，一旦智能的缺陷在後果中盡顯，死亡便成定局，而且還是像「雅典帝國」「羅馬帝國」那樣的死亡——像「打去了黃的空蛋殼」完全失去了自身的「歷史延續」。因為它的時限短暫——「始作俑者其無後乎」。

　　猶太人的《托拉》「創世紀」中記載了「生命樹」在「知識樹」之外。受「智能蛇」的誘惑，亞當夏娃偷吃了「知識樹」上的知識果（金蘋果），則必須被趕出「伊甸園」外作生死放逐，而且還背負著「進化論即末世論」之「末日清算」。這已經把西方與東方區別開來了。個體的死亡屬於西方（「我死後哪怕洪水滔天」）；東方的族類生存則久遠得多（「與民族共存亡」「托體同山阿」），可以「高山仰止以觀滄海」。

翻翻西方自古希臘以降的歷史，理論與事實「顯即隱」的現象，成為常態。比如「雅典帝國」與「羅馬帝國」，不管是「雅典民主制」也好，「羅馬三權分立制」也好，都隱藏不了一個事實：「內部奴隸制與外部殖民」，它們本身就是「戰爭」「殺戮」乃至「種族清洗」的結果。亞里士多德用「人是政治動物」一言蔽之，尼采用「猛虎般的吞噬慾」一言蔽之。西方從不「向人的苦難學習」！為什麼他們的理論家之「理論」書寫——「民主自由平等博愛」不絕於史呢？他們怎麼寫得那麼「理所當然」呢？而被殖民、被奴役的殖民地知識分子還「崇拜」得那麼「順理成章」呢？

關鍵在於，「功能性知識」可以達到「個人慾望之目的」。作為「個人慾望目的」的「優勝劣汰」「成王敗寇」在他們看來已經是最大的「自然正當」。在此「手段—目的」的架構內，真正可以評判罪惡的非功能性「至善」，已被看作無用無效的「迂腐」排除了。換句話說，這種優勝劣汰的「自然法」，使西方的自然理性喪失了區分判斷善惡的能力，才把「奴隸」「弱者」「殖民地人」「下等民族」不當人看，任意販賣、殺戮、殖民侵略戰爭乃至種族清洗等等視為「自然正當」。他們口中筆下的「民主自由平等博愛」之人性標榜，必然隱含著「自我中心的主人道德」而心照不宣。之所以能夠如此明目張膽地欺騙與自我欺騙，全然是遮蔽在「功能性知識」的「武器的批判或批判的武器」之下。

所以，醒悟「智慧」是困難的。印度「奧義書」說：「一把刀的鋒刃很難越過，因而智者說，得救之道是困難的。」恐怕只有「人的苦難」達至毀滅才能驚醒智慧出離智能而別開生面。這一關總是要過的。不過，則亡。

東方智慧不是「大而伯之」稱霸世界——「只知其有不知其無」底「獨斷本體」，而是「大而化之」中和世界——「有生於無無有相生」。如「地球人類歷史第一檔案」擺明的「世界地形與文化種性」，中東以西「只知其有不知其無」，中東以東為中國文化「大化無極而有無」——道「無名無極無形無性」。到此時，95.1% 的「暗宇宙」與 4.9% 的「已知宇宙」的「開關二重性」才會根本改變西方「技術文明」及其「功能性知識學」必然導致的「智能星球」宿命。惟其如此，人類的前途才會擺脫「機器人第三型文明」過濾人類，從而別開生面地進入「古今文化形態的輪迴」。

丙
以體制用與以用代體 —— 體用關係

　　康德說了一句「人是目的不是手段」，黑格爾就緊接著提出關於「手段」與「目的」的辯證法，結果能達到目的的手段就能超出目的成為目的本身的「絕對觀念」。黑格爾以為他要到的「最終合題」其實早就是古希臘的自然理性「功能性知識學」底「開端即沒落」了。西方從古希臘功能主義開始，經資本主義到科學主義完全實現了「手段成為目的」的辯證法。「機器人第三型文明」就是「以用代體」即手段成為目的的終極證明：「原罪式人性惡」底「進化論變成末世論」之「末日清算」。這才是神機妙算的「時間之後得邏輯之先」。黑格爾做夢都不會想到，他的「惡是歷史發展的槓桿」——所謂「歷史辯證法」竟然變到如此「反諷」的地步！「人算命算不如天算」。

　　走出中世紀的馬基雅維利與霍布斯等政治哲人則爽快得多、直白得多，什麼修辭都不必要，直截了當把人說成手段。反正西方「歷來如此」。「始作俑者」根本估計不到「時間之後」早已「原型先蘊」地包含著「邏輯之先」了。到今天「機器人第三型文明」的前夜，西方的歷史開端都不可避免地應作「如是觀」，任何其他的辯護都無濟於事。

　　那麼，走出「手段—目的」辯證法，重新提問，人怎樣才能不喪失人之為人底「體」呢？還是到「以史正論」的「地球人類歷史第一檔案」中去尋找答案吧。

　　「有形有性有名有極」的希臘諸神及其基督一神為背景，「把自然理性即技術物化當做人之體」，西方第一次啟蒙 ——「哲學與詩之爭」做到

了，再一路下行達到今天「徹底去人化」地步，正是本書勘察的命脈軌跡。不再贅述。

把「無形無性」但「有名有極」的耶和華神，作為「人之體」，以中東猶太民族為「標識」，我大體也說到了。由於兩千多年的希臘化、由於在歐洲各民族內部散居，屢遭迫害的生存危機，使猶太人能深入到西方文明的內部而揭示科技物化的毀滅性後果。他們認為西方的神是「不潔的」、「不能救贖的」，而猶太民族更是「無需救贖的」的民族，所以他們能坦然面對西方的「末日清算」，這正是猶太民族的「高貴」所在（施特勞斯語）。

最後來看看遠東以「無形無性無名無極」的「道」，作「人之體」，如何？

道，一是族類（共生共榮），二是歷史（中和輪迴），三是天命（人算命算不如天算）。

首先，這樣的「道」，技術物化不了。「道可道非常道，名可名非常名。」這樣的認識，早期希臘向古希臘轉變時的蘇格拉底也有，對「真善美」——「可知向而不可知得」。所以，人的智慧才是「知無知」，亦即超越「只知其有」而導向「無」。一旦像柏拉圖那樣把「造物主」和「本相」都能創造出來，其實就是封「智能星球」之頂。情況就整個改觀了。別看西方現在的強大，只要認真地查看，在現實的戰場上一如在形而上學的戰場上，「剝奪者被剝奪」——「堆滿了頭蓋骨」！而且雅典帝國、羅馬帝國等等也被剝奪殆盡，真可謂「燦爛如『玫瑰』死亡如『蛋殼』」。對照起來，蘇格拉底的智慧有此「知無知」（「向神的智慧學習，向人的苦難學習」）——「知止」而「節制」——或許能避免「『始作俑者』的短視與『其無後乎』的愚蠢」。

我們的「族群與血緣」同猶太人一樣，也是割捨不斷的，任何歐美式的個人本位「單子化」都適應不了我們。當然我是說，「某些個人」或許適應得了，但「中華民族」適應不了。我們同歐美人的差別才真正是我們民族及文化悠長維繫的所在。其實，到了現代，任何地域時域至少在主要的文化種性上，沒有「個人」與「族類」不兼容的。任何文化種性，都沒

有族類排斥個性甚至扼殺個性的，這不符合文化「種性」及其「傳承」原則。除非個體性自己感覺特別不相容，那就簡單了，自己做好準備離開此土地族類，移民到適合自己生存的地方去。

我做「中國人問題與猶太人問題」已有 20 年了，從國外華裔、猶太裔口中聽到這樣一個說法：

> 「猶太人和中國人，不是沒有個人，只是不用爭奪剝奪個人的方式來滿足凸顯個人，相反，他們能在給予個人的方式中達成個人的互補與共契。而這不是個人的聰明擁有就可保證的，恰恰是一種文化賦予的『族類共生性』」。

此話雖是出自一位大學生信函，我卻把它奉為格言！既超出西方同類論述的經典，國內學術對於同類問題幾乎沒有比它說得更好的。

道在「日用不知」，即在我們的生活禮儀飲食習慣中，還在中國的語言文字中，特別是繁體字，其中有無數的意象，一如中國文化的「土地與血」，千萬不要把它元素化、數據化。試想，西方大家把易經二進制數化為（1-0），完全不懂其中的「無」，更不用說易經中的「象」，是數據化不了的。西醫也是。只懂「屍體解剖學」，不懂「生命活體精氣神為之運行的經絡」。所有這些都是西方人功能性思維方式與操作方式所理解不了也轉換不了的。我們一定要記住並堅持，不同文化種性之間，除了「可翻譯部分」，一定還有「不可翻譯部分」。後者才是「最貼己」的看家本領。強行按照現在西方功能性思維什麼都削足適履地納入其中，這是最糟糕的文化殖民主義！結果就是非西方文化窒息而衰亡，「讓機器人成為這個世界的統治」。[1]

「道」在歷史中「化極中和而輪迴」。華夏歷史儘管起伏曲折，但始終保持自身的整合之勢。即便走向近現代遭受西方一百多年的肢解與侵蝕，依然在內外求同存異頑強地按照華夏民族的歷史天命延續下來。國外有些人當然看不慣，除了政治圖謀外，對中國的多民族及其歷史極盡歪

---

[1] 仿莎士比亞《雅典底泰門》詩句：「讓動物們成為這個世界的統治」。

曲肢解之能事。而被馴化的「知識精英們」只知觀念的「民主自由平等博愛」而罔顧西方資本的血腥歷史、罔顧中華民族近現代災難史，把「西方民主」當作「金科玉律」，甚至公然喊出「中國必須分裂才能建立民主」。和中國版圖相當的歐洲四分五裂兩千年，二戰後聯合成「歐盟」想擺脫分散的局面以爭得世界發言權的一席之地，然至今舉步維艱。再看看蘇聯瓦解的後果。這些「西化精英」屈從個人慾望是多麼短視愚蠢啊！人算命算不如天算。歷史會給他們公正回答的。

道在「天命」。坦白地說，我特別從「地球人類歷史第一檔案」的「宇宙層級」欄中強烈地感受著這種「天命」。其次才是西方科學家「呼籲警惕人工智能過濾掉人類」。所有「只知其有不知其無」的哲學「本體論」、神學「一神論」、科學「粒子論」都是西方的。所有技術物化，包括去人化的「機器人」都是本性功能化的西方人發明的，但真正克服「功能性」及其「機器人」危機的原則，西方不可能有。看一看所有目前解決的辦法無非是「對機器人立法」，或「對研製機器人的科學家立法」，甚至大談特談其「機器人倫理」，等等。這些如此呼籲的人根本還不明白問題的癥結在哪裏，他們自己都不知道自己說的是什麼東西？功能性西方人連「善」都沒有了，「不知善為何物」才研製出「機器人」，又怎麼可能「給機器人立法」「給機器人倫理」「給機器人善」呢？

所有歸根結底可能解決的鑰匙（不是局部的），都在猶太人、特別是中華民族手中，而且必須倒過來先從「暗宇宙」（不叫「暗物質」「暗能量」）中解決，即「粒子能量」何以從「無」中生成、何以在「無」中湮滅，把「有生於無—無有相生」的「開關二重性」弄清楚了、掌握了，才可能回過頭來解決「機器人」的「根本關閉」問題。所有這些可能性都以最強趨勢保留在東方文化種性中。

毋庸諱言，讓今天的西方「功能性知識學」教育意識到這一點恐怕難以實現。現實危機的迫使僅僅是方向轉折的開始，而具體到正人正名、正心誠意如何潛移默化到日用不知的風俗醇地步，始能保證科研、教育與日常習慣像春光復甦那樣再現中國文化種性「以體制用」能力，幾乎是一個天命彰顯的過程，非單純人力之所能為。

丁
以史正論與以論治史 ── 思維模式

「以論治史」是西方思想的思維模式。儘管它處在「本體論」與「虛無主義」的兩極搖擺中，畢竟仍然維繫在「本體論」的「以論治史」的主流發展中。所謂「超人工智能危機」正如「科學導致的危機只能用科學的發展來解決」，同西方哲學史傳統「本體論導致的危機也只能用本體論的發展來解決」如出一轍。因為西方人性中的功能性思維深入骨髓了，即使再深入「膏肓危機」也未必能幡然醒悟改弦更張。畢竟在兩千六百多年的歷史中連基督教「千年王國」底「原罪式人性惡」之打壓，都未曾改變，反而壓之既久其發必速地變成資本主義「合理解放形式」，不到五百年就發展到今天毀滅性的地步 ── 時不我待了。

必須有另一種或兩種不同文化種性揭竿而起，天下雲合響應，以強迫其改弦更張（以解「共同危機」的形式），人類歷史的扶正才有現實的可能性。顯然，「機器人危機」，正是一個節點。也不排除，一場「毀滅性災難」成為截點。總之，中華民族有頑強的抗災能力、有悠長的復甦韌性，足以能「大化無極以致中和」。

就人類歷史而言，幾乎都有一個共同的沉鬱的底色，那就是「苦難」──它特別真實的沉澱著造成它的原因及其性質，是任何事前事後表達出的各種理論文字記載都掩蓋或掩飾不了的。在這個基礎上，你會發現，西方的「歷史學」「歷史哲學」「歷史傳記」其最大的職能，有意無意都在掩蓋或掩飾苦難甚至抹煞苦難，少有例外。兩個原因：一是「成事」太多、太血腥，二是「記事」習慣偏向「以論治史」。連「以上帝之名」

的宗教戰爭所謂「聖戰」都如此，何況其他。

所以，西方「史」，多是「史學」之「史」，即歷史知識意義上的「史」，即「歷史學」「歷史觀念」「歷史理論」「歷史哲學」等等範疇中選擇為我所用的馴化「史實」。說得再學術一點，它們都是已經概念化範疇化了的「事實」，英美語言學家更習慣叫「邏輯經驗事實」。比如 19 世紀、20 世紀的歐洲對非洲、亞洲的資本主義殖民侵略和帝國主義戰爭侵略所造成的苦難，落到歷史學家的歷史筆法中就會寫成「西方在創造歷史過程中不可避免的損失」「歷史前進的車輪也會碾軋道旁無辜的花草」，充其量再說句「撬動歷史的槓桿具有惡的性質」，因為它「破壞了代表善的傳統規範」，等等。連畫家保羅‧克利的《新天使》都比他們表達得深刻：

> 克利有一張畫名為《新天使》。畫上一位天使看來似乎正準備離開他死死盯住的什麼東西。他的眼睛睜著、嘴張開，兩翅緊張地收斂。歷史的天使一定也是這幅樣子。他的臉朝向過去。在我們面前出現一連串事件的地方，他看見的只是災難，災難不斷地把廢墟堆到廢墟上，一直把廢墟延伸到天使的腳下，天使想停留下來喚醒死者，把破碎的世界修補完整。但是，從天堂裏刮來一陣風暴，將兩翅裏挾其中，而且風暴是這樣的強烈，天使再也控制不了翅膀，風暴不可阻擋地將天使吹向他背對著的未來，眼看著廢墟在面前擴展到天頂。我們把那叫做進步的東西就是「這場風暴」。
>
> —— 本雅明在《論歷史的感念》第九節中對《新天使》的解讀 [1]

「以史正論」與此不同。

「以史正論」的史，則與「以論治史」的「史」，是兩種完全不同的東西，即兩種完全不同的事實。下面我只用帶引號的「史」稱西方「以論治史」的「史」。而中國的「以史正論」的史，不打引號。以示區別。同理，史及其事實，與「史」及其「事實」，相區別。

本書的寫法就是「以史正論」。其中史實都是西方歷史中發生過的苦

[1] 參見《萌萌文集》，上海譯文出版社 2007 年。《視覺時間：苦難、進步論與末世論 —— 克利-本雅明〈新天使〉的現象學問題》，第 237 頁。

難事實，並在此背景下拆解西方的主要經典，像破解密鑰那樣破解它的動因契機以揭示其前因後果的內在脈絡 —— 自我中心、消滅異類、優勝劣汰之功能性法則。直到同一法則落實到「機器人」過濾人類的「進化論變成末世論」，由此反證西方「以論治史」必然走到今天的毀滅性後果。

此之謂，「以史正論」對勘「以論治史」。

附錄
歷史的記憶與遺忘

2009 年，《西學中的夜行》《偶在論譜系》兩本書問世。下面的文章係同年有感而發：「歷史的記憶與遺忘」。

文章一直留在抽屜裏，今天偶然找出，倒是我這個年齡段的人應該留下的一句話：「不能忘記歷史。」連歷史都忘記了，如何能對西方「以論治史」做「以史正論」底檢測驗證與防禦？遂附錄「下篇」之末。[1]

一

這裏想說的，不是個人的記憶與遺忘。個人是自由與偶然的領域，每個人有怎樣的記憶與遺忘，根本是無法確定也無法規定的，也是無法要求的。

在一個以個人為本位的「個人主義時代」—— 假設有這樣一個時代，許多人不就是這樣訴求和標榜的嗎？ —— 是不是因此除了個人無法確定的記憶而根本否認個人所在的如家庭、社群、民族、國家等也都無法確定無法規定其記憶進而也不要求任何記憶呢？如果是這樣，這個個人和個人所在的世界，歸根結底是無記憶的世界。如果推論成立，結論成為反諷：這個世界是「無機物世界」，這個個人是「無機物分子」。

這是一個預言嗎？按照宇宙論，「宇宙是由不以人的意志為轉移的基本粒子及其數學公式構成的」。推論：「人是機器」。

---

[1] 短短「引言」是 2019 年 7 月 24 日補加。下面全文寫於 2009 年 9 月 19 日。其間相距 10 年。我保留著原貌，特別是「文化」與「文明」沒有區別，等等。表明 10 年後的變化至關重要。

想起當年畢加索畫了《亞威農的少女們》，回答別人的質疑時說：「先生們，要不了多久，你們就會是這個樣子的。」

是啊，要不了多久！

二

今天大多數年輕人的記憶里，比如「90後」，甚至「80後」，問「文革」為何物？要麼根本不知道、沒聽說，要麼說起來就是一堆稀奇古怪的笑話。更不用說起「抗日戰爭」──唉，這個民族對「南京大屠殺」到底記住了多少？能像猶太人那樣一個人一個人地記住嗎？──更不用說起「甲午戰爭」、「八國聯軍」、「鴉片戰爭」。記得有一次在江邊「香榭麗舍」喝咖啡，一位青年朋友坐下來感慨地說：「我才知道這裏以前是法租界，幸虧，要沒有這些租界，連找一個喝咖啡的地方都沒有！」

作為個人，這樣的感慨是完全無所謂的，就某種個人喝咖啡的講究而言，它是事實。對於這種人，「租界」不過是一個詞語，頂多像「租房」一樣的日常，還能有別的更深的意義嗎？但由此而推論，這個人所在的民族，也是如此沒記憶，或者說，如此健忘，那就慘了！因為民族沒記憶，任由它的個人按照個人的邏輯「在中國，不如在法國或美國」，中國對於他，存在不存在，根本不是一個需要上心的事，那麼這個民族像某些物種離消亡也就不遠了。換句話說，它在這個世界民族之林喪失了存在的資格。

民族恰恰是在歷史記憶中成其為──存在為一個民族的。設若把猶太民族的「出埃及記」、「奧斯維辛」記憶抽掉，還是猶太民族嗎？把「法國大革命」從法蘭西民族的民族記憶中抽掉，還叫法蘭西民族嗎？儘管美國民族歷史淺短，如果把「消滅印第安人」、「獨立戰爭」、「獨立宣言」都抽掉，還是美國民族嗎？[1]

中國呢？「文化大革命」抽掉了又怎樣？

---

[1] 10年前就這樣寫了，「消滅印第安人」也放進美國民族的記憶中，可見我是把美國民族當做一個正常民族看待的。要是今天寫，我恐怕不會這樣寫了，大概是發覺，美國民族對給別人製造的苦難是遺忘的，對「消滅印第安人」的種族清洗幾乎是強迫性遺忘的 ── 2019年7月註。

三

人類歷史進入近現代史，能夠像「猶太人問題」成為一個世界政治哲學問題的，大概要算「中國人問題」了。

此話怎講？

所謂「中國人問題」是與「猶太人問題」相比較而存在的。

如果「猶太人問題」早已存在於《拖拉》後的猶太人歷史中，特別是基督教蛻變出來世界化後而尖銳起來的「宗教民族」問題 ——「在西方宗教政治文化屠殺驅逐皈依的死亡脅迫下，能否走向自己民族神的路？」

那麼，「中國人問題」要晚近得多，即晚近到十九世紀下半葉，西方列強用伴隨啟蒙思想的堅船利炮打開中國大門之後催生出來的「文化民族」新問題 ——「在西方軍事政治文化殖民的死亡脅迫下，是否還有另類種族文化的生路可走？」

先談「猶太人問題」。

猶太青年人的「成年禮」有兩種形式，一實一虛，實的是身體上的「割禮」，虛的是思想上的「割禮」—— 即回答「猶太人問題」。好像從斯賓諾莎以來，或許還要從邁蒙尼德時代開始，許多大思想家的青年時代都寫過「猶太人問題」，如，馬克思、柯亨、羅森茨維格、施特勞斯，等等。

由於歷史的原因，猶太人以群落的形式散居世界各地（主要是歐洲各地），「融不融入所在地民族文化中去？」始終困惑著一代一代的猶太人，尤其是猶太青年人。二戰中遭遇了納粹空前絕後的民族大屠殺，死了 600 萬猶太人，問題不得不以更尖銳的形式表現出來：「猶太人建不建立猶太國家？」

按照猶太人和上帝的契約，猶太人只能在永世流浪中依靠「神性」、「神法」獲救，若建立猶太人國家，就是按「理性」、「人法」獲救。也就是說，不建立猶太國家，猶太人的生存得不到保障；建立猶太國家，背叛了耶和華神的契約（類似中國：不啟蒙亡國，啟蒙忘本）。如此生存兩難至今並不因「以色列國」的建立得到解決。猶太人不得不讓別人重復自己的命運，把巴勒斯坦人趕出他們生活的土地，讓他們也從頭經歷一番自己流浪的歷史，再製造一個類「猶太人問題」的「巴勒斯坦人問題」，讓自

己無論在「種因」還是「收果」兩方面都不得安寧……究竟是報復別人，還是報應自己？中東的命運仍是一個變數。

最後，更深刻的是，猶太人究竟走「文化猶太復國主義」道路、「政治猶太復國主義」道路，還是歸根結底走「神性猶太復國主義」道路？

再談「中國人問題」。

1840 年「鴉片戰爭」是一個標誌，西方列強用堅船利炮把古老的中國逼上了順昌逆亡的「救亡─啟蒙」道路。浴血百年，到 1949 年，中國建國取得了政治獨立，但依然沒有擺脫被西方列強包圍、遏制的冷戰局面。中國仍然受制於人：要麼跟著蘇聯走（1949-1959），以失敗告終；要麼尋求自己的道路（1958-1976），以失敗告終；要麼跟著西方走（1979-　），據說今天以「韜晦策略」企圖邊跟隨西方邊力圖索回自身，仍在探求中。170 年了！

在如此長達 170 年的「救亡─啟蒙」過程中，中國人尤其是中國知識分子，遭遇的問題必然是：救亡需要「科學」（社會革命‧生產力），啟蒙需要「民主」（國家革命‧政治體制），因而歸根結底「救亡─啟蒙」就是把中國從傳統中拔出來轉向西方道路所指示的「現代性」。不轉向，中國亡；轉向，中國同樣亡，即同化尾隨於西方 ── 名存實亡。因為西方「真理」告訴我們：「中國等於傳統、特殊、民族性；西方等於現代、普遍、世界性。」這就是困擾中國人的不對稱的「中西之爭」（以人之新比己之舊，捨自己的舊求他人之新幾等於被西方同化）。對非西方世界莫不如此。

正是在這個問題的背景下，中國所發生的一切事情都要在西方的強光下受到折射、扭曲，而且，中國人已經習慣了西方尺度並視之為「真理」，捨此不能判斷甚至不能思維，以致中國人自己長期陷入「不能思乃至無思」的無能（無生殖創造能力）境地。

現在據說「中國長夷之技以崛起」，是不是也要走猶太人在報復中報應的路？有的人不是預言「三十年河東三十年河西」嗎？即便如此，仍「在西方的籠子中鬥雞」，猶未卜也。

四

　　但是，中國人更有不遜於猶太人的地方，整個「救亡 - 啟蒙」的過程就是一個「強迫遺忘」的過程。

　　據說現代西方流行一種「斯德哥爾摩綜合症」，大意是說，一個女人作為人質被劫持了，時間一長，即便後來這個女人獲救了，她竟然能站出來為劫持者說好求情。

　　更有類似者，強盜搶劫了一個外族的女人，強姦了她，生了孩子，自然連同孩子和女人，都屬於強盜所有，即便孩子長大了，取代了強盜的位置，恢復了母親的自由身份，但事實上後續的生活，仍然是強盜給予的生活，女人再也回不到她的外族身份了。

　　中國「母親」，就有點類似這個「女人」。問題還不止於此，她的子孫們已經不記得那段歷史了。不僅不記得，還一直津津樂道，現在過的生活是本該如此的生活、是理所當然的生活、是「最值得過的生活」。

　　類比總是蹩腳的。到此為止。「一個民族」畢竟不同於「一個女人」；即便「一個民族」有可能被同化而消亡，但決不是「任何民族」都可以被同化而消亡的。不能概全。

五

　　再回到原命題：「整個『救亡–啟蒙』的過程就是一個『強迫遺忘』的過程」。

　　實際上不是「強迫遺忘」，應該是「自覺遺忘」。西方的高明在於，「啟蒙主義」是與「殖民主義」手拉著手來到中國的。說得貼切一點，「殖民主義」是裹著「啟蒙主義糖衣」的「糖衣炮彈」。或者更精確地說，啟蒙主義本身就是殖民主義。只要你接受前者就已經接受了後者。因為，啟蒙主義教育你的是：「西方是真理，歷史必然如此發展，一切非西方的不是被西方真理征服就是被西方真理淘汰。」而且，殖民主義還有日漸「溫和」的趨勢，從赤裸裸的軍事殖民，逐漸轉入經濟殖民乃至文化殖民，但決不是更迭取代，情急必需時三管齊下。這是殖民者方面。

　　被殖民者的身份也是弔詭的，殖民者同時是侵略者和「老師」，反過

來說，被殖民者既是被侵略者又是「學生」。正因為他強，他才是你的老師，你必須向他學習。建國前的老一代革命者尚且如此糾纏，建國後的新一代、新二代，中間更夾雜著「文革專制」的反襯——既傷害了秉承權力的「權力意志」自身，尤其傷害了有記憶的知識分子的「個人尊嚴」與「自由精神」，以至傷害到這種程度，昔日的「侵略殖民者」可以被反證為「民主偶像」而掩蓋其本質判斷。中國的統治者向來有口頭禪：「寧贈外夷，不予家奴。」沒想到，被統治者以牙還牙——「寧從外夷，不事家主」。看來，「主奴辯證法」上下也好，內外也好，終究都是病態。

非西方民族對本民族歷史的遺忘是遺忘到（別人的）「真理」中的自覺遺忘，即有意識遺忘，越有意識越遺忘。說穿了，所謂「自覺」，實乃「自欺」——「自欺遺忘」。

我又不得不記起一個故事。納粹軍官看中了一個白人猶太妻子，要她用身體換猶太子女的活命，但只能換一個，是留下兒子還是女兒，母親可「自由選擇」。

理性為什麼可以這樣利用？它要了它要的一切：女人的肉體，滅猶的職責，一樣不少，而且更有盈餘——被損害者自覺參與同謀，似乎整個行為都是由被損害者自決意志的參與才能達成，連她的美麗都成了罪惡股份。等到後來你連回憶、控訴的資格都沒有，還要在強迫遺忘中逃避自責，要不你就悔恨終身。黑格爾說「狡詐的理性」，我看簡直是「魔鬼的理性」。

「啟蒙理性」呢？

六

如果不認識到西方「真理」的「意識形態」本質——「意識形態」就是「把特殊的東西說成是普遍的東西，以求『真理性』之名，『批判的武器』；再把普遍的東西說成是統治的東西，以獲『權力性』之實，『武器的批判』」——則根本清醒不過來。遺忘成為命運。

只有認識到西方「形而上學本體論」是虛假的，才會開始懷疑西方的「普遍真理」。只有感受到「現代性危機」的毀滅性風險，才會開始懷疑

西方並不代表「歷史真理」。當施特勞斯古典政治哲學被引進至中國時，對西方現代性的質疑與診斷才提高到「古今之爭」的層面，諸如啟蒙理性、進化論在反省中才消退了「永恆的樂觀主義」。

「古今之爭」還原了一種視野，揭開了兩者背後的「諸神」面貌，原來古代「諸神」是對等的，古代「諸神」所代表的各種「民族文化類型」也是對等的。之所以有一個「諸神」突然把自己宣佈為「一神」，那是它守護的民族力圖向世界擴張的帝國夢想所致，因而「一神」其實就是某「諸神」的意識形態化，這是對人類諸神文化意義的「一義性僭政」（唯我壟斷的解釋權）。西方基督教走的就是這條西方諸神自詡「一神」的意識形態道路，同啟蒙主義—殖民主義的世界性擴張相一致。

中國從上世紀初到今天，歷經三次大的翻譯浪潮，漸漸在部分知識分子中洞穿了西方意識形態的假象本質。於是，「啟『啟蒙主義』的蒙」的新思想革命，才有揭開序幕的可能。

七

綜上所述，可以用下面的闡述方式歸結起來。

1. 中國革命的三重結構

「社會革命」——生產力與生產關係的變革——「科學」

「國家革命」——政治體制的變革——「民主」（平等或自由）

「民族革命」——作為根系的民族文化類型及其道儒精神的傳承與發展[1]

如果一個民族及民族文化，因社會革命和國家革命，最終將自己的民族根系也連根拔除了，完全合流於佔現代性主流的西方文化，那只能表明這個民族沒有獨立為一個世界民族的資格，它的毀滅像一個物種的毀滅一樣，歸根結底是不足為惜的。

如果事情不至於此，那就是說，這個民族還有能力獨立於世界民族之

---

[1] 10 年前寫的文字，一字不改。之所以不改，因為改的都已寫在本書中。保留以前寫的，正是為了顯示 10 年繼續往前走的步伐——2019 年 7 月註。

林，那麼，它就必須在社會革命與國家革命的變革中最終回答：自身民族文化類型及其民族文化精神是怎樣與西方文化相區別而獨立地傳承發展的？甚至更進一步地說，當西方文化主導的今天，世界已經被帶入技術與慾望相互鼓蕩的風險之地，自己的民族文化中有沒有使自己挺身出來既承擔風險，更承擔自己應盡的責任，即調正世界的方向參入人類的命運。

例如法國，在歐洲近現代史的沿革中，法國始終處在英國政治革命（17世紀）與德國思想革命（19世紀）兩頭夾擊中。法國並沒有追隨英國革命及其妥協形式的「光榮革命」，而是爆發了激進的「法國大革命」（18世紀）；另一頭，法國思想自笛卡爾後，一百多年來，幾乎一直受著康德—黑格爾古典哲學與胡塞爾—海德格爾現代哲學的壓抑與鉗制，但仍然爆發了存在主義、結構主義與後結構主義—解構主義的抵抗與突圍。正因為如此，使法國在近現代世界革命思潮中仍然貢獻了自己的政治形態與思想形態。甚至可以這樣設想，如果沒有法國的革命及其思想輸入的活力，西方世界就會在純粹經驗與純粹先驗的「兩堆青草」中僵化而「餓死」的（布利丹寓言）。惟在「抵抗與突圍」的氣概中，我同情並欣賞法國哲學 —— 相比之下，我們缺乏的正是這種以民族身份「抵抗與突圍」的氣概。

2. 啟蒙主義與殖民主義手拉著手向世界宣戰

如果僅僅依靠啟蒙主義實行社會革命與國家革命，則必然以毀壞、喪失民族文化根基為代價，那麼這種社會革命與國家革命只能是對西方的尾隨與對民族的背叛。換句話說，這種革命僅僅獲得的是西方殖民主義性質，或者你要的只是西方施捨的所謂「西方普世意識形態」還當作「立國之本」。

只有將社會革命與國家革命根系到民族文化與民族精神，才是獨立於世界民族之林的民族革命。

當然，只有在這樣的前提下，民族革命才是多餘的，那就是，西方真理代表了人類歷史發展的必然方向。事實上，這種啟蒙主義理論至今仍然佔著上風，有意無意、或多或少支配著所謂有教養的知識分子的頭腦。他

們的口頭禪就是「科學」與「民主」，前者代表著社會革命，後者代表著國家革命 ——「有此兩者，復何他求」。

所以，只有證明西方啟蒙主義或西方意識形態只是西方的民族意識形態，根本不是普遍的人類歷史規律，「革命的三重結構一定要落實到民族革命的根基上」這一結論性命題才能成立。

3. 何以「革命的三重結構一定要落實到民族革命的根基上」

證明方式：

首先，技術科學的性質是宇宙論，它必然會給人類帶來風險。事實上今天的技術科學已經走上「自我證成」的道路，即走上不屬人的物義論道路，它毀壞的不僅是非西方民族，而且是包括西方民族在內的人類生存。（往後回到這裏來）

其次，揭示西方形而上學、技術科學的希臘理性根源及其功能主義的宇宙論方向。基督教並沒有使希臘理性得到根本調教的原因在於，它的最高形式「一神」相反被調教為「亞里士多德的上帝」。

第三，作為一種文化類型的西方文化，即便發展到今天有它自身的必然性，那也只是一種文化類型的發展模式，並不代表人類其他文化類型非如此發展不可。今天所謂的全球技術一體化，無非是西方技術理性對其他人類文化類型的強力干預所致。它可能造成兩類後果：要麼強力消滅或淘汰其他文化類型，同時也把自身及人類引向越來越深的危機，像一條自己咬著自己尾巴的蛇。要麼非西方文化類型發展出另一種思想，既能駕馭技術以強制強，又能改變技術的非人屬宇宙論方向。如此非西方的其他文化類型中能擔當此「重組 — 調教」命運的精神資源在哪裏、是什麼？

我們對前兩點僅僅做到了根源清理，對第三點也只提供了問題的形式指引。都還停留在揭示問題上，離問題解決尚遙遠得很。

4.「啟『啟蒙思想』之蒙」的新思想革命為何姍姍來遲？

我們的前輩中不乏通西學的大家，如辜鴻銘、陳寅恪、胡適、陳康、馮友蘭、錢鍾書、徐梵澄、李澤厚，等等。就學問而言，他們都在各自的

時代儘可能地了解西學。但為什麼他們的「通西學」並沒有通到令人期待的警醒地步？

竊以為，所謂「通西學」，必須同時做到「拉通」與「反省」兩點。反省者不是沒有，但不在「拉通」的整體性上；反過來，即便能夠拉通，又還沒有反省到啟蒙理性的底蘊及界限，更談不上超出的徹底性。

只有到了中國，經歷過三次翻譯高潮（五四時期、八十年代、21 世紀初），我們才有可能在反覆的對比中體悟到，所謂「西學」，歸根結底是來自地中海區域的意識形態。它的形而上學奠基及其體系是偽造的，骨子裏是要在「真理」的名義下追求「強力意志」主宰。但它同時又發展起一種以「技術智能」追求的宇宙論方向，即非人屬的物義論方向。從而使「智慧」的「苦難」來源被「淨化」為一個審美的悲劇性，目的是再向「強力意志」的「力量」轉化，所謂「化悲痛而力量」。如此「物化—強力」的輪迴，使一切都「技術—功利」化了——人類面臨「現代性危機」。

5. 西方「個人主義—工具主義—功利主義」新三位一體的原罪性質

維特根斯坦對「摩爾論證」的批判具有指控理性邏輯僭越罪的隱喻性質。

摩爾曾舉起自己的手說：「這是我的手。」以此證明經驗邏輯的確實性。

維特根斯坦幾乎耗盡了臨死前最後的智慧指出，錯不在經驗的實在性，而在它背後隱含的「論證確信」——即「說出」的背後支撐說出的法則「顯示」。如果，「這是我的手」代表的論證確信成立，那麼，「這是我的感覺」「這是我的思想」，其背後的支撐就是「我感覺怎樣就是怎樣」「我思想怎樣就是怎樣」——「顯示」法則如此。它們都如貝克萊所言：「感知即存在」。連黑格爾的「絕對精神即絕對存在」所集大成的西方形而上學，無一不是受此「論證確信」的影響。歸根結底，這種論證確信來源於「上帝創世」：上帝創造了人，同時也創造了萬物，於是，上帝本身構成了人與萬物先天同一的根據。但是，「人模仿上帝」與「人是上帝」之間有

一個死亡斷口。這就決定了「人模仿上帝」的邏輯隱含著「人是上帝」邏輯原罪。

與此類似，西方「啟蒙」以來的工業革命導致「技術理性」的無限膨脹，它背後支撐的「法則」（顯示）同時表現在兩個方向上：（一）宇宙沒有人不能認識的；（二）自然是人取之不盡的源泉。於是，人自身與外部世界都在人的僭越中失去了應有的界限。今天地球的災難歸根結底都是這兩方面「邏輯罪」僭越的惡果。

這是一個警示，也是一個啟示：

承擔西方風險的人類，到了必須走出西方意識形態之世界視野的時候了。

墨哲蘭

2009 年 9 月 19 日　海甸島

陽關三疊

空隙、氣運、幽微

本書寫了兩年、壓了五年。應了「盡人事而聽天命」。

第一本書《瀆神的節日 —— 這個人在放逐中尋找歸途的思想歷程》1992 年在港三聯出版。

最後一本書《知其白守其黑 —— 西方歷史的白與黑》2023 年仍在港三聯出版。

三十年尋找歸途。

命乎！

陽關三疊一：空隙
「時間空隙」與「空間空隙」中的求學生涯

我的求學生涯從進入學界到退休三十五年（1980—2015），剛好在相互銜接的兩大空隙中：「時間空隙」（14 年）、「空間空隙」（21 年）。

「時間空隙」屬於時代。八十年代至九十年代初，正是後文革時期改革開放由探索到秩序建立之間的空隙，大約 14 年。1992 年有標誌性界限：輸入重點大學的教育經費大增。八十年代成名人物各重點大學開始明碼實價招徠引進，隨後就是各種名目的課題與頭銜對名牌學者加官進爵，從此山頭林立。記得李澤厚先生感歎地說：「我們那個時候哪有什麼『出場費』！」

恰恰就是這個時間空隙，出現了八十年代初期「審美代啟蒙」的特有氣象：「激情與友誼因理想而雲集」。緊接著兩大青年學者圈「現代性著作翻譯運動」風起雲湧：

金觀濤、劉青峰「走向未來」叢書

甘陽、劉小楓、趙越勝「文化：中國與世界」叢書

【插：「走向未來」叢書以自然科學通俗普及本為主，僅限八十年代。

「文化：中國與世界」叢書如果把後來劉小楓為主編的「經典與闡釋」叢書算到一起，從西方現代理性到古典理性底翻譯闡釋深化，約佔 21 世紀前後各 20 年共 40 年持之以恆，其數量與影響在中國二次文化運動中功不可沒。

我在後者朋友「防護墻」內又「面壁十年」。】

「空間空隙」屬於個人。1994 年，我從武漢湖北大學德國哲學研究所遠走天涯調進海南大學社會科學研究中心外國哲學學科組，後來掛牌「社會倫理思想研究所」。1994 年到 2015 年 21 年間，分為兩大段，前 8 年完全是邊緣閒置的「自耕農」；2002 年秋季起 13 年招碩士研究生上課，不報課題不申請項目，靠自選文本教學，拿基本工資吃飯，恪盡教師本分。當時碩士研究生考博升學率達到 60%。

正是這兩個「空隙」，雖然清寒，卻集中了精力與時間，按照自己的意願對西學做「逆向夜行、檢測防禦」式研究。

1994 年開始，在海南為了跟內陸「朋友學術圈」保持通氣渠道，先後在三個不搭界的學會（「現象學會」、「古典學會」、「概念幫」）遊學，自由進出現代學、古典學、科學哲學，多聽少說 —— 誰知收穫大到超出想象。特此感謝朋友們對我的寬容與接納，以致寬容到允許我「站在他們的肩膀上」。

從上述情形看，我才是真正的「學術江湖」中人 ——「你是世界的光，我卻在黑暗裏走」，「逆向夜行，如影傳說」。當時「學術江湖」中流傳著「把張志揚叫做『獨孤求敗』還有點意思」（網評）。這「有點意思」大概是指獨自對西學做「破招」、「解密」式準備吧。《重審形而上學的語言之維》權當入門級，得（1）「語言兩不性」：形而上學本體「既不能在語言中證實，也不能在語言中證偽」；（2）「西方哲學史是在『形而上學本體論』與『虛無主義』兩極搖擺中進行的」。（參閱《形而上學的巴比倫塔》

「下篇」，1992 年。）比海德格爾底「哲學史是遺忘『存在』的歷史」更推進到「有 - 無」的臨界上，為後來《地球人類歷史第一檔案》中東方「道無」文化的提出做了準備。

我這種現象今天是不可複製的，更是不能容許的。因此，我還要感謝蒼天眷顧！感謝那個有「時間空隙」和「空間空隙」的年代，它使我這種學術背景貧瘠的人存活下來！

大家馬上可以看到，本書的內容，恐怕也會超出人們在大學體制內「教與學」的思維定式規範。

書名總稱為《宿命與白日夢》，三卷：

第一卷「立範卷」《知其白守其黑 —— 西方歷史的白與黑》

第二卷「敘事卷」《宿命與白日夢 —— 人事物非唯敘思想之事》

第三卷「解密卷」《人算命算不如天算 —— 西方經典解密案例》

【附釋】

先對幾個「詞牌」簡要說明。

一、「智能星球」

首先根據，以古希臘為開端的西方歷史道路已經現實地擺在人類面前，如果讓它一意孤行下去 —— 世界進入西方科學家預測的「2060 年跨入自主型超人工智能」，地球人類至少「五分之四」被「過濾掉」成為「機器人第三型文明」。[1] 美國本是 18 世紀下半葉西方殖民主義者建立早已定型「智能人」國度，滿腦子資本掠奪殖民戰爭從地球到外星太空，一如智能慾望的「惡性腫瘤」—— 現已進入晚期絕症。

地球自有地球隱秘的遺跡，它就埋藏在中東猶太人聖經《托拉》第一章「創世記・伊甸園」中。你必須拿出比金字塔考古還要耐心仔細地考掘埋藏在文字中的咒語，它關係到西方人祖先亞當夏娃底前世今生：狡黠的「智能蛇」慫恿夏娃亞當違背耶和華神的警告偷吃了「知善惡樹上的知

---

[1] 西方歷來有陽謀：除「馬爾薩斯人口理論」，現代更有大小戰爭叫囂如「未來不是階級鬥爭，不是意識形態鬥爭，不是『文明衝突』，而是『五分之一對五分之四的戰爭』。」

善惡果」，被耶和華神懲罰放逐。他們仍按自己所能知道的智能性知識自我救贖——從伊甸園「智能蛇教育」開始一直到今天全世界「美式教育」深入世界各民族文化，致使世界陷入「啟蒙救贖（救亡）連環劫」（其「救贖」不管是「臣服」、「叛逆」以致「弒父」），愈靠功能性知識救贖愈陷入進化論變末世論作末日清算。這或許就是「智能星球」在宇宙中不斷輪迴的宿命，如果你不能破除這個「連環劫」的話。於是有「智能星球死，智慧星球生」底生死問題發生，地球人何以自救？[1]

二、「功能主義」

以「真」規定「善」以致「功能性知識」取代「善」名曰「希臘精神」（「自然理性」「自然規律」「功能性知識」三者同義），由此用技術破物取力達到「強力意志」定格「力量即正義」為「自然法」。如此這般的「道德與法」成為西方開端的「價值觀」，即「自然正當（法）」。

比如「奧林匹克斯神」——「自然神」，即「度」，即「規律」

下行「奧林匹克運動」——優勝劣汰，強者為王

地中海區域，在詞語上「好—善」不分，一詞通用，其知識的「立意取向」直指功能性。

更早如中東（或西亞）「敘利亞神系」最古老的猶太教《托拉》創世記第一章：「神說要有光就有了光」，「神說是好的」。迄今 5700 多年的猶太教和希伯來語尚在兩可之間。

前 9 世紀《荷馬史詩》一直由後人傳說。哈佛大學的「荷馬史詩」主要為「口述傳說」方向。文字記載的《荷馬史詩》晚近得多，殊不相同。

前 7 至前 6 世紀才從赫梯線形文字改造成希臘文字，（注意前 6 世紀「梭倫法典」以及記述梭倫青年時期在埃及廟宇當學徒受祭司教育：「你們希臘還是兒童，許多事靠我們記載。」）

前 6 至前 5 世紀「前蘇格拉底」之「自然哲學家們」，全都沒有文字

---

[1] 所謂「生死問題」凡地球人都會碰見，莎士比亞的「哈姆雷特」只是其一。到今天，地球人或許經歷發現了地球上「最高的生死問題」，那就是「智能星球死，智慧星球生」，是為「天命」。

留下來（只有用後人傳聞中的話語輯錄而成「殘片」如《阿那克西曼德殘片》《巴門尼德殘片》《赫拉克利特殘片》等）。

前 5 至前 4 世紀蘇格拉底 ——「早期希臘」與「古希臘」臨界的思想家 —— 也片字未留，只有學生柏拉圖和色諾芬事言記敘等。

前 4 世紀柏拉圖，才發起「哲學與詩學之爭」，突然著作等身，36 部「對話篇」還有「書信集」傳世至今。「本相論」仍為柏拉圖學院之密傳學說。於是古典學一般有「顯白」與「隱微」之分，其「一義僭政」隱然出現。

「本相論」是柏拉圖的「隱微說」，名之曰「宇宙論」，以畢達哥拉斯「幾何學」為據（柏拉圖學院門楣警語：「不懂幾何學不要進來」）。

「對話篇」是柏拉圖的「顯白說」，名之為「政治學」，被施特勞斯看作「哲學的本質」（顯隱之術，僅藏在「對話及其語境之中」）。

【插語】

中國疑古派如胡適、顧頡剛等怪異現象：西方神話當歷史延長，中國經史當偽史縮短。一定要以「科學」之名計算，什麼都比西方矮一截才肯罷休。

畢達哥拉斯「宇宙論」是非人化「物義論」，以「幾何形式」的不變決定變（「一是多」）。柏拉圖「計算本相論」仿照如此，「計算本相」之不變決定變（「一是多」）。不變的形式「幾何—本相」是「物義論」所能設定的「演繹開端」。尼采譏諷曰：「柏拉圖主義就是顛倒的虛無主義」。尼采依據「解釋即存在」把「物義論」變成「超人」即比肩「神」的「人」，「從虛無中取出來的本來就是他先行放進去的」，故以「超人強力意志重估價值」完成功能化「虛無主義」。海德格爾因此說尼采是「最後一個形而上學家」（相對柏拉圖則是「最初一個形而上學家」）。如此功能主義的形而上學：「開端就是沒落」。

施特勞斯把「政治哲學」當成「哲學的本質」。直接說出「自然權利」在西方政治哲學歷史中帶給西方人性不斷強大的「自然正當」，以克

服「虛無主義」。如此這般「永恆輪迴」的「政治哲學史」，仍然不過是借「強力意志」在虛無上跳「超人」之舞。「政治論」終究依託於「本相論」。所以，施特勞斯說到底不得不承認：「愈走近海德格爾愈感到他深不可測。」他說自己只是「學者」，不是「哲學家」，並非謙辭。當然更隱秘的原因還是遵循猶太人的「文士」傳統。

其實，地中海範圍的人，因他們的「神」之故封「智能」之頂，歸根結底缺乏非功能性非對象化的「善」意識。說穿了，因「神」的層次有限（四有：「有名有極有形有性」）。尼采「敵基督」才會放開超人「猛虎般吞噬慾」，以「強力意志重估價值永恆輪迴」，變成「西方歷史特權」。所以不管尼采怎樣冒犯基督教，「弒父」也罷，在西方人心中尼采即便是瘋子也算天才，哪怕「殘暴的歡愉終將以殘暴收場」——「剝奪者被剝奪」！

過了地中海，到了中東，進而遠東才漸漸真正區分開來，用中國話說：區分「體用有別」。反對「以用代體」，崇尚「以體制用」。但「體」必須「極高明而道中庸」——高到宇宙第三層級打破「只知其有不知其無」進入「道無文化」（無名無極無形無性）——「化極中和，無有相生」便可「高山仰止以觀滄海」！

這已是後現代的事了。所謂「後現代」就是要超出西方主導的「只知其有不知其無」的「智能文明」，智慧文化人性升華才能開始！

三、「資本主義」

從 17 世紀「英國光榮革命」到 18 世紀「法國大革命」，作為「第四等級資產階級」打出「科學民主自由」的革命口號登上歷史舞台：

「科學」就是 17 世紀「蒸汽機為代表的工業革命」；

「民主」就是走上政治舞台的「第四等級資產階級」革「君主—貴族—教士」的命，也不過是分享議會政治參與權；

「自由」是爭取「資本」固有屬性「擴大再生產—超額剩餘價值分配—擴張殖民」底自由。

總之，「科學民主自由」按歷史描述完全是「資產階級政治權利口

號」。它一直代表著西方歐美資本主義世界。其政黨政治和議會政治完全是代表資產階級的特有形式。美國就是最典型的「資產階級『兩黨專政』」。哪裏有什麼人們憑空想象的無差別「科學民主自由」！

直到 19 世紀 1845 年《共產黨宣言》發表，「無產階級」才正式登上歷史舞台。世界才開始分為「資本主義社會」和「無產階級革命運動」及其「民族解放運動」。

「二戰」後毛澤東提出「三個世界」區分（「第一世界」「第二世界」「第三世界」）。

蘇聯東歐解體後，不再提「資產階級」和「無產階級」了，因為大家都在「搞資本主義」（「新民主主義」也是「資本主義」，毛澤東意識到「資產階級法權」才必須「繼續革命」），於是演變成中性的西方「發達國家」與非西方「發展中國家」。由此也造成了許多概念的混淆，特別是「人民」「民主」「自由」「代表」「政黨」等等。

今天，我只專注「西方世界歷史」。

四、「科學主義」

西方「科學主義」自始至終都是去人化的「宇宙論物義論」，古希臘叫「自然理性（智能規律）」。西方歷來區分「自然科學」與「人文科學」，又盡可能將「人文」科學化即非人文功能化資本化。[1] 暫以「物質觀」、「社會觀」、「人性觀」、「文明觀」為代表說明之：

「物質觀」就是「物理還原主義」即一切還原為「基本粒子」（包括人在內）。

「社會觀」就是全社會變成愈來愈徹底去人化的「技術座架」。

「人性觀」就是從思想到情感全部「功能化」，「人即功能人或智能人」。

「文明觀」地球人類終極文明就是「機器人第三型文明」。

---

[1] 今天看來，不是將人文科學化即下行以用代體去人化，而是將科學人文化上升為智慧以體制用。條件就是根本改變西方「只知其有不知其無」的物義論本體論，才能防止人類以智能夭折智慧而陷入「智能星球」終極災難。

地球變成非人類的「智能星球」。

五、「歷史書寫就是把多餘的東西打掉」

「命脈軌跡」與「羽毛麟甲」之分源自柏拉圖哲學的經典區分。例如我們看見的自然世界有非常多圓形狀物或三角形狀物。柏拉圖做了特別的區分：

　　圓、三角形 ——————「本相」

　　月亮、山 ——————「本相影子」

　　月亮、山等等之藝術化審美化 ——「影子的影子」

因此，柏拉圖開創的西方歷史從「計算本相論」開端到「功能主義」，走向「資本主義」，再走向「科學主義」，最後走向「機器人第三型文明」—— 這樣一條軌跡，就成了西方的「命脈」。我也把它叫做柏拉圖開端的「以論治史」（「開端即沒落」）。

相對這條「命脈」而言，其他都是附著其上的五光十色的「羽毛麟甲」，既有「裝飾炫耀」，又有「偽裝掩蓋」。例如，特別是西方把「力量即正義」造成的戰爭屠殺等罪惡自我證成為「自然正當」，這就需要「理論」合理化、審美化，於是「戰爭事實」就變成「戰爭理論」和「戰爭藝術」—— 西方最精於此道。必須統統打掉它們，才能顯示骨子裏的「命脈」。

法國雕塑家羅丹，說他的雕塑就是「把多餘的東西打掉」。

米開朗基羅同樣會說他的雕塑也是「把多餘的東西打掉」，剩下他想要的。

表明西方雕塑家自有「心象」。

遠達不到東方的「精氣神化境」。

柏拉圖就是「大雕塑家」，他按照他的老師畢達哥拉斯那樣打掉多餘的東西，只留下「本相」，如「三角形」等「理式」，再「倒果為因」，把「本相—理式」放到神一樣的「靜觀世界」，取名為「德木格」（造物主），作為向下演繹（創造）的開端 ——「基督教千禧年」以普洛提諾的「柏拉

圖上帝」始，以阿奎那「亞里士多德上帝」終，一如「聖父聖子聖靈三位一體」，皆表明基督教屬「西化」神義「有名有極有形有性」（神人「同形同性」）。今天的西方人也就按照他們的祖師爺柏拉圖先行把宇宙打造成「數字與圖像」，再演算變換一切，如「超人工智能」及其「機器人第三型文明」（「智能星球」）之所為。

（【附釋】完）

除此，《知其白守其黑 —— 西方歷史的白與黑》選擇了「命脈軌跡」中的三種「視角」

第一種視角：「地球人類歷史第一檔案」。

第二種視角：「自然理性—功能性知識」導致「雙重連環劫」。

第三種視角：「宇宙第三層級」——

「不是『有選有』的智能定向，

而是『無—有化極中和』智慧取向。」

共同組成一個「視像」，「天命：智能星球死，智慧星球生」。

陽關三疊二：氣運
「黑皮書」與「知白守黑書」
── 一個臨界點的事實描述
（2014 ─ 2022）

一、形影相吊

1

2022 年 6 月 8 日 22：46，朱贏微信告訴我：「聽說張祥龍走了。」

問：「走了什麼意思？」

「病逝，一小時前。」

過去十天，「心中有一種『物傷其類』的隱痛」。

祥龍與我都是「現象學專業委員會」成員。[1]到 21 世紀，兩人都愈來愈有一種回歸中國文化源頭的親近。只是我的源頭更在「儒家孔子」之前。

「儒家孔子」僅是戰國「大道之隱天下為私」，子學蜂起儒家需要「法今王」的「至聖先師」以獨尊儒術。

而孔夫子在西周「大道之顯，天下為公」餘韻中「法先王、吾從周、

---

[1]　「現象學」乃西方「本體論」哲學，胡塞爾終止在「意識內在性意向性」本體上，海德格爾怨胡塞爾延緩了「意識」向「存在」的回歸。而海德格爾「存在論」已取向「把形而上學帶到其邊緣狀態」，且區分了地平線上的「形而上學第一時間」與地平線下的「非形而上學第二時間」，呈現出形而上學地基的「裂隙」「深淵」「虛無」等「不可同一」底「存在之神」特徵。但就是擺脫不掉西方人固有的依賴性「存在本體感」──臨死也要變成「一顆星」安放在墓碑上，以待來者。

克己復禮」，其「禮」在詩經「風雅頌」之「賦比興」、「祭如在祭神如神在」底上升「禮法」中達到《尚書》之「樂經」能聽「曰若稽谷」、「神人以和」底「化極中和，永執厥中以為仁人」境界：

　　　「極高明而道中庸」丘曰「道一貫之。」

【按：正好藉此重申，中西兩方源頭人物絕非西方學者所能類比：

早期希臘與古希臘臨界的蘇格拉底「述而不作」並非是「柏拉圖底哲學王蘇格拉底」；

華夏中國西周與東周臨界的孔丘「述而不作」也不是「儒家底至聖先師孔子」。

因而亟需正名，孔丘口中的「道一貫之」實非儒家口中的下行「法今王」之「道」，而是中國華夏文化原初非實體、非功能性上行「道無」之「道」——「無名無極無形無性」之「神人以和」者。】

2015 年祥龍推薦我參加北大學報鄭圓主持的「中國學術的研究範式」討論，想到在學術界像他這樣有「中國文化終極關懷德性」的太少。他走了，雖然也聯想到自己過了「七十三」這一命坎（腸癌切除），但就是沒想到過這一坎與我做的事聯繫起來；稍後即便想到做的事，也仍然沒想到這做的事與我過的坎何關。兩張皮依舊兩張皮。

「祥龍走了」突然驚醒反觀自身：要是剖腹切除時或後來六次化療時沒挺住走了，2012 年至 2015 年四年間都有可能，《知其白守其黑 —— 西方歷史的白與黑》連影兒都沒有。中國沒人寫，其他民族乃至西方更沒人寫，這本書根本不存在於世。

2

2009 年《偶在論譜系》是我在西學中「逆向夜行」進入最後一程回歸的臨界點，有「啟蒙：落日前的憑吊」收尾句號。出版後，三次修改《文革書》寫作方案，直到 2014 年，徹底放棄「文革書」思路：不碰「國際共運」、不做「哲學論證」、不要「個人書寫」，讓中國直接面對西方技

術物化帶給世界終極災難的歷史命運。

2014 年發生了兩件事，對我來說：

第一件事，2014 年前後三年，網上反覆流傳一篇長文：《為什麼最近有很多名人，如比爾·蓋茨、馬斯克、霍金等，呼籲人們警惕人工智能？》；

第二件事，美國又帶頭掀起對海德格爾《黑皮書》的政治討伐。

前者，我做了詳細的專題筆記：「人工智能是擊中地球的最後一道閃電」—— 我的逆向夜行正好踩中了「西方功能性知識原罪」走向「進化論變成末世論」的節拍。它成為《知其白守其黑》書寫契機。隨後即有了《西方歷史的白與黑》授課教案。

後者，美國帶頭掀起對海德格爾《黑皮書》的世界性討伐，中國北京大學也參與其中。直到 2015 年上半年，我才從北京大學的聲討中看到彼特·特拉夫尼的《海德格爾與猶太世界陰謀的神話》，決心為海德格爾「黑皮書」辯護。先找中譯者靳希平要來德文版（影印）；又找孫周興，他作為同濟大學人文學院院長曾邀請特拉夫尼夫婦來同濟大學人文學院為「教授」，使他回國獲得了烏帕塔大學「海德格爾研究所主任」和「《黑皮書》編輯」的重任。孫周興也給我複印了德文原版並裝訂成書寄給我 —— 趁此感謝兩位老朋友的幫助！遂寫出《我對「黑皮書事件」的態度 —— 彼特·特拉夫尼〈海德格爾與猶太世界陰謀的神話〉讀記》，其漸漸讀出且逐字逐句揭開作者落井下石的用心及其手法。2015 年 8 月將書稿交給華東師範大學出版社「六點工作室」。

隨後，還謹慎地在校外「善緣居」一間長方形茶室做教室，用一個月時間專門為自己的研究生講授了全書要點。

可惜此書在華東師大出版社居然壓了四年。後來六點工作室負責人倪為國把海爾曼《马丁·海德格尔：〈黑皮書〉的真相》書稿電子版發給我以示歉意。

海爾曼說了特拉夫尼做人的「恐怖」，還說了：

「總有人關注表面的浮沫，但也總有少數人能夠沈入隱秘的『潛流』

……我們希望讀者明白，在我們所追蹤的那條思想道路上，除了海德格爾以外再沒有其他人以其深思開闢著本己的道路。時至今日，黑皮書對很多人而言依然意味著未知的命運。在這湍急的波濤中，我們能否成功地確定「黑皮書」的命運？對此，我們不必太過操心。」[1]

3

一旦動了這個「命門」才有一連串事情便發生：

2016 年，「發現密鑰遭天算」——「超人工智能」直指「進化論變成末世論」。

2017 年 11 月帶著《知其白守其黑 —— 西方歷史的白與黑》到北京大學哲學系講課一週。

2018 年開年決定將《知其白守其黑》「教案」改成「單行本」。8 月，《知其白守其黑 —— 西方歷史的白與黑》作為「中國大文化革命書」第一卷「立範卷」，交給了出版社。總編要求拿掉「中國大文化革命書」總標題。不改變三卷內容（第二卷「敘事卷」《宿命與白日夢》、第三卷「解密卷」《人算命算不如天算》）。

總標題拿掉了。其實「中國大文化革命書」，完全不是「文化大革命」的個人書寫。之所以叫「大文化革命」，旨在強調西方頂層「價值觀」[2]之詭異 ——「雙重連環劫」。

它不僅是造成中國百年西化「啟蒙救亡連環劫 —— 不啟蒙亡國，啟蒙忘本滅種」的根源（1840 年殖民侵略後的「軍事殖民」「經濟殖民」「文化殖民」不間斷深入至今 182 年），而且自始至終更使西方命途套牢在「啟蒙救贖連環劫：開端即沒落」中，其自然理性即技術物化，貫徹宇宙論物

[1] 弗里德里希 - 威尔海姆·冯·海尔曼與弗朗西斯科·阿費利合著《马丁·海德格尔：〈黑皮書〉的真相》第一章「2016 年 1 月 27 日，紀念之日」。請明察：海德格爾已知的「命運」與作者書中的「命脈」，雖有「技術追問」上的可比性，但並非一回事：溯源、過程、終局都在「有/無」相分中。第一卷和第二卷皆有描述。

[2] 西方頂層價值觀僅指「知識即德性」「力量即正義」底「自然法」（「自然正當」），首先用真規定善而取消善，把「技術存在高於自然存在」的自然理性當作人性的最高原則，由此而取向宇宙論物義論，即下行的「物理還原主義」。

義論「物理還原主義」，下行到徹底去人化的「機器人第三型文明」，有可能「過濾人類」把地球變成「智能星球」，而夭折地球向「智慧星球」升華。

以上源自以世界歷史固有基礎編制而成的《地球人類歷史第一檔案》，記錄了「世界地形」「文化板塊」「宇宙層級」人類歷史三層級。

西方道路 2500 年後的今天尤其需要中國文化「極高明」體悟，即「高」到「大化無極以致中和」，才能克服西方「哲學本體論─神學一神論─科學粒子論」底「只知其有不知其無」智能星球輪迴的極限。破除這個極限，打開宇宙第三層級「暗宇宙」─「無中生有、無有相生」（不是「暗物質」）的奧秘，[1] 本應是「道無智慧」從隱到顯而「歸根復命」契機。這正是中國「無名無極無形無性」之「道無」文化作為「未來科學」「智慧星球」起點的條件。非如此不能打破西方科學「進化論變成末世論」宿命。

事實上它已隱藏在猶太人《托拉》「創世紀‧伊甸園」中。這算得地球原始「一神教」中留下少有的「神秘」：「猶太人是為『智能星球』作『末日清算』的承命人」。因此我所看待的「考古」，是比考埋進地下遠世實物之古的古還要古老的古，即考沒有物質沒有形骸甚至沒有文字之遠世神靈創世前流傳在傳聞傳說中的「曰若稽谷」之古。

而且，至關重要的是，這個「古」在傳聞傳說中被不同的心智（智能或智慧）落實到生活生產「日用不知」中是「以用代體」還是「以體制用」的分殊 ──「下行」或「上行」── 幾乎構成「智能星球死」而「智慧星球生」的天淵之別、陰陽之隔。所以，最後要特別小心一個民族的內外「文化殖民」，警惕它成為「掠奪靈魂的魔鬼交易」。[2]

4

註定道阻且長。

---

[1] 西方科學家承認現有天文物理學知識僅知宇宙的 4.9%，95.1% 是未知的。即便如此，仍然斷定那未知的部分一定是「暗物質」。可見「只知其有不知其無」之頑固。

[2] 漢字繁體字「形聲義」一應俱全，原始記載了華夏人天人感應底質感與靈魂，所謂「簡化」至「拼音化」完全是西化式的「語言工具化」，本身就是從「以體制用」下行到「以用代體」之民族「忘本滅種」底開始──「始作俑者，其無後乎？」

然時過境遷，人事物非，[1] 唯敘思想之事可求心安。

似乎與個人厄運無關了，生活已在別處⋯⋯

二、《黑皮書》的「命運」

海爾曼在《馬丁·海德格爾：〈黑皮書〉的真相》書中說：

> 總有人關注表面的浮沫，但也總有少數人能夠沈入隱秘的「潛流」。
>
> 我們希望讀者明白，在我們所追蹤的那條思想道路上，除了海德格爾以外再沒有其他人以其深思開闢著本己的道路。時至今日，黑皮書對很多人而言依然意味著未知的命運。在這湍急的波濤中，我們能否成功地確定「黑皮書」的命運？對此，我們不必太過操心。

「把哲學帶到其形而上學的邊緣狀態」並作「技術追問」是海德格爾上世紀三四十年代就開闢了的「道路」。基本成型的《哲學論稿》（全集65卷）也在這個年代完成。同樣在這個年代完成的《黑皮書》直到2014年才問世（全集94、95卷）。

也就是說，上世紀三四十年代，海德格爾已經用上述思想開闢著「本己的道路」，明確指出以柏拉圖和亞里士多德為開端的西方歷史其「知識功能」—「計算模式」—「技術座架」標誌「開端就是沒落」（「天命」）。並發現，猶太人的「計算思維」也參與到「希英美」道路的固有模式中——注意，猶太人畢竟不同於西方人，他是「順應性否定」，推動「進化論」作「末日清算」。

即便如此，海德格爾的「技術追問」始終未觸及「非功能性非對象化『善』」。雖然海德格爾意識到「存在與存在者」非同一性，即所有柏拉圖式（最高存在者「本相」）和亞里士多德式（「技術存在高於自然存在」）底「存在者本體論同一」都是「對『存在』的遺忘」。

【按：所謂「對『存在』遺忘」，歸根結底就是對「無」遺忘，即「只知其有不知其無」。遺忘「無」也就遺忘「善」的非存在界限，因為「善」

---

[1] 「人事物非」指人、事、物皆有變化。並不是成語「物是人非」對舉。

是非功能性、非對象化的「人之為人屬性」，與「物」與「神」兩端區別開來，「化極中和」方成其為「人」（人者仁也）。在這個意義上，宇宙中凡「智能星球」皆混淆「人—物」不分者，不知其界限乃「無」焉。超善惡為「神」。地中海區域所謂「神」（有名有極有形有性），「不潔、不能救贖」不足為「救世主」。施特勞斯晚年已經指出！】

海德格爾雖否認這種「本體論哲學」中有「倫理學」存在位置，但他仍不能明確達到「善」與「功能性」底思想劃界，從而根本性地使「善」與西方執念的「存在者」進而「存在」分道揚鑣。不觸及這個根本，西方「功能性存在」就會理所當然地在光天化日之下處心積慮明目張膽地取代「善」以殖民世界。這在西方早已習以為常，在非西方比如中國，就淪落為「啟蒙（西化）」而墮入「不啟蒙亡國，啟蒙忘本滅種」之「連環劫」深淵，由此才徹底暴露西方更深的「啟蒙救贖連環劫」，即愈「功能性知識進化論」愈「變末世論作末日清算」命運。

至於地平線下非「計算性」底「存在之神」，終究還是籠罩在冥冥中「有形有性有名有極」的最高存在者「一神」中。總之，「技術追問」追問不到「善」反停留於「存在」界限上！海德格爾期待的「唯有一個神能救渡我們」無非一個習慣性的「禱告詞」而已。即便如此，這個「神」絕對不是「希臘諸神」或「基督教一神」式的「計算之神」。海德格爾心中是否還想把「猶太神」也當做「存有之神」排除在「計算之神」外？不得而知。這個「疑點」非常耐人尋味，以致海爾曼在《〈黑皮書〉的真相》中不斷舉例引證海德格爾與猶太人情感上的淵源。

順便提示一個佐證。瑪莎·納斯鮑姆《善的脆弱性 —— 古希臘悲劇和哲學中的運氣與倫理》這本書很有意思，是猶太人納斯鮑姆的白人夫人瑪莎寫的。她依據「希臘悲劇」中的「運氣」注意到「善」的「脆弱性」，沒有像柏拉圖亞里士多德尼采以及西方大家習以為常地用「好（善）」一概而論。至少已經敏感到從通常的「功能性好」游離開來的「脆弱性善」才具有「倫理性」價值取向 —— 實為「罕見」。但事實上在西方沒有誰認真把「脆弱性善」的倫理學取向當一回事，因它獨立不出來與「功能性

好」平分秋色，更談不上接受一個「非功能性非對象性善」。古希臘悲劇中的「運氣」在「自然神力量」面前根本就是一個「悲劇性」因素：索福克勒斯的「俄狄浦斯王」運氣如何？——後來到了資本化技術物化人，「運氣」就完全功能性了的（有功能才有運氣）。「破物取力」連神的詛咒都不放在眼裏；殖民侵略屠殺視為「自然正當」。依據金融資本和科學技術的美國霸凌世界，到處挑起戰爭，哪裏有一點「善」的影子？

「二戰」後的歷史有太多的「不變中的變」和「變中的不變」。歐洲的帝國主義戰爭與社會主義乃至民族主義戰爭混淆在一起最終簡化為名義上的「理性戰勝」，且由德國納粹承擔「邪惡」之名而英美奪得「理性戰勝」之實——日本在美英帝國「老謀深算」的羽翼下更成為「治外法權」——可見「理性就是資本主義功能性」。四十六年後，「蘇聯東歐社會主義陣營解體」「中國退回資本主義補課」，更讓歐美完勝於「自由資本精神最終勝利」而成為「歷史的終結」（日裔美國人福山的諂媚之作，1991 年）。西方陰影仍以「白色神話」覆蓋世界歷史 77 年。兩代人的記憶幾乎只在中國人身上仍然存留的「文化殖民」陰影中慢慢醒悟過來。

我的坎坷一生，恰好是對這段起伏重合歷史的見證。

問題來了：今天 21 世紀二十年代，滿世界的帝國主義霸權為所欲為現象瞎子也看得見了，為什麼 90 年前即上世紀三四十年代，海德格爾愈深入思考愈感緊張恐懼？到後來不得不謹慎地將自己的「思考」「寫作」「筆記」按發表與否乃至身後如何處理分成若干層次交代後人——甚至說出「唯有一個神能救渡我們」——海德格爾恐懼什麼？恐懼人被技術「連根拔起」？

2014 年終於爆發了「黑皮書事件」第三次遭美國為首的資本主義世界政治討伐。這個「心的陰影」以更恐怖的「終極災難」落到了我的身上。

三、《知白守黑書》的根據

我承認海德格爾的「存在哲學」給了我很深的啟發，但寫《偶在論譜系》時就已不在海德格爾開闢的「本己道路」上了。因深知海德格爾「存在哲學」底命運及其限度，也深知「猶太人問題」底命運及其限度，僅僅

讀了彼特・特拉夫尼《海德格爾與猶太世界陰謀的神話》就敢為《黑皮書》辯護。

說到這裏，不得不再說一句。所謂「海學」是中國西學中的「顯學」；「現象學專業委員會」是中國西學界影響最大的「專業學術學會」；然而它只會堂而皇之地跟著美國對海德格爾及其《黑皮書》定性為「反猶主義罪行」實施世界性「政治討伐」。

卻沒有一個人敢站出來為其辯護，除我之外。[1]

《知其白守其黑 ── 西方歷史的白與黑》底根據在哪裏？

從以「國際共運」為背景的寫作（「文化大革命」書），轉向以「西方歷史導致地球災難」為背景的寫作（「大文化革命」書）── 即以「個人感知」寫作，轉向「民族人類命運」歷史寫作。

三大問題突出出來就能改變「陷入啟蒙而沉淪」的慣性：

1. 我們生活的地球已經有可知的五六千年文字歷史是怎麼發展、向什麼方向發展？

2. 各個民族在其中興衰沉浮輪迴的命運是如何選向？

3. 再從中提煉出聚焦點。為何西方地中海民族「功能主義 ─ 資本主義 ─ 科學主義」一路獨大「物理還原主義」並殖民全世界，而最終導致地球毀滅性災難？

在此基礎上編制出：

　　「地球人類歷史第一檔案」　　　　（空間結構）
　　「啟蒙救贖（救亡）雙重連環劫」（時間軸心）

---

[1]　2020 年 7 月 21 日，原香港浸會大學梁寶珊博士從德國烏帕塔大學給我寄了一本彼特・特拉夫尼《海德格爾與猶太世界陰謀的神話》（德文版），並附有一張明信片：「志揚老師：很高興這本書終於去到您手上，去到至今在中國也許最值得以及最應當擁有此書的人手上。」

空間結構：「地球人類歷史第一檔案」

地球人類歷史第一檔案：世界地形、文化板塊、宇宙層級（圖示）

西低 ——————————— 中 ——————————— 東高

（海） （河） （山）

大西洋東	大西洋東	地中海	中東兩河流域	遠東高原兩河流域
美國	英國	古希臘	敘利亞神系	高山仰止以觀滄海
21 世紀	17 世紀	前 4 世紀	猶太曆 5778 年	？？？

文化板塊

基督教 ——————— 希臘諸神 ——————— 猶太神 ——————— 道

（5-15 世紀） （前 9 世紀）

神人同名同極同形同性	同名同極同形同性	有名有極無形無性	無名無極無形無性
神靈授孕	神人受孕生子	耶和華	負陰抱陽、知白守黑
基督偶像三位一體			永執厥中，以為人仁
最高一神	最高神宙斯	最高一神	大化無極，以致中和

（中世紀千年王國）

（意大利文藝復興乃近代史開端）

宇宙層級

宇宙第一層級 ——————— 宇宙第二層級 ——————— 宇宙第三層級

萬有引力論	相對論、量子論	大化無極 以致中和
本體論、一神論、粒子論	一神論、粒子論	無中生有，有無相生
（20 世紀之前）	（21 世紀上半葉）	（21 世紀下半葉）[1]

—— 只知其有不知其無 ——

---

[1] （21 世紀下半葉），不是「記錄」，而是「預測」——立此存照。

時間軸心：以古希臘為開端的西方道路帶給世界「啟蒙雙重連環劫」

【軌跡】

	「歷史事實」軌跡		歷史趨勢
前4世紀希臘	17世紀英國	21世紀美國	
知識功能主義	工業資本主義	金融科學主義	——進化論變成末世論
人是政治動物	人是機器	人是基本粒子聚合物	機器人第三型文明

【信仰】

最高「意識形態」		總體特徵
哲學本體論　神學一神論　科學粒子論		——只知其有不知其無

【命途】

西方	東方
啟蒙（救贖）連環劫	啟蒙（救亡）連環劫
功能知識物化啟蒙救贖	不啟蒙亡國，
救贖徹底物化過濾人類	啟蒙忘本滅種

　　兩個「圖表」中的每一個字，都是天知、地知、人知，顯是知，藏也是知，唯獨趨向的結果 —— 是好是壞，是死是活，不是誰想怎麼說就能怎麼說的。

　　但誰都能「拭目以待」。

陽關三疊之三：幽微
能洞察過去、現在、未來節點的人

節點

《知其白守其黑 —— 西方歷史的白與黑》，描述西方歷史命脈寸步不離，結果發現「啟蒙（救贖）連環劫」與「啟蒙（救亡）連環劫」乃係貫穿其中的「自然理性功能知識」締結的「雙重連環劫」。

此「連環劫」不解，則必然「進化論變成末世論」、「智能星球」夭折「智慧星球」，讓機器人過濾人類。

若解，則必須依據華夏原初文化種性「道無」（無名無極無形無性）化極中和無有相生，可高山仰止以觀滄海，最終揭示「宇宙第三層級」解開「暗宇宙」的「無有（關／開）二重性」。

捨此別無他途。如此撬動地球西東兩大開端，可望超出現有文化因襲承接「智能星球前無古人，後無來者之絕命」矣。

【附釋】

1

西方歷史「第二次變形」，即「資本主義時代」包括兩個「希臘化」猶太人：

19 世紀，卡爾·馬克思接手西方「政治經濟學史」，用《資本論》政治經濟學語言說著「彌賽亞主義」（隱）；

20 世紀，列奧·施特勞斯接手西方「政治哲學史」，用《自然權利與

歷史》政治哲學語言說著「力量正義自然法」（顯）。

不僅如此，兩者面對西方歷史現實都會或明或暗根據「猶太性」慎重其事強調：

「如果你們是馬克思主義者，那我就不是馬克思」；

「如果你們是施特勞斯主義者，那我就不是施特勞斯」。

恰好表明兩者有一個共同的「臨界點」觀照：用西方歷史「正典」語言說著「負典」故事執行「末日清算」。

更有甚者，其第三次變形「科學主義時代」之「宇宙第二層級」全部由科學領域三組希臘化猶太人愛因斯坦、哥本哈根學派、圖靈等直接創製「科學雙刃」以顯示「順應性否定」—極大推進了「進化論變末世論」作「末日清算」。

這種特殊姿態是否在顯示：「猶太人是為智能星球作末日清算的承命人」。

我之所以這樣說，因其「末日清算」預言形式早已隱藏在《托拉》創世紀第一章伊甸園的「智能蛇」身上—不謂言之不預也。

唯有「別開生面」，則由遠東高山「道無文化」底華夏人承擔。

能否破除「智能星球」魔障向「智慧地球」升華，惟拭目以待。

2

「能洞察過去現在未來節點的人」，可謂「先知」？

「洞察」、「運籌」、「貫徹」，乃「先知」三進階，捨其後不能為先！

僅能達到「洞察」幽微，卻無力踏入「運籌」更無力「貫徹」，乃寧靜致遠淡泊自甘耳。這是此類人無助的根源，也是沉默的根源，無以名之。

它或許也是我悲愴一生的慰藉、自我釋懷的唯一理由。

3

天命，不是你求來的，是它賜予的。

「白日夢」，權當思路探索，或寂寞無助的自我療愈。

在這個意義上，認命知止，立此存照。

想通這一點，我會走得心安理得。

墨哲蘭

2022 年 12 月 2 日 11：30 海甸島

跋

宗旨維鑒

　　本書《知其白守其黑——西方歷史的白與黑》是立足「地球人類歷史第一檔案」中陳列的地球人類「原生文化」與「次生文明」本原性差異作為「背景」，描述了不足 2500 年的西方歷史過程，亦即反觀西方歷史三個主要「啟蒙變形」階段——前 4 世紀古希臘「功能主義」、（「希臘化基督教千禧年」）、17 世紀英國「資本主義」、21 世紀美國「科學主義」——如何一步一步從「人是政治動物」發展到「人是機器」，最後加速向「人是基本粒子聚合物」的徹底去人化「機器人第三型文明」發展——最終凸顯「進化論變成末世論」的歷史過程。

　　這個歷史過程有一個顯著的西方表徵：民主制的基礎結構「內部奴隸制與外部殖民地」（「殖民地」被西方史書叫做「種族奴隸制」）。它從古希臘「雅典民主」一直到今天「歐美民主」始終保持不變！變的是「軍事殖民」「經濟殖民」「文化殖民」的組合比率形式。

　　我把它視為古希臘作為西方歷史開端的「自然理性」（古希臘人叫做「自然之光」）所呈現的，故名之曰「白」。事實上直到今天人們一直就生活在這種「白」即「白色神話」中始終沒能深諳其中的奧秘。例如，黑格爾用他慣有的「辯證法隱喻」給了它一個現象描述——「純粹的光明如同純粹的黑暗什麼也看不見」。黑格爾歷史哲學名言——「惡是歷史發展的槓桿」就是希臘「知識」規定德性的「功能性善」之新古典版：歷史規定「惡」的合法性，即從「自然正當」到「歷史正當」。它仿佛什麼都說了其實什麼都沒說，同樣「什麼也看不見」！歐洲內陸的德國遠不及希臘英

美的海洋習性來得直接，就像培根的《新工具論》（「知識即力量」）是亞里士多德《工具論》（「知識及功能」）的嫡系子孫那樣直接傳承。

「殖民地」及其「殖民主義—種族等序化」所造成的「掠奪與種族清洗」是西方對人類犯下的最醜惡最殘酷的罪行，也是西方式「人性」「民主」最醜惡的見證。西方大神大哲大科學家一概視而不見。如奧義書言：「一把刀的鋒刃很難越過，因此智者說，得救之道是困難的。」

本書宗旨就是揭穿「白」下面隱藏的「黑」（三層）：

一層，真實的事實 —— 奴隸制與殖民制的災難不絕於史、罪惡不絕於史。它掩蓋在擁有「時間與財產」的「智能主人」、「資本主人」之漂亮言辭與物慾生活的光鮮下面；

二層，不僅如此，更深入技術理性一脈相承的功能性結構中，視作「密鑰」「迷宮」，揭穿它蠱惑眾生使其臣服致死而終生不得其解的機制；

三層，「無」的本義即最深層最不確定的新生之源「無中生有無有相生」神秘堂奧之地，沒有「無」則斷不了西方技術理性「只知其有不知其無」（「有生有」）之單向度「鎖鏈」如「數軸無限性」—— 打開其內外「非線性空間」。

總起來叫做「知白守黑」——「以史正論」（黑），審視「以論治史」（白）。作為它的迷途指津，既要揭露隱藏事實，又要揭穿密鑰機制，才能指引越過「只知其有不知其無」界限而別開生面。這是難懂的根本原因。

其二，西方歷史本身是「文史哲（科學）神政」多重因素混在一起呈結構性特徵、形影相吊的 —— 現代學術分類使其簡約顯隱、非西方如中國更加疏漏遮蔽，遂造成理解殘缺不堪。

本書嘗試綜合敘述西方歷史「知白守黑」，純屬第一次。

例如，其中有兩種「啟蒙」形影相吊：

「形」：西方式的「啟蒙與救贖連環劫」：

「技術理性」以用代體啟蒙「原罪」為了救贖「被放逐」的西方人

結果「技術理性—科學主義」最終徹底去人化而遭「末日清算」。

「影」：東方式的「啟蒙與救亡連環劫」：

啟蒙即西化用「技術理性」以用代體啟蒙「苦難」強國救亡

結果西化「技術理性」先忘本後徹底去人化「進化論變成末世論」。

這就是我寫本書的「最終目的」：

中國何以要破上述「形影相吊的雙重連環劫」而歸根復命以體制用技術理性，走出西方帶給人類的終極災難。

高山仰止以觀滄海。

墨哲蘭識

2020 年 12 月 8 日 海甸島

補遺五則 [1]

一、「文史哲神政」融為一體

我要講的《知其白守其黑 —— 西方歷史的白與黑》，不是「哲學論著」底「論證」寫作，也不是通行的文類個案如「歷史」「文學」「政治」等專著，請大家不要習慣性的帶著上述預設框架進入。我想在講座前特別提醒三件事。

第一件事，西方「文史哲神政」自柏拉圖發起「哲詩之爭」勝算後一概歸屬於「科學知識」以示啟蒙取向「宇宙論物義論」之「技術理性」——不過他們叫「自然理性」（實指「自然規律理性」），即以「真」規定「善」、「美」、「神」（「計算之神」），一言蔽之「功能性知識學」底「知識即德性」覆蓋以古希臘為開端的西方歷史。它造成了巨大的遮蔽至今迷惑著西方自身也迷惑著全世界。這正是本書「解惑」的宗旨所在。

但作為書後「補遺」第一件事提醒的僅在於「書寫的形式」上。中國的「文史哲」歸屬於「道無之體」或「道一貫之」，「道一無」是無法技術物化的，卻能「以體制用」。中西兩方正好有體用之分：中國「以體制用」，西方「以用代體」。

西方的「文史哲神政」全都在「功能性知識學」的意義上為其所用。例如「文」自然也包含後來的修辭學、語言學或語言哲學（「學」即知識

---

[1] 積壓書稿的五年，為排解鬱悶心情，也難卻友人關懷，講了五次講座，挑出其中的「補白」補綴其後，以茲紀念。

科學之義）；「神」，也包含數，如「命數」「度」「定數率」等「有限規律」；「政」則是它們在政治制度及其意識形態上的綜合體現。所以它們（文史哲神政）是「融為一用」的。「單打一」不是古代的風格。分門別類，與其說是西方「現代性」進步，不如說是滑向科學功能性「進化論變成末世論」的末路。大家聽完講座便知「此言不虛」。所以，任何割裂或捨棄，你就根本讀不懂西方古代或現代的奠基文獻。我希望我能融為整體地講，也希望你們能融為整體地聽，至少也要有這種意識接納的準備。

第二件事，順著講必能倒著聽，反過來一樣，倒著講也能順著聽。比如講今天的「人工智能」，一定與古希臘「自然理性」的「計算與製作」（如「三角函數率」式的「數字與圖像」）相關，反過來一樣。黑格爾有一句名言「時間之後得邏輯之先」（也叫「原型先蘊」）。這是黑格爾歷史哲學「邏輯與歷史一致」的基本命題。儘管西方特別是主流英美哲學早就把黑格爾當做「死狗」拋棄了（事實上，德國思想在他們眼裏從來是邊緣的），但西方歷史奇怪地偏偏同黑格爾命題甚至與德國民諺始終保持著高度的吻合：「結果好一切都好，結果壞一切都壞」。這就是歷史 —— 西方的任何階段的任何理論其「立意取向」必定符合它們的歷史走向（像「磁場」一樣）—— 功能性優勝劣汰：淘汰別人最後淘汰自身，剝奪者被剝奪、進化論變成末世論、「伊甸園蛇」變成「埃舍爾蛇」—勢必夭折為「智能星球」（「機器人第三型文明」）。

第三件事，我是給「百年西化」唱輓歌來的、畫句號來的。21世紀初我就寫了《啟蒙：落日前的憑吊》。或許更早，從上世紀八十年代中期開始，在西哲界我開始「逆向夜行」做「檢測防禦」工作，從「形而上學本體論」（八十年代）、「現代性與後現代性理論」（九十年代）一直做到「自然理性技術物化」（21世紀初），才有最後一本書出來《知其白守其黑 —— 西方歷史的白與黑》。所以說，我是「有備而來」。

二、「文化種性」間的可翻譯性與不可翻譯性之界限（體用之分）

把「物理學之後」翻譯成「形而上學」即「哲學」，一開始就暴露了

「翻譯學」的「界限」:「可翻譯性」(顯—有)與「不可翻譯性」(隱—無)界限,即根之本「不可通約」。

(隱—無)	(顯—有)
不可翻譯性	可翻譯性
像	是
自在之物	自為之物
自然存在(地球既與)	技術存在(智能構建)
語義深層空間無限增補的對稱性	語義表層的正確性
有生於無無有相生	只知其有不知其無

左邊「隱—無」與右邊「顯—有」對勘,能趨向靠近左邊者,我把這樣做的西方學者叫做「臨界思想家」,如康德、海德格爾、維特根斯坦、德里達。可惜,在西方這樣的人太少(注意,後兩者是猶太人)。

「物理學之後」或「本相論」「實體論」,與中國的「儒學」或「理學」「玄學」或「道學」根本不屬「同根同類」。一旦用「哲學」翻譯定型,百年來,「哲學」兩字就像「隱身帽」——西方之「實」取中國之「名」而代之,從而喪失了中國「文—道」之脈。看看西化百年事實,中國人用「哲學」寫「中國思想史哲學史」(胡適始作俑者),含糊其辭地自欺欺人,還自以為完成了「中國文化現代轉型」,其實「西化忘本不自知」。

「哲」,如此;「神」,更如此。古希臘「諸神」、基督教「一神」,連西方人自身都意識到其「計算之神」(海德格爾語),且「有形有性」(「耶穌」「聖靈受孕」「三位一體」),遂「強力意志」霸凌殖民種族清洗不絕於史——「不能救贖」(施特勞斯語)。怎能與中東「一神」——「無形無性」或「有形無性」相混淆通用?更不用說與遠東「道無(無名無極無形無性)」通假翻譯類比借用,以致衍生出「仁本體」「孝本體」「道本體」之類的「新儒學」種種,不通之至,危及其他。

萊布尼茲根據中國的「易經」將「八卦」中的「陰陽」定名為功能特

性「二進制」，拿來變成了無窮大無窮小「微積分」、後來又變成了「1-0」人工智能數字系統。中國人還對此沾沾自喜。這個翻譯究竟是誰的？西方的，中國僅為它所用而已！西方人經常挪用非西方世界的東西（阿拉伯的「自然數」、中國的「易經」），但他們才真正是「為我所用」，關鍵在於「以用代體」（這是要害）。因自主的「強力意志」獨大，才有歸屬於「西方（底）『東方學』」（主語第二格）這一特定屬性。現在中國人以為自己身體強大了（不在思想上），也想來一個模仿「中國（的）『西方學』」，卻不知自己仍在「賓語第二格」的位置上，附屬於人。既不知道自己的思想主體丟失了，也不知道代換成了西方的功能致用「以用代體」——無非成為別人的「依附形式」，只能在詞語中自欺欺人。所以「獨立互補」必須先獨立以體制用而後互補。沒有獨立談不上互補，皮之不存毛將焉附。

「物理學之後」（即「形而上學」或」哲學」）

按照亞里士多德的說法，自然物的「理」即「物理學」最關注的就是「質料」與「形式」。而這個「物理學之後」呢？自然是「形式」之後的「邏輯」：「依賴模型」及其「邏輯真值」。也就是從柏拉圖的「計算本相論」（演繹「一即多」）到亞里士多德的「製作實體論」（歸納「多即一」）——如何在「演繹歸納、分析綜合」中求「邏輯實在論」之「真」。也就是說，「本體」或「實體」及其「結構」（可計算、可製作的「邏輯模型」）愈來愈偏執於「物之功能最大化之用」。

舉例

黑格爾例：「肉分解成碳氮氫，再把碳氮氫合成‘肉’。但‘肉’已經不是原來的肉了。」

霍金·費米例：「人是基本粒子聚合物，再把基本粒子聚合成機器人，但機器人還是原來的人嗎？」（「費米悖論」的疑問句式）

這種「物理學之後」的「哲學」，今天則屬於「科學哲學」，被數理邏輯發揮到極致，全然是「數字與圖像」的世界。用史蒂夫·霍金的說法就叫做「依賴模型實在論」——別忘了它有一個根本的缺陷，不僅被現代的哥德爾「不完備定律」涉及到了，甚至還可以追蹤到古希臘高爾吉巴

底「前提不完備性」。史蒂夫‧霍金對此完全無視，在《大設計》中描述宇宙的「M 理論」就是其極端表現：人為的「數學宇宙」當成了宇宙自身——仍是「哲學本體論」之延伸。所以他明確表示，「哲學已經死了」，現代的「哲學家」就是像他那樣的「物理學家」，只有他們才能發現宇宙「基本粒子」，他們成了發現「粒子論」的「火炬手」。偏執以至於此。

這才是西方歷史一路展現的「物理學之後」的「哲學」。也只有在這個意義上可以說，古希臘開創的「物理學之後」的「哲學」，的確是「古希臘獨有的」專利。只有「古希臘哲學」從柏拉圖「計算本相論」和亞里士多德「製作實體論」銜接起來的「宇宙論物義論」，才能發展到今天徹底去人化的「超人工智能」。以致西方非常多科學家或科學哲學家都信奉「上帝創世的秘密就是上帝頭腦中的數學」。其結果就是發展到「人工智能」走向「機器人第三型文明」，最終暴露古希臘哲學「開端即沒落」之秘密——進化論變成末世論。

美國道德學家麥金泰爾也承認：柏拉圖以後，科學技術發展越來越快，而道德倫理幾乎裹足不前。但他只知其然不知其所以然。

說起倫理學，大家都會想起亞里士多德的《尼各馬可倫理學》，也按照「物理學之後」思路，即思考道德倫理一定要放到「事功實踐」路線中去尋找「真」（優勝劣汰功能性），特別是那使「真」看起來真的東西才叫「真理」（實用即真理）——倫理學就在其中。隨著事功尋找「真」的過程，人的靈魂也就隨之攀升五個階段：「技術、理智、科學、明智和努斯」而達到巔峰。換句話說，「技術」與「科學」成為階梯中的「實體實做實在」之「定向」，一直把人的靈魂送到有限自然規律的高度——「努斯」。「希臘諸神」就是「自然神」（黑格爾把它叫做「度」），無非是達到自然神的智能級別，即靈魂（靈識）規律而已。這就是比柏拉圖更細化的「功能性善」（實踐倫理學道德）。每一步亞里士多德都想得清清楚楚了。仍然是「物理學之後」的「哲學本體論」知識路線——「只知其有不知其無」。今天，中國人也就只能這樣跟著西方把他們的「倫理學」當做自己的「倫理學」身體力行了。我們跟著囫圇吞棗，那顆「棗核」就是技術科學之「功能性」全然不知。道德倫理如此這般知識學化了，靈魂照見

的愈來愈清楚的竟是「機器人」世界 —— 人們便繼續高呼建立「機器人倫理」:「機器人過濾人類像剪去頭髮那樣的無所謂」也成了「倫理」——這就是西方人的智能!

今天的中國人還要如此跟隨嗎?

三、「一把刀的鋒刃很難越過」

面對《人類歷史第一檔案》,可以有不同的講法。我已嘗試過三種講法。

第一種講法:《知其白守其黑 —— 西方歷史的白與黑》,主要立足於以西方為代表的世界歷史發展軌跡,即「自然理性功能性知識學,資本主義技術物化,科學主義徹底去人化」——「進化論即末世論」。

第二種講法:《高山仰止,以觀滄海 ——「以用代體」,還是「以體制用」?》,主要立足於中國現代史,審查中國至今尚未擺脫的西方「以用代體」厄運。

第三種講法:專門講「宇宙三層級」,對「科學哲學」提了七個問題。

今天我呈現給大家的是第四種講法,即專講「一把刀的鋒刃」,它就藏在《人類歷史第一檔案》中。

印度《奧義書》曰:「一把刀的鋒刃很難越過,因此智者說,得救之道是困難的。」

我不熟悉印度經典,不能判定其中說的「智」究竟是「智能」的智,還是「智慧」的智?一般而言,原生文化元典文獻即便有這個字,也多半是不分智能智慧的。分別開來是晚近得多的事。那是要在「這把刀的鋒刃」下歷經多次生死才慢慢體悟得出來的 —— 對人之心性的檢測:「靡不有初鮮克有終。」比如,「以刀解刀」「以利解利」「科學的危機科學解決」等等,結果總是死亡之門愈開愈大而身葬其中 ——「剝奪者被剝奪」——此乃智者迷津之途。

所以,今天從「一把刀的鋒刃很難越過」看,應該是「智能」的「智」。當今世界竊「智能」之名者日甚,可見一斑。

回顧「智能」當道的歷史:

「巴比倫智者」沒有越過這把刀的鋒刃，滅亡了；

「埃及智者」至今好像還在這把刀的鋒刃一側，沒有越過，「金字塔」及其「斯芬克斯」成了雄視「地中海文明」的永恆象徵；

「希臘羅馬智者」根本沒有越過這把刀的鋒刃，所以他們「剝奪者被剝奪」像「打去了黃的空蛋殼」被陳列在博物館；

「歐美各國智者」不但沒有越過，他們事實上已經把自己變成了「一把刀」，一把夭折「地球人類」的刀；

連裹脅其中的「猶太智者」更像「智能星球」的承命者 —— 按照西方的命脈軌跡比西方更西方地推向其毀滅，即順應「末日清算」的神諭；

中國人還在西方「只知其有不知其無」外，尋找回歸高山兩河流域文化種性 ——「道無（無名無極無形無性）」之「大化無極以致中和」的「智慧之路」，以圖亡羊補牢、別開生面……

很難越過的關鍵恰在於西方命脈本身就是一個「生死連環劫」，隨後又把世界拖入「雙重生死連環劫」中。

雙重連環劫，即「啟蒙（救贖）連環劫」與「啟蒙（救亡）連環劫」。

（1）西方歷史本身隱含的「啟蒙（救贖）連環劫」

古希臘對東方文化影響的「啟蒙」——吃知識樹上的「金蘋果」，而「知識」被「智能」引向了「功能性知識」之用，建立了「力量即正義」底「自然法」——西方歷史開端的命脈。

於是又以「資本主義」作為「原罪式人性惡」的合理解放形式，將世界「宗主國」—「殖民地」「半殖民地」等級等序化，保持自己永駐奴役權力之巔。

但是，「技術功能」—「資本民主」—「金融科學」走著自己的道路：

（「人是政治動物」—「人是機器」—「人是基本粒子聚合物」）

遂使世界陷入徹底去人化的「機器人第三型文明」過濾人類的終極危機：「進化論變成末世論」—— 智能知識原來是「過濾人類」的空心「金

蘋果」！

（2）1840年鴉片戰爭開始了中國「啟蒙（救亡）連環劫」

按西方方式「啟蒙」即，「西化」，就是進入西方式的「啟蒙（救贖）連環劫」。

其「科學」（「賽先生」）走技術物化「物理還原主義」徹底「去人化」；

其「民主」（「德先生」）走資本主義生產方式不斷擴大再生產，加速科學主義進程。

這兩大「賽德先生」共同貫徹始終的「功能性知識」主宰「啟蒙（救贖）連環劫」，對非西方則實施「殖民等序模式」，從而使中國陷入西方的「啟蒙連環劫」中，結果對中國文化直接造成「不啟蒙，亡國；啟蒙，忘本」的「連環劫」後果。

幸虧中國終於選擇了「社會主義道路」，可望從西方啟蒙的「雙重連環劫」中解脫出來。

中國只有歸根復命「道無」文化才能最後解開西方「哲學本體論、神學一神論、科學粒子論」之「只知其有不知其無」智能死結，而使人類智慧按「以體制用」方式升華到「智慧星球」。

四、「智能星球」或「智慧星球」

宇宙之無限，有限的理性豈能妄斷無限的宇宙。豈是地球人底理性特別是西方人「只知其有不知其無」的「哲學本體論」「神學一神論」「科學粒子論」等「智能」理性所能獨斷的。不幸，西方「智能」中心「我認識的是我能獨斷的」。所謂「智能」就是利用我能利用的一切功能性工具做到大而霸之，直到最後工具如「超人工智能」徹底去人化，剝奪者被剝奪。一言蔽之：以用代體而亡體，進化論變成末世論。如果地球人類對此盲目，那就難免毀於「智能星球必然夭折智慧升華」的命運，一如地球之重現。

近500年，地球人類的某主導方向已袒露出「開端即沒落」的癥結，不僅在中東神系的神言中預示，也在西方自然理性的歷史中顯示。令人深思極恐。

——《地球人類歷史第一檔案》（略）

——《西方歷史事實：「軌跡」「信仰」「命途」》

【圖1　軌跡】

「歷史事實」軌跡			歷史趨勢
前4世紀希臘	17世紀英國	21世紀美國	進化論變成末世論
功能主義	資本主義	科學主義	（機器人第三型文明）
人是政治動物	人是機器	人是基本粒子聚合物	

【圖2　信仰】

最高「意識形態」			總體特徵
哲學本體論	神學一神論	科學粒子論	只知其有不知其無

【圖3　命途】

西方	（套）	東方
啟蒙（救贖）連環劫		啟蒙（救亡）連環劫
功能知識物化啟蒙救贖		不啟蒙亡國
救贖徹底物化過濾人類		啟蒙忘本
（自作孽）		（陪葬）

今天的大學教育，別看分門別類五花八門，其實也都貫徹西化總體性方向「功能知識進化論」。儘管它與民族宗教及其文化格格不入，但都事關生存，人們也會將知識按功能大小遠近放進各不相擾的層次中相安無事，久而久之習以為常。差別在於，民族宗教對功能性知識干預制衡的程度。西方「希臘諸神—基督教一神」本身就是「計算之神」，加上17世紀以來的「資本」無孔不入，它們與「功能性知識」自我轉換相得益彰。

中東神性雖「有名有極」但「無形無性」或「有形無性」，因宗教超功能「善」轉化為嫉惡如仇地報復──或取向「順應性否定」（如科技方向的「核武器」「超人工智能」造成絕對的「剝奪者被剝奪」，加快地球人類面臨夭折的危險）[1]，或取向「對抗性否定」。兩種顯隱否定形式，對西方政治哲學無疑起「制裁」或「制衡」作用。

20世紀科學主義更強勢地滑向「物理還原主義」，很可能在百年內夭折地球人類生命線，進入「機器人第三型文明」──像其他「智能星球」一樣。「人的升華」在宇宙中會經受各種災難的夭折，不是「天災」，就是「人禍」。它遺留在猶太教《舊約》隱含的「神咒」中，如：

「終生放逐」遭遇「末日清算」，

「進化論」伴隨「末世論」。

伊甸園狡黠的智能蛇即「伊甸園蛇」，引誘部分人類因自身的物慾選擇了功能知識「原罪」動機，演化出自己咬著自己尾巴的「埃舍爾蛇」。

猶太人是天生的「智能星球」的承命者。

以體制用的「大智慧」並非隱而未顯。地球人類或許不同於其他「智能星球」的地方在於，它還有另一種「無名無極無形無性」「無中生有、化極中和」的「智慧升華」方向存在。古代中國聖人深知它的艱難，因而早有「極高明而道中庸」的「極高明」警告。儒士抬高孔子為「至聖先師」，其代價就是取消了孔子「法先王」而降解為「法今王」（「學而優則仕」）作為上限，其後果就是截斷了中國文化真正的「神人以和」（化極中和）開端應有的升華能力。

「儒家孔子」與柏拉圖異曲同工。雅斯貝爾斯寫「軸心時代」既不懂柏拉圖，更不懂孔子其人，僅僅抓住了東西方的「共時態」類比想當然。柏拉圖《理想國》中「三喻」（「日喻」「線喻」「洞喻」）完成了「靈魂轉向」功能性「知識即德性」。亞里士多德在《尼各馬可倫理學》中描繪了「靈魂五階段」，以「技術」「科學」鋪墊其道路（即「事功」台階），靠功能性「理智」與「明智」達到「努斯」即規律（有限）平衡。中國現代儒士

---

[1] 愛因斯坦、哥本哈根學派、圖靈等等，這些猶太人都是助長西方智能的「順應性否定」者。

就把它譯成「中道」，完全把「物化功能性智能」層次取代「道德倫理以體制用為人性升華底『極高明』」層次給抹殺了。所以，還要看非西方民族對「西方智能」警覺制衡的能力高到什麼程度？恐怕沒人想到必須高明到「化極中和無有相生」底「宇宙第三層級」才能真正消解「科學技術進化論」而亡羊補牢吧！

這就是當今科學技術世界遭遇的「天命」。為了避免夭折為「物」，我們所做的努力就是盡可能抵近能使人升華的「天命」。

中國有兩句古話「仁者愛山智者愛海」「高山仰止以觀滄海」

——沒想到其義潛藏至深！

壬寅年春節初七 海甸島

五、被遮蔽的「腳下土地與頭上神靈」

引子

凌晨被一个問題驚醒：「中國是沒有神靈的土地？」

「腳下的土地與頭上的神靈」即便在《知其白守其黑——西方歷史的白與黑》中專用兩塊「扉頁碑銘」顯赫彰顯：

碑銘一：「地球人類歷史第一檔案」

碑銘二：西方歷史命脈「啟蒙救贖（救亡）雙重連環劫」

中國絕大多數學者仍會用常識證據反駁：

（1）孔子曰：「不語神怪力亂」、「不知生焉知死」

（2）新儒家說：「中國沒有‘神’，所以中國沒有‘虛無主義’。」

（3）學者說：執政黨是「無神論者」

正文

（一）

以史正論。

遠的不說，自「獨尊儒術」以來，中國似乎從來沒有讓神當道。

近兩百年來，中國人「救亡啟蒙」走了與猶太人相反的路，只有「腳下的土地」生死攸關，「頭上的神靈」則從來沒當一回事。換句話說，根本沒有「上下」之分，對「頭上神靈」毫無興趣也毫無感覺，沒有祈求更無顧忌。有的只是在人群中不斷劃分「左右」革命反革命鬥得死去活來。

19 世紀下半葉，鴉片戰爭、甲午戰爭，我們不得不承認是被打敗的民族。於是「救亡與啟蒙」就成了逼迫中國人從「腳下土地」拔出來投向西方尋找救國救民「真理」，所謂「民主」與「科學」──「德賽二先生」。於是蔣介石找到英美資本主義，而毛澤東找到馬克思「歷史唯物主義」底「社會主義」。

【附釋】

當時中國只知道馬克思《共產黨宣言》及其《資本論》是「無產階級聖經」，尚不知曉後來也從不聞問猶太人近兩千年「希臘化」培育出的「保護皮」──「希臘化依附形式」。

作者屬於後來少數聞問者，提出「猶太人問題」在 1997 年後，真正意識到「猶太人問題」更在 2014 年後。「猶太人問題」是作者「逆向夜行」與西方道路分道揚鑣的最後節點。

所謂「希臘化依附形式」，源於馬其頓亞里山大大帝二世，於公元前 335 年東征兵臨耶路撒冷城下，強迫猶太民族接受「希臘化」作為不攻城的條件。從此「希臘化」成為猶太民族心中的「一根刺」，其「腹誹」曰：「亞里士多德的神與亞伯拉罕的神何干！」。但猶太民族體量太小，又失去土地，散居在基督教歐洲各國而不得不披上「希臘化依附形式」。於是「猶太性」被賦予一層表皮即「希臘化功能性表皮」，但耶和華神性仍然是「猶太性」的本位不變，以此保護猶太民族的內外平衡。它關係到下面「實證一」：

（1）「馬克思主義」在世界流行後，有兩句話成為互證：

一句話卡爾‧馬克思說：「如果你們是馬克思主義者，那我就不是馬克思」。

一句話卡爾‧洛維特說：「歷史唯物主義不過是用國民經濟學語言說

著的彌賽亞主義」。

（2）「施特勞斯學說」在中國流行後，有兩個現象成為互補：

一個現象列奧‧施特勞斯主持《西方政治哲學史》公開為「自然權利」之「自然正當」張目。

一個現象列奧‧施特勞斯演講《我們為什麼仍然還是猶太人 —— 猶太信仰與猶太歷史仍然能夠向我們言說嗎？》請聽言說：「希臘諸神是不潔的」、「基督教一神是無能救贖的」、「救世主沒有來」。

猶太人的「腹語方言」多麼微妙啊！

更關係到「實證二」，整個猶太科學家如愛因斯坦、「哥本哈根學派」、圖林等用「功能性知識」構成順應性否定「宇宙第二層級」，它應驗著「猶太人是進化論作末日清算之末世論底承命人」。這是要到猶太人聖經《托拉》「創世記第一章」用考古般地細心才能發現的「隱喻神咒」：「智能星球輪迴宿命」。可立此存照。

在選擇「資本主義社會，還是社會主義社會」的政治鬥爭中，中國共產黨贏得了政治獨立勝利，建立了新中國。接著又出現「如何走社會主義道路」問題，產生出「新民主主義階段論」和「社會主義不斷革命論」兩條路線鬥爭，最後毛澤東發展成「無產階級文化大革命」以杜絕前者。從國外「蘇聯東歐社會主義陣營演變」到國內「無產階級文化大革命」，內外左右路線斗爭顯示「回歸中國化」連綿不絕半世紀。

毛澤東去世，「四人幫」倒台。鄧小平回答毛澤東的「等待」終於等來了。很快他主持「改革開放」，把西方「功能性價值」擺到首位：「不談姓社姓資」，「白貓黑貓抓到老鼠就是好貓」，全面「補課新民主主義階段」，以「韜晦」之名行「開放」資本主義之實，三十多年沉醉到「你中有我我中有你之中美夫妻關係」中，包括子女移居美國成為雙方「無聲的承諾」。

隔兩代習近平上台執政，有序而平穩地終止其路線，「八年」艱辛可知。然而整個中國教育已成「西方文化殖民」積重難返之勢，致使「百年啟蒙交白卷」沒能建立歸屬自己「中國文化種性」底「學術思想體系」；

也就是說，沒有回到歸根復命之「腳下土地頭上神靈」底整體華夏文化中來。

當今「科學主義世界」要求更高了：

「極高明而道中庸」的「極高明」必須高到「宇宙第三層級」：「無中生有無有相生、化極中和永執厥中」以為「仁人（非神非物）」。因為只有在「極高明」中回到「頭上神靈（道無化境）」，中國人才會看到「中國文化種性」的最高境界（「化極中和」）而實至名歸：才能真心實意腳踏實地回到「腳下土地」上來，徹底改變「離心態」—「反身而誠（仁人之心）」。

【附釋】

「宇宙第一層級」：牛頓「萬有引力論」——正置（17 世紀）

「宇宙第二層級」：愛因斯坦「相對論」、哥本哈根學派「量子論」、
　　　　　　　　　圖林「人工智能機」——反置（20 世紀）

「宇宙第三層級」：終結「哲學本體論、神學一神論、科學粒子論」
　　　　　　　　　之「只知其有不知其無」（僅佔已知 5.9% 宇宙，而
　　　　　　　　　94.1% 宇宙是不知道的 [1]），

因而暗宇宙（不是「暗物質」）將出現「有生於無、無有相生、
化極中和、永執厥中」之「道無化境」新宇宙觀 ——合置

（21 世紀）

也就是說，打破西方科學家用自設的「數字宇宙」底「確定底不確定性」狂妄替代無限宇宙本身（仍然延續著「哲學本體論」之「以像代是」），恢復宇宙本來的「不確定底確定性」，從而使人類在「化極中和永執厥中以為仁人 [2]」中至深體悟其「高山仰止以觀滄海」——讓「道無化境」之「神人以和」遍及眾生；不再憑「力量」專屬「強力意志」了。

---

[1] 借用西方科學家說法。但這個「百分比」說法恰恰顯示了西方科學家對無限宇宙的思維定式：「確定底不確定性」。即按自己的「哲學本體論、神學一神論、科學粒子論」堅持「只知其有不知其無」。

[2] 唯「仁人」才可「非神非物」，即為「聖」才可扣兩端「神」與「哲（物）」而摯其中成為「仁人」。之所以必冠之以「仁」，正是其「以體制用、以義制利」與西方技術物化「以用代體」底「智能人（物）」嚴格區別開來。

相比其他非西方民族，猶太人雖然長期沒有自己的土地，但他們心中的民族神耶和華自始至終護衛著猶太民族 —— 小而精，從不啟蒙也從不潰散 —— 這也是我深入《托拉》考古《創世記》第一章「伊甸園」堅信「猶太人是進化論作末日清算之末世論的承命人」。此神咒正延續著也預示著「智能星球輪迴宿命」。猶太人畢竟找到了本民族的「終極關懷」而「崇高赴死」，樂於以「順應性否定」復仇，完整留下狡點「智能蛇」（「伊甸園蛇」）之前的「神諭智慧」警示：立此存照。

阿拉伯人清楚自己腳下的土地也清楚自己頭上的神靈，無奈分裂成對立教派內亂不已：當機立斷歸屬神本位。

印度人上世紀雖然爭得了政治獨立，但西方英國殖民思想被精英牢牢掌握在自己手裏以維持「種姓制」區分：上層精英接受英國人「給予的」（像美國「黑人」接受美國白人「給予的」：施特勞斯語）殖民思想如「民主自由」，而下層人還原為傳統的「種姓狀態」任其自然：仍在途中。

即便如此，地球上還沒有一個智慧型「原生文化民族」用智能型「希臘化依附形式」作為自己的立國之本：終究缺席反身而誠「極高明」。

述說史實無非為了探查中國自身的「經絡」要害。此為關鍵，必需稍加解釋。例如，「經絡系統」與「神經系統」分屬中醫（醫人）與西醫（治物）：

前者中國人是從「活人」身上發展起來的「天人關係」，提升的是「精氣神道」，永遠指向「人升華」。

後者西方人是從「死人」身上解剖出來的「物理關係」，降解的是「自然物規律」（今天更直接歸結為「物理還原主義」——「人是基本粒子聚合物」）。

這才是「中國文化」與「西方文明」的根本差別，它貫穿著人們爭論不休卻從未明白的「中西之爭」。其結果，西方甫一開始就下行到「人是政治動物」，終歸是「物理還原主義」。而遠東中國甫一開始就保留著「人之為仁人」底「向智慧升華」的上行通道。試想，宇宙星球為何要花幾萬年十幾萬年時間由「物」自然共生成「人」（靈性生命）？如果僅限於「智

能星球」底「宇宙論物義論」，何必要產生出「人類」而且還是「智慧仁人」再下行降解到「物理還原主義」？所以，

西方「開端即沒落」：唯「智能星球宿命」而已。

遠東中國「開端即升華」：「智慧星球天命」——這就是我說的「歸根復命」。

【附釋】

中國的「天人關係」不是「天人合一」。儒家把中國的「天」說成是「太一」；「天人關係」說成是「天人合一」，這都是導致宋明理學即「形而上學本體論」之「實體」說法，不符合中國天道「大化無極以致中和」底「神人以和」化境。它恰恰證明儒家需要的「至聖先師」並不是春秋末期的真人孔丘，而是被儒家規定了為己所用的「至聖先師孔子」，難怪後人乾脆把「孔子」叫做「素王」：同樣「只知其有不知其無」。所以，必須還原真實的孔丘作為「路標」，才能「指引」到中國「極高明而道中庸」的「道無化境」—「無名無極無形無性」。

歸根復命不是「復古」，像今天的「新儒家」之種種所為一路伴隨「西化」。因而，西方需要重獲開端「前蘇格拉底」，中國也要重獲開端「前孔丘」。東西新兩端獨立互補「化極中和以為仁人」，此係開通地球「智慧升華」底必由之路。

例如，中國的科學技術今天已有相當龐大的物質基礎了，但在宇宙中發現重大基礎性規律或定律仍然「如囚在押」。根本原因，中國科學家的頭腦仍籠罩在西方「功能性知識論」中，又缺乏猶太人「神性超越」，更不意識中國本身的「道無化境」。例如，明明是中國人發現的「正反同體粒子」，提供理論根據的華裔科學家卻偏偏要拿「天使魔鬼」做比喻命名為「天使粒子」，另一位實際操作的科學家才以「太極圖」類比覺得應該「正名」為「太極粒子」。這就說明，到徹底擺脫西方「粒子理論」而運用中國「化極中和」思想「道無化境」時候了！

「百年西化」除了「皮膚、語言、土地」幾乎毫無底線，致使中國歸

根復命「道阻且長」。如今作為過渡階段的「回歸」恐怕還得「百年不止」。

但時不我待了。除非歷史機遇賦予「奇跡」。

（二）

再回到前述「反駁」。

（1）孔丘「頭上的神靈」

歷史上的孔丘，生在東周戰國之前的西周末期記有《春秋》：「大道之顯天下為公」餘韻仍在，以「法先王、吾從周、克己復禮」為己任。

後來歷經東周列國幾乎餓死陳蔡最後進入「編經時期」：上溯《尚書・堯典》追憶上古史「曰諾稽谷」（史官筆法，非儒家經典），尊崇「樂經 - 神人以和」；下編《詩經・風雅頌》精心鋪墊「祭如在祭神如神在」之上升「禮法」以敬神。深感「化極中和永執厥中以為仁人（非神非物）」之艱辛，遂有「極高明而道中庸」丘曰「道一貫之」—警世恆言。

戰國中期，子學蜂起，儒家為「獨尊儒術」而壟斷孔丘為「至聖先師孔子」並自立為「中國歷史開端」。即便如此，從「法先王」改為「法今王」，雖屬「封頂」，也還仍然持守「奉天承運」之「天道」講究「時運」。哪裏有什麼「無神」之妄說！

遠東中國高山兩河流域上空，無非走過海洋「希臘諸神 - 基督教一神」（「有名有極有形有性」）、平原如「猶太教一神」（有名有極無形無性），而進入高山「無形神」（無名無極無形無性）之「道無化境」而已。此乃「智者愛海仁者愛山，高山仰止以觀滄海」之警示也。

（2）「無」/「神」/「虛無主義」——層次不同，不能混淆

「虛無主義」是人自身的「思言行」事。比如，徹底啟蒙西化殖民，可以忘本滅族亡國 ——這叫「虛無主義」，跟「有神無神」毫無關係，猶太人最懂、中國人應懂。再如，西方人對他們的「本體論」一而再再而三地「虛無主義」，他們雖沒有忘本滅族亡國 ——但無人：為了推動「本體論」一而再再而三地「物理還原主義」，直到徹底「把人類過濾掉」，也跟他們「信神不信神」毫無關係。「人做事，神在看。自作孽，不可活」。

「反身而誠，樂莫大焉」：中國人只有真懂了「頭上神靈」才能實至名

歸「腳下土地」，而「啟 '啟蒙' 之蒙」歸根復命！。

接著前述，「道無化境」可把「諸神不和」之弊端「只知其有不知其無」化解掉。西方以自己的「一神」佔位「普世真理」或「無限位格」，從而排擠其他民族的「一神」造成「諸神不和」。須知「一神」已經是「計算之神」，再加其「偶像化」，使其「功能性」盡顯，此乃「諸神不和」之功能性根源（物化人）。

華夏民族的「道無化境」及其「善」，最大的不同就在於非功能性，非實體性，不能「對象化」為「功能性實體」（物化智能人）。這是「道無化境」即「化極中和以為仁人（非神非物）」底精髓所在。中國文化中的「道」、「善」、「德」、「仁」、「孝」、「禮」等都不是「實體」，都是非計算性、非功能性的。作為「化極中和」之「道無化境」都只能「化境」為「誠」。在這個意義上，孟子的話就聽得明白了：「萬物皆備於我，反身而誠樂莫大焉」。只有這樣「心誠」體悟「天道」之「仁人」，才能非實體化、非功能化，才能「以體制用」，其中「體」僅作為「反身而誠」體悟之意義（非邏輯概念的思辨抽象，故而「以義制利」與「以體制用」互文）。

反過來說，西方功能化實體化的人就是「以用代體」的智能人——才能奉行「力量即正義」自然法而優勝劣汰。於是「主奴關係」——「自然正當」、「種族清洗」——「自然正當」、「掠奪殖民」——自然正當：「以論治史」之「論」的單極化偏執化貫穿整個西方歷史直至「剝奪者被剝奪」——無人即自我毀滅！

（3）現在有誰敢說「不要歷史規律」而「不奉天承運」嗎？

「歷史規律」有大有小、有「短歷史段」，也有「長歷史段」；有「智能星球宿命」，也有「智慧星球天命」等等，不能因小而無大。

「範疇」變了，其「規律系統」及其「研究範式」也都要隨之而變。沒有什麼一成不變的「本體論、一神論、粒子論」，更不能允許用「一己之有」定「普世真理」，強行翻譯改塑把別民族的「文化思想」按自己的面貌強換成「哲學論證」之「概念系統」行內外「文化殖民」之實。世界如果不以此為戒，則會一而再再而三地陷入「無人深淵」無可救也——

（三）

毋庸諱言，我看到的世界史事實是歷史在長歷史段中顯露出來的歷史脈絡軌跡。一生三次「逆向夜行」古希臘，只有最後一次（2014 年）我是從「超人工智能」出發恰好踩中了西方歷史命脈底節拍：

「人是基本粒子聚合物」（21 世紀美國金融科學主義）

「人是機器」（17 世紀英國工業資本主義）

「人是政治動物」（前 4 世紀古希臘知識功能主義）

結論：西方歷史命脈「一脈相承」下行「物理還原主義」──「智能星球」宿命。

西方和中國早期出現「柏拉圖」與「孔子」這樣的「開端」，不是地中海和遠東高山的西方人和中國人都能「一目了然」的。命運使然，他們都只能率性而行，而靠少數人引導，或智能降解，或智慧升華。信奉猶太一神的德國猶太人雅思貝爾斯則根本看不見，才寫了與西中開端都不相關《軸心時代》，更看不見它們導致了今天「智能星球」之「開端即沒落」宿命。能說出「開端即沒落」的德國黑森林「詩人哲學家」海德格爾恰恰缺失了近百年的世界歷史危機事實，以致缺失警告「機器人第三型文明」帶給地球人類終極性災難的「末日」分量。然而畢竟，僅依「思想敘事及其技術追問」喊出人類將被「連根拔起」之「開端即沒落」：已屬不易，西方「無人可及」！

開端，是必須由結果證實才能「水落石出」的。德國有諺語「結果好一切都好；結果壞一切都壞」。何況，有的「長歷史開端」，必需增加一個特殊又特殊的條件，那就是盡可能長地一個「長歷史段」接著一個「帶轉折的長歷史段」再接著一個「帶轉折的長歷史段」，才有可能顯露出來「沒落」。但這樣長而且帶轉折的一而再再而三的歷史條件，它的「可怕性」恰恰在於根深蒂固地自以為「自己為真」、「自己得計」地自欺遮蔽即遺忘 ── 就像今天西方人根本遺忘了古希臘開端像「雅典帝國」必

然沒落一樣——儘管「剝奪者被剝奪」一路伴隨，始終如影隨形、形影相吊！

不僅如此，更有甚者。這個一而再再而三「帶轉折的長歷史段」，竟使中西兩端出現如此詭異的錯位——讓西方發展出來的「機器人第三型文明」沒有對應遠東覺醒的「道無化境文化」針對性化解，從而導致地球上「智能」與「智慧」錯落生死之差異變成「智慧升華」可能夭折地必然。現在中國左右上下不還遲鈍著嗎？何時歸根復命「道無化境文化」仍然是個謎……

所有這些我都遭遇到了也都體認到了，但我無能得「化極中和」以德配天，只能像一個「寧靜致遠淡泊自甘者」等待奇跡而冥冥祈禱：

中國人何時清醒，在暗宇宙中撥開猶太人愛因斯坦偏執的「訣竅」，即讓「量子速度」真正顯示出「無」——不是「波粒二象性」（平面）而是「無有二重性」（縱深），或「波粒二象性」是「無有二重性」之縱深「顯隱二重性」。它是不同的思維習慣（人之本性）取向導致深刻差異而「化極中和智慧升華」——不再被自欺偏執所遮蔽！

只有遠東中國人能改變西方底科學格局形成的偏執，使智慧人「以體制用」地改變「自然法」，嚴格分開「力量」與「正義」。

（1）把「功能性知識」還原為「對象唯物」的初級常識達至自然規律「度」（有限與節制），不能像資本主義式的盲目破壞性生產以致人與物全面破壞成「智能人」；

（2）再把非功能性至善「以體制用」、「以義制利」為「智慧知識」，使化極中和反身而誠底「仁人」升華至「道無化境」。

這樣才能擺脫「西方功能性知識方向」而別開生面。

立此存照，來者可追……

（四）

中國人問題　與　猶太人問題

腳下土地　與　頭上神靈

中國人與猶太人，都應自知其得失帶來的不完整欠缺。其他民族都要以此為鑒。

一頭一尾一上一下，對於我，其間四十三年過去（1980—2023），直到描述「逆向夜行」第三階段，對西方「自然理性」的「檢測防禦」，問題才進入正途逐步顯現、最後才顯現到「頭上神靈」：

「極高明而道中庸」的「極高明」必須高到「宇宙第三層級」：「無中生有有無相生、化極中和永執厥中」以為「仁人（非神非物）」。因為只有在「極高明」中回到「頭上神靈（道無化境）」，中國人才會看到「中國文化種性」的最高境界（「化極中和」）而實至名歸：才能真心實意腳踏實地回到「腳下土地」上來，徹底改變「離心態」—「反身而誠（仁人之心）」。到此，才把中國的「無形神」—「道無化境」呈現出來。

中國人沒有其他民族的「宗教」——「神」的偶像與殿堂 —— 進可以「俗」，退可以「神」，朝夕相處，禮拜日勤。

儒家雖可以「一日三省吾身」，僅止於自然（血緣）倫理之禮儀道德。上升的空間早已封頂而每況愈下焉。

沒想到今天能按孔丘「極高明而道中庸」底「極高明」，在「宇宙第三層級」把中國的「無形神」之「道無化境」請回來—有德於人類亦有德於民族—反身而誠樂莫大焉！

遠處傳來「歸去來兮」——蘇軾「定風波」

> 莫聽穿林打葉聲，何妨吟嘯且徐行
>
> 竹杖芒鞋輕勝馬，誰怕，一簑煙雨任平生
>
> 料峭春風吹酒醒，微冷，山頭斜照卻相迎
>
> 回首向來蕭瑟處，歸去，也無風雨也無晴……

墨哲蘭識

2023 年 7 月 15 日

8 月 31 日修改

藍山小鎮

責任編輯	林　冕
書籍設計	a_kun
書籍排版	楊　錄

書　　名　**知其白守其黑 —— 西方歷史的白與黑**

著　　者　墨哲蘭

出　　版　三聯書店（香港）有限公司

香港北角英皇道 499 號北角工業大廈 20 樓

Joint Publishing (H.K.) Co., Ltd.

20/F., North Point Industrial Building,

499 King's Road, North Point, Hong Kong

香港發行　香港聯合書刊物流有限公司

香港新界荃灣德士古道 220-248 號 16 樓

印　　刷　美雅印刷製本有限公司

香港九龍觀塘榮業街 6 號 4 樓 A 室

版　　次　2024 年 1 月香港第一版第一次印刷

規　　格　16 開（170mm × 240mm）392 面

國際書號　ISBN　978-962-04-5096-9

© 2024 Joint Publishing (H.K.) Co., Ltd.

Published & Printed in Hong Kong, China.